W0328953

DIE WENDE

Paul Pierotti

DIE WENDE

20. Juni 1948

NACH DER WÄHRUNGSREFORM

Roman

GEV

© 1997 by Grenz~Echo Verlag GEV
Alle Rechte vorbehalten

Umschlaggestaltung: Guido Thomé
Druck: Grenz~Echo Druckerei, Eupen
Binden: SVK, Sint-Niklaas

ISBN 90-5433-095-3
D / 1997 / 3071 / 8

Ohne ausdrückliche Genehmigung des Verlags ist es nicht gestattet, diese Publikation oder Teile daraus auf fotomechanischem (Druck, Fotokopie, Mikrofilm usw.) oder elektronischem Wege zu vervielfältigen, zu veröffentlichen oder zu speichern.

Printed in Belgium

Die Handlung basiert auf eigenem Erleben. Alle Personen und Namen sind frei erfunden. Bei der Darstellung der geschichtlichen Ereignisse wurden die Bücher „VON HITLER ZU ADENAUER“ (erschienen bei Jahr in Hamburg) sowie “GESCHICHTE AACHENS IN DATEN“ von Bernhard Poll zu Hilfe genommen. Zahlreichen Aachener Bürgern danke ich für die Auskünfte, die sie mir bei meinen Recherchen erteilt haben. Ein besonderer Dank aber gilt Herrn Ernst Bindewald, der die ganze Arbeit mit konstruktiver Kritik begleitete.

Als der Krieg, der das Land und die alte Kaiserstadt zerstört und die Menschen aus ihr vertrieben hatte, 1945 ein Ende fand, kehrten die Bewohner wieder nach Aachen zurück. Die, die evakuiert worden waren, konnten bald wieder nach Hause kommen, doch diejenigen, die in Gefangenschaft kamen, mußten viele Jahre auf ihre Heimkehr warten.

Kaum jemand hätte geglaubt, daß aus dieser Stadt wieder etwas werden könnte, die Schäden waren zu groß. Außerdem gab es nichts, was man für den Wiederaufbau der Häuser und Arbeitsstätten benötigt hätte.

Doch das winzige Fünkchen Hoffnung, das in jedem Menschen schlummerte, genügte, und einige begannen und machten einen Anfang.

Sie fingen an, ohne sich viel dabei zu denken, es war wie ein Instinkt, der sie zum Handeln zwang, und sie ließen sich durch nichts und niemanden beirren. Sie versuchten, aus dem Chaos wieder etwas zu machen und waren für viele andere ein Beispiel.

Mit bloßen Händen wühlten sie den Schutt um und förderten das daraus hervor, was ihnen von Nutzen sein konnte. Weggeworfen wurde nichts, alles wurde wieder verwertet. Sie setzten Stein auf Stein bis Mauern und Häuser entstanden, Werkstätten und Fabriken. Das im Anfang aussichtslos Erscheinende nahm Formen an - und sie schafften es. Die Handwerker arbeiteten wieder und schufen das, was die Menschen brauchten. Ebenso wie die Fabriken, die ihre Waren in den so anders gewordenen Kreislauf einbrachten und ihre Produktion von dem Erlös, der meist aus anderen Waren bestand, verbesserten und ausdehnten. Der schwierige Anlauf war gemacht. Man hatte etwas in den Händen und konnte verstärkt weitermachen - wenn es die politische Zukunft gestattete.

Hans Dehlens Eltern besaßen vor dem Krieg eine Tuchfabrik, die zerstört worden war, und Hans Dehlen gehörte zu den Unentwegten, die aufbauen wollten.

Sein Kriegskamerad Will Horsch machte mit und war eine wertvolle Hilfe. Nach und nach kamen die früheren Angestellten und Arbeiter zurück. Anfangs skeptisch, halfen auch sie mit und wurden von dem Eifer des Initiators Hans Dehlen angesteckt. Immer wieder mußte er die Zweifler oder die, die resignierten, anfeuern und mitreißen, und er selbst rastete keine Sekunde, bis die ersten Maschinen wieder liefen und der Durchbruch geschafft war.

Es war ein mühevoller Weg, denn der Hunger, ein fast unbesiegbarer Gegner, ließ die meisten von ihnen verzweifeln. Als aber wieder produziert wurde und man etwas besaß, womit man sich das, was noch fehlte, seien es Maschinenteile oder Lebensmittel, beschaffen konnte, waren sie nicht mehr aufzuhalten. Jedoch stand alles noch auf schwankenden Füßen, und es galt nun, das Erreichte auszubauen und zu festigen und eine Produktionsstätte zu schaffen, die den Menschen im Betrieb eine Zukunft gab.

Als Hans Dehlen aufwachte, war es sieben Uhr. Draußen wollte es nicht hell werden. Kalt war es auch. Er schloß die Augen. Vielleicht noch eine Runde Schlaf? Doch das klappte nicht. Er sah wieder die Fabrik, wie sie werden sollte, vor sich. Modern, helle Büros, eine große Weberei und die Appretur ein mehrstöckiger Bau. - Er öffnete die Augen, und damit rissen die Bilder ab. Mit dem Schlafen war es vorbei. Heute war Sonntag. Stille im Haus. Seine Gedanken blieben an Lydia hängen, und er stellte sich vor, wie es wäre, mit ihr verheiratet zu sein, wenn sie morgens neben ihm aufwachte und sie zusammen frühstückten. Seine Wohnung war eine typische Junggesellenbude geworden, spärlich möbliert, nicht immer aufgeräumt, er trank stets aus derselben Tasse und spülte sie mit kaltem Wasser. Er stand auf und zog den Bademantel an. Er schlug die Fenstervorhänge zurück und blickte in das graue Einerlei hinaus. Kalt und feucht, in der Nähe des Gefrierpunktes, ein ungesundes Wetter. Er ging ins Bad, um den Brikettofen anzuheizen, aber es waren keine Briketts da. Auch der Kohleneimer in der Besenkammer war leer. Jetzt noch in den Keller gehen und welche heraufholen? Er legte sich wieder ins Bett, und mit der Wärme kam das Wohlbehagen. Wieder sah er in Gedanken Lydia in der Wohnung umhergehen, in einem geblümten Morgenrock. Sie ging ins Bad, kam zurück, ein Tuch um das Haar geschlungen …

Jemand steckte den Schlüssel ins Türschloß. Hans sprang aus dem Bett und ging ins Wohnzimmer. Es war Lydia. Sie hatte gerade die Wohnungstür geschlossen und wollte in die Küche. Sie wandte sich um, als sie ihn hörte.

„Lydia!“

„Hans. Bist du schon auf? Ich dachte, du liegst sonntags länger im Bett, und wollte dich überraschen.“

Sie küßte ihn.

„Das ist dir aber auch gelungen. Ich habe gerade von dir geträumt." Er legte seine Arme um sie und küßte sie noch einmal.

„Ich habe selbstgebackene, frische Brötchen mitgebracht. Komm, laß uns zusammen frühstücken. Erst sollten wir aber den Ofen anheizen, sonst ist es zu ungemütlich. Mutter besucht heute eine Bekannte. Sie kommt erst heute Nachmittag zurück, da habe ich die Gelegenheit ergriffen und bin zu dir gekommen."

Hans war hinter sie getreten und nahm ihr den Mantel ab.

„Gehen wir noch mal ins Bett?", flüsterte er und drückte sie an sich.

„Aber Hans, am Sonntagmorgen? Du bist ein fürchterlicher Mann."

„Was kann ich dafür, daß ich verrückt nach dir bin?"

Nach dem Frühstück, bei der ersten Zigarette, sagte er unvermittelt: „Lydia, wollen wir nicht den Hochzeitstermin festsetzen?"

Sie sah ihn einen Augenblick an.

„Ich möchte das auch, Hans. Aber in dieser Zeit? Wir haben doch nichts."

„Aber was fehlt uns denn? Klar, meine Wohnung könnte etwas besser möbliert sein. Es fehlen noch ein paar Kleinigkeiten, aber die Hauptsache haben wir, wir haben einen Tisch und ein Bett!"

„Das reicht nicht, Hans. Es fehlt noch so viel."

„Okay, stelle eine Liste auf, und ich werde alles besorgen."

Lydia räumte den Tisch ab und sah nicht auf.

"Oder gibt es noch andere Gründe, Lydia?"

Sie wandte sich um und drehte nervös die Finger umeinander. „Hans, du kennst meine Mutter und weißt, wie empfindlich sie ist. Sie muß darauf vorbereitet werden. Ich werde sie langsam in unsere Absichten einweihen...."

„Liebes Kind, nun mach aber einen Punkt. Wir beide kennen uns länger als ein Jahr, und jeder Mensch weiß, daß zwei junge Menschen, die so lange zusammen sind, eines Tages auch heiraten wollen. Ich nehme doch an, daß deine Mutter auch so denkt?"

Lydia nickte und meinte: „Natürlich tut sie das. Aber während sich deine Eltern darüber freuen, ist meine Mutter sehr traurig, wenn ich aus dem Haus gehe." Sie machte eine hilflose Gebärde. „Das ist leider so, und wir müssen sehen, daß wir eine Lösung finden."

„Wie soll ich das verstehen? Für mich gibt es eigentlich nur zwei Möglichkeiten. Entweder ist deine Mutter damit einverstanden, dann heiraten wir, oder sie ist nicht einverstanden, dann heiraten wir auch."

„Hans, aber bitte nicht so. Verstehe doch. Sie ist allein und unselbständig. Seit dem Tod meines Vaters ist das immer schlimmer mit ihr geworden. Vom ersten Tag unseres Kennenlernens an beobachtet sie alles, was ich tue. Sie verlangt Rechenschaft über jeden Schritt."

„Ja gut, aber sie kennt mich doch auch über ein Jahr, und ich nehme nicht an, daß sie mich für einen dahergelaufenen Kerl hält. Sie sieht mich jeden Sonntag, wenn ich dich abhole, und ich versuche, mich mit ihr zu unterhalten, allerdings mit wenig Erfolg. Aber daß wir beide eines Tages heiraten wollen, das wird sie doch verstehen. Schließlich war sie auch verheiratet."

Lydia senkte den Kopf und sagte nichts.

Hans faßte ihre Schultern und zog sie an sich. „Lydia, wir werden mit ihr reden, ganz vorsichtig, und du wirst sehen, daß sie mit unserer Heirat einverstanden ist. Du bist doch für sie nicht aus der Welt, du kannst immer zu ihr gehen, und sie kann jederzeit zu uns kommen. Ich sehe da kein Problem." Er hob ihr Kinn hoch. „Du weinst ja. Schatz, was ist denn nur mit dir los? Das ist doch kein Grund zum Heulen. Es gibt fast immer Schwierigkeiten bei einer bevorstehenden Heirat, aber damit werden wir doch fertig. Das wird geklärt und zwar diplomatisch. Einverstanden?"

Lydia wollte das Mittagessen vorbereiten, und Hans mußte noch in die Fabrik, wo er mit Jansen verabredet war, der für ein paar Tage verreisen mußte.

Jansen war schon da, als Hans eintraf. Er kam aus dem Garnlager und machte ein besorgtes Gesicht.

"Was ist denn los, Herr Jansen? Sie machen ja ein Gesicht ..."

„Ratten treiben sich hier herum, Herr Dehlen." Jansen führte Hans Dehlen zu einem Abfallhaufen. „Die Küchenabfälle locken die Biester an. Die haben Hunger und suchen, und weil die Kanalisation stellenweise offen ist, kommen sie raus und streunen durch die Gegend. Sie sind ins Garnlager eingedrungen und haben die Garne angeknabbert."

„Seit wann fressen die denn Wollgarne?"

„Die fressen alles, wenn sie hungrig sind."

„Was können wir dagegen machen?"

„Früher hatten wir ein paar Katzen. Die hatten in der Schlosserei ihre Bleibe und gingen abends auf Jagd. Muß wohl erfolgreich gewesen sein, denn wir haben nie Ratten oder Mäuse gehabt."

„Gut, dann schaffen wir eben ein paar Katzen an." Sie gingen zur Bude hinüber. Der Wachmann saß in einem alten Bürosessel und las die Zeitung. Als die beiden eintraten, wollte er die Zeitung weglegen, aber Hans winkte ab. „Lesen Sie ruhig Ihre Zeitung, Herr Vanloo, lassen Sie sich durch uns nicht stören. Wir haben nur noch etwas zu erledigen, dann verschwinden wir wieder. Gab es etwas auf der Wache?"

„Nein, Herr Dehlen. Alles war ruhig. Mein Kollege für die Nacht ist eben nach Hause gegangen, und heute abend kommt Giese."

Die beiden gingen in das angrenzende Büro hinüber. Jansen nahm seine Notizen. „Dienstag ist Betriebsratswahl. Giese hat es mir gemeldet. Ich habe mit ihm ausgemacht, daß wir das im Anschluß an die Mittagspause machen, dann haben wir keine Lauferei. Dauert vielleicht eine Stunde. Ich habe damals, als Sie krank waren, mit Giese darüber gesprochen und ihm noch einmal klargemacht, daß wir eine Voranmeldung wünschen. Er hat das eingesehen."

Hans nickte, und Jansen fuhr fort. „Herr Dehlen, diese Sache mit dem Betriebsrat, das sind keine Aktionen gegen uns, und Sie brauchen sich keine Sorgen zu machen, daß es nun bei uns über Tische und Bänke geht. Die Verordnung ist da und wird in unserem Betrieb von beiden Seiten positiv bewertet. Sie muß sein, denn es geht nicht überall so zu wie bei uns. Es gibt Betriebe, da macht der Chef, was er will, und die Leute haben nichts zu lachen. Das sind solche, die zahlen nicht den Tarif, suchen sich Dumme, die das mitmachen, entlassen je nach Laune und machen Sachen, die nicht legal sind. Bei uns hier war das nicht so. Spannungen gab es immer und wird es auch weiterhin geben, aber man muß miteinander reden können. Wenn die Leute berechtigte Forderungen haben, dann werden die bei uns erfüllt. So soll das auch bleiben. Die älteren Arbeiter und Angestellten wissen das, und die nehmen sich der Quertreiber an, wenn unverschämte Töne aufkommen."

„Für mich ist das Neuland, Herr Jansen, während Sie sich schon lange damit beschäftigten. Ich denke, daß wir Wert auf ein gutes Betriebsklima legen müssen, wenn wir gute Arbeit machen wollen."

„Sie können beruhigt sein. Ich kenne die Leute im Betrieb. Ich war ja schließlich auch einmal einer von ihnen. Ich habe nach der Grundschule, eine höhere Schule war bei acht Kindern nicht drin, eine Lehre in einer Tuchfabrik gemacht. Dies zu einer Zeit, wo die Chefs gedacht haben, sie seien der liebe Gott. Ich kriegte fünf Mark in der Woche. Gearbeitet wurde von sieben bis fünf, und wenn viel Arbeit da war, auch länger. Ich habe geschuftet wie ein Esel, war wahrhaftig kein Athlet und hatte anfangs meine Schwierigkeiten. Doch habe ich mich daran gewöhnt. Es waren harte Jahre. Später besuchte ich Kurse an der Webschule und habe mich immer weitergebildet. Es gibt wohl nichts in der Aachener Tuchfabrikation, was ich nicht schon mit eigenen Händen gemacht habe. Heute ist das mein Kapital. Ich kenne mich auch auf dem sozialen Sektor aus. Die Tricks, aber auch die Sorgen der Leute sind mir geläufig, und ich kann Ihnen nur raten, es immer so zu machen, wie Ihr Vater es früher auch gemacht hat, korrekt und gerecht, sonst haben wir ewig Stunk im Laden. Bemühen muß man sich schon, denn Querköpfe gibt es auf beiden Seiten. Die gute Zusammenarbeit ist es wert, daß man sich um sie bemüht."

Hans nickte zustimmend. „Machen Sie es so, wie Sie es mir beschrieben haben. Ich denke schon, daß die Interessen unserer Fabrik dann gut aufgehoben sind.“

***

Lydias Mutter war schon von ihrem Besuch zurückgekehrt, als Hans und Lydia ankamen. Sie hatte sich auf das Sofa gelegt und den linken Knöchel mit einem feuchten Tuch bedeckt. „Ich bin umgeknickt und habe mir den Fuß verstaucht. Entschuldigt bitte, daß ich hier liege. Ich hoffe, es macht euch nichts aus.“

Während Hans sich nach der Begrüßung auf einen Stuhl setzte, sagte Lydia: „Aber Mutter, was soll uns das denn ausmachen. Wenn man sich den Fuß verstaucht hat, muß man ihn kühlen und schonen.“

„Machst du bitte Kaffee, Lydia?“ Lydia ging in die Küche. Hans, der sich vorgenommen hatte, mit Lydias Mutter über seine Heiratsabsicht zu sprechen und sie um ihre Einwilligung zu bitten, fragte sich, ob dies der richtige Zeitpunkt sei. Trotz ihres verstauchten Fußes schien sie guter Laune zu sein, denn so wie heute hatte er sie noch nie angetroffen. Sie fragte ihn nach seiner Arbeit in der Fabrik und nach seinen Eltern, was sie nur sehr selten tat. Er hatte Lydia versprochen, diplomatisch und vorsichtig vorzugehen und wollte dies auch tun. Soll ich, soll ich nicht? Er zweifelte noch und beantwortete höflich ihre letzte Frage. Dann kam ihm die Idee, die Sprache auf seine neue Wohnung zu bringen, um dann eine Überleitung für die Heirat anzuschließen. Zuerst aber redete er von allerhand alltäglichem Kleinkram. Als er aber mit dem ersten Wort seine Wohnung erwähnte, sah er, daß sich ihr Gesichtsausdruck veränderte. Das Lächeln, das sie bis jetzt gezeigt hatte, verflüchtigte sich, und als er auf seiner Wohnung herumritt, weil das der Angelpunkt sein sollte, wurde sie toternst. Hans sah seine Taktik dahinschwinden und war enttäuscht. Sie war ein harter Brocken, und im gleichen Augenblick dachte er auch, daß ein harter Brocken auch etwas aushalten kann.

„Frau Pelzer“, begann er, „ich möchte Sie um etwas bitten. Lydia und ich, wir sind nun schon länger als ein Jahr zusammen und ...“

Sie richtete sich steif auf dem Sofa auf und starrte ihn mit bleichem Gesicht an. Einen Moment war er versucht, nicht weiterzureden, dann aber dachte er, daß es doch einmal gesagt werden mußte: „Wir möchten heiraten!“

Immer noch saß sie bewegungslos auf dem Sofa und sah ihn stumm an.

„Und ich bitte Sie, uns Ihre Einwilligung dazu zu geben.“

Lydia kam aus der Küche, die Kaffeekanne in der Hand. Sie sah mit einem Blick, daß ihre Mutter sich in einem Zustand höchster Erregung befand. „Was ist geschehen, Mutter? Hans, was ist los?“

Sie stellte die Kaffeekanne auf den Tisch und ging zu ihrer Mutter hinüber, die sich vom Sofa erheben wollte. Ihr verstauchter Fuß knickte um, und sie fiel in Lydias Arme.

„Er soll gehen", sagte sie.

„Bitte, Mutter, beruhige dich."

„Er soll gehen, sofort!" Ihre Stimme war jetzt laut und schrill. Hans erhob sich von seinem Stuhl. Mit gemischten Gefühlen blickte er auf Lydia, die versuchte, ihre Mutter wieder auf das Sofa zu setzen, während diese sich sträubte und mit den Händen herumfuchtelte. Endlich saß sie wieder. Lydia beugte sich zu ihr herunter: „Mutter, ich verstehe dich nicht. Du brauchst dich doch nicht aufzuregen. Niemand will etwas, was dir nicht gefällt."

„Er soll gehen." Es war nur noch ein Flüstern, und sie sank auf die Seite.

Hans war verblüfft und wußte nicht, wie er sich verhalten sollte. Unschlüssig stand er neben seinem Stuhl und wartete ab. Er hoffte, daß sich Lydias Mutter beruhigen würde und man vernünftig weiterreden könne. Aber daraus wurde nichts. Sie saß schief auf dem Sofa und weinte. Lydia hielt einen Arm um sie. Schließlich löste sich Lydia von ihr und kam zu Hans herüber. Sie nahm seinen Arm und führte ihn aus dem Zimmer in die Diele. „Hans, ich bitte dich. Wie konntest du mit ihr über unsere Absichten reden. Du hattest mir doch versprochen, daß wir abwarten und es ihr behutsam beibringen wollten. Am besten wäre gewesen, wenn ich zuerst mit ihr gesprochen hätte, ich hätte …"

„Sag mal, machst du mir Vorwürfe, weil ich deine Mutter mit höflichen Worten von unserer Absicht in Kenntnis gesetzt habe?"

„Ja, nein, - aber doch nicht so."

„Wie denn, verdammt noch mal?"

Lydia schwieg. Sie ließ ihre Hände sinken, mit denen sie seine Arme festgehalten hatte. Nun schüttelte sie den Kopf und sah ihn mit Tränen in den Augen an: „Ich glaube, es ist besser, wenn du jetzt gehst?" Ihre Stimme war kaum hörbar.

Hans war sprachlos. Gehen? „Das ist doch nicht dein Ernst, Lydia?"

Sie antwortete nicht auf seine Frage, sie stand mit gesenktem Kopf vor ihm. Da drehte er sich um und verließ das Haus.

***

„Man muß realistisch planen, Wunschdenken ist gefährlich und kann zu einer Katastrophe führen." Kroll ging mit langen Schritten durch das Wohnzimmer, während Helga auf der Couch saß und ihm zuhörte.

„Nur wenige Menschen haben Phantasie und können logisch denken. Können sie es aber, dann entsteht aus Phantasie und Sachkenntnis der Plan, der sich umsetzen läßt und zum Erfolg führt.“ Er setzte sich neben sie auf die Couch. „Schau dir deinen Schwager Hans an. Der kommt aus dem Krieg zurück und findet die Fabrik zerstört vor. Er will sie wieder aufbauen. Dies aber halten dein Schwiegervater und Jansen für unmöglich. Doch dein Schwager hat ein Ziel und damit die Motivation. Es spricht für seine Intelligenz, daß er methodisch vorging. Das tat er nämlich, bewußt oder unbewußt. Er holte sich für jede Arbeit die passenden Leute und begann mit den Aufräumarbeiten, und während das lief, machte er zusammen mit seinem Vater und Jansen den Aufbauplan. Die beiden wollten zwar am Anfang nicht so recht, aber Hans riß sie mit. Hans hat sicherlich, da er nicht über einschlägige Kenntnisse verfügte, vielen Leuten viele Fragen gestellt und das herausgepickt, was nützlich war. Er war nicht so dumm, alles besser zu wissen und selbst zu machen, nein, er war flexibel und hat sich sehr geschickt verhalten. Daß er Talent hat, mit Menschen umzugehen, kommt dazu. Natürlich ist diese Aktion noch nicht zu Ende, denn die Fabrik muß größer werden. Doch an dem Prinzip des Weiter- und Ausbaus wird sich nichts ändern müssen. Der Bedarf an Tuchen ist da und wird bleiben. Hier aber wird sich eines Tages etwas ändern, das war in der Wirtschaft immer so. Die Konkurrenz wird stärker werden, und es müssen Mittel und Wege gefunden werden, dem zu begegnen. Neue Dessins, neue Arbeitsmethoden, man muß neue Märkte erschließen und so weiter. Das sind die Gesetze, unter denen das alles abläuft. Stell dir vor, daß jemand etwas erfunden hat und es auf den Markt bringt. Wenn es ein guter Artikel ist, der das Interesse der Menschen erweckt, der Bequemlichkeit dient oder andere Vorteile bringt, dann will ihn jeder haben. Die Nachfrage wird immer größer, und das bringt andere auf die Idee, diesen Artikel ebenfalls zu produzieren. Dieser Umstand führt schnell zu einer Überproduktion in unserer technischen Welt, und die Preise des Produktes, die vorher gut waren und ordentlichen Gewinn brachten, gehen in den Keller. Nur der, der auf wirtschaftliche Weise produziert, überlebt. Die andern gehen kaputt. Helga, um eine Fabrik auf die Beine zu stellen, braucht man, bis es zur Produktion kommt, eine Menge Kapital. Es müssen Hallen gebaut werden, Maschinen angeschafft und Anlagen errichtet werden, und dann erst kann es mit der Herstellung losgehen. Erst das mit diesen Anlagen hergestellte Produkt bringt den Gewinn. - Der Handel aber, der sich nur mit dem Vertrieb der Artikel beschäftigt, braucht in Maschinen und ähnliche Dinge kein Geld zu stecken. Er braucht ein Lager und die Organisation, und das kostet auch Geld. Doch kann hier eine intelligent angelegte Organisation, sowohl beim Ein- als auch beim Verkauf, viel Geld einsparen. Außerdem verdient man im Handel sein Geld leichter als in der Produktion.“

Kroll legte ihr eine Hand auf die Schulter und sah sie prüfend an. „Ich möchte dich mit meinen Kenntnissen und Erfahrungen dazu bringen, intensiv über deine Zukunft und die deiner Kinder nachzudenken. Ich weiß, wovon ich rede, Helga, und ich bin gerne bereit, dir zu helfen, wenn du meine Hilfe willst. Wenn man die Zukunft richtig plant, dann erspart man sich manchen Kummer."

Sie hatte gespannt zugehört und war davon überzeugt, daß das, war er sagte, richtig war. Nur fand sie selbst nicht die Wege, das zu verändern, was sie in ihrem und ihrer Kinder Interesse verändern mußte. Sie wollte ihm das sagen, suchte nach den richtigen Worten, da sagte er: „Schau dir die Fabrik an. Da ist dein Schwiegervater und Hans. Hans wird bald heiraten, und wenn dann Kinder kommen, dann ist die kommende Generation schon sehr zahlreich vertreten. Nehmen wir bloß an, Hans bekommt, genau wie du, zwei Söhne, dann sind es in der Zukunft schon vier junge Männer, die in der Fabrik Chef werden könnten. Von energischen jungen Damen einmal ganz abgesehen, geht dann das Familiengerangel los. Es braucht nicht immer in einen wilden Kampf auszuarten, aber unangenehm kann es schon für den einen oder andern sein."

„Und was kann man dagegen tun?" Sie reagierte empfindlich, wenn es um die Kinder ging."

„Im Augenblick gar nichts. Wir wissen ja noch nicht, wie sich die Gesamtsituation in Deutschland entwickeln wird. Sie wird sich verändern, und das sollte man abwarten. Du kennst Captain Hartog und weißt, daß ich über ihn Verbindungen nach Amerika habe. Diese Verbindungen bestehen aus Geschäftsleuten, die sich täglich mit den eben geschilderten Dingen beschäftigen. Von denen weiß ich, daß die wirtschaftliche Lage Deutschlands im Herzen von Europa den Alliierten große Sorgen bereitet. Denn nicht nur Deutschland geht es schlecht, die Anrainer sind auch nicht ohne Schaden aus dem Krieg herausgekommen. Kurz und gut, die Alliierten wollen das ändern, und eingeweihte Kreise glauben zu wissen, daß man dem herrschenden Chaos ein Ende bereiten kann, wenn man dem umlaufenden Geld wieder seinen Wert zurückgibt. Man trägt sich mit dem Gedanken, neues Geld auszugeben und das alte für ungültig zu erklären. Das wird hart, aber nützlich sein. Die in dieser Zeit durch obskuren Handel angehäuften Gelder werden wertlos. Der Sachwert kann ordentlich eingeordnet werden. Es ist ein großes Experiment, aber ich bin überzeugt, daß es funktionieren wird. Die Folge dieser Reform wird sein, daß man wieder verkaufen kann, weil man einen guten Gegenwert, nämlich das neue Geld erhält, mit dem man andererseits wiederum Geschäfte abwickeln kann. Wie ich dir schon sagte, wird Bedarf an allem sein, und wenn wir an die Fabrik denken, an der du beteiligt bist, dann kann man mit Sicherheit annehmen, daß auch Tuche und Stoffe sehr gefragt sein werden. Und genau da, Helga, ist der springende Punkt, und du solltest einmal genau überlegen, ob du abgesehen von deiner Beteiligung an der Fabrik nun dort Lohnlisten aufaddierst oder Korrespondenz führst, oder ob du dir im Handel ein Geschäft aufbaust, über dessen Ausbau dir keine Grenzen gesetzt sind, wenn die Zeit dafür gekommen ist. Denk nur einmal, was vor dem Krieg die Aachener Tuchindustrie hergestellt und verkauft hat, im Inland und im Ausland, auch nach Übersee. Ich bin überzeugt, daß hier auf einen fleißigen Geschäftsmann große Chancen warten."

„Josef, ich stimme dir voll zu. Es hat meine Gedanken konkretisiert. Ich will nicht sagen, daß ich in der Fabrik Unbehagen verspüre, denn mein Schwiegervater ist ein gerechter Mann. Aber wenn es einmal dazu kommt, daß meine Kinder und die von Hans soweit sind, daß sie in die Fabrik kommen, kann ich mir gut vorstellen, daß es ein Gerangel geben wird. Vielleicht ist es auch halb so schlimm, wenn dieser oder jener einen anderen Beruf ergreift und nicht in die Fabrik will. Mir wäre am liebsten, wenn ich für meine Kinder etwas Eigenes hätte, etwas, was nur uns gehört."

„Vielleicht komme ich dann noch dazu, wenn du mich dabei haben willst?"

„Josef!" Sie schlang ihm ihre Arme um den Nacken. „Das wäre großartig. Wir wären dann jeden Tag zusammen."

„Vielleicht auch jede Nacht?" fragte er mit unbewegtem Gesicht.

Helga küßte ihn.

„War das ein Antrag?"

„Ich kann auch deutlicher werden," erwiderte er lachend und drückte sie fest an sich.

***

Das, was Dr. Josef Kroll Helga Dehlen über Zukunftsplanung gesagt hatte, waren Worte, die er schon von seinem Vater gehört hatte. Sein Vater hatte alle Menschen, die nicht den geringsten Gedanken an die Zukunft verschwendeten, Dummköpfe genannt.

Die Krolls waren erfolgreich gewesen. Wirklicher Wohlstand, das war die Meinung seines Vaters, ist nicht protzerisch, es sei denn, man ist ungebildet.

Josef Krolls ruhige, solide Art hatte ihn von anderen Söhnen wohlhabender Eltern unterschieden, von denen sich einer als Frauenheld und ein anderer als rasanter Autofahrer und risikofreudiger Flieger einen Namen gemacht hatte. Kurzum, Josef Kroll hatte bisher ein schönes, zwar arbeitsreiches, aber auch kultiviertes Leben geführt. Natürlich hatte es in seinem Leben auch Frauen gegeben, doch auch hier war die Zurückhaltung in der Öffentlichkeit stets die Garantie für einen guten Namen gewesen. Aber Johanna war eine verdammt selbstsichere und energische Frau, eigentlich nicht sein Typ, nein, bei ihr war es seine Neugier gewesen, so einen völlig anderen Menschen einmal kennenzulernen. Sie hatten sich angefreundet, und er war mit Schwung in die Falle getappt. Anfangs war es ihm nicht aufgegangen, aber eine Bemerkung seiner Mutter hatte ihm den Hinweis gegeben. Alles weitere hatte er dann am eigenen Leib erfahren müssen. Johanna war ein verflixtes Weib, und er war sie noch nicht los. Einen Skandal scheute die nicht. Helga Dehlen hingegen hatte ihm von Anfang an gut gefallen. Ihre Haltung, ihr Ausstrahlung und ihr Äußeres hatten einen guten und seriösen Eindruck bei ihm hinterlassen. Intuitiv hatte er erfaßt, daß dies die richtige Frau für ihn sei, und er hatte sich auf seine zurückhaltende Art sofort um sie bemüht. Daß sie Kinder hatte, störte ihn nicht, da er deren Vater gekannt und wirklich geschätzt hatte. Der Gedanke, Helga Dehlen zu heiraten, war bald gekommen, und diese Absicht hatte sich schnell gefestigt. Sein letztes Gespräch mit ihr, sein launig formuliertes Angebot, sollte ein Antrag sein. Ein Vorantrag, dem der eigentliche Heiratsantrag folgen würde, denn vorher mußte noch die Sache mit Johanna geklärt werden. Wie, das wußte er noch nicht. Er dachte an die warnenden Worte seiner Mutter und nahm sich vor, das einmal ausführlich zu überdenken.

***

Heute war es wieder einmal spät geworden. Es war fast acht Uhr, als Hans und Jansen die Fabrik verließen. Eine neue Garnanlieferung hatte umfangreiche Dispositionen ausgelöst. Mit Jansen hatte er stundenlang herumgerechnet, um Kundenwünsche zu erfüllen und anderen Belangen auch gerecht zu werden. Bis zum Ende der Straße gingen die beiden gemeinsam, dann trennten sie sich.

Es war dunkel. Dem Nieselregen waren Eiskristalle beigemischt, die im Licht der Straßenlaternen glitzerten. Hans hatte die dunkle Gestalt nicht gesehen, die ihm, seit er die Fabrik verlassen hatte, folgte. Als Jansen sich verabschiedet hatte, beschleunigte sie ihre Schritte und war bald dicht hinter ihm.

"Hans!"

Er blieb stehen und sah sich um. Im Licht der Laterne erkannte er Lydia, die schmal und blaß vor ihm stand.

"Schickst du mich fort, Hans?"

„Aber nein." Er legte einen Arm um sie und drückte sie an sich. „Ich kann dich doch nicht fortschicken. Ich bin doch froh, daß du da bist."

„Ich bin auch sehr froh."

Ihre Augen schienen dunkel und tief in dem blassen Gesicht, und er fühlte seine Liebe zu ihr wie eine Flutwelle in sich aufsteigen. Der Streit, diese dumme ungeschickte Auseinandersetzung, hatte ihm zu schaffen gemacht. Er war verärgert gewesen, so von ihrer Mutter behandelt worden zu sein. Nun war Lydia wieder da, und er vergaß den Vorfall.

„Wie lange haben wir uns nicht gesehen?"

„Drei Wochen."

Ihre Stimme war leise. Etwas zaghaft steckte sie ihren Arm unter seinen. Dann erzählte sie von ihrem langen Kampf, den sie gegen ihre Mutter führen mußte, die alle Register gezogen hatte, um ihrer Tochter diese Heirat auszureden, und es war das erste Mal gewesen, daß Lydia die Stärkere geblieben war. Sie hatte Hans verteidigt und alle Angriffe und Schmähungen, die die Mutter hervorbrachte, zurückgewiesen. Ein paar stumme Tage waren gefolgt, und dann hatte ihre Mutter der Heirat schließlich zugestimmt.

„Sie ist also einverstanden?"

„Ja." Lydia nickte. „Sie ist mit allem einverstanden. Wir können heiraten, wann wir wollen."

„Wollen wir heute noch mit ihr reden?"

„Nein, nur das nicht. Laß ihr noch etwas Zeit. Im Augenblick wäre es nicht gut. Hans, ich kenne sie und weiß, wie schwer ihr dieses Zugeständnis gefallen ist."

Als Will Horsch hörte, daß Hans und Lydia heiraten wollten, ging er los, als habe er lange auf diesen Augenblick gewartet. In wenigen Tagen war weiße Fallschirmseide da, die allerdings auf einer Seite eine dünne, grüne Gummischicht hatte, die sich jedoch mit dem Daumen abrubbeln ließ. Mia, Lydia und Wills Tochter waren eifrig damit beschäftigt, die Fallschirmseide von dieser störenden Gummischicht zu befreien. Die Teile, die bereits abgerubbelt waren, glänzten, und die drei waren begeistert, auch wenn ihre Daumen wie Feuer brannten.

Das Aufgebot war bestellt. Die standesamtliche und kirchliche Trauung würden an einem Tag stattfinden. Der Tag der Trauung war ein Samstag.

Es wurde überlegt, wo die Feier stattfinden sollte, und man entschied sich für die Wohnung von Hans. Bei Lydias Mutter war es zu eng - und bei seinen Eltern auch.

Trauzeugen waren Inge Dehlen und Will Horsch. Zur Kirche würde man Taxis nehmen. Kurz bevor es dann soweit war, wurden Lydias Möbel geholt und in die neue Wohnung transportiert. Hans, Dohmen, Will und der Schreiner schleppten den altdeutschen Schrank von Lydia die Treppen hinauf. Der hatte nicht nur große Ausmaße, er war auch schwer wie Blei, und es war ein Glück, daß das Treppenhaus so geräumig war. Doch als sie keuchend die obere Etage erreicht hatten und den Schrank dorthin schoben, wo er seinen endgültigen Platz haben sollte, blieb einer der Eichenfüße an einem vorstehenden Nagelkopf hängen und der Dübel, der den

Fuß hielt, brach ab. „Sie können sich später um den Dübel kümmern", meinte Hans zum Schreiner. „Jetzt stellen wir ihn darunter. Umfallen wird der Schrank schon nicht." Der Fuß wurde untergeschoben. Dann rüttelte Hans an dem Schrank, der wie gußeisern an seinem Platz stand. „Alles Okay!"

Es mußte ein dunkler Anzug besorgt werden. Schwarzes Tuch war da, aber kein Schneider. Der Termin rückte näher und näher, und Lydia hatte abgenommen. Sie war pausenlos unterwegs und regte sich furchtbar auf, wenn etwas nicht klappte. Nun war es der Anzug für Hans. Hans selbst war ruhig. „Muß es denn unbedingt ein schwarzer Anzug sein?", meinte er.

„Und ich im weißen Kleid? Hans, was glaubst du denn, wie das aussieht?"

Retter in der Not war der Webereileiter Ortmanns, dessen Schwager ein guter Schneider sein sollte. Das weiße Brautkleid aus Fallschirmseide wurde von Mia genäht. Es sollte traumhaft werden, versicherte Hella. Hans durfte es nicht vor der Trauung sehen.

Nur noch wenige Tage bis zur Hochzeit. Ausgerechnet jetzt war in der Fabrik der Teufel los, und Hans fand keine ruhige Minute. Immer wurde er von seinem Schreibtisch weggeholt, weil dringende Entscheidungen gefällt werden mußten. Um die Leute nicht tatenlos herumstehen zu lassen, schob er sein Essen beiseite, und wenn er dann zurückkam, war es kalt und schmeckte nicht mehr.

Will, die Eltern von Hans, auch Mia und Hella waren in geheimnisvollen Unternehmungen unterwegs. Selbst Helga und Dr. Kroll, die fast immer zusammen waren, wurden in die Geheimniskrämerei miteinbezogen. Was da vor sich ging, was da gestrickt wurde, wie Will sich ausdrückte, wußte Hans nicht, und er ahnte auch nichts. Er wußte auch nicht, daß sein Freund Will den Senior in die Geheimnisse einweihte, die er anscheinend nicht allein bewältigen konnte.

Gustav Dehlen war oft in der Stadt. Hans fiel auf, daß er nie sagte, wohin er ging, was er bis vor kurzem immer getan hatte. Nun stand er auf dem Hof und schrieb etwas auf einen Zettel, den er dem Fahrer aushändigte. Der Schlosser mit den roten Haaren, ein Bulle von einem Kerl, und der Schreiner standen dabei und nickten zustimmend. Als Hans seinen Vater nachher im Büro fragte, was es denn gegeben habe und ob etwas nicht in Ordnung sei, machte sein Vater eine nichtssagende Handbewegung und meinte, das sei eine Bagatelle gewesen, die etwas Privates betreffe und sich bereits erledigt habe.

Es war Ende November. Der Hochzeitstag. Windböen und Regen bestimmten das Wetter. Will und Hans holten Lydia ab.

Nun traten sie in das Trauungszimmer des Standesamtes. Der Standesbeamte hatte seinen Mantel nicht abgelegt. Das Zimmer war eiskalt, die Tür ließ sich schlecht schließen, und der Wind rüttelte hörbar an der primitiven Verglasung der Fenster. Von dem einstigen feierlich gehaltenen Dekor dieses Raumes war kaum noch etwas zu sehen, und in der Decke fehlten große Stücke des Verputzes. Der lange Nußbaumtisch und die dazu passenden Stühle waren verschrammt und die Polster beschädigt, der Beamte ein dürrer Endfünfziger mit einer roten Schnupfennase.

Seine Stimme klang dünn und heiser, trotzdem versuchte er der Handlung einen feierlichen Rahmen zu verleihen. Eine Erkältung machte ihm zu schaffen, und er nieste und räusperte sich wiederholt und holte mitten in seiner Ansprache das Taschentuch hervor, um seine Nase zu putzen.

Hans sah im Blickwinkel Wills amüsiertes Gesicht. Auch Hans fror in diesem ungeheizten Raum, und er war dankbar, daß der Beamte alles zügig ablaufen ließ. Das „JA" wurde gegeben, die Urkunden unterschrieben und das Familienbuch ausgestellt. Trotz der Kälte im Zimmer und seiner Erkältung sprach der Standesbeamte noch einige Worte, die den Ehestand in dieser so schweren Zeit betrafen und wünschte dem jungen Paar zum Schluß viel Glück für die Zukunft.

Die erste Überraschung an diesem Tag war der Empfang, der ohne Wissen des Brautpaares in der Wohnung stattfand, wo das Taxi sie hinbrachte.

Lydias Mutter und die Eltern von Hans empfingen sie an der Wohnungstür. Kroll, Helga, Jansen und eine Abordnung aus der Fabrik, zu der Ortmann und der neugewählte Betriebsrat gehörten, schlossen sich als Gratulanten an. Jansen überreichte Hans ein großes Foto der Fabrik, wie sie vor der Zerstörung ausgesehen hatte.

Mia und Hella versorgten die Gäste mit Getränken und hatten kleine Häppchen vorbereitet, denen freudig zugesprochen wurde.

Die Eltern der Brautleute waren schon in Gala. Die Frauen hatten feuchte Augen, und Gustav Dehlen versteckte sich hinter einer Zigarrenrauchwolke.

Lydias Mutter wischte sich immer noch Tränen fort, und als Hans sich zu ihr niederbeugte, sagte sie mit leiser Stimme ihren Glückwunsch. Punkt elf wollte man sich für die kirchliche Trauung fertigmachen. Will fuhr mit Mia, Hella, Lydia und deren Mutter los. Annette Dehlen blieb bei ihrem Sohn, und Gustav Dehlen ging zufrieden rauchend im Wohnzimmer auf und ab.

Die Baracke der Notkirche war schwach besucht, als das Brautpaar zum Altar geführt wurde. Hans am Arm von Lydias Mutter und die Braut am Arm seines Vaters. Lydia - ein Traum in Weiß. Mia und eine sachkundige Freundin hatten aus der Fallschirmseide ein Wunder geschaffen. Der Brautstrauß leuchtete rot und weiß, und unter dem Schleier erblickte Hans das rosige Gesicht seiner Braut.

Der Mann am Harmonium nahm seine Hände aus den Manteltaschen, zog die schwarzen Wollhandschuhe aus und trat kräftig die Pedale. Er versuchte, der Feier den musikalischen Hintergrund zu verleihen. Dann sprach der Pfarrer. Sein Atem stand wie eine Wolke vor seinem Mund. In der Baracke war es zugig und kalt, und die pelzbesetzten Schuhe des Pfarrers erzeugten auf den Holzdielen des Bodens ein knarrendes Geräusch. Die Hochzeiten und Trauungszeremonien, die Hans vor dem Krieg erlebt hatte, waren natürlich ganz anders verlaufen, der äußere Rahmen war schöner gewesen. Aber seine Trauung in dieser zugigen Baracke gefiel ihm nicht weniger gut, und er fühlte sich jung und glücklich. Nun trat Lydia neben ihn, und der Pfarrer vollzog die Trauung. Die Ringe wurden angesteckt, nachdem Hans ein lautes und Lydia ein gehauchtes „Ja" gesprochen hatte.

Auch hier wurde die Zeremonie auf das Wesentliche beschränkt. Die dünnen Töne des Harmoniums begleiteten sie zum Ausgang. Der Wind fauchte in die Baracke hinein, als sie die Tür öffneten und zu den Taxis gingen.

Die Unzulänglichkeiten störten keinen von ihnen. Die Zeit war eben so. Man war trotzdem glücklich. Hans fühlte ein enormes Wohlgefühl, und Lydia schritt lächelnd an seinem Arm, leicht wie ein Vogel. Erst in der Wohnung wurde das Brautpaar von den Verwandten beglückwünscht. An der Notkirche war das Wetter zu schlecht gewesen. Das Brautpaar wurde umarmt und geküßt, und als Hans seine Schwiegermutter in den Arm nahm, fühlte er ihre Gegenwehr. Also machte er es kurz.

Annette und Gustav Dehlen waren zufrieden und mit der schönen, jungen Schwiegertochter einverstanden. Inge und Lydia standen eine ganze Weile engumschlungen da. Kroll und Helga gratulierten ihnen, und Will küßte die Braut auf beide Wangen, legte Hans die Hände auf die Schultern, wünschte Glück und flüsterte ihm grinsend etwas von reichem Kindersegen ins Ohr.

Die Geschenke waren der Zeit angemessen. Haushaltsgegenstände hübsch verpackt, Töpfe und Pfannen, eine hölzerne Pfeffermühle und Wein. Gustav Dehlen übergab seinem Sohn die goldene Sprungdeckeluhr seines Vaters, des Firmengründers, und Hans nahm dieses Familienstück mit Ehrfurcht entgegen. Er zeigte seiner jungen Frau die Gravur, die sichtbar wurde, wenn der Deckel aufging. Helga überreichte mit feuchten Augen ein Bild ihres gefallenen Mannes und Kroll eine silberne Tabakdose, die fein getrieben und ziseliert war.

Nun wurde die Post gelesen, die von Freunden und Verwandten gekommen war. Ein buntes Telegramm von Hellmann aus Bad Nauheim und ein sehr langer Brief aus Bayrischzell.

Während Lydia noch mit der Post beschäftigt war und Hans nach seinen Zigaretten Ausschau hielt, fiel ihm auf, daß da etwas passierte. Was es war, wußte er nicht, und als er sich seinem Vater, Will und Kroll nähern wollte, weil die gerade wieder die Köpfe zusammensteckten, wurde er von Mia aufgehalten, die ihn umarmen wollte. Hella kam heran und flüsterte ihm ins Ohr, daß sie sich mit ihm freue.

Lautes Gepolter im Treppenhaus ließ ihn zur Tür sehen. Annette Dehlen schritt hinüber und blickte ihrem Mann, Will und Kroll nach, die nach draußen gingen. Hans hörte die Stimmen mehrerer Personen, und dann erschienen sie wieder in der Tür. Das erste, was Hans sah, war ein breiter Rücken, und er erkannte den rothaarigen, stämmigen Schlosser, der sich rückwärts ins Zimmer schob, dann sah er die eigentliche Sache.

Er wollte es zuerst nicht glauben, dann machte er einen Satz nach vorne. Das war ja ein Klavier, was die da ins Zimmer schleppten. Wer hatte denn ...?

„Menschenskinder, wo habt ihr denn das her?" Hans sah sich freudig um. Alles lachende und strahlende Gesichter.

Will Horsch war der Erste, der etwas sagte: „Hans, das ist tatsächlich ein Klavier!"

Seine Mutter trat vor ihn hin, sah ihm in die Augen und fragte: „Freust du dich, Junge?"

Gustav Dehlen schmunzelte, und Mia stieß Hans an und meinte. „Nun geh schon hin und sieh es dir an."

Kroll klopfte an sein Glas, und während sich die drei Arbeiter für das großzügige Trinkgeld und die Zigarren bedankten und hinausgingen, sagte er: „Liebes Brautpaar. Wir alle wissen, daß die augenblickliche Zeiten nicht gut ist und Not herrscht. Das Glück der Menschen leidet darunter. Damit aber in diesem Haus das Glück keinen Schaden nimmt, haben ein paar Leute beschlossen, der neuen Familie ein Musikinstrument zu schenken, weil diese Leute wissen, daß die Musik in diesem Hause dazu gehört. Die Idee dazu stammt von der verehrten Frau Dehlen, die sich aber außerstande sah, ein solches Instrument zu besorgen. Man verfügte, besser gesagt, man hatte ein eigenes, aber dieses wird anderweitig benutzt. Der Gedanke, so ein Instrument zu beschaffen, erreichte Herrn Horsch, der mich ins Vertrauen zog und für diese Idee begeisterte. Herrn Horsch gelang es dann, drei solcher Instrumente aufzutreiben, und wir haben sie einer genauen Prüfung unterzogen. Wir haben uns für dieses entschieden. Es soll, wenn man dem Verkäufer glauben kann, ein gutes Instrument sein, und es ist vor allem zu hoffen, daß es dem Benutzer viel Freude bereiten wird. Lieber Hans, ich bin im Namen meiner Mitverschwörer beauftragt, Ihnen dieses Geschenk zu überreichen. Wir würden uns alle freuen, wenn wir Ihnen damit einen großen Wunsch erfüllt haben."

Hans setzte zum Reden an und sagte dann: „Liebe Familie, liebe Freunde. An ein Klavier hätte ich wohl in meinen kühnsten Träumen nicht gedacht. Sie sehen mich freudigst erschlagen vor Ihnen stehen." Er ging zum Instrument hinüber und strich mit einer Hand über den Deckel. „Ich weiß nicht, was ich sagen soll. Daß es mir gefehlt hat, das stimmt schon, und die, die es mir geschenkt haben, haben das schon richtig bemerkt und ... ich, mir fehlen die Worte." Er umarmte seine Mutter und dann die anderen. Es entstand eine Pause, die von Gustav Dehlen unterbrochen wurde, als er sagte: „Wann gibt es denn etwas zu essen, ich habe einen Bärenhunger?"

Die Spannung löste sich, und man begab sich lachend an den festlich gedeckten Tisch.

Es war spät, als die letzten Gäste gegangen waren und das Hochzeitspaar allein war. Hans war beschwipst und selig. Das sei wirklich der glücklichste Tag seines Lebens, sagte er seiner Frau, die sich an ihn gelehnt hatte. Hans atmete tief ein. „Bist du auch zufrieden?" fragte er.

"Glücklich und zufrieden."

„Auf ein Klavier wäre ich nicht gekommen. Die haben sich aber wirklich angestrengt, was? Schenken uns tatsächlich ein Klavier. Hab es nicht einmal ausprobiert." Hans erhob sich.

„Aber nicht jetzt, Hans. Es ist zu spät. Du weckst das ganze Haus auf."

„Du hast recht, mein Kind, das wäre zuviel des Guten. Wo der Staatsanwalt und die Leute in Parterre doch so nett waren und uns ihre Reverenz erwiesen haben."

„Alle waren heute so nett, Hans. Ganz besonders aber dein Vater, der sich in einer so freundlichen Art und Weise um meine Mutter gekümmert hat, daß sie sogar einige Male lachte, trotz ihrer Trauer."

„Die im Fluge vergehen wird." Hans trank noch einen Schluck Wein. „Besonders nett fand ich auch meinen neuen Freund Josef. Fandest du nicht? Ich glaube, den sollte sich Helga an Land ziehen, dann ist sie auch nicht mehr so allein mit ihren Kindern."

„Ich glaube, daß sie sich ihn schon an Land gezogen hat."

„Aha, gut zu wissen." Hans ging ein wenig unsicher durchs Zimmer. „Und natürlich mein Freund Will. Ist das nicht ein doller Kerl?"

„Und Mia und Hella. Ohne die beiden wären wir schön aufgeschmissen gewesen. Mia hat von der Feier eigentlich am wenigsten gehabt. Sie war nur in der Küche und hat uns bedient. Hella hat fleißig mitgemacht. Hatte vor Eifer ein ganz rotes Köpfchen." Lydia sah ihren Mann an. „Du kannst froh sein, solche Freunde zu haben.

„Das bin ich auch. Und ich bin auch froh, dich zu haben, meine liebe Lydia, und ich bitte dich in aller Form, von nun an Tisch und Bett mit mir zu teilen. Bist du dazu bereit?“

„Aber ja, Hans. Aber bitte nicht so laut. Was sollen sonst die Leute denken?“

„Was die Leute denken, das kann ich dir schnell sagen. Die denken nämlich, daß wir längst im Bett liegen. Jawoll, das denken die!“

***

Das Dach der Appretur war fertig gedeckt und dicht. Die Räume sollten schnell hergerichtet werden. Es hatte schon vor zwei Wochen eine starke Kälte eingesetzt, die das Arbeiten draußen erschwerte. Der Winter 1946/1947 war sehr streng. Es gab lange Kälteperioden mit Temperaturen bis zwanzig Grad minus, die die Menschen in ihrer Not hart trafen. Immer waren es die Alten und diejenigen, die nichts zum Tauschen und Handeln hatten, die in hoffnungsloses Elend verfielen und darin umkamen. Die Zahl der Sterbefälle stieg steil an, und es mußte mit Schrecken registriert werden, daß der Erfrierungstod einen gehörigen Anteil hatte. Hilflose Menschen, deren Dach und Wohnung nicht dicht war, hatten nasse Wände und Zimmerdecken, die sich in Eishöhlen verwandelten. Brennmaterial war kaum oder gar nicht vorhanden, und man begann, Holz zu sammeln und schließlich sogar eigene Möbel zu verfeuern. In dieser Zeit wanderte manch hölzernes Treppengeländer in den Ofen. Man fand ältere Menschen tot in ihren Betten, in die sie sich vollkommen bekleidet gelegt hatten. Sogar Mantel und Schal hatten sie anbehalten.

Diebstähle von Kohlen wurden ganz offen verübt. Trupps überfielen die Kohlenzüge und vertrieben die Wachen mit Knüppeln. Dann lud man das mitgebrachte Gefährt voll und fuhr ab. Die nächtlichen Überfälle auf Passanten nahmen wieder zu. Es waren immer mehrere, die diese Überfälle ausführten und ihre Opfer bis auf die Unterwäsche auszogen. Die Not ließ alle Hemmungen fallen. Über seinen Bruder Albert hatte Will Horsch dreißig Wagenladungen Schlamm besorgen können, die auf dem Fabrikhof aufgekippt wurden. Dieser in den Zechen anfallende Kohlenstaub war mit Wasser zu einer steifen Masse vermischt worden, die man hier in der Gegend „Schlamm“ nannte. Dieser Schlamm, das Brennmaterial der armen Leute, war fast aus der Mode gekommen, nun aber wieder hoch im Kurs. Wer Schlamm hatte, hatte auch eine warme Wohnung. Die Verteilung dieses Schlamms fand am Wochenende statt. Jeder, der davon wollte, mußte sich ein Gefährt besorgen und konnte seine Portion nach Hause karren, und man sah bald die vielen schwarzen Räderspuren auf den Höfen und Straßen. Will brachte eines Tages Wärmebeutel mit, die aus geteertem Packpapier bestanden. Der mehlige Inhalt wurde mit einem Eßlöffel Wasser angefeuchtet und erhitzte sich so, daß man sich gut die

Hände daran wärmen konnte. Auch im Bett, in der Nähe der kalten Füße gelegt, war das sehr angenehm. Will, der das den Leuten anpries, meinte dazu: „Gut warm ist halb satt!“

Eine Schrebergartenkolonie am Stadtrand verschwand unter einer Dunstwolke, die wie dicker Nebel über den zahlreichen Gartenlauben lag. Die Besitzer hatten ihre Wohnung in der Stadt verloren, oder sie war von anderen Leuten besetzt worden, und sie waren in ihre Gartenlaube eingezogen.

War der Vater, der Mann wieder da, dann hatte er in dem vergangenen schönen Sommer die Laube isoliert und winterfest gemacht. Nun wohnte man also hier, dicht an dicht. Der Garten war bebaut worden, und man hatte geerntet. Die Laubenbewohner stellten Tag und Nacht Wachen und schützten so ihre mühsam geernteten Gartenfrüchte und das Gemüse vor dem Zugriff anderer. Den Sommer über war das hier ein schönes Leben gewesen, aber die herrschende Kälte machte es den Bewohnern schwer. Warm war so eine kleine Hütte schnell - kalt auch. Man heizte darum den ganzen Tag, und der Rauch aus den niedrigstehenden Kaminrohren lag träge über der ganzen Kolonie.

Da waren die Besatzungstruppen schon besser dran. Sie, die Sieger, hatten alles und brauchten nichts zu entbehren. Es war ihnen, den Offizieren und Mannschaften, möglich, in Brüssel einzukaufen, von den Grundnahrungsmitteln wie Brot und Butter über Kaffee, Schokolade und Delikatessen aller Art, an Alkoholika alles, was das Herz begehrte, zu steuerfreien Preisen. Dies machten sich auch die Offiziere zunutze, die in der Dehlen'schen Villa wohnten, und sie ließen sich von ihren Corporalen nach Brüssel fahren oder schickten diese mit einem ellenlangen Bestellzettel hin.

Es gehörte zu den gesellschaftlichen Gepflogenheiten, daß man in gewissen Abständen eine Party gab, zu der man Gäste aus der Umgebung, alles natürlich nur Offiziere, einlud. Daß die Herren ihre Damen mitbrachten, war üblich, und wer von ihnen seine Frau nicht in Reichweite hatte, der brachte seine Sekretärin, Dolmetscherin oder eine andere Dame mit.

Bei den vier Offizieren, die in Gustav Dehlens Villa wohnten, handelte es sich zum einen um Major Parker, einen fast sechzigjährigen Herrn mit weißem Haar. Er hatte einen ausgesprochenen Reinlichkeitstick und hob im ganzen Haus und auch im Park jedes Zündholz und jedes Papierschnitzelchen auf und beförderte es gewissenhaft in den Abfallbehälter. Major Parker war ein stets freundlicher Herr und hoch gebildet. Der zweite Offizier war Major Cox. Major Cox war vierundvierzig Jahre alt und versuchte jederzeit, sein eher mittelmäßiges Deutsch zu verbessern. Leider hatte er für Sprachen aber kein Talent, und es gelang ihm, trotz intensiver

Bemühungen nicht, die schwierige Sprache noch besser zu erlernen. Er war sehr religiös, und Gebetbuch und Rosenkranz lagen auf seinem Nachttisch bereit für ein längeres Abendgebet. Er war eigentlich ein netter Mensch und wollte niemanden etwas Böses. Seinen Aufgaben gegenüber war er hart. Ordnung mußte sein, und die Verordnungen und Anordnungen der Militärregierung wurden eisern von ihm befolgt. Er war es auch, den man den ganzen Sommer, wenn die Fenster offenstanden, Klavierspielen hörte. Aber auch hier war sein Drang zur Sache um vieles größer als seine Begabung. Um so emsiger übte er, und den langen Sommer hörte man immer die gleichen Melodien: „Du und ich beim Mondenschein auf einer kleinen Bank allein“ und „Sentimental journey“, die damalig gängigen Melodien und die immer an der gleichen Stelle auftretenden Verspieler. Doch dies hielt Major Cox nicht davon ab, unermüdlich weiterzumachen.

Leutnant Lewis war zweiundvierzig Jahre alt. Ein sehr empfindsamer und nervöser Typ. Er hielt sich einen Hund, verlor stets etwas und suchte stundenlang danach, einmal im Haus, ein anderes Mal im Park. Dann ging er mit seinem Hund los, und sein ewiges „Such!“ erklang, während er an langer Leine hinter dem Hund herlief.

Leutnant Woodward, der vierte Hausbewohner, war dick und knapp vierzig Jahre alt. Er liebte gutes Essen, Wein und Frauen und tat sich in jeder Hinsicht nicht den geringsten Zwang an. Jeden Samstag schleppte er irgendeine Frau an, die die Nacht bei ihm verbrachte und am anderen Tag mit nützlichen Dingen des Lebens beschenkt wieder nach Hause ging. Er selbst hütete in der Regel noch einige Stunden das Bett, um seinen Rausch auszuschlafen.

Zu der Party waren die Herren zu zehnt. Mit den Damen zusammen achtzehn Personen.

Ein großes Buffet war aufgebaut worden, und die deutschen Bediensteten, die man beschäftigte, kamen an solchen Abenden auch nicht zu kurz. Es war genug für alle da. Die deutschen Angestellten in diesem Haus und die der anderen Häuser britischer Offiziere litten keinen Hunger. Sie wurden gut behandelt, nicht wie ihre Arbeitgeber, aber gut.

Man nahm im Stehen die ersten Drinks, wobei die deutschen Angestellten und die Corporale bedienten. Über den „Job“ wurde nicht geredet, nur gelegentlich, wenn es nicht anders ging.

Major Parker suchte immer seinen Offizierskollegen Major Cameron auf, mit dem er lange Diskussionen über die letzten beiden Kriege, vor allen Dingen über die Anlässe, die diese Kriege verursacht hatten, führte. Diese beiden älteren Herrn waren an diesem Abschnitt der europäischen Geschichte sehr interessiert. Sie holten weit aus, und einer schilderte dem anderen diese Zeit, nicht nur in Europa, sondern auch in Amerika, das seine Politik der Isolation aufgegeben hatte. Für diese beiden verging der Abend viel zu schnell, und bei der Verabschiedung verabredeten sie sich für die nächste Party.

Es gab bei den Gästen einen lustigen Schotten, Leutnant Sutherland, der einen unvorstellbar großen Vorrat an Witzen besaß, wer also gerne lachte, ging zu Leutnant Sutherlands Runde.

Major Cox saß viel allein und sah sinnend dem Rauch seiner parfümierten Zigaretten nach, während Leutnant Woodward den charmanten Kavalier abgab und dabei ordentlich pichelte, was man ihm aber nie anmerkte. Offiziere, die öfter mit ihm zusammen waren, bescheinigten ihm ein hohles Bein.

Die jüngeren Herren spielten und rollten dabei den Teppich an die Wand. Irgendwer hatte dieses Spiel mit den kleinen Federn aufgegriffen, die man vor sich herblasen mußte.

Die Damen wichen entweder nicht von der Seite ihres Begleiters oder standen in Gruppen zusammen und redeten. Geraucht wurde viel.

So vertrieb man sich die Zeit. Man redete, man trank, und man lernte sich besser kennen. Einer berichtete aus England und erzählte, wie es zur Abwahl Winston Churchills gekommen war. Es waren nette Abende, zivilisiert und angenehm. Das Haus war schön. Bei gutem Wetter stand ein weitläufiger Park zur Verfügung , und der nahe Wald sorgte für würzige Luft. Man roch ihn und die Erde, genau wie in England, wenn man auf dem Land lebte.

Laut wurde man nie, bis auf das Lachen, ausgelöst durch Sutherland. Unangenehm wurde auch niemand. Dazu war man zu gut erzogen. Intimitäten gab es, aber nicht in der Öffentlichkeit. Bekannt dafür war Woodward, und jeder übersah dies.

***

Das Weihnachtsfest und der Jahreswechsel 1946/47 waren wohl das jämmerlichste, das Hans Dehlen und seine junge Frau je erlebt hatten. Wegen des Brennstoffmangels, der Schlamm war bis auf einen kleinen Rest verbraucht, wurde nur in der Küche geheizt. Die anderen Zimmer blieben kalt. Trotz dieser Kälte versuchte Hans, sonntags Klavier zu spielen und setzte sich mit dickem Pullover, mit Schal und Mütze an das Instrument. Lange jedoch hielt er es nicht aus, dann waren seine Finger so klamm und steif, daß er aufhören mußte. Lydia hantierte in der kleinen Küche und war auch nicht gerade überglücklich. Wegen der herrschenden Kälte, unter zwanzig Grad minus, hatte ihre Mutter, die täglich zu ihr kam, ihre Besuche eingestellt. In der Fabrik fühlte Hans sich noch am wohlsten. Hier war er immer in Bewegung und merkte von der Kälte nicht so viel. Der Eisenbahnverkehr wurde stark reduziert. Ohne genügend Kohlen spielte sich hier auch nicht mehr viel ab. Die Hamsterzüge fielen aus, und die Menschen suchten verzweifelt nach Fahr- und Transportmöglichkeiten. Wieder kam es zu Hungerdemonstrationen, und die Leute auf der Straße brüllten laut Parolen von Hunger und Tod. Mancher Betrieb stellte die Arbeit ein, weil die Menschen nicht mehr weiterkonnten. Aus den Wäldern wurden die Holzsammler vertrieben, weil die Besatzungsmacht dort Holzeinschläge in großem Stil betrieb. Viele der Frierenden gingen nun nachts in den Wald, um ein paar dickere Äste und Reisig zu sammeln, damit sie etwas Warmes kochen und die Temperaturen in ihrer Behausung auf ein erträgliches Maß bringen konnten.

Die Stadt Aachen sperrte die neuen Zuzüge. Nur mit einer Sondergenehmigung konnte ein Zuzug gestattet werden. Mit Hilfe der Schweizer-Spende und einer Schweizer Pfarre, die sich für die Stadt einsetzte, war es möglich, ein Kinderheim zu eröffnen. Die Verpflegung der Kinder und die Inneneinrichtung wurde auch von den hilfreichen Schweizern übernommen.

Der wirtschaftliche Zusammenschluß der britischen und amerikanischen Zone war nun beschlossene Sache und lief an. Die Wirtschaft, die Landwirtschaftsplanung und die Verkehrsverwaltung sollten unter einen Hut gebracht werden.

General L. Clay, der neue Oberbefehlshaber der Amerikaner in Deutschland, war ein vernünftiger und sehr besonnener Mann, der sich mit viel Elan an die schwere Aufgabe machte. Die Alliierten, auch die Russen, sahen das Elend und wußten, daß sie davon nicht profitieren konnten. Ein in Elend versunkenes Deutschland in der Mitte Europas war wie eine Zeitbombe, die auf Dauer nichts Gutes verhieß. Der russische Hochkommissar Sokolowski stellte deshalb die Demontage in der Ostzone ein. Die Sühneaktionen hielten unvermindert an. Wer in diesem Krieg Verbrechen begangen hatte, sollte bestraft werden. Im Zuge dieser Bestrafung wurden in Berlin im Lehrterstraßengefängnis zwei Frauen enthauptet. Die Ärztin Hilde Wernicke und die Pflegerin Helene Wieczorek hatten Hunderte von geistig Behinderten mit Todesspritzen ermordet.

***

Ein schwacher Trost in Aachen war die Wiedereröffnung des Trinkbrunnens in der Stadtmitte, aus dem schwefelhaltiges Wasser kostenlos sprudelte. Da es heißes Wasser war, holten die Menschen es sich kannenweise, um ihre Wäsche heizmittelsparend zu waschen und auch als Wärmespender, um gegen die herrschende Kälte anzukommen. Die Engländer stifteten eine Bibliothek, die man „Die Brücke" nannte. Der Leseraum der Brücke war stets geheizt und zog schon aus diesem Grund viele Menschen an. Doch das Aufeinanderzugehen von Freund und Feind des Krieges war schwer. Viele der Besatzer waren ehrlich bemüht, andere aber glaubten, alte Rechnungen begleichen zu müssen. CARE-Lebensmittelpakete kamen. Sie mußten von Amerikanern in Amerika bestellt werden. Der Preis betrug zehn Dollar. Doch nicht jeder in Deutschland, der hungerte, bekam ein solches Paket, und diese Aktion, so hilfreich sie für den einzelnen war, blieb doch ein Tropfen auf den heißen Stein. In Hamburg verhungerten in einem Monat vierundachtzig Kinder. In einer Zeitung war das Erlebnis eines Reporters zu lesen, der schrieb: „Aus einem Trümmerhaufen in Pforzheim kam dünner Rauch. Ich ging dem nach und kam zu einem Kellergelaß. Die Wände waren vereist. In einer Ecke lag ein Säugling in Lumpen eingehüllt. Acht Leute wohnten hier. Der Raum diente als Schlafzimmer, Eßzimmer und Küche. In einer anderen Ecke hatte man ein Loch in den Boden gegraben, das als Latrine diente."

Immer wieder traf man Menschen, die allein lebten und schon seit Monaten umherzogen. Sie liefen Mitteilungen, Gerüchten und Vermutungen nach. Hier soll es Brot geben, dort Schmalz, in dem Dorf soll geschlachtet werden und so weiter. Der Gedanke ans Essen, ans Sattwerden, an die Angst zu verhungern, hatte das ganze Land ergriffen und wurde zum Thema Nummer eins. Nichts anderes kam dagegen an. Der Hunger war der Sieger in diesem Krieg, und er würde die Deutschen verfolgen bis zur Währungsreform. Andere, die dieser Situation gewachsen waren, sei es aus Veranlagung, aus Schlitzohrigkeit oder weil sie etwas hatten oder produzierten, waren schon viel besser dran.

Trotz dieses Elends hatten mehrere Schauspieler eine Theatergruppe gegründet. Diese mageren Gestalten gaben ihre Vorstellungen gegen Kohlen- oder Holzbeitrag und mußten sich nachher eingestehen, daß sie noch nie ein Publikum gehabt hatten, das die Vorführung mit soviel Engagement verfolgte und miterlebte. Viele der Zuschauer weinten laut, andere schrien und fielen ihrem Nachbarn weinend um den Hals. Einem Schauspieler versagte plötzlich die Stimme.

Die Polizei, hungrig wie alle anderen, konnte der Übergriffe, der Diebstähle von lebensnotwendigen Dingen, von warmer Kleidung nicht mehr Herr werden. Wer sich abends in den leeren, halbdunklen Straßen der Stadt sehen ließ, mußte damit rechnen, daß ihm andere das abnahmen, was er am Leibe trug. Zwei solche Wegelagerer allerdings gerieten an den Falschen, als sie einem bekannten Fußballstar, der gerade mit seiner Frau nach Hause ging, am Lousberg den Weg verstellten und ihn rüde aufforderten, seine Kleidung auszuziehen.

Sie trug einen Pelzmantel und er einen dicken Ulstermantel. Der Sportsmann meinte, sie sollten sich die Sachen holen kommen. Zu ihrem Pech folgten die beiden der Aufforderung und wurden von dem Fußballstar kurzerhand zusammengeschlagen. Der eine erlitt einen Kieferbruch und der andere eine Armfraktur. Dann verständigte der Sportler den Krankenwagen. Doch nicht jeder war so gut in Form wie der Fußballer und mußte wohl oder übel seine Kleidung abgeben.

Die Textilingenieurschule, früher Webeschule genannt, öffnete im März wieder ihre Pforten, und zweihundert Studienwillige meldeten sich an.

In der Fabrik hatte man sich mehr schlecht als recht über den Winter gerettet. Zwanzig Prozent der Arbeiter und Angestellten hatten ihre Arbeit niedergelegt und waren von morgens früh bis abends spät auf Lebensmitteljagd. In der Sperrzone vor den Grenzen spielten sich täglich Dramen ab, doch der Drang nach drüben, in die gelobten Länder Belgien und Holland, ließ nicht nach, so sehr sich die Zollbehörden auch bemühten. Nun fuhren auch die Wagen der Besatzungssoldaten dort Streife, allerdings ohne den gewünschten Erfolg. Die Menschen setzten sich über jedwede Verordnung hinweg. Hein Krings und Albert Horsch, die groß im Geschäft waren, hatten auch manchmal herbe Verluste einzustecken, denn so einfach, wie das noch vor Monaten war, war es heute nicht mehr. Ein einzelner kleiner Fisch, der ein paar Packungen Zigaretten und etwas Kaffee herüberholte, interessierte die Zöllner nicht mehr. Aber die großen Trupps oder gar die, die mit dem Wagen von drüben kamen, das waren die interessanten Fälle. Hierauf konzentrierte sich die ganze Tätigkeit der Beamten, die Verstärkung in ihrem Fuhrpark erhalten hatten und jetzt Verfolgungen aufnehmen konnten, wo sie früher tatenlos zusehen mußten.

Einer dieser kleinen Fische, ein Bürschchen von vierzehn Jahren, schmal, rothaarig und trotz des Winters voller Sommersprossen, brachte seit einiger Zeit einmal in der Woche ein Paket zu Hans Dehlen und seiner Frau. Das Paket enthielt ein Brot, ein Pfund Butter und eine Schachtel Zigaretten. Absender war der Bauer Soiron. Der hatte den kleinen, flinken Burschen in Belgien gesehen, ihn angesprochen und ihm einen Vorschlag gemacht, auf den der Junge einging. Wenn er Hans ein Paket brachte, bekam er von Soiron den gleichen Wert noch einmal für sich. Lydia rechnete schon mit dem Kleinen und nahm das Paket freudig in Empfang. Sie konnte sich aber dem wieselflinken Kerlchen gegenüber einer gewissen Abneigung nicht erwehren und war stets froh, wenn er ihre Wohnung wieder verlassen hatte. Die schnelle, listige Art dieses Jungen, dessen blanke Augen ihre gesamte Wohnung zu erfassen schienen, war ihr unangenehm. Zu Hans sagte sie: „Ich kann dir nicht sagen, was mich an ihm abstößt, aber in mir ist ein Gefühl, das gegen den Kleinen spricht." Lydias Skepsis sollte sich bewahrheiten, denn der kleine Schmuggler blieb plötzlich aus. Später erfuhr Hans, daß Soiron, als er hörte, daß Hans geheiratet hatte, ein besonders großes, reichbestücktes Paket geschickt hatte. Doch dieses Paket war nie angekommen. Der kleine Strolch hatte nicht widerstehen können und es nicht abgeliefert.

***

Der frühere Appreturleiter Franz Lahaye, ein schlanker, dunkelhaariger Mann, kam aus der Gefangenschaft nach Hause und meldete sich ein paar Tage später in der Fabrik. Hans Dehlen und Jansen nahmen ihn in Empfang. Arbeiten konnte Lahaye jedoch nicht, die russische Gefangenschaft hatte ihm arg zugesetzt, und er war froh, daß er sich einigermaßen auf den Beinen halten konnte. Für Anstrengungen jedweder Art war Lahaye zu schwach. Sein Kommen galt in erster Linie seinem Arbeitsplatz, und Hans versicherte ihm, daß er jederzeit wieder hier arbeiten könne. Interessiert sah er sich den Neubau der Appretur an und fachsimpelte mit Jansen fast eine Stunde lang über die Neugestaltung der Einrichtung und der Maschinen.

„Schade, daß der Mann so stark mitgenommen ist", sagte Jansen, als Lahaye gegangen war. „Er war stets ein ruhiger, kompromißbereiter Mitarbeiter. Dazu ein Fachmann, wie Sie ihn suchen müssen. Den können wir gut gebrauchen, und ich hoffe, daß er bald wieder auf die Beine kommt."

„Können wir im Augenblick etwas für ihn tun?"

Jansen schüttelte den Kopf. „Im Augenblick nicht, Herr Dehlen. Wir sind derart knapp an allem und haben alle Hände voll, wenn wir die andern bei Laune halten wollen. Es ist einfach nicht genug da. Wir merken es ja auch an uns selbst, auch wenn wir noch in der glücklichen Lage sind, wenigstens etwas dagegen zu unternehmen. Doch leider reicht es vorne und hinten nicht. Denken Sie nur an die, die uns verlassen haben und uns nun als Arbeitskraft fehlen. Jeden Morgen überlegen wir, wie wir die Kurve kriegen, schieben die Leute wie auf einem Schachbrett hin und her und sind jeden Morgen erfreut oder erschreckt, wenn wir sehen, wer heute zur Fabrik kommt und wer nicht."

Doch die Fabrik lief weiter. Die Maschinen hatten nicht ein einziges Mal stillgestanden. Selbst bei der letzten Hungerdemonstration, als sich fast alle daran beteiligt hatten, waren genügend hier geblieben, um die dringensten Arbeiten weiterzuführen.

„Wenn ich andere Betriebe und Handwerker ansehe, die ich kenne, Herr Dehlen, dann komme ich immer wieder zu der Feststellung, daß wir es hier schon ganz richtig angefaßt haben und natürlich auch viel Glück hatten. Aber was sich jetzt tut! Ich weiß beim besten Willen nicht, wie das weitergehen soll. Haben Sie sich einmal in der Stadt umgesehen? Haben Sie die Nachrichten gehört? Da sind doch die beiden Führer der großen Parteien, der Adenauer und der Schumacher, zusammengekommen und haben gemeinsam Pläne geschmiedet, wie wir den nächsten Winter überstehen können. Die Kohlen gehen zu Ende, der Strom wird immer länger abgeschaltet. Die Rationen sind wieder gekürzt worden. Das Elend greift in erschreckendem Maße um sich. Viele Alte krepieren, jawohl, Herr Dehlen, krepieren, denn Sterben stelle ich mir anders vor. Die Menschen gehen regelrecht vor die Hunde. Da hat doch in Amerika ein ehemaliger Präsident, Hoover heißt er, dem Truman von seiner Deutschlandreise berichtet und ihm empfohlen, die Demontagen einzustellen, denn man könne aus Deutschland kein Hirtenland machen. Aber, Herr Dehlen, wenn das so weitergeht, dann werden wir noch etwas ganz anderes als ein Hirtenland, dann … dann kann uns nur noch der Herrgott helfen." Jansen schlug mit der Hand auf die Schreibtischplatte.

„Wir haben auch nichts davon, wenn wir einigermaßen über die Runden kommen und die anderen vor die Hunde gehen. Die gehören alle mit dazu. Ohne die läuft nichts. Daran sollte man denken. Wenn wir alle, ich meine die Alliierten und uns, nicht in der Lage sind, das abzubremsen, was da läuft, dann geht es uns noch so schlecht, daß wir uns nach der heutigen Zeit zurücksehnen werden. Dieser verdammte Krieg hat nämlich auch viele unserer Nachbarn kaputtgemacht. In Frankreich ist der Teufel los. Die rechnen jetzt mit den Kollaborateuren ab. Fragen Sie nicht wie. Die haben die Miliz, die unter Petain im unbesetzten Frankreich war, reihenweise an die Wand gestellt und erschossen. General de Gaulle hat damals aus England alle, die keinen Widerstand gegen die Deutschen geleistet haben, zu Verrätern erklärt. Den Frauen, die sich mit Deutschen eingelassen hatten, scheren sie die Köpfe und treiben sie durch die Stadt, wo sie mit Hohn und Spott überschüttet werden."

Jansen wischte sich die Augen. „Die Belgier haben jeden jungen Mann, der dem Hitler in die Falle ging mit seiner Germanenmasche, zum Tode verurteilt. Nun leben diese jungen Leute im Untergrund und werden gejagt." Jansen saß erschöpft auf seinem Stuhl. Wieder wischte er sich über Augen und Stirn, als wolle er die Gedanken dahinter verjagen.

„So ist nun einmal die Welt, Herr Jansen. In Zeiten der Gewalt, und die haben wir seit langen Jahren, werden selbst brave Bürger zu Hyänen. Da wird ein uraltes Gefühl wie die Rache ganz groß herauskommen. Aber ich hoffe immer noch, daß sich auch das eines Tages verschleißt. Ich glaube an den gesunden Menschenverstand der Maßgebenden. Das, was zur Zeit geschieht, kann nicht mehr lange gutgehen. Das wird man einsehen müssen, und es wird gehandelt werden müssen."

„Glauben Sie das?" Jansens Augen waren rot, als habe er geweint. Sein Gesicht schien eingefallen. „Herr Dehlen, ich bin ein sanguinisches Temperament, war immer ein lustiges Haus, aber ich muß Ihnen sagen, mir ist die gute Laune vergangen. Ich kann den Mist nicht mehr sehen!"

Hans legte eine Hand auf Jansens Schulter. „So wie Ihnen, Herr Jansen, geht es mir auch, und ich muß alle Kraft aufbieten, um dagegen anzukämpfen. Es ist schwer, ich weiß das, aber, Herr Jansen, solange wir noch einen Funken Leben in uns haben, müssen wir kämpfen und unsere Bemühungen dürfen nicht nachlassen, solange noch Hoffnung da ist."

„Ist denn noch Hoffnung da?" Jansens Stimme war heiser.

Hans beugte sich vor. „Hoffnung ist immer da. Auch das liegt in der Natur des Menschen. Neben der Grausamkeit, dem Unrecht, das geschieht, dem Sterben, dem Verhungern und Erfrieren, ist immer noch ein Funken Hoffnung da. - Ich bin vor ein paar Tagen an einer Schrebergartensiedlung vorbeigekommen und hörte dort Gesang. Herr Jansen, da hat jemand gesungen. Es war eine Frau mit einer schönen Stimme. Begleitet wurde ihr Gesang von einer Ziehharmonika. Die ganze Siedlung hatte sich um die Laube geschart, trotz der schneidenden Kälte. Ich habe mich dazugestellt. Sie muß schon länger gesungen haben, das sagte mir mein Nebenmann ergriffen. Der Mann heulte. Die Frau sang von der Liebe und der Hoffnung, und die Menschen fühlten mit ihr. Herr Jansen, ich bin jünger als sie und gerade verheiratet. Meine Frau möchte ein Kind haben. Können Sie das verstehen? Sie will ein Kind in dieser Zeit. Schauen Sie zurück, und stellen Sie sich noch einmal unsere Fabrik vor, wie sie war, als wir hier angefangen haben, und dann vergleichen Sie das mit dem, was heute hier ist. War das damals nicht auch Hoffnung, die wir hatten, die ich hatte und die auch Sie hatten, sonst hätten wir doch gar nicht angefangen und statt dessen den Kram liegenlassen. Wir hatten alle Hoffnung, und sie war berechtigt. Herr Jansen, wir sollten erst gar keine Zweifel aufkommen lassen und einfach weitermachen, und wenn es zeitweise nicht so geht, wie es uns passen würde, dann eben später. Es muß nur immer ein Ziel geben. Wenn es eines Tages nicht mehr gehen sollte, dann werden wir das schon merken. Aber soweit ist es noch nicht, und wir alle, die hier arbeiten, werden es auch nicht soweit kommen lassen!"

Helga saß stumm auf ihrem Platz im Nebenraum. Sie hatte alles mitangehört und kämpfte gegen die Tränen. Gedanken, die sie verdrängt hatte, waren durch Jansens Worte aufgewühlt worden. Auch sie suchte nach Hoffnung, und Josef Kroll war ihr dabei eine Stütze. Sie sehnte sich nach seiner Gegenwart. Auch er war, genau wie Hans, ruhig und gefaßt, trotz aller Mühe und allen Leids. Geduld muß man haben und kämpfen und sehen, daß man nicht untergeht.

***

Der Winter 1946/1947 hatte sich lange hingezogen. Nun war er endlich zu Ende. Die Sonne kam gelegentlich durch, wenn in den nach Osten ziehenden Wolken eine Lücke entstand. Die Stadt und das Land erhoben sich wieder. Allerdings nur langsam, denn der Winter hatte ihnen stark zugesetzt, und das Ende der Frosttemperaturen brachte noch manch unangenehmes Nachspiel, denn nun zeigte sich, wieviele Wasserrohrbrüche entstanden waren. Kein Wunder, denn die Leitungen waren, als man sie verlegte, mit mangelhafter oder gar ohne jede Isolation in die Wohnungen geführt worden, weil es einfach daran fehlte. Selbst innerhalb der schlecht geheizten Wohnungen waren Wasserrohrbrüche zu beklagen. Die Bewohner mußten auf eine warme Tasse Malzkaffee verzichten, damit die Rohrbrüche repariert werden konnten. Ganze Häuserzeilen wurden aus Sicherheitsgründen abgesperrt, weil aufragende Mauerreste beim Auftauen den letzten Halt verloren hatten und zusammengefallen waren. Es hatte schon Verletzte und einen Toten gegeben. Ein Mann war von einem einstürzenden Mauerrest erschlagen worden.

Der Marktplatz war nun ganz vom Schutt befreit. Das Loch in der Rathausfassade klaffte dunkel und drohend, und die Holzstützen, die der Fassade Halt gaben, ragten weit in den Platz hinein. Die Schutträumung ging in den angrenzenden Straßen weiter. Täglich waren viele Menschen damit beschäftigt, und die Trümmerfrauen arbeiteten mit groben Handschuhen und reichten die Steine von Hand zu Hand. Lastwagen standen bereit, die Steine fortzutransportieren.

Die eigentliche Aufbauarbeit aber kam nur ganz langsam voran, weil die Möglichkeiten und die Kraft dazu nicht vorhanden waren. Das Geld hatte keinen Wert, die Valuta war das Objekt, und wer darüber verfügte, konnte sich auf Geschäfte einlassen, die ihm Gewinn brachten. Fast immer in Form von „Fressalien".

Auf dem Schwarzmarkt war ein neuer Typ aufgetaucht, der alles besorgen konnte, wenn man etwas zu bieten hatte. Die Gegensätze zwischen Haben und Nicht-Haben waren unermeßlich groß. Viele Schwarzhändler hatten alles, die meisten anderen nichts.

Für Zigaretten waren fast alle Lebens- und auch Genußmittel zu bekommen..

Auch die Damen des ältesten Gewerbes der Welt verlangten Zigaretten oder Naturalien für ihre Dienste.

***

Inge Dehnen ging es gut. Zweifelsfrei hatten dies die Behandlungen Dr. Ferys bewirkt, den sie immer noch besuchte, allerdings in größeren Abständen. Sie machte Spaziergänge mit ihm, die zur Behandlung gehörten und während derer er sie weiter beeinflußte. Ihr Zustand schien jedenfalls so stabil, daß ihr Vater ihr riet, etwas zu unternehmen. Er dachte an ein Studium, das sie aufnehmen sollte, und meinte: „Such dir einen Beruf, Inge! Laß dir Zeit und wähle kritisch. Das Angebot ist zur Zeit nicht groß, aber nimm nicht das Erstbeste. Denk daran, daß du diesen Beruf ein Leben lang mitschleppen mußt. Hast du schlecht gewählt, hängt er dir wie ein Klotz am Bein und macht dich unglücklich."

Sie suchte das Sekretariat der Technischen Hochschule auf, wo man ihr ein Chemiestudium anbot, aber gleichzeitig keinen Hehl daraus machte, daß sie viel Zeit für Hilfsarbeiten wie die Instandsetzung von Labors und Apparaten investieren müsse. Das hätte sie nicht gestört, wenn nicht die verwüsteten Räume gewesen wären, in denen man sich einzurichten versuchte. Aber so wie dort, wo sie eingesetzt werden sollte, sah es in den meisten Bereichen und Instituten der TH aus, und auch hier ging aus Mangel an allem alles nur langsam vorwärts. Sie bewunderte die Einsatzbereitschaft der vielen Studenten, die sich hier von morgens früh bis abends spät eifrig abmühten. Sie selbst aber hatte nicht die Kraft und die Unvoreingenommenheit dieser jungen Leute. Die mühsam zurechtgeflickten Räume, Labore und Werkstätten, das staubige Grau der ganzen Umgebung hatte sie abgeschreckt, und sie hatte Beklemmung und Angst empfunden.

Die neueröffnete Textilingenieurschule in der Nähe der Fabrik hatte einen besseren Eindruck auf sie gemacht. Hier war die Zerstörung nicht so gravierend gewesen. Außerdem war diese Anstalt kleiner und schon wieder in einem recht guten Zustand. Die Textilschule verfügte noch über einige Labors und auch über Maschinen, während die Einrichtungen der TH weitgehend ausgelagert worden waren und noch auf ihre Rückführung warteten. Die innerhalb Deutschlands ausgelagerten Einrichtungen würden sicherlich bald wieder zur Verfügung stehen, wenn Aufstellplätze geschafft worden waren, aber die Geräte, die man ins benachbarte Ausland gebracht hatte, waren nicht verfügbar und würden beschlagnahmt werden.

Ihr Vater war sofort einverstanden, als Inge ihm mitteilte, daß sie die Textilschule besuchen wolle. Ihm sagte diese Anstalt schon aus naheliegenden Gründen eher zu als die TH. Ein Studium an der Textilschule paßte besser zur Fabrik.

Es war eine nette Clique, in die Inge Dehlen hineingeriet. Lauter junge Menschen ihres Alters, deren unbeschwerte Fröhlichkeit sie animierte, das lustige Treiben mitzumachen. In ihrem Lehrgang waren sechs Mädchen und vier junge Männer, die alle als Soldaten den Krieg erlebt hatten. Einem von ihnen fehlte der linke Unterschenkel, doch bewegte er sich flott auf zwei Stahlrohrkrücken fort.

Den Unterricht fand Inge interessant, und sie arbeitete ernsthaft und emsig. In den Pausen hockten sie auf den Laborschemeln und tranken Kaffee. Jürgen Blom, der junge Mann mit den Krücken, trotz seiner Behinderung sehr beweglich und aktiv, erzählte, unter welch abenteuerlichen Umständen er sich seine Bude eingerichtet hatte. Die Schilderungen Jürgen Bloms über das Herrichten seiner Bude hatte alle berührt, und jeder von ihnen stellte sich wohl vor, wie der körperlich doch behinderte junge Mann das wohl angestellt hatte. Karola Hahn, eine der Studentinnen, hatte ein besonderes Interesse, und sie organisierte, ohne Wissen von Blom, einen Besuch. Jeder wollte mit, niemand schloß sich davon aus. Man kam zu dem Entschluß, Jürgen Blom am Samstagnachmittag den Besuch abzustatten. Einhelliger Beschluß: „Blom, wir wollen deine Bude sehen und kommen am Samstag zu dir!"

Blom war überrascht und brauchte ein paar Sekunden, dann aber sagte er, daß er sich auf den Besuch freue.

„Ich werde Scheiterhaufen machen", verkündete Karola Hahn und erklärte den anderen, wie sie das anzustellen gedachte. „Weißbrot und die anderen Sachen bringe ich mit, und wenn von euch noch jemand etwas mitbringen kann, wäre das toll. Wir können dem armen Blom ja nicht die letzten Reserven wegessen."

Man traf sich zum vereinbarten Zeitpunkt vor Bloms Haus. Karola Hahn mit einer großen Tasche. Inge Dehlen hatte Pulverkaffee bekommen, und von den anderen kam etwas Mehl und ein paar Zigaretten. Ein Bauernsohn spendierte ein Pfund Butter.

Jemand betätigte die Haustürklingel, und Jürgen Blom öffnete die Tür. Sein Gesicht war leicht gerötet. Das Haus, in dem er seine Bude gefunden hatte, war durch einen Bombe halbiert worden, das heißt, eine Hälfte war von der anderen sauber abgetrennt, und wenn man das von außen sah, konnte man an dem stehengebliebenen Teil noch die Anordnung der ehemaligen Zimmer sehen, die Bilder und die Waschbecken an den Wänden.

Blom bewegte sich geschickt mit seinen Gehhilfen und ging als erster die Treppen hinauf. Die letzten Stufen waren ohne Geländer, und Blom sagte: „Bei der großen Kältewelle hat einer das Geländer heimlich abgebrochen und in seinen Ofen wandern lassen." Sie betraten sein Zimmer. Für Sitzgelegenheiten hatte er gesorgt und, da seine Stühle nicht ausreichten, noch einige flache Kisten beschafft. An einer Wand befand sich eine verrammelte Tür, die zum Nachbarraum führte, der aber nicht mehr bestand. Sein Bett stand in einer Ecke. In einem einfachen Holzregal lagen seine Bücher, und dort standen auch Teller und Tassen, Gläser und Besteck. Der Kanonenofen befand sich mitten im Zimmer. Blom erzählte, wie er sich in den kältesten Tagen sein Bett bis dicht an den Ofen geschoben hatte.

Nachdem Karola Hahn Teller verteilt hatte, ging sie daran, den Scheiterhaufen zu machen. Sie schnitt Weißbrotscheiben ab, tunkte sie in ein Milch-Eier-Gemisch und briet sie mit Butter in der Pfanne. Warm kamen sie auf den Teller und wurden mit etwas Zucker bestreut. Inge, erst skeptisch, mußte zugeben, daß es gut schmeckte. Der Bauernsohn schien besonderen Spaß an dieser Zusammenkunft zu haben und lud später alle zu sich ein. Man sagte zu, aber seine großkotzige Art störte die anderen ein wenig. Es dämmerte schon, als sie aufbrachen. Karola blieb noch. Sie wollte noch ein bißchen Ordnung schaffen. Fritz Baumann bot sich an, Inge nach Hause zu bringen. Er war mit dem Rad gekommen und schob es jetzt. Während Inge schwieg, redete er ununterbrochen und erzählte von seinem Einsatz in Italien, wo er leicht verwundet worden war. Baumanns Erzählungen hatten bei Inge unangenehme Erinnerungen wachgerufen, und sie fühlte, wie sich in ihr etwas zusammenzog. Sie hatte ihn reden lassen und versuchte nicht mehr hinzuhören, als er von dem Lazarett erzählte, in das er damals verwundet eingeliefert worden war. Als er sie fragte, ob sie wisse, wie es in einem Lazarett aussehe, hatte sie ein gepreßtes „Ja" herausgebracht. Er schaute sie verblüfft an und meinte, er habe sie nicht mit seinen Geschichten erschrecken wollen.

Nun waren sie angekommen. Inge blieb vor der kleinen Seitenpforte stehen und reichte Baumann die Hand. Sie bedankte sich für seine Begleitung und wollte sich umdrehen. Doch Baumann hielt sie fest, und als sie ihre Hand zurückziehen wollte, zog er sich nahe an sich heran und küßte sie auf den Mund. Inge Dehlen wurde steif wie ein Brett, und trotz des spärlichen Lichtes sah er ihre Veränderung. Er fühlte ihren starren Körper und sah die großen, erschrockenen Augen.

„War wahrscheinlich dein erster Kuß", meinte er konfus und trat einen Schritt zurück.

Inge antwortete nicht. Sie drehte sich um und lief ins Haus.

***

Die letzten Meter zum Haus stiegen etwas an, und Kroll ging langsam hinauf. Er war müde. Heute war wieder einmal ein anstrengender Tag gewesen, und er fühlte sich geschlaucht. Zuerst die Verteidigung für einen Mann, dessen Frau behauptete, er habe ihre Tochter aus erster Ehe mißbraucht. Mühevolles Hickhack nach allen Seiten. Der Mann leugnete, die Mutter behauptete steif und fest, das Mädchen schwieg und war durch nichts dazu zu bewegen, den Mund aufzumachen. Zureden half auch nicht weiter, und als der Richter sah, daß es kein Weiterkommen gab, wurde vertagt. Kroll hing alles zum Hals heraus. Außerdem hatte er Kopfschmerzen, und wenn er die Blicke und das Gehabe der Dreizehnjährigen sah, dann wußte er auch nicht mehr, was er denken sollte. Danach die Sache mit dem Alkohol. Es handelte sich dabei um einige Fässer Alkohol für Versuchszwecke, die gestohlen worden waren. Der Angeklagte stand in dem Verdacht, der Dieb zu sein, was er hartnäckig leugnete. Der Kläger, Leiter eines Auslieferungslagers einer chemischen Fabrik, hielt seine Beschuldigung aufrecht. Das Schwierige an der Sache war, daß von den fünf verschwundenen Fässern zwei mit Methylalkohol gefüllt waren. Die anderen enthielten zwar Äthylalkohol, aber der war nicht für den Genuß bestimmt und gesundheitsschädlich.

Dem Kläger ging es um die Herbeischaffung des gestohlenen Gutes, dem Richter und den Beisitzern um die Verhütung von Schäden, denn daß aus dem Alkohol etwas zum Trinken gemacht werden würde, das stand fest. Fälle dieser Art waren schon oft vorgekommen, und gewissenlose Burschen hatten aus Alkohol jeder Provenienz Liköre und harte Sachen gemixt. Es hatte schon Tote gegeben. Um dem vorzubeugen, veranlaßte der Richter, nachdem ein Sachverständiger eine ernste Warnung ausgesprochen hatte, einen Aufruf in den Tageszeitungen und eine Warnung durch den Rundfunk.

Der Staatsanwalt war heute quengelig, und es lief nichts so flüssig, wie Kroll es sich gewünscht hätte. Er hielt seinen Klienten für unschuldig. Sein Klient wohnte neben der chemischen Fabrik und war von dem Kläger auf deren Gelände gesehen worden. Der gab das zu, sagte aber, daß er seinen Hund gesucht habe, der manchmal über dieses Gelände lief. Kein Abschluß kam zustande, und Kroll war froh, als er den Saal verlassen konnte. Zu einem Mittagsimbiß kam er nicht. Am Nachmittag hatte er mit zwei Klienten zutun, die ihn, jeder auf seine spezielle Art, zur Raserei brachten, weil sie herumsalbaderten und nichts Konkretes von sich gaben. Bei dem einen merkte er sofort, daß etwas im Busch war. Bei dem anderen fehlten noch eine Reihe von Dokumenten.

Die letzten Schritte waren getan, und er griff nach seinem Schlüssel, doch dann öffnete sich die Türe und seine Mutter stand vor ihm.

„Johanna ist da", sagte sie und wies mit ihrem Kopf nach hinten. „Sie sitzt im Wohnzimmer."

Womit habe ich das verdient, dachte er einen Moment, aber dann zuckte er mit den Schultern. Heute lief aber auch alles schief. Müde und zerschlagen trat er ins Wohnzimmer

Johanna stand am Fenster und rauchte. Mit einem Schwung drehte sie sich zu ihm um. Sie hatte immer alles mit viel Elan gemacht, das wußte er und ging langsam auf sie zu.

Sie drückte die Zigarette in den großen Aschenbecher und streckte ihm theatralisch beide Hände entgegen.

„Hast du mich vermißt?“ fragte sie und drückte eine Wange gegen seine. Kroll war sofort hellwach. Normalerweise hätte sie ihn auf den Mund geküßt, nach dieser langen Trennung erst recht. Warum also jetzt nicht? Dafür konnte es nur einen Grund geben. Sie wußte von Helga und lauerte nun böse wie eine Schlange. Er sah sie an, aber in ihrem Gesicht war nichts zu lesen. Sie lächelte ihn an. Wenn sie böse war, dann merkte er es ihr an. Das hatte er im Laufe ihres Zusammenseins oft erfahren, und selbst dann, wenn alles wieder eingerenkt war und sie sich wieder versöhnt hatten, wirkte bei ihr das Vorhergegangene noch insofern nach, als sie außerstande war, ihn auf den Mund zu küssen. Das hatte sie ihm einmal gesagt.

„Ich freue mich, daß du wieder hier bist.“ Das klang unverbindlich. „Du siehst gut aus. Es geht dir also auch gut?“

„Danke, Josef. Mir geht es sehr gut.“

Kroll bot ihr einen Platz an. Sie setzten sich einander gegenüber. „Einen Schluck Wein könnte ich dir anbieten“, begann er, aber sie winkte ab. „Danke, Josef, ich bin müde von der Reise und möchte bald gehen. Sei mir bitte nicht böse, daß ich es dir abschlage, aber ich möchte jetzt nichts trinken.“

Sie schwiegen einige Sekunden. Ihm war ihr Verhalten fremd. Wie sie sich heute gab, hatte er sie noch nie erlebt. So lammfromm, sie, die sonst vor Temperament fast platzte. War sie krank? Ein Blick in ihr Gesicht genügte, um ihm zu sagen, daß dies nicht der Fall war. Sie sah trotz ihrer Müdigkeit blühend aus.

Da sie nichts sagte, begann er wieder. „Bleibst du zu einem kleinen Essen hier? Ich weiß gar nicht, was es heute gibt. Du weißt ja, wie das ist, und kennst die veränderten Verhältnisse, unter denen wir heute leben müssen. Ein Häppchen vielleicht?“ Im gleichen Augenblick kam er sich reichlich albern vor. Was sollte der Quatsch. Auch er war müde, außerdem kannten sie einander doch so gut, daß er sich keinen Zwang auferlegen mußte. So, wie das Gespräch bisher verlaufen war, war nichts Vernünftiges gesagt worden, es wurde höchste Zeit, daß dies geschah.

Zu dem Häppchen hatte Johanna abgewinkt, und er fragte jetzt: „Johanna, du hast doch etwas auf dem Herzen, das sehe ich doch.“

Sie sah ihn einen Augenblick an, zog dann ihren linken Handschuh aus. „Josef, wir sind doch gute Freunde?“

„Natürlich sind wir das.“

„Das heißt, eigentlich mehr als gute Freunde. Wir sind verlobt. - Oder?“ Aha, dachte er. Jetzt kommt das sogenannte Eheversprechen. Zu ihrer Frage nickte er nur. „Und eine Verlobung, Josef, das ist doch ein Eheversprechen?“ Er fühlte sich wie das Kaninchen vor der Schlange und versuchte fieberhaft, eine passende Antwort zu finden, denn nun war ihm klar, daß sie von Helga wußte und ihn an sein Versprechen erinnerte. Sie würde ihn heiraten wollen und würde dafür mit allen

Mitteln kämpfen. Er fühlte Schweiß auf seiner Stirn. Die will mich kassieren, dachte er und holte tief Luft.

Sie schaute ihn an und wartete auf seine Antwort, und er nickte wieder, wußte aber im gleichen Augenblick, daß Johanna sich auf Dauer mit seinem Nicken nicht zufrieden geben würde. Im Geiste sah er sie schon aufspringen, so, wie sie das schon so oft gemacht hatte. Aber sie blieb sitzen und lächelte. Was hat sie vor? Ich kenne sie. Das ist nicht ihre Art, so nachsichtig und geduldig auf ein Nicken zu reagieren. Er wischte sich wie zufällig über die Stirn, seine Hand war feucht. Er krampfte seine Hände um die Sessellehnen. Was sie ihm sagen würde, war ihm nicht bekannt, aber heiraten würde er sie nicht. Dieser Entschluß stand fest.

Sie öffnete den Mund. Ihr Lächeln war verschwunden, wie ausgelöscht, und er wartete auf den Fangschuß.

„Josef, - ich bin gekommen, um dich zu sehen und um etwas mit dir zu besprechen." Sie senkte den Blick auf die Handschuhe auf ihrem Schoß. „Ich habe, seit ich Aachen verlassen habe, auf einem Gut in Westfalen gelebt. Man hatte mich da einquartiert. Ich habe mich gut eingelebt, fühle mich sehr wohl und möchte dort bleiben."

Sie schwieg.

Kroll verstand die Welt nicht mehr. Heute ist wirklich ein mieser Tag, dachte er. Daß Johanna so ruhig blieb, war ihm sofort spanisch vorgekommen, aber nun, nachdem sich daran nichts änderte und sie stets mit leiser Stimme sprach, kam der Gedanke, daß er sich mit seinen Vermutungen geirrt haben könnte. Was aber jetzt kam, wie das Spiel weiterging, wußte er nicht, und das machte ihn nervös.

„Willst du mich mit auf dieses Gut nehmen?" fragte er aufs Geratewohl.

Nun schaute sie ihn fast erschrocken an. „Nein, Josef. Ich möchte dich um dein Einverständnis bitten, die Verlobung zu lösen. Daß du mir das Eheversprechen, das ich dir gab, zurückgibst."

„Ja, - ich meine, ich denke. Entschuldige, ich bin so überrascht, daß mir im Augenblick die Worte fehlen. Johanna, du siehst mich vollkommen perplex." Er erhob sich und machte ein paar Schritte durch das Zimmer.

„Es fällt dir schwer, meinem Wunsch zu entsprechen?"

„Ja, - nein, ach Gott, Johanna, wir sind doch zwei erwachsene Menschen und keine Kinder. Wenn es dein Wunsch ist, das Verlöbnis zu lösen, dann entspreche ich dem natürlich. Ob ich das gerne oder ungern tue, das ist meine Sache", fügte er hinzu und kam sich wie ein Heuchler vor. „Aber wenn es dein Wunsch ist, bitteschön."

„Ich danke dir, Josef." Johanna hatte sich erhoben und reichte ihm die Hand, die bereits wieder behandschuht war. „Wir werden Freunde bleiben."

Ehe er noch etwas sagen konnte, steuerte Johanna schon auf die Tür zu und wollte sich von seiner Mutter verabschieden, bevor sie das Haus verließ.

In seinem Kopf summte es wie in einem Bienenhaus. „Ist denn heute die ganze Welt verrückt?", fragte er seine Mutter, als sie das Zimmer betrat.

„Wieso glaubst du das, Josef?"

„Nun, das mit Johanna. Die ist doch derart verändert, daß ich schon dachte, sie sei krank. Dieses leise Getue, das bin ich doch von ihr nicht gewöhnt."

Er schüttelte den Kopf.

„Das war Johannas Vornehmheit", sagte seine Mutter.

„Vornehmheit, wieso?"

„Johanna heiratet den Gutsbesitzer, einen Freiherrn!"

***

Franz, der Uhrmacher und Berater von Hein Krings, wenn es um Gold und andere Edelmetalle ging, hob beschwörend die Hände und drehte die Augen zum Himmel. „Ich schwöre jeden Eid, Hein, daß an der Sache was dran ist. Mein Schwager ist keiner von den Dummköpfen, die nur blödes Zeug daherreden. Wenn der etwas sagt, dann hat das Hand und Fuß." Franz hatte mit soviel Engagement geredet, daß er jetzt ganz schlapp war.

Hein, Franz und Albert Horsch saßen zusammen in Heins Küche und besprachen das, was Franz ihnen berichtet hatte. Da es sich um eine wichtige Sache handelte, jedenfalls tat der Uhrmacher so, war die Weiblichkeit ausgeschlossen worden.

Hein und Albert hatten den Uhrmacher, ohne ihn zu unterbrechen, angehört, und Hein fragte: „Albert, was hältst du von davon?"

Albert wiegte den Kopf. „Franz erzählt immer nur das, was er genau weiß und kommt nie mit irgendwelchen Fantastereien, aber in diesem Fall gibt er uns etwas weiter, was er über seinen Schwager gehört hat. Selbst gesehen hat er nichts."

Der Uhrmacher sprang hoch und wollte etwas sagen, aber Hein winkte ab, und Franz fiel auf seinen Stuhl zurück.

„Wenn sein Schwager glaubhaft ist, Franz behauptet das ja, dann bin ich dafür, daß man es sich einmal ansieht."

„Wo steht denn das Haus?" fragte Krings.

„In der Eifel, hinter Udenbreth. Es liegt in einem Wald. Ist so eine Art Jagdhaus. Hat sich ein großer Nazi aus Köln vor Jahren gebaut, weil er dort auf die Jagd ging. Hatte denselben Fimmel wie der Göring. War auch so angezogen wie der, mit dem weißen Hemd und der Lederjacke ohne Ärmel und dem grünen Hut auf dem Kopf. Und dieser Nazi hat, das weiß mein Schwager ganz genau, allerhand wertvollen

Kram in dieses Haus gebracht. Das meiste davon soll der aus Frankreich rangeschleppt haben."

„Und hat sich niemand darum gekümmert? Ist der Nazi nicht zurückgekommen ? Irgendwas muß doch in der ganzen Zeit dort passiert sein?"

„Eben nicht." Der Uhrmacher stand auf und beugte sich über den Tisch zu Hein Krings hinüber. „Hein, du weißt doch so gut wie ich, daß viele Nazigrößen im besetzten Ausland geklaut haben wie die Raben und sich eine Menge auf die Seite schafften. Ich jedenfalls habe schon gehört, daß man ganze Lager von denen gefunden hat. Davon hast du doch auch gehört?"

Hein nickte zustimmend und blickte schnell zu Albert Horsch hinüber. „Ja", sagte er dann. „Davon habe ich auch gehört."

„Siehst du, und das ist auch so ein Fall. Da hat ein Nazi sich was zusammengehortet und in ein einsames Haus gebracht, und heute liegt die ganze Chose da, und kein Mensch kümmert sich darum."

„Was glaubst du, wo der Nazi und seine Familie abgeblieben sind ?"

Franz zog seine schmalen Schultern hoch. „Das weiß niemand. Seit dem Kriegsende steht das Jagdhaus mit den Klamotten da, und niemand hat sich bisher darum gekümmert."

„Aber was denken die Bewohner des nächsten Ortes sich denn?"

„Der nächste Ort ist ein kleines Kuhdorf, nur wenige Häuser. Von denen denkt keiner und hingehen tut auch keiner. Einmal, weil es ein paar Kilometer sind, und zweitens, weil sie Angst vor Selbstschüssen haben. Man erzählt sich dort, daß der Nazi sowas angebracht hatte. Ob das allerdings stimmt, das kann dir keiner sagen. Die Straße oder der Weg zu diesem Haus muß doch frei von dem Zeug sein, sonst hätte sich der Nazi selbst in die Luft gejagt. Das ist heute aber alles vergessen, und kein Mensch redet mehr davon."

„Aber dein Schwager? Wo wohnt der denn?" fragte Albert Horsch.

„Er hat sich in dem kleinen Kuhdorf ein Haus gekauft und wohnt dort seit einigen Jahren. Das ganze Getue mit dem Jagdhaus hat er noch mitgekriegt und beobachtet, und das, was vor seiner Zeit dort geschah, hat er von einem Mann gehört, der an diesem Haus als Handlanger mitgebaut hat. Der hatte den Nazi aus Köln gut gekannt. Der Handlanger hat noch die hochbeladenen Wagen kommen sehen, die das Zeug gebracht haben und das nicht nur einmal. Zur Zeit des Frankreichfeldzuges soll das oft vorgekommen sein."

Sie schwiegen, und Hein Krings sah zu seinem Kompagnon hinüber. „Albert, was hältst du davon?"

„Ansehen kostet nichts, Hein. Nur den Sprit bis dorthin."

„Das Haus liegt im Sperrgebiet", sagte der Uhrmacher. Dann überlegte er kurz und meinte: „Wenn ihr dahin fahrt, dann umgeht den Ort. Es gibt einen Weg, und ich habe meinen Schwager beauftragt, einen genauen Plan zu machen, das Dorf mit seinen Straßen und so weiter. Ich hoffe, daß der Plan in ein paar Tagen bei mir ist. Dann komme ich sofort zu euch."

„Okay, Franz, ansehen können wir uns den sogenannten Plan ja mal."

„Das ist kein sogenannter Plan", bellte Franz. „Das ist eine hieb- und stichfeste Sache, Hein, darauf kannst du Gift nehmen."

„Wie soll das denn geschäftlich aussehen, Franz, wenn etwas dabei herauskommt? Wie habt ihr euch das vorgestellt?"

„Zwanzig Prozent für meinen Schwager und zehn für mich."

„Vergiß es, Franz!"

„Wieso denn das? Hältst du mich tatsächlich für einen Anfänger, daß ich die Kastanien für andere Leute aus dem Feuer hole und Kopf und Kragen riskiere, damit dein Schwager zwanzig Prozent kriegt? Der wohnt mit der Nase an dem Haus. Warum geht er nicht selbst einmal rüber und holt sich, was dort ist?"

„Ja , - der ..."

„Aha, siehst du, der ist zu schlau, sich die Finger zu verbrennen, das will der uns überlassen. Zehn Prozent für deinen Schwager und zehn für dich, sonst läuft nichts."

„Gut, einverstanden, Hein."

Hein füllte die Schnapsgläser. „Franz, ich kenne dich lange. Du bist ein zuverlässiger Mann. Wenn ich das tue, wenn ich mich um diese Sache mit dem Haus kümmere, dann nur, weil der Vorschlag von dir kommt. Jeden anderen hätte ich damit rausgeschmissen."

„Klar, Hein." Franz hob sein Glas. „Du kannst dich darauf verlassen, Hein, daß das kein faules Ei ist."

Der Plan kam per Post, und Franz ging sofort zu Hein Krings. Er zwinkerte Hein zu, der sich erhob und mit ihm in ein anderes Zimmer hinüberging. Ehe Krings die Tür hinter sich schloß, sagte er zu seiner Frau: „Außer Albert darf uns jetzt niemand stören, klar?"

„Da hat dein Schwager sich aber angestrengt", sagte Hein, als er den Plan vorliegen hatte. Jedes einzelne Haus des Dorfes hatte er eingezeichnet, die Hauptstraße, die durch das Dorf führte, den breiten Weg, der in weitem Bogen das Dorf umging, und den befestigten Weg, der zum Haus am Wald führte. Um das Haus herum waren die Entfernungen sogar in Metern angegeben.

„Ist dein Schwager da mit einem Zollstock herumgelaufen?"

„Keine Ahnung. Ich habe ihm nur gesagt, daß der Plan genau sein muß, wenn das etwas werden soll. Der ist eben so. Was der macht, das sitzt auch."

„Was soll denn das hier heißen?“ Hein deutete auf eine Straße, die durch eine besondere Markierung hervorgehoben war.

„Steht doch hier!“ Franz deutete auf den Kommentar unterhalb der Zeichnung. „Gelegentliche Zollstreifen.“ Der dünne Finger des Uhrmachers fuhr an der Straße entlang. „Diese Straße verläuft dicht an der Grenze vorbei. Da lassen sich hin und wieder ein paar Zöllner sehen, weil man da mühelos nach Belgien hineinfahren kann. Allerdings ist das nicht so eine Grenze wie bei uns hier. Die da oben ist für jeden Schmuggler uninteressant, weil auf der belgischen Seite auch nur ein paar Kuhdörfer sind, in denen es nichts zu kaufen gibt.“

Albert Horsch kam ins Zimmer herein und wurde von Hein Krings informiert, und während Albert den Plan studierte, dachte Hein Krings über diese Aktion nach. Er kam schnell zu dem Entschluß, daß man gar nicht lange fackeln sollte. Diese Angelegenheit mußte wie eine Blitzaktion über die Bühne gehen. Nicht lange hinfahren und nachsehen und später wiederkommen, nein, das mußte in einem Rutsch gemacht werden. Dann konnten auch eventuell auftauchende Zöllner nicht viel ausrichten. Doch lag dieses Gebiet im Sperrbezirk, und es konnte schon sein, daß sich dort Zöllner sehen ließen. Krings überlegte scharf und stellte sich den Ablauf dieses Unternehmens vor. Langsam am Dorf vorbei auf den Umgehungsweg, damit niemand einen Verdacht schöpfte. Den Ausweis für das Sperrgebiet hatte er. Die Hinfahrt war kein Problem. Da war der Wagen leer, und man konnte ihm nichts anhaben, höchstens fragen, was er hier wolle. Dafür hatte er genügend Ausreden parat. Aber wenn die Karre beladen war und zurückfuhr, war das etwas anderes. Dann durfte man nicht in eine Kontrolle geraten, dann mußte durchgefahren werden. Hein lächelte grimmig. Er dachte im gleichen Augenblick, wie das beim Kommiß gewesen war, wenn es hieß, Munition nach vorne zu fahren, möglichst nahe an die Stellungen heran. Das waren ähnliche Abenteuer gewesen. Verglichen mit diesen Einsätzen, war die Fahrt zu diesem Jagdhaus ein Kinderspiel. Allerdings sollte man alles bis ins Kleinste vorbereiten, damit nichts Unvorhergesehenes passierte. Krähenfüße würden die Verfolger mattsetzen. Hein überlegte noch, welche Tageszeit wohl am günstigsten wäre und kam zu dem Entschluß, alles möglichst früh am Morgen abzuwickeln. Das war die Zeit, wo am wenigsten Aufmerksamkeit herrschte.

Es war Anfang Mai und schon recht früh hell. Um noch in der Dämmerung am Jagdhaus zu sein, hatte Hein Krings die Abfahrtszeit auf ein Uhr früh festgesetzt. Zwischen ihm und Albert Horsch war alles bis ins Detail besprochen worden. Albert konnte nur staunen, als Hein ihm den Plan in allen Einzelheiten vortrug. „Wenn uns jemand fragt, dann antworte nur ich. Dem werde ich dann schon beibringen, daß wir für ein städtisches Amt unterwegs sind und uns verfahren haben. Die Bescheinigung für die Sperrzone habe ich, und damit uns nachher keiner etwas beweisen kann oder die Autonummer erkennt, werden die Nummernschilder so mit Dreck beschmiert, daß sie nicht gelesen werden können. Wir können dann immer leugnen, dort gewesen zu sein. Für den Fall, daß wir von einem Wagen verfolgt werden, haben wir Krähenfüße dabei, die Jupp, der hinten im Wagen sitzt, hinauswirft. Natürlich nur auf mein Kommando. Wenn wir das Haus erreicht haben, stellen wir den Wagen hier ab. Hier sind noch zwischen Auto und Straße ein paar Bäume, so daß der Wagen, während er dort steht, von weitem nicht zu sehen ist." Hein Krings deutete mit einem Finger auf die Stelle im Plan. „Das Aufladen geht auch da auf dem kürzesten Weg. Keine unnötige Lauferei, und wir haben alles auf dem Wagen, ehe sich jemand für uns interessiert. Dabei denke ich an die gelegentlichen Streifen, die alle zwei Stunden kommen sollen."

Die Hinfahrt verlief ohne Störung. Hein Krings steuerte den Wagen, und Albert Horsch saß auf dem Beifahrersitz. Auf der Ladefläche hatte es sich Jupp Minten bequem gemacht. Er lag auf den grauen Pferdedecken und schnarchte wie ein Walroß. Jupp Minten hatte seine beste Zeit als Boxer schon zehn Jahre hinter sich, und die Menschen, die damals in seiner Glanzzeit keinen seiner Kämpfe versäumt hatten, waren einhellig der Meinung, noch nie einen Boxer gesehen zu haben, der so lange Zeit in Hochform gewesen sei wie Jupp Minten. Die große Klasse hatte er nie erreicht, aber immerhin auch schon in Berlin gekämpft. Jupps Kämpfe waren nie langweilig gewesen. Er trommelte pausenlos während drei Runden, und das war es, was die Leute sehen wollten. Daß er nicht weitergekommen war, lag an verschiedenen Dingen, unter anderem am Alkohol, der bei Jupp schon immer eine Rolle gespielt hatte. Nun war Jupp aus den Jahren heraus und arbeitete für Hein. Er war Hein treu ergeben und stellte niemals unnötige Fragen. Hein kaute ihm aber auch alles mehrmals vor, damit es auch wirklich saß. Was Hein Krings sagte, war für Jupp das Evangelium. Für diese Tour hatte Hein Krings ihn abkommandiert, und er fuhr mit, ohne sich die geringsten Gedanken zu machen. Hein würde alles regeln, das stand für Jupp fest.

Sie fuhren über Monschau und Schleiden nach Hellenthal und dann in Richtung Hollerath. Vor Udenbreth bogen sie rechts ab, und bald tauchte das Dorf vor ihnen auf. Albert Horsch hielt den Plan auf seinen Knien und wies Hein Krings in den Weg, der zum Jagdhaus führte. Dann zwischen einigen Sträuchern und Bäumen vorbei bis dicht neben das Haus. Hier war es still. Das Haus fast zugewachsen und machte einen gespenstischen Eindruck.

Jupp stemmte die Tür zum Keller auf, und sie betraten das dunkle Haus. Leises Platschen und huschende Schatten zeigten an, daß hier Ratten hausten, was die drei aber nicht störte. Hein ließ eine helle Stablampe aufblitzen und leuchtete die unteren Räume ab. Hier stand das Wasser etwa zehn Zentimeter hoch, die Luft war muffig, und ein Holzstuhl, der an der Wand stand, fiel auseinander, als Jupp ihn hochhob. In einer Ecke lagen ein paar verrottete Teppiche.

Sie stiegen die Treppe hoch. In einer Küche und einem Eßzimmer, die beide nach vorn lagen, war außer Porzellan nichts zu sehen. Daß es sich dabei um französisches Sèvres-Porzellan aus einem Schloß in der Bretagne handelte, erkannten die drei nicht. Mit solchen Dingen war auch in ihren Kreisen kein Geschäft zu machen.

„Weiter!“ Hein strebte zur ersten Etage. In den ersten beiden Zimmern nur verschimmelte Betten, aber in einem kleineren Zimmer nach hinten, fanden sie Silbergeschirr und acht vielarmige silberne Kerzenleuchter, außerdem eine Menge Silberbesteck verschiedener Ausführung. Auf einem schmalen, langen Tisch standen Bilder in einer Reihe hintereinander. Hein Krings sah sie an und gab Jupp den Befehl, die Bilder in der Wagen zu tragen. Die Überraschung aber erwartete sie im nächsten Raum, der voller Möbel stand, die jedoch alle aus dem Leim gegangen waren, weil es durchgeregnet hatte. Für jeden Antiquitätenfachmann wäre es ein Genuß gewesen, diese Dinge zu besitzen. Jedoch hätte ein Kunsttischler sie wieder zusammenfügen und die Furniere ausbessern müssen. Eine Kommode mit gewölbter Vorderseite fiel in sich zusammen, als Hein eine der Schubladen herausziehen wollte. Nun aber kamen eine Menge Silbermünzen, Goldmünzen und ein goldenes Besteck zum Vorschein.

„Na, wer sagt's denn?“ Hein holte einen Sack und warf alles mit grapschenden Bewegungen in den Sack, dabei stellte er sich so, daß Jupp nicht alles mitkriegte. Albert Horsch kriegte einen Rippenstoß und stellte sich neben ihn.

„Damit dürfte sich die Fahrt schon gelohnt haben, Albert. Die Möbel sind zwar ganz nett, aber die müßten noch zusammengeflickt werden, und dazu habe ich keine Lust und keine Zeit.“

Sie durchsuchten noch einmal das ganze Haus und fanden in einem geschlossenen Schrank eine Menge Langfeuerwaffen, die aber alle derart verrostet waren, daß sie sie stehen ließen. Hein Krings überschlug schnell die Ausbeute und war sehr zufrieden. Die Silbergeräte, Bestecke und Leuchter, die Kännchen und Tabletts waren schon ganz ordentlich, aber das Goldbesteck und die Münzen, ebenfalls eine Menge aus Gold, waren ein Wert, mit dem man schon zufrieden sein konnte. Hein band den Sack fest zu. Von dem Porzellan nahmen sie einige tanzende Paare als Geschenk für die Damen mit. Dann gingen sie zum Wagen. Viel war es nicht, was sie geladen hatten, aber in eine Kontrolle zu geraten, wäre fatal gewesen. Dies dachte Hein in dem Moment, als er den Motor startete, nachdem er die Gegend gecheckt hatte.

***

Robert Flecken hatte das Kriegsende als Hauptmann der Infanterie erlebt. Ein Nazi war er nie gewesen. Er hatte seine Laufbahn nach dem Abitur und dem Arbeitsdienst begonnen. Nachher zog man ihn zum Militär ein, und er war bis zum letzten Kriegstag Soldat gewesen. Ein Oberarmdurchschuß hatte ihn eine Zeitlang außer Gefecht gesetzt. Sonst war ihm nichts passiert, obwohl er ein Draufgänger gewesen war und sich vor keiner Aufgabe, mochte sie noch so gefährlich sein, gedrückt hatte. Einige Auszeichnungen waren Belege seiner Tapferkeit. Seine Gefangenschaft in England dauerte nicht lange, denn es gelang ihm zu fliehen, ehe er nach England eingeschifft werden konnte. Einen zivilen Beruf hatte er nie erlernen können. Seiner Anstellung als Ausbilder für Zollbeamte, die vor einiger Zeit bewaffnet worden waren, hatten sich keinerlei Schwierigkeiten in den Weg gestellt, da seine Papiere in Ordnung waren und er nie Parteimitglied gewesen war. Kurz nach seinem Antrag hatte er seinen Posten angetreten. Seit vier Monaten war er im Bezirk Westeifel für die Ausbildung zuständig und gleichzeitig Chef dieses Bereiches. Die Leute, die zu ihm kamen, blieben drei Monate und wurden dann an anderen Stellen eingesetzt.

Da man zu dieser Zeit keinerlei Funksprechgeräte besaß, standen die Streifen, die zu Fuß waren, mit der Kommandostelle nicht in Verbindung, und Flecken hatte seinen Leuten gesagt, daß sie zwei Schüsse in die Luft feuern sollten, wenn schnelles Eingreifen für notwendig gehalten wurde. An der schwarzen Wandtafel hatte er es den Leuten erklärt und Fälle aus der Praxis angeführt, die auch den Dümmsten verstehen ließen, worauf es ankam. Alle hatten kapiert, und man hatte Probeschüsse aus allen Richtungen abgefeuert, um festzustellen, ob dieses System auch funktionierte. Von den beiden, die auf Streife waren, hatte einer ein Fernglas bei sich.

Hein Krings fuhr parallel zum Wald und mußte laut Plan bald auf die Hauptstraße kommen. Die beiden Zöllner, die heute früh auf Streife gingen, traten aus dem Wald, als Hein gerade diese Stelle passiert hatte.

„Wo kommt der denn her?“ fragte einer von ihnen.

„Keine Ahnung!“

„Was heißt keine Ahnung, Mensch! Wer kommt denn schon diesen gottverlassenen Weg heruntergefahren. Der muß doch irgendwo herkommen. Wahrscheinlich aus Belgien. Mann, überleg doch mal!“

Während der eine überlegte, blickte der andere durch das Glas und konnte außer einem Wagenheck mit total verdrecktem Nummernschild nichts besonderes entdecken.

„Na, was hast du gesehen?"

„Nichts, aber gerade das scheint mir verdächtig zu sein."

„Sollen wir den Alten spitz machen?"

„Von mir aus."

„Okay, dann schieß zweimal in die Luft!"

Der junge Zöllner nahm den Karabiner von der Schulter und gab zwei Schüsse ab. Der Wald reflektierte das Geräusch der Schüsse und schickte es bis zur Kommandostelle. Dort war der Alte, und dort stand auch ein Einsatzwagen, ein Wanderer aus Heeresbeständen, bereit.

Der Wagen lief jetzt bereits mit der dritten Maschine und war auch nicht mehr der jüngste. Als die Schüsse ankamen, trat sofort jemand vor das Haus und suchte mit dem Fernglas die Gegend ab.

„Vom Wald her nähert sich ein Wagen", meldete der Zöllner.

Robert Flecken war sofort da und nahm ihm das Glas ab. „Den halten wir an. Der fährt mir zu schnell. Kann harmlos sein, kann aber auch nicht. Also los."

Hein Krings hörte die Schüsse und sah in den Spiegel. Er sah, daß zwei Zöllner hinten auf der Straße standen, und ihm war sofort klar, daß die Schüsse ein Signal waren. Er gab Gas und fuhr so schnell es die Straße zuließ. Der Achtzylindermotor war schon ein Schmuckstück, der lief sauber und einwandfrei. Noch ehe man den Wanderer flott gemacht hatte und nur einer mit der Kelle am Straßenrand stand, näherte sich der Ford schnell dieser Stelle. Hein Krings fuhr weiter, ohne die Geschwindigkeit zu drosseln, und der Mann mit der Kelle sprang beiseite. Hinter ihm brüllte der Alte wie am Spieß und schimpfte über die Lahmheit des Burschen, der sich vergeblich bemühte, den Wanderer in Gang zu bringen. Als er dann doch ansprang, war Hein Krings schon weit weg. Flecken sprang in den Wagen und sie nahmen die Verfolgung auf. „Geben Sie Gas, und lassen Sie den Kerl nicht entkommen. Der hat etwas zu verbergen, das rieche ich bis hierher. Los, Mann! Gibt die Karre denn nicht mehr her?"

Der Alte hatte das Glas an die Augen gedrückt und sah das verdreckte Nummernschild. „Das scheinen ganz abgefeimte Brüder zu sein."

Die beiden jungen Männer, die mit ihm im Wagen saßen, blickten angespannt nach vorne. Der Motor des Wanderer drehte im hohen Bereich, und sie kamen langsam näher.

„Wir holen auf", sagte der Fahrer, und der Alte lachte.

„Das wäre ja auch gelacht, wenn die uns zum Narren halten könnten. Bleiben Sie dran."

„Hein, die kommen näher", rief Jupp Minten durch das kleine Fenster, das den Laderaum mit der Fahrerkabine verband.

Hein Krings fuhr noch ein paar Hundert Meter weiter und bog in einen breiten Seitenweg ein, der durch freie Felder führte.

„Nimm die Krähenfüße raus, Jupp!“ rief er nach hinten.

Der Weg lief in Kurven wie ein Kuhpfad. Mal nach links, mal nach rechts. „In der nächsten Kurve streust du zwei Hände voll davon raus, Jupp. Klar?“

„Klar, Chef.“

Im Spiegel konnte Hein Krings sehen, daß die Krähenfüße über den Belag des Weges purzelten. Dann kamen die Zöllner herangeschossen. Hein verringerte ein wenig sein Tempo und schaltete herunter, um schnell wieder beschleunigen zu können. Schließlich mußte er sehen, ob die Krähenfüße wirkten.

Es kam, wie es Hein Krings beabsichtigt hatte. In der Kurve erwischte es die Zöllner, der rechte Vorderreifen war sofort platt, und der Wagen schlingerte stark. Der Fahrer versuchte, durch Gegensteuern auf dem Weg zu bleiben, doch der rechte Hinterreifen verlor auch schnell die Luft, der Fahrer konnte den Wagen nicht mehr in der Spur halten. Nun trat er auf die Bremse und nahm damit dem Wagen den letzten Rest von Stabilität. Der Wanderer hatte zwar an Fahrt verloren, aber er war immer noch schnell und schoß unaufhaltsam auf den Graben zu, so sehr der Fahrer auch auf die Bremse trat. Flecken sah das Unheil kommen, stemmte sich fest mit beiden Händen am Armaturenbrett ab, trotzdem schnellte er nach vorne und brach sich das Nasenbein. Der Fahrer warf sich nach links hinüber, brach sich am Lenkrad zwei Rippen und der, der hinten saß, flog nach vorne und blieb auf den beiden liegen.

„Nichts wie weg!“ Hein war zufrieden, Albert Horsch lachte befreit, und Jupp fragte, ob er noch mehr Krähenfüße auf den Weg streuen sollte.

„Nein, du Blödmann. Mach hinten die Plane dicht und paß auf, daß sie dich nicht sehen!“

„Klar, Chef!“

Aus taktischen Gründen, Hein Krings hatte sich das schnell überlegt, fuhr er nicht Richtung Aachen, sondern machte einen Umweg über Düren weiter nach Norden und kam von dort in die Stadt zurück. Konnte ja sein, daß man doch etwas von der Nummer hatte entziffern können.

Was Hein Krings annahm, stimmte haargenau. Flecken war ein harter Mann, und obschon Blut aus seiner Nase lief, eilte er zum nächsten Ort und telefonierte zur Hauptstelle, man möge die südliche Einfallstraße nach Aachen überwachen und einen von ihm beschriebenen Wagen anhalten. Von dem Kennzeichen gab er das durch, was er glaubte, entziffert zu haben.

Hein Krings indessen fuhr gemütlich seinen Umweg und kam aus einer völlig anderen Richtung in die Stadt. Unbehelligt erreichte er die heimische Garage und stellte den Wagen dort ab, nachdem sie die Beute herausgenommen hatten.

„Jupp, du weißt, daß das eine geheime Sache war, und du hältst gefälligst die Schnauze, hörst du? Kein Sterbenswort, zu keinem, sonst holt dich der Teufel."

„Klar, Chef."

„Wenn du morgen bei mir vorbeikommst, kriegst du dein Geld, wie abgemacht."

„Klar, Chef."

Jupp trollte sich. Hein Krings und Albert Horsch gingen ins Haus.

***

Gustav Dehlen hatte eine Besprechung anberaumt. Er hatte mitgeteilt, daß er der Fabrikleitung seine Eindrücke und Gedanken mitteilen wollte, die er aus Gesprächen mit Tuchfabrikanten gewonnen hatte. Auf seinen Wunsch hatten sich Hans, Jansen, Helga und Will Horsch eingefunden. Der Senior hatte sich gut vorbereitet und holte einige Papiere aus seiner Tasche. Er sprach von der Gründung der Fabrik durch seinen Vater und führte seinen Zuhörern vor Augen, daß eine Fabrikgründung in der damaligen Zeit auch kein Pappenstiel war und man nicht nur Geld, sondern auch eine Menge Mut und unternehmerisches Talent mitzubringen hatte.

„Mein Vater war eigentlich Maschinenbauer, hatte allerdings ein paar Semester Betriebswirtschaft studiert. Er interessierte sich für vieles, und ich glaube, wenn er die Fabrik nicht aufgebaut hätte, wäre er aus dem Studieren nicht mehr herausgekommen. Daß er sich für Frühgeschichte und Archäologie interessierte und einmal mit einer Gruppe in den Orient fuhr, soll Ihnen zeigen, wie vielseitig er war. Sein Schwiegervater war es, der ihm den Anstoß für diese Fabrik gegeben hat. Dieser besorgte ihm auch die Bankverbindungen und damit das fehlende Geld. Kurzum, die Fabrik lief klein an, und ich kann Ihnen sagen, daß ich meinen Vater immer nur arbeitend gesehen habe. Er bemühte sich zwar auch, seiner Familie gerecht zu werden, aber die Fabrik war sein Leben. Er war immer da und wußte alles, nahm an allem Anteil und hat ein Werk geschaffen, das sich sehen lassen konnte. Er bekam, wieder durch seinen Schwiegervater, Verbindungen nach Südamerika, damals ein aufblühendes Land mit einer Vielzahl von Staaten, die nach und nach zu unseren Abnehmern wurden. Der Export dorthin erreichte einmal die Fünfzig-Prozent-Marke. Herr Jansen kann das bestätigen.

Ich muß so weit ausholen, um Ihnen zu erklären, was ich eigentlich sagen will. Also, unsere Produkte waren immer sehr gut. Billiges Zeug haben wir niemals gemacht. Wir waren Spezialisten für dunkle Tuche. Den Serge in dunkelblau, den Drapé und Foulé und viele andere, blau und schwarz und ganz selten einmal einen

Nadel- oder Kreidestreifen. Alles in bester Qualität. Ich habe die Fabrik von meinem Vater übernommen und so weitergeführt, wie er es gemacht hatte. Das soll aber nicht heißen, daß ich die Hände in den Schoß gelegt habe und den gut geölten Karren habe weiterlaufen lassen, nein, ich habe mich in eigener Person um die Kunden bemüht und die Größten alle nacheinander besucht. In Südamerika war das nicht immer so einfach wie in Europa. Ich bin, lange vor dem Krieg, als meine Kinder noch klein waren, manchmal wochenlang herumgereist und habe Kundenkontakte gepflegt, und ich glaube, ich war damals einer der wenigen Fabrikanten, der viele Kunden persönlich kannte. Das aber hat nicht nur die Kontakte vertieft, das hat mir auch gezeigt, daß das Geschäft mit diesen Ländern nicht ewig so weitergehen würde, wie mein Vater es begonnen hatte. Kein Land der Welt wird immerzu ein Produkt importieren, wenn es selbst in der Lage ist, etwas Gleiches herzustellen. Ich habe aber besonders in Südamerika in allen Staaten gesehen, daß dort viele Einwanderer aus Europa, denken Sie an die Spanier, die Portugiesen, die Italiener und die Deutschen, ihr Glück machen wollten und dazu ihre Kenntnisse aus dem alten Europa benutzten. Ich habe dort erlebt, daß sich kleine Webereien aufmachten und begannen, etwas herzustellen und zu vertreiben. Ich habe auch das Interesse der dortigen Kundschaft an der Produktion im eigenen Land bemerkt und feststellen müssen, daß man die Neuanfänger unterstützte. Dort leben Menschen wie Sie und ich, und viele von ihnen begannen, sich etwas aufzubauen. Erst klein und morgen schon größer und übermorgen nicht mehr zu übersehen. Und wenn ich mir heute über diese Entwicklung Gedanken mache, dann denke ich an unsere Fabrik und deren Zukunft, und all das, was ich Ihnen vortrage, hat damit zu tun. Es soll uns allen zeigen, daß man die Dinge um sich herum stets im Auge halten muß. Die heutige Zeit, die extremen Bedingungen, unter denen wir arbeiten, lassen dem einzelnen nicht die Zeit, diese Beobachtungen zu machen. Herr Jansen ist tagtäglich auf den Beinen. Du, Hans, ebenfalls, und jeder hier im Raum genauso. Die Leute im Betrieb tun auch ihre Arbeit und haben unter den schlechten Verhältnissen zu leiden. Nur ich habe Zeit und Muße, mir darüber Gedanken zu machen, und wenn Sie mich zu Hause im Garten sitzen sehen, an einem so schönen Tag wie heute, dann arbeite ich in Gedanken und zwar pausenlos. Dann kommen die Eindrücke von früher und zwangsläufig auch die Gedanken an morgen. Dann ist es mir, als müsse ich versuchen, in die Zukunft zu sehen, um sie zu analysieren. Ich erinnere mich an Gespräche, die ich mit Leuten führte, die ich kannte und schätzte, und wenn ich das mit der heutigen Zeit vergleiche, dann glaube ich zu wissen, daß wir vor einem Umbruch stehen. Das, was wir früher produzierten und exportierten, wird in Zukunft eine Veränderung erfahren. Im übrigen etwas, was in der Wirtschaft immer wieder vorkommt, und wir sind genötigt, uns darauf einzustellen. Schon vor dem Krieg war der Export schleppender geworden und das wird so weitergehen, wenn wir nichts tun. Es scheint mir fraglich, ob wir in Zukunft mit dem dunklen Tuch richtig liegen. Im Augenblick ja, denn man reißt es uns aus den Händen. Aber in ein paar Jahren, wenn der Nachholbedarf und die dringendsten Bedürfnisse befriedigt sind, wird das anders aussehen. Das, was wir beispielsweise nach Argentinien exportiert haben, machen die sich heute selbst und werden ihre Produktion weiter steigern. Was in den nächsten Jahren verlangt wird, muß ein anderes Gesicht haben. Ich glaube, die Welt ist bunter geworden. Das soll nicht heißen, daß wir ab morgen auf unsere Stückfärber verzichten sollen, nein, wir werden sie weitermachen, aber immerfort beobachten, wie sich der Markt entwickelt. Doch müssen wir parallel dazu den neuen Trend einleiten. Erst bescheiden, aber auf jeden Fall damit beginnen, gemusterte Ware herzustellen. Es wird für unsere Fabrik eine große Umstellung sein. Andere, die ähnlich gelagert waren wie wir, besonders die in Übersee, haben schon damit begonnen oder sind dabei, es zu tun. Der Direktor der Webeschule sagte mir kürzlich, daß seinen Studenten Angebote als Dessinateure aus Südamerika gemacht wurden."

Gustav Dehlen meinte dann: „Es wäre nett, wenn Sie mir dazu Ihre Meinung sagen würden. - Herr Jansen, beginnen Sie."

Jansen nickte. „Den Gedanken, Herr Dehlen, auch bunte Ware zu machen, den haben wir ja schon einmal vor dem Krieg gehabt. Wenn ich mich recht entsinne, war das 1932. Es war nur im kleinen Rahmen, aber ich weiß noch, daß der Verkauf dieser Dessins sehr schleppend war, und wir haben sie hier lange herumliegen gehabt. Ich will damit nicht sagen, daß das Ladenhüter waren, die Ware war gut und elegant, aber wie gesagt, wir haben lange daran verkauft. Man suchte so etwas bei uns nicht. Wenn man Nouveautés wollte, dann ging man zu anderen Fabrikanten."

Hans meinte daraufhin: „Ich habe früher nur dunkle Tuche bei uns gekannt, und ich muß ehrlich sagen, ich kam mir vor wie in einem Trauerhaus. Alles nur schwarz und dunkelblau, und ich habe als Junge eigentlich nie verstanden, daß es so viele Leute gab, die sich so etwas kauften. Daß damit ein ganzer Kontinent beliefert wurde, das habe ich nicht gewußt. Gut, das war vor dem Krieg. Wenn Herr Jansen nun sagt, daß man schon bunt gearbeitet hat und es schleppend verkaufte, dann kann ich das verstehen und glaube ihm, daß man das nicht bei uns suchte. Wenn nun die Welt bunter geworden ist, wenn man demnächst auch von uns bunte Ware haben will, dann sollten wir uns darauf einstellen und mitziehen. Vater, es ist richtig, wenn du sagst, daß dies aus Amerika kommt, aber nicht nur von dort allein, auch Frankreich und Italien mustern bereits viel farbiger. Wir sollten also sofort damit beginnen und uns damit bekanntmachen, dann weiß jeder Käufer später, daß er das auch bei uns bekommen kann, und wir werden unsere bunte Ware gut verkaufen. Allerdings kommt dann einiges auf uns zu. Stückfärber machen und garngefärbte Ware mustern und produzieren, das ist ein ziemlicher Unterschied."

Helga war interessiert den Worten gefolgt und sagte: „Vor dem Krieg bin ich sowohl in Italien als auch in Frankreich gewesen und weiß, wie dort die Mode aussah. Die waren damals schon bunter als wir. Ich denke auch, daß wir bald damit beginnen sollten. Probleme wird es geben, aber wenn wir das eine können, sollten wir zu dem andern auch in der Lage sein. Wie Vater sagte, wird im Moment alles gekauft, aber nachher wird der Käufer wählerischer und will ein umfangreiches Angebot sehen."

Gustav Dehlen nickte zufrieden. „So habe ich mir die Reaktion gar nicht vorgestellt. Ich finde es aber gut, daß unsere Gedanken alle in dieselbe Richtung gehen. Ich denke auch so und freue mich, daß es nun keine langen Diskussionen geben wird."

Gustav Dehlen wandte sich an Will Horsch, der bisher noch nichts zu diesem Thema gesagt hatte. „Herr Horsch, ich würde aber auch gerne Ihre Meinung zu dieser Sache hören."

Will lächelte den alten Herrn an. „Herr Dehlen, ich bin kein Tuchfachmann und habe von der Herstellung der Tuche nur wenig Ahnung, ich bin ein Verbraucher, und als Verbraucher kann ich Ihnen sagen, daß ich einen schwarzen Anzug habe und drei gemusterte."

***

Obwohl das Kriegsende nun schon fast zwei Jahre zurücklag, waren immer noch viele deutsche Soldaten in Kriegsgefangenschaft, und nur wenige kamen nach Hause zurück. Große Schübe von Heimkehrern gab es nicht, und wer in die Heimat kam, war meist so krank und entkräftet, daß er in der ersten Zeit nicht arbeiten konnte.

Aus den amtlichen Berichten und den statistischen Unterlagen der Alliierten ergab sich folgendes Bild: Während des Krieges gerieten insgesamt ca. elf Millionen deutsche Soldaten in Gefangenschaft. Davon ca. drei Millionen im Osten und sieben Millionen im Westen. Die Sowjetunion gab Gefangene an die Tschechoslowakei und Polen ab. Alle Gefangenen wurden zu Arbeiten herangezogen. Unter den dort herrschenden Lebensmittelverhältnissen eine Katastrophe. Jugoslawien hatte zweihunderttausend Gefangene. Die USA verfügten über vier Millionen und gaben davon an Frankreich, Belgien und Luxemburg ab. Knapp vierhunderttausend blieben in den USA und der Rest auf dem europäischen Kontinent. Dreihundertfünfzigtausend blieben in England, und hunderttausend im nahen Osten, fast zweitausend in Australien, vierunddreißigtausend in Kanada, vierzigtausend in Nordafrika. Frankreich, einschließlich Nordafrika, hatten an eigenen und übergebenen Gefangenen fast eine Million.

An Massenentlassungen dachte keine der Siegermächte, denn die Gefangenen waren als Arbeitskräfte sehr begehrt. Viele hatten es schwer und litten unsäglich, aber es gab auch welche, die es nicht schlecht trafen. Waren sie in der Landwirtschaft eingesetzt, dann ging es ihnen meist gut, vor allen Dingen in den westlichen Ländern. Es bahnten sich sogar Freundschaften an, die ein Leben lang halten sollten. Circa 1,2 Millionen Menschen starben in Gefangenschaft.

***

Der achtundzwanzigste Webstuhl war angezogen worden, und der Senior hatte einen Musterwebstuhl kaufen können. Eine Zwirnmaschine war ihnen angeboten worden. Gustav Dehlen würde die Verhandlungen führen.

Nun waren alle nach Hause gegangen, und Hans blieb allein. Ortmanns Wochenbericht lag auf seinem Tisch und eine Nachricht von Jansen wegen Kohlen, die man bekommen sollte. Draußen schritt der Wachmann vorüber, der auf seiner Runde alle Türen öffnete und die Räume inspizierte.

Das, was man morgen zu unternehmen gedachte, mußte noch organisiert werden, und Hans versuchte, System in die Sache zu kriegen. Der Wachmann war in die Bude gekommen und polterte im Nebenraum herum. Als er das Radio anstellte, konnte Hans hören, daß in Frankreich Frauen auf die Straßen gingen, weil die Brotration zu gering war. In der amerikanischen Harvard Universität hatte Außenminister George Marshall eine wichtige Rede gehalten, sagte der Sprecher. Er habe gesagt, daß die Menge der von Europa benötigten Lebensmittel für die nächsten Jahre um ein Vielfaches größer sei als die Möglichkeit der Empfänger, dies zu bezahlen. Aus diesem Grund müsse Europa eine zusätzliche Hilfe erhalten.

Wenn ich das noch alles heute erledigen will, dachte Hans, dann sitze ich noch um acht Uhr hier. „Du kümmerst dich zu wenig um deine junge Frau“, hatte Will gestern noch zu ihm gesagt, und er entschloß sich, Schluß zu machen, legte die Papiere zusammen und verließ das Büro.

***

Hein Krings und Albert Horsch waren mit der Beute aus dem Haus in der Eifel zufrieden. Allein der Materialwert der Münzen, Leuchter, Bestecke und des Metallgeschirrs war beträchtlich, an Gold- und Silbermünzen allein über dreißig Kilo. Über den Sammlerwert, der bei einigen Sachen höher als der Materialwert sein könnte, konnte Franz kein Urteil abgeben, davon verstand er nichts. Darum wurde dies nur nach dem Metallwert berechnet und aufgeteilt. Die erbeuteten Bilder waren auch so ein Fall, von dem niemand von ihnen etwas verstand, und man entschloß sich, sie per Stück aufzuteilen. Jeder konnte sich das aussuchen, was ihm gefiel. Albert Horsch und Hein Krings verfuhren untereinander nach dem gleichen Modus, denn auch sie konnten nicht beurteilen, ob nun der Sammlerwert einer Goldmünze hoch oder tief lag.

„Ich kapiere nicht, wieso jemand so einen Haufen Münzen und andern Kram in einem Haus liegenläßt und sich nicht mehr darum kümmert."

Albert Horsch schüttelte den Kopf.

„Natürlich ist das schon eigenartig, aber du hats selbst gesehen, daß das Zeug da lag und der Nazi es nicht mitgenommen hat. Wer weiß schon, was der auf dem Kerbholz hatte, daß er von einer Sekunde auf die andere verschwinden mußte, als die Amis kamen? Viele von denen haben sich nach Spanien abgesetzt, und ich kann mir vorstellen, daß da ein paar dabei waren, die es besonders eilig hatten. Aber was sollen wir uns noch darüber Gedanken machen. Wir haben das Zeug und werden schon etwas Vernünftiges damit anfangen."

Während Hein Krings seinen Anteil zusammenpackte, stand Albert Horsch am Fenster und sah hinaus. Doch interessierte ihn nicht die Aussicht. Ein Gedanke, der ihm auf der Rückfahrt gekommen war, ließ ihn nicht los. Ein Coup, der seine ganze Phantasie erregt hatte.

„Zufrieden?" fragte Hein Krings vom Tisch her, und Albert Horsch drehte sich um.

„Natürlich bin ich zufrieden. Viel Wert für wenig Arbeit. Und alles Sachen, die einen beständigen Wert haben. Da muß der Mensch doch zufrieden sein."

„Ich hatte schon das Gefühl, daß du nicht zufrieden warst, du hast nicht einmal zugeguckt, als ich es aufgeteilt habe."

„Na Hein, du glaubst doch nicht, daß ich dir mißtraue. Nein, mir geht etwas im Kopf herum, seit wir von dort zurückgekommen sind. Sollten wir nicht dort über die Grenze fahren und mit einem Schwung das Zeug holen, was wir hier mit den Kolonnen mühsam herüberholen. Wir hätten mit einem Schlag soviel hier, wie sonst in ein paar Wochen oder einem Monat und könnten mit dem Kölnern ein Bombengeschäft machen."

„Ich weiß, Albert. Wir haben schon einmal darüber gesprochen. Mir sind die kleinen Kolonnen lieber, weil damit der Verlust in Grenzen gehalten wird. Geht es einer Kolonne einmal an den Kragen, okay, dann ist alles futsch. Machst du das aber mit einem Wagen, mein Lieber, dann hast du einen Riesenschaden, wenn das in die Hose geht. Dann bist du die Ware und den Wagen los. Außerdem haben sie dich beim Wickel, und du kommst vor Gericht."

„Hast du Angst?" fragte Albert Horsch spöttisch.

„Quatsch. Du weißt genau, daß ich keine Angst habe. Ich denke nur an den Fall, daß man uns dabei schnappt. Was dann? - Dann kann ich mich begraben lassen, Albert, dann ist all das, was ich hier aufgebaut habe und was so gut läuft, im Eimer. Dann sind wir wieder die armen Schlucker, die wir vorher waren, und müssen uns so eine Scheißarbeit suchen, um am Leben zu bleiben. Das aber, Albert, ist mir dieser Coup nicht wert. Dann backe ich lieber kleinere Brötchen und komme etwas langsamer, aber um so sicherer vorwärts."

Es entstand eine Pause, in der jeder der beiden seinen Gedanken nachhing. Schließlich meinte Hein Krings abschließend: „Wenn du aber partout deinen Coup machen willst, will ich dich nicht davon abhalten. Dann rate ich dir nur, diese Sache gut zu planen. Es muß Profiarbeit werden und keine Stümperei. Suche dir einen, der mitmacht und dir einen Wagen bereitstellt. Sprich mit Marcel in Verviers und sieh zu, daß von dort aus auch alles klappt, und dann, ja, dann kannst du loslegen."

Albert Horsch blickte seinen Freund und Kompagnon an. Natürlich war Hein kein feiger Hund. Der riskierte auch was, aber ihm ging das nicht schnell genug. Ihm kam das vor wie in der Vorkriegszeit, als er noch ein Kind war und mit den Eltern sonntags nach Moresnet gehen mußte. Seine Mutter betete auf dem Weg zu dem Wallfahrtsort den Rosenkranz, und wenn sie zurückkamen, schmuggelte sein Vater ein paar Zigarren und seine Mutter ein halbes Pfund Kaffee. Vor dem Krieg hatte es aber auch Leute gegeben, die das im großen Stil betrieben hatten. Ganze Wagenladungen mit Zigaretten kamen in einem Schwung herüber. Das waren Hunderttausende von Zigaretten auf einmal. Hein Krings unterbrach seinen Gedankengang.

„Ich habe diesen Gedanken auch schon gehabt, Albert, ob du es glaubst oder nicht. Alles bis ins kleinste durchgerechnet. Es kommt, meiner Meinung nach, nichts dabei heraus. Und heute, wo die Grenze so dicht ist, erst recht nicht." Damit war für Hein Krings dieser Fall erledigt, und man ging der gewohnten Beschäftigung nach. Es wurden Transporte erledigt, unter anderem auch für die Fabrik, deren Produktion weiter gewachsen war und deren Fahrer es allein nicht mehr schaffte. Nebenher der Schmuggel mit den Kolonnen und die Sondergeschäfte, die nur die beiden Kompagnons machten, wo niemand anderes die Nase dran kriegte.

Doch Albert Horsch ließ die Idee nicht los, und als wieder einmal die Leute aus Köln da waren, um Ware zu holen, nahm er sich den Chef zur Seite und eröffnete ihm seinen Plan. Der Schwarzhändler hörte sich alles an und meinte dann: „Ein bißchen verwegen ist das schon, aber ich weiß, daß man es früher oft gemacht hat. Ich werde mich einmal umhören, ob dir jemand dafür einen Wagen bereitstellt. Über die Anteile werden wir uns später unterhalten. Schlecht fände ich das nicht, wenn man mit einem Mal so einen Haufen herüberholen könnte. Ich sage dir Bescheid, wenn ich was höre."

Vier Tage später kam eine Nachricht, daß man in der übernächsten Woche vorbeikommen würde. Das mit dem Wagen gehe in Ordnung.

Jetzt mußte mit Marcel verhandelt werden. Schließlich waren das Mengen, die dann anstanden. Die Bezahlung mit Nadeln, vielleicht etwas von den Goldmünzen? Darüber mußte man reden. Ein Weg war auf jeden Fall zu finden. Er würde hinübergehen und mit Marcel sprechen. Der war für alles zu haben, was mit Geldverdienen zusammenhing. Ein Schlitzohr, wie es im Buche stand, aber immer korrekt. Heins Bedenken waren berechtigt, in gewisser Weise jedenfalls. Wenn das so ablief, wie er sich das vorstellte, ein schneller, gut durchdachter Zugriff, dann mußte es schon mit allen bösen Geistern zugehen, wenn das danebenging.

Über einen erfahrenen Kolonnenführer nahm er Verbindung mit Marcel auf und erhielt kurz danach eine Aufforderung, in einen kleinen Ort auf belgischer Seite zu kommen. Einen Lageplan des Treffpunktes hatte Marcel mitgegeben.

Mit einer Kolonne fuhr Albert Horsch nach drüben. In dem deutschsprachigen Gebiet fiel er nicht weiter auf. Und als er in einen Omnibus stieg, um zu dem vereinbarten Ort zu gelangen, ging das ohne Schwierigkeit. Er fand schnell das allein liegende Haus, und die Bewohner, von Marcel informiert, ließen ihn freundlich ein. Er bekam Kaffee und Zigaretten angeboten und machte es sich bequem. Ein amerikanischer Wagen, wie sie in Belgien seit Jahren gefahren wurden, hielt vor dem Haus, und Marcel trat ein. Er war noch jung und blendender Laune. Die Idee von Albert Horsch fand er brillant. Dieser Kleinkram war natürlich nichts gegen so eine Aktion. Das würde sich wenigstens lohnen, meinte er lachend. Aber Albert Horsch bewahrte auch darüber einen kühlen Kopf und wußte ganz genau, daß der Belgier ihn nur deshalb so lobte, weil er seinen Gewinn dabei machte, und zwar gefahrlos. Dann sprach man über den Ablauf des Coups, und Albert Horsch erfuhr, daß das Geschäft zu diesem Zeitpunkt besonders gut war, weil Marcel ein einmalig günstiges Angebot machen konnte. „Albert, du bist ein Glückspilz. Ich hatte einen Amerikaner an der Hand, der einen Haufen amerikanischer Zigaretten geklaut hat und sie sehr preiswert abgeben mußte, um sie schnell los zu werden. Der Kerl hatte mit ein paar Weibern gesoffen und wollte den starken Maxe herauskehren. Um denen zu imponieren, hat er eine ganze Wagenladung Zigaretten geklaut und mußte den Wagen wieder zurückbringen. Darum war er besonders scharf darauf, dies schnell zu machen. Wenn die Amis den Wagen wiederhaben, ist für die alles okay. Die

Zigaretten interessieren die nicht. Ich habe sofort gekauft und die Zigaretten in einer Scheune abgeladen."

Als Albert nach dem Preis fragte, stellte sich heraus, daß Marcel zwar mit diesen Zigaretten etwas billiger als sonst war, aber so wild, wie sich das vorher angehört hatte, war es nicht. Doch der Preis war gut, und Albert schlug ohne langes Zögern ein. Mit einer Mischzahlung von Nadeln plus Goldmünzen war Marcel einverstanden. Allerdings mußte Albert Horsch eine davon herausrücken, Marcel wollte sie schätzen und prüfen lassen. Um keine Zeit zu verlieren, setzten sich die beiden in Marcels Chevrolet und fuhren zu einem Juwelier, der ihnen den Wert des Goldes berechnete, der sich mit dem, was Franz gesagt hatte, deckte. Die Ware würde von Marcel bis dicht an die deutsche Grenze gebracht. Auf belgischem Gebiet würde umgeladen, weil sich auf dieser Seite kein Mensch für das interessierte, was im Wald geschah. Hier gab es keine Schwierigkeiten. Albert würde bei der Rückfahrt in die Gegend kommen, wo auch dieses Jagdhaus lag, jedoch ein paar Kilometer davon entfernt. Sollte er angehalten werden, würde sich das abspielen müssen, was sie auf der Fahrt vom Jagdhaus auch gemacht hatten, es würden Krähenfüße ausgestreut werden. Exakt wurden Daten und Zeiten festgelegt, und Marcel brachte seinen Geschäftspartner bis dicht an die Sperrzone, von wo aus Albert schnell wieder die Grenze passieren konnte.

Obschon sich Albert Horsch der Stelle in weitem Bogen von Süden her an der Grenze genähert hatte, eine Richtung, aus der eigentlich keine Schmuggler kamen, hatte ihn ein Posten des Zollausbilders Flecken erspäht. Der junge Mann hatte die Fahrt des Wagens beobachtet und seinen Begleiter auch darauf aufmerksam gemacht. Im Augenblick war noch nichts Verdächtiges zu bemerken. Was den beiden aber verdächtig erschien, war die Tatsache, daß der Wagen nicht wieder auf der Straße auftauchte, als er hinter einem hohen Heckenstück aus ihrem Blickfeld gekommen war.

„Wo ist der denn abgeblieben?"

„Klarer Fall, Mann, der ist in den Waldweg eingebogen."

„Der führt über die Grenze. Los, nimm du das Rad und fahr los, sag dem Alten Bescheid. Du weißt, daß der darauf brennt, einen zu schnappen, seit die letzten ihn reingelegt haben."

Der zweite Mann strampelte los, und der andere beobachtete weiter die Stelle, an der der Wagen abgebogen war.

Albert war nicht allein. Bei ihm war ein drahtiger Bursche aus Köln, dem der Wagen gehörte und der mitfuhr, weil er sich mit dem Gedanken trug, das später in eigener Regie zu machen. Hinten saß einer wie Jupp Minten, dumm, aber stark.

Zollausbilder Robert Flecken hatte seine Leute wie beim Militär gedrillt, und es war ihnen zur Gewohnheit geworden, stets die ganze Umgebung im Auge zu halten, auch wenn sich nur selten etwas zeigte. Wachsamkeit und nochmals Wachsamkeit, das war die Devise.

Und nun hatte man einen Wagen ausgemacht, der auf der Straße von Süden hochgekommen und dann im Wald verschwunden war. Flecken war in kürzester Zeit bei seinem Posten, gab seine Anweisungen und postierte seine Leute auf jeder Straße und jedem Weg, der von diesem Punkt herausführte. Er hatte die Geländekarte studiert und wußte, daß der, der in diesen Waldweg eingebogen war, aller Wahrscheinlichkeit nach auch dort wieder herauskommen würde. Wollte er einen anderen Weg suchen, müßte er einen weiten Bogen durch belgisches Gebiet machen, und das war doch sehr unwahrscheinlich. Nachdem er seine Leute, immer in Gruppen von drei Mann, im Bogen um die Stelle verteilt hatte, wo der Wagen verschwunden war und wahrscheinlich auch wieder auftauchen würde, ließ er sie in Deckung gehen. Noch gestern hatte er dieses Thema zum x-ten Mal behandelt und den Männern eingeschärft: „Es ist wichtig, sich so zu positionieren, daß man die Kerle von vorne erwischt. Ist der Wagen erst einmal vorbei, dann wird es schwieriger, weil ein fliehender Wagen von hinten fast nicht zu stoppen ist. Zerschießt ihm den Kühler, dann muß er nach ein paar Kilometern aufgeben."

Vor wenigen Tagen hatten sie Verstärkung erhalten. Hier hatten sich besonders die Engländer bemüht, die der Bekämpfung des Schmuggels und damit des Schwarzmarktes einen besonderen Wert beimaßen. Das Schmuggeln hatte in letzter Zeit zugenommen, und ihre bisherigen Aktionen hatten daran nichts ändern können. Die Schmuggler kamen nun schon aus dem Raum Köln und aus dem Bergischen Land bis hierher und versuchten den großen Coup mit dem Wagen. Sogar Panzerungen hatten die Burschen an ihre Wagen angebracht, was die Arbeit der Zöllner erheblich erschwerte. Diese Wagen aber nahmen nicht die Route über Aachen nach Belgien oder Holland, nein, die suchten sich die stillen Grenzgegenden aus, wie hier zum Beispiel. Rüberfahren, aufladen und dann mit Karacho wieder zurück. Flecken wußte es und war darauf vorbereitet.

„Der geht uns nicht durch die Lappen," schnaufte er und blickte durch das Glas immer wieder zu dieser Stelle hinüber.

Die Leute mit der Kelle, die den Wagen anhalten sollten, waren im Graben postiert und warteten. Die Auffangkommandos etwas dahinter. Erst in der letzten Woche hatte man etwas weiter nördlich einen dicken Fisch erwischt, und diesen hier würden sie auch erledigen.

Albert Horsch ließ den Wagen langsam anrollen. Auf der Hinfahrt hatte er erfahren, daß man ihm einen guten Wagen zur Verfügung gestellt hatte. Daß dieser

Wagen gestohlen war, wußte er nicht. Der Motor lief gut, und Albert Horsch war zufrieden. Es lief alles wie geplant, und sie erreichten die Stelle im Wald, wo Marcel und zwei Männer ihn schon erwarteten. Während Albert Horsch mit Marcel die Bezahlung regelte, luden die Männer die Fracht um. Eine Dreiviertelstunde später fuhr er ab.

Albert Horsch prüfte aufmerksam die Umgebung. Bis zur Straße waren es noch fünfzig Meter. Wie ein Falke äugte er nach vorn, und dann fuhren sie die Böschung zur Straße hinauf. Nun gab er Gas. Vor der ersten Kurve verlangsamte er die Fahrt und schlug das Lenkrad ein. Da sah er plötzlich, etwa fünfzig Meter vor sich, einen Zöllner mit der Kelle aus dem Graben kommen.

„Achtung!“ rief er, so daß der hinten im Wagen es auch mitkriegte. „Es geht los. Haltet euch fest, ich fahre durch!“

Der Wagen beschleunigte schnell und schoß auf den Zöllner zu, der mitten auf der Straße stand und wie ein Wilder winkte. Als sie näher kamen, sprang er zur Seite, und nun sah Albert die nächsten aus dem Graben steigen. Er erhöhte die Geschwindigkeit. Für Robert Flecken, der alles durch sein Fernglas beobachtet hatte, konnte es nicht schöner kommen, denn der Wagen kam direkt auf die Stelle zu, wo er sich befand.

„Denkt daran, was ich euch noch gestern gesagt habe“, brüllte er. „Schießt ihm den Kühler in Fetzen!“Die beiden Männer hatten die Gewehre gehoben und warteten auf Fleckens Kommando.

„Feuer!“ brüllte Flecken, und die beiden Zöllner schossen und repetierten schnell hintereinander.

Albert Horsch hörte die Einschläge, hielt aber stur den Fuß auf dem Gaspedal, um so schnell wie möglich aus dieser Gefahrenzone herauszukommen.

Die letzte Salve, die den Wagen traf, kam jetzt aus einem anderen Winkel. Eines der Geschosse traf den Kühler nicht voll, wie beabsichtigt, sondern prallte etwas seitlich auf den Rahmen, durchschlug die Windschutzscheibe und riß Albert Horsch die linke Halsseite auf. In der augenblicklichen Erregung spürte Albert Horsch nur ein Pieksen, dann verlor er das Bewußtsein. Seine Beine wurden schlaff, und der Wagen lief steuerlos schräg über die Straße, durchfuhr den flachen Graben und blieb in einem Acker stehen.

Flecken und seine Leute liefen sofort hinterher.

„Vorsicht! Vielleicht sind die Kerle bewaffnet. Haltet genügend Abstand“, kommandierte er und schlich sich seitlich an den Wagen heran. Der Motor war abgestorben und das Fahrzeug stand auf dem Feld.

Flecken wartete ein paar Sekunden und rief dann: „Sofort mit erhobenen Händen rauskommen!“

Die Plane hob sich, und ein Mann kam heraus. Flecken tastete ihn nach Waffen ab und ging dann nach vorne, wobei er seine Pistole im Anschlag hielt.

„Brauchen Sie eine Extraeinladung?“ rief er und blieb vor der Fahrertür stehen. Auf dem Beifahrersitz saß einer, starr und unbeweglich, und am Lenkrad war eine Menge Blut. Er rief seine Leute und öffnete die Tür des Wagens. Albert Horsch glitt ihm entgegen. Flecken fing ihn auf, und er, der im Krieg viele Menschen hatte sterben sehen, wußte sofort, daß dieser Mann tot war.

***

Die letzten Zugvögel versammelten sich auf den Drähten der Freileitungen, und die Bäume wurden kahl. Der Wind frischte merklich auf und trieb Blätter und Staub vor sich her. Hans Dehlen registrierte dies, als er über den Fabrikhof in sein Büro hinüberging. Dohmen, der Fahrer, war gerade hinausgefahren, um die restlichen Maschinenteile einer Walke zu holen, die man erstanden hatte. Helga trat aus dem Büro und informierte ihn, daß sie schnell in die Stadt müsse.

Hans nickte zerstreut. Ihm klang noch das Gespräch mit dem Appreturleiter im Ohr, der ihm gesagt hatte, daß das Färben von Garnen nicht so schwierig sei, als daß man es nicht auch selbst machen könne. Es mußten dann aber Färbeapparate gekauft werden. Dann war Jansen dazwischen gekommen und hatte zu bedenken gegeben, was man noch alles anzuschaffen hätte, um wirklich gut färben zu können. Zweifellos hatte Jansen, der alte Praktiker, wieder einmal recht, und Lahaye hatte sich von seinem Schwung ein wenig weit tragen lassen.

Färben, das hieß Farben kaufen, richtig lagern, damit sie nicht verdarben. Dazu die Chemikalien. Hans rechnete in Gedanken aus, wieviel Platz dafür geschaffen werden mußte. Ein Labor mußte aufgezogen und Kräfte mußten gefunden werden, die sich in diesem Metier auskannten.

Helga hatte das Tor hinter sich geschlossen, und Hans betrat sein Büro. An Helgas Platz saß die Bürohilfe und tippte die letzten Briefe fertig. Aus dem Radio kam Musik. Das Fehlen eines Fahrzeuges für Besorgungen machte sich immer unangenehmer bemerkbar. Er und Will radelten manchmal wie die Irren, um schnell etwas in der Stadt zu erledigen. Obwohl Will sich schon oft an seinen Fuhrparkbekannten gewandt hatte, war nichts geschehen. Jansen kam nun ins Büro und steuerte schnurstracks auf den Junior zu. „Das mit dem Färben, Herr Dehlen, das können wir vergessen. Das ist etwas, das man später vielleicht einmal machen kann. Jetzt ist für uns die Zeit dazu noch nicht da. Wir sind froh, daß wir die Weberei und die Vorbereitung gut laufen haben und sind immer noch mit deren Vergrößerung und Verbesserung beschäftigt. Der Lahaye ist Appreteur und hat keine Ahnung, was wir mit den andern Abteilungen am Hals haben."

Hans winkte ab. „Schon entschieden, Herr Jansen. So verlockend auch der Gedanke an eine eigene Färberei sein mag, so muß doch jeder, auch Lahaye, einsehen, daß es dazu noch zu früh ist."

Jansen atmete auf. „Gott sein Dank. Der Lahaye verfolgt mich mit seiner Idee von einer eigenen Färberei. Aber das ist nicht dessen einzige Idee. Der hat davon noch eine Menge auf Lager und macht mich ganz verrückt."

Nun begab sich Jansen an seinen Schreibtisch, und Hans konnte sich seiner Arbeit zuwenden. Ein Engpaß waren die Kohlen. Hier stand man vor einem großen Problem, keine Kohlen, dann kein Dampf, keine Heizung und keine laufende Dampfmaschine. Stadtstrom wurde immer öfter einmal abgeschaltet oder seine Entnahme begrenzt. Im Geiste hatte Hans schon viele Male alle Möglichkeiten durchgespielt und keine Lösung gefunden.

„Herr Jansen, wir müssen dringend etwas wegen Kohlen unternehmen. Meine Möglichkeiten sind am Ende. Wie sieht das bei Ihrem Schwiegersohn aus? Besteht da eine Chance auf Kompensationsbasis?"

„Im Moment wirklich ein Problem, Herr Dehlen. Die Engländer haben wieder eine Aktion gestartet und das Arbeitsamt auf den Kopf gestellt, um Leute für die Gruben zu finden. Der Knappschaftsarzt kann aber diese Jammergestalten, die ihm vorgeführt werden, nicht zu dieser schweren Arbeit abkommandieren. Mit einem leeren Bauch fährt niemand ins Bergwerk. Die sollten sich einmal überlegen, ob sie für diese Leute nicht die Verpflegung deutlich erhöhen können. Mit ein paar Kalorien mehr locken die keinen Hund hinterm Ofen hervor. Da müssen sie sich was anderes einfallen lassen. Nun haben die Amerikaner Maismehl zu uns geschickt, doch mit einem Süppchen davon im Leib lassen sich auch keine Bäume ausreißen. Ich werde meinen Schwiegersohn noch einmal fragen, ob er uns etwas besorgen kann, und wenn das nicht geht, dann sehe ich aber schwarz für den Winter."

„Apropos schwarz, ist schwarz nichts zu bekommen?"

Nebenan klingelte das Telefon, und das Mädchen hob ab.

„Herr Dehlen, Telefon für Sie."

Es war Will. „Hans, ich komme heute nicht mehr in die Fabrik. - Mein Bruder ist heute morgen an der Grenze erschossen worden. Wir sehen uns morgen."

Hans wollte noch etwas fragen, aber Will war schon weg.

***

Bei Albert Horschs Beerdingung wehte ein starker Wind, der das Laub umherjagte. Hans stellte den Kragen seines Mantels hoch und steckte die Hände in die Taschen. Der Priester, ein junger Mann, der im Krieg gewesen war, bezeichnete den Toten, der heute zu seinem Schöpfer zurückkehrte, als einen Mann, der beim Kampf ums Überleben zu Tode gekommen war. Er sprach von einer unnatürlichen Grenze, einer Grenze der Willkür, die Menschen voneinander trennte, die seit Jahrhunderten regen Handel und Kulturaustausch getrieben hätten. Eine Grenze, die dem christlichen Gebot der Nächstenliebe keinen Raum lasse und die Menschen in dieser Stadt in Not und Verzweiflung halte. Nun habe dieses junge Leben ein Ende gefunden. Zu Ende gebracht von einem Landsmann, der den Auftrag hatte, diese Grenze zu schützen und in ihrer Funktion zu erhalten. Dann wurde der Sarg in die Grube gesenkt, und Hans reihte sich zur Kondolenz ein. Die Eltern taten ihm leid. Der Vater, ein großer, alter Mann, stand mit starrem Gesicht neben dem Grab und schüttelte geistesabwesend jede Hand. Die Mutter, klein, mit grauem Haar, das unter dem schwarzen Hut hervorhing, weinte lautlos und drückte ein Taschentuch gegen den Mund. Will, seine Frau und Hella standen daneben. Will hatte Hans erzählt, wie sein Bruder zu Tode gekommen war und es kurz kommentiert: „Mein Bruder, Hans, das war ein Mensch, der von einem unbeschreiblichen und unheilvollen Tatendrang geführt wurde. Das hat er beim Militär und früher beim Schmuggeln immer bewiesen. Wo sich niemand hintraute, da ging Albert hin. Ich hatte manchmal das Gefühl, der glaubte, unverwundbar zu sein oder daß ihm nichts passieren könnte. Nun hat er es wieder einmal probieren müssen und ist dabei zu Fall gekommen. Ich habe schon lange geahnt, daß es eines Tages so etwas geben würde. Nun ist er raus aus dem Spiel, aber meine Eltern, besonders meine Mutter, die kann das nicht verwinden und wird ihm den Rest ihres Lebens nachtrauern."

Hans bewegte sich dem Ausgang zu und blickte noch einmal zurück. Familie Horsch stand immer noch am Grab. Etwas dahinter erkannte er den Kompagnon von Albert Horsch, den er flüchtig kennengelernt hatte. Bei diesem Krings standen mindestens zehn Personen, Frauen und Männer. Hans sah ihnen allen echte Trauer an.

Den Toten hatte Hans auch nur oberflächlich gekannt, aber er wußte, daß Will sich stets Sorgen um seinen Bruder gemacht hatte und froh gewesen wäre, wenn dieser die Arbeit angenommen hätte, die man ihm in der Fabrik angeboten hatte. Jeder lebt sein Leben, dachte er, und jeder versucht, das Beste daraus zu machen, auf seine Weise. Der eine rackert und rackert, und ein anderer versucht es mit aller Gewalt in kürzester Zeit. Er dachte an die, die mit ihm arbeiteten, die ihm alle nicht gleichgültig waren. Will war immer unterwegs und schaffte heran, was das Zeug hielt. War stolz, wenn er das Unmögliche möglich gemacht hatte. Er war eine große Hilfe in der Fabrik. Hans empfand viel Sympathie für ihn. Jansen, ein Quirl, immer unterwegs auf seinen kurzen Beinen, schnell und emsig, ruhelos für die Fabrik arbeitend. Ortmanns, stets reserviert und von strammer Haltung, ein fleißiger und zuverlässiger Mensch. Sein Schulfreund Hellmann fiel ihm ein, der gesagt hatte, daß er an einem Roman schreibe, der den sinnlosen Tod vieler junger Deutscher anklagen sollte. Er hatte bei seinem letzten Besuch bei ihm und Lydia etwas darüber erzählt und einige Passagen vorgelesen.

Nun, auch Hellmann versuchte sein Leben zu gestalten und machte es sich nicht gerade leicht. Seine Fröhlichkeit mußte so etwas wie eine Abwehr gegen das Häßliche sein, das doch so an ihm nagte, daß er darüber schreiben mußte.

Alle waren nun zum Ausgang gekommen und stiegen in Taxis. Hans ging zu Fuß und ließ sich den frischen Wind um den Kopf wehen. Die letzten Tage waren turbulent gewesen, und er hatte in der letzten Nacht schlecht geschlafen. Große Sorgen bereitete ihm der kommende Winter mit seinen Problemen, von denen der Kohlenmangel an erster Stelle stand. Alle Bemühungen waren erfolglos geblieben, und er hatte sich entschlossen, auf Wills Vorschlag einzugehen, der ihm Kohle besorgen wollte, wenn nötig auch schwarz.

Jetzt schon waren viele wieder unterwegs auf Sammeltour, die selbst im Sommer keine Unterbrechung erfahren hatte. Es wurde schon lange alles aufgelesen, was eßbar war, um die Ernährung der Familie zu sichern. Löwenzahn, Brennesseln, Brombeeren, Himbeeren, Holunderbeeren, Blaubeeren, auch Bucheckern und Hagebutten. Die Rationen waren wieder herabgesetzt worden, und die Situation spitzte sich weiter zu. Das Essen, das Einmal-satt-Werden, war für viele die einzige Triebfeder. Die Selbstmordquote war angestiegen, das hörte man aus dem Radio. In Berlin, wo sich die beiden Großmächte äußerst feindlich gegenüberstanden, war sie besonders hoch. Die Russen versuchten, den Westalliierten das Leben in Berlin schwer zu machen und ließen keinen Trick aus. Für die Wahlen hatten sie große Mengen an Papier zur Verfügung gestellt und eine riesige Plakatwerbung aufgezogen. Ihre Gegner, in diesem Fall Gruppen aus der Bevölkerung, machten diese Plakatwerbung insofern unwirksam, ja lächerlich, als sie Aufkleber auf die Plakate klebten, auf denen es hieß: „Vergewaltigt? Wenn ja, SED wählen!"

Man hatte in Berlin einen Bürgermeister namens Reuter gewählt, den die Russen nicht duldeten, die bei General Clay intervenierten, daß er abgesetzt werden sollte. Dann überschwemmten die Russen Berlin mit Zigaretten und einer Flasche Schnaps für jeden, und die Amerikaner sahen sich gehalten, etwas dagegen zu tun, indem sie dem Schuhe, Fahrradreifen, Fensterglas, Papier, Baustahl und einen Sender entgegensetzten. Ende 1946 begann der Sender RIAS, der Freiheitssender, mit den Übertragungen, die immer beliebter wurden. Auf diese Weise kam es auch zu einem Wahlsieg der SPD.

So war es schon im vergangenen Jahr gegangen, und so ging es weiter. Der Zusammenschluß der amerikanischen und der britischen Zone zur Bizone wurde von den Russen verurteilt und versucht zu hintertreiben, und der Streit war zu einem täglichen Schlagabtausch geworden. Als das Gespräch auf eine Währungsreform kam, wollten die Russen nicht mitziehen. In der Bizone kam man schließlich überein, die Währungsreform ohne die Ostzone zu machen. Nun begannen die Russen mit Schikanen und führten schärfere Kontrollen ein. Sie nahmen jeden fest, der eine westliche Zeitung mit sich führte. Die Wagen nach Berlin wurden immer häufiger angehalten und durchsucht. Bahngleise wurden wegen „dringender Arbeiten" gesperrt und Brücken, über die der Verkehr nach Berlin rollte, für baufällig und unbefahrbar erklärt.

***

Vereinzelt kehrten Kriegsgefangene zurück, und immer noch warteten am Bahnhof Verwandte auf ihre Söhne und Väter, Brüder oder Ehemänner. Viele warteten vergebens. Täglich gingen Frauen zum Bahnhof und ersehnten bei jedem einlaufenden Zug das Wunder der Heimkehr. Größere Gruppen gab es nicht, allenfalls kleinere aus amerikanischer oder britischer Gefangenschaft. Aus Rußland nur wenige. Man hatte Gefangenenauffanglager eröffnet, die die Heimkehrer beköstigten und pflegten. Der Unterschied zwischen den Gefangenen aus Amerika und Rußland war kraß. Während die Rückkehrer aus Amerika meist gut genährt waren, befanden sich die aus Rußland in einem erbarmungswürdigen Zustand. Statt Schuhen trugen sie Holzpantinen oder hatten die Füße mit Lumpen umwickelt. Sie torkelten in ihrer zerfetzten Kleidung umher und standen fassungslos vor dem weißgedeckten Bett im Auffanglager in Friedland. Oft brachen sie zusammen und weinten wie Kinder. Zerrüttete Physis und Psyche. Sie fühlten sich elend, und es dauerte meist lange, bis sie sich erholt hatten. Viele, so stellten Ärzte fest, hatten derart gravierende Schäden davongetragen, daß sie nie mehr würden arbeiten können. Aus dem Auffanglager wurden sie schließlich nach Hause entlassen und kamen dort in ein neues Elend hinein. Die Rationen waren oft gekürzt worden. Nie hatte es auch nur eine einzige Erhöhung irgendeiner Lebensmittelart gegeben. Selbst Menschen, die auf dem Lande lebten, hungerten, wenn sie keinen Bauernhof betrieben.

Der Mensch hatte 1935 täglich 3075 Kalorien, 77 g Fett und 109 g Eiweiß konsumiert, während er 1947 1300 Kalorien, 10 g Fett und 39 g Eiweiß bekam. Schwerarbeiter, zum Beispiel Bergarbeiter, erhielten eine Zulage. Hunger aber hatte jeder –

den ganzen Tag. Gefangene aus Rußland, die am Anfang nach ärztlicher Untersuchung etwas mehr Lebensmittel bekamen, hatten das Gefühl für Gesättigtsein verloren. Bekamen sie ein Brot in die Hände, aßen sie es auf einmal auf.

Das Gesundheitsbild der Menschen hatte sich stark gewandelt. Fettleibige Normalverbraucher existierten nicht mehr, Magenkrankheiten waren unbekannt und Herzleiden ganz selten geworden. Vorherrschend waren Körperschwäche und Hungerödeme. Die Sterbeziffer war ungewöhnlich hoch.

Wer sich in guter körperlicher Verfassung befand, besorgte sich sicherlich etwas nebenbei. Entweder handelte er auf dem Schwarzmarkt, oder er verfügte über einen begehrten Artikel, der ihm über Kompensation oder Tausch das Fehlende einbrachte. Wer nur das aß, was es auf Lebensmittelkarten gab, ging langsam, aber sicher zugrunde.

Gelegentlich kamen Fässer mit Salzheringen und wurden in den Geschäften verkauft. Irgendein Abschnitt der Lebensmittelkarte wurde aufgerufen, auf dem es eine bestimmte Menge dieses begehrten Fisches gab. Miesmuscheln, die man in dieser Gegend gerne aß, kamen nur im Winter. Aber keineswegs in den Mengen wie früher, sondern kleckerweise. Frischfisch gab es nur selten. Fleisch wurde in der vorgeschriebenen Menge ausgegeben und die übrigen Lebensmittel ebenfalls. Immer noch kamen zu den schon länger auf dem Markt erhältlichen Brotaufstrichen neue hinzu. Sie waren aber in der Regel derart kalorienarm, daß man auf sie verzichten konnte. Zu dem täglichen, überaus kärglichen Angebot kam natürlich noch hinzu, daß man für alles Schlange stehen mußte. Das hieß, man stellte sich vor den Laden in die Menschenschlange und wartete, bis man an der Reihe war. Diese sehr zeitraubende Wartezeit brachte einen neuen Typ hervor – den Schlangensteher für andere. Dies waren meist ältere Leute, die viel Zeit hatten und sowieso nichts versäumten. Sie stellten sich in die Warteschlange und hielten ihrem Auftraggeber den Platz solange frei, bis dieser zurückkam. Natürlich mußte dieser Warteschlangendienst eine Entlohnung erfahren, die meist mit Tabak abgegolten wurde.

Es kam wieder täglich zu Hungerdemonstrationen. Vereine schlossen sich zusammen und übergaben Petitionen an den Stadtrat. Die Gewerkschaft, noch nicht lange wieder im Spiel, tat auch an der Hungerfront den Mund auf und protestierte laut. In der Talbothalle, in der Hans Dehlen einmal die 'Winterreise' gehört hatte, fanden jeden Sonntagmorgen Versammlungen statt. Hans und Will gingen manchmal dorthin. Bei einer Versammlung der KPD sagte der Redner, daß die Hungermisere durch die Mißwirtschaft der Amerikaner entstanden sei.

Der Mann am Rednerpult versuchte seinen Zuhörern zu erkären, daß es in der Ostzone bedeutend besser stünde. Er versprach, daß sich auch hier die Situation schlagartig bessern werde, wenn man der KPD die politische Verantwortung gäbe. Dann wollte der Mann den Leuten einreden, daß amerikanische Soldaten auch deutsche Mädchen und Frauen „vergewaltigen" würden – für Schokolade und Zigaretten!

***

In der Fabrik war es etwas friedlicher geworden. Die lauten Rufe nach mehr waren fast verstummt, nachdem Hans zwei der Ruhestörer entlassen hatte. Doch gingen die Garndiebstähle weiter, wenn auch nicht mehr ganz so stark wie vorher. Hans Dehlen, der wütend reagierte, ließ sich von Will Horsch beruhigen, der meinte, daß die paar Kilo den Bock auch nicht fetter machten und einem armen Schlucker etwas mehr zum Beißen brachten. Hans sah es schließlich ein, ließ aber die Kontrollen bestehen.

Die Nervosität, die Hans Dehlen oft an den Tag legte, kommentierte Will Horsch folgendermaßen: „Arbeiten ist schön und gut, Hans, aber man kann es auch übertreiben und du, du tust das schon eine ganze Zeit. Merkst du das denn nicht? Du hockst bis abends spät in der Bude hier, kommst müde und gereizt nach Hause, wo deine junge Frau dich erwartet. Und was sieht sie, wenn du die Wohnung betrittst? Einen blassen, überarbeiteten Herrn Gemahl, der unlustig sein Essen verzehrt, wofür sie stundenlang Schlange gestanden hat, damit etwas auf den Tisch kommt. Danach gehst du, wie ich mittlerweile weiß, zum Klavier, um dir deinen Ärger von der Seele zu spielen. Ich kenne ja nicht viel von Musik, aber das, was du dann zusammenstoppelst, in deinem Gemütszustand, das kann nichts Vernünftiges sein. Du bist kaputt und geschlaucht und deine Musik auch. Ich würde an deiner Stelle mit meiner Frau um die vier Ecken laufen und ihr dabei sagen, wie nett sie heute wieder aussieht. Drücke sie, küsse sie, dann ist wenigstens sie zufrieden. Dich zufriedenzustellen, das ist wohl ein Kunststück, das niemand fertigbringt. Du mit deinem Drang nach vorne, mit deinem verrückten Ehrgeiz und deiner Fabrik, du merkst schon nicht mehr, daß dir in letzter Zeit viele Fehler unterlaufen, daß du mit nichts, aber auch mit gar nichts mehr zufrieden bist. Damit aber machst du dich und die anderen total verrückt."

Will holte Zigaretten heraus. „Komm, rauch eine Friedenspfeife!"

Die Starre in Hans Dehlens Gesicht löste sich und machte einem gequälten Lächeln Platz. „Will, wenn ich dich nicht so gut kennen würde und genau wüßte, daß du es ehrlich meinst, dann wäre ich jetzt sehr böse. Aber ich sehe ein, daß du recht hast, besonders was Lydia angeht. Da sollte ich mir wirklich einmal etwas einfallen lassen." Er zog den Rauch tief ein. „Die hat wirklich manchmal verheulte

Augen, und ich habe mich schon gefragt, woran das liegen könnte. Nun aber hast du mir in deiner charmanten Art die Augen geöffnet, und ich muß mich auch noch dafür bei dir bedanken."

Will schien erleichtert, denn es hatte einen Augenblick so ausgesehen, als habe er zu hart hingelangt. Doch gesagt werden mußte das einmal. Sein Freund Hans kam vor lauter Fabrik nicht auf die Idee, jemanden vernachlässigt zu haben.

Sie gingen am Abend zusammen nach Hause, und Will erfuhr mit Genugtuung, daß Hans Dehlen sich seine Gedanken machte, als er fragte: „Will, wäre doch nett, wenn du und Mia noch einmal am Samstagabend zu uns kommen würden?"

„Einverstanden, Hans, wir kommen gerne."

***

Endlich waren wieder Kohlen da. Will hatte sie recht günstig bekommen. Nun wurde wieder besser geheizt, und man brauchte nicht im Mantel im Büro zu sitzen.

Hans hatte mit den beiden Technikern eine Besprechung gehabt. Helga hatte stumm zugehört. Sie hustete, und ihre Stimme war rauh. Wahrscheinlich eine Erkältung, infolge der niedrigen Temperaturen der Vortage.

Will kam herein und beugte sich zu Hans hinunter. Er sprach mit verhaltener Stimme über den schwarzen Stoff, den ein Bauer haben wollte und dafür zwölf Pfund Butter geboten hatte. Ein Geschäft, das man sich nicht entgehen lassen sollte. Hans war sofort einverstanden, zumal Will meinte, daß dieser Bauer auch noch zu anderen Geschäften bereit sei. Will senkte seine Stimme zu einem Flüstern, wenn sich die junge Bürokraft näherte oder jemand anderes ins Büro kam. Es war nicht nötig, daß jeder mitkriegte, wenn ein Handel abgeschlossen wurde.

Helga saß an ihrem Platz und arbeitete. Sie strengte sich an, um zu verstehen, was die beiden da mit dem schwarzen Stoff vorhatten, aber sie konnte sich kein genaues Bild aus den Wortfetzen, die zu ihr herüberdrangen, machen.

Nun war Mittagspause, und das Büro leerte sich. Nur Hans und Helga waren zurückgeblieben. Die Tür zu Jansens Büro wurde von Helga geschlossen. Sie kam zu Hans herüber und blieb vor seinem Schreibtisch stehen. „Würdest du mir einmal erklären, was das heute vormittag mit dem schwarzen Stoff auf sich hatte, den dieser Horsch mitnehmen will?" fragte sie, und ihre Stimme klang aggressiv.

„Aber, Helga. Was ist denn los? Was regst du dich auf über eine Sache, die so alltäglich ist wie alles andere hier?"

„Alltäglich, ja, das glaube ich dir gerne. Glaubst du etwa, daß ich so dumm bin und nicht bemerke, daß du und dieser Horsch Privatgeschäfte macht, von denen ich nichts wissen darf?"

„Moment mal, Helga. So kenne ich dich ja gar nicht. Wir machen Geschäfte, die allen hier zugute kommen, auch dir. Das weißt du doch. Ich verstehe nicht, daß du dich plötzlich darüber derart aufregst. Für diesen schwarzen Stoff bekommen wir etliche Pfund Butter, die wir sehr gut gebrauchen können. Butter, von der auch du deinen Anteil erhalten wirst."

„Ach, ich werde auch einen Anteil haben? Allerdings erst, wenn ihr euch gesegnet habt!"

Nun erhob sich Hans und stellte sich vor seine Schwägerin, die vor Zorn bebte. Er wollte sie beruhigen und ihr seine Hände auf die Schultern legen, aber sie wich zurück. Er sah, daß sie nach Worten suchte und kam ihr zuvor. „Helga, beruhige dich. Laß doch vernünftig mit dir reden. Kein Mensch denkt daran, dich zu übervorteilen. Wir haben ..."

„Ihr habt ... Weißt du, was ihr habt? Ihr habt hier einen Dummen gefunden, das glaubt ihr. Einen, der sich euer Spiel tatenlos mitansieht. Aber das stimmt nicht. Ich lasse mit mir nicht den Affen machen. Ich sitze hier und sehe und höre, was vor sich geht. Ihr kompensiert, weil es notwendig ist, aber ihr kompensiert auch zu eurem Vorteil. Ich habe das schon oft bemerkt, und ich denke nicht daran, mir das auf Dauer gefallen zu lassen. Ich bin Teilhaberin an dieser Fabrik, und ich habe ein Recht darauf, nicht nur über alles informiert zu werden, sondern auch meinen gerechten Anteil zu erhalten!"

„Du glaubst doch nicht, daß wir dich betrügen?"

Sie wich seinem Blick aus und schaute weg. Auch seine Worte waren härter geworden. „Helga, ich kann die Aufzeichnungen, die ich über alles mache, offenlegen. Die kannst du kontrollieren und prüfen, ob dich jemand betrogen hat oder nicht. Zum Glück war ich so pedantisch und habe alles aufgeschrieben. Du solltest aber wissen, was wir da alles veranstalten, um Lebensmittel heranzuschaffen, Lebensmittel für uns alle hier. Ich verstehe nicht, daß du auf einmal derart mißtrauisch bist und mir vorwirfst, daß man dich übervorteilt."

„Jawohl, das stimmt. Vor Wochen das mit den Dosen Erbsen. Da ist doch hier geschummelt worden, was das Zeug hielt. Du meinst wohl, ich habe das nicht bemerkt? Da hast du dich aber getäuscht. So dämlich bin ich nicht. Und vorige Woche die Zigaretten, die dieser Horsch brachte. Da hast du auch deinen Anteil bekommen, aber niemand anderes hat auch nur eine einzige Zigarette davon gesehen."

„Moment, Helga. Du müßtest wissen, daß Horsch diese Zigaretten von einem Amerikaner bekommt. Immer schon, seit fast einem Jahr. Wenn Will mir davon abgibt, ist das doch wohl seine Sache. Wenn er gewußt hätte, daß du auch gerne etwas davon gehabt hättest, hättest du es auch bekommen. Will ist so."

„Ach wie fein, der ist so. Das kannst du deiner Großmutter erzählen. Ich habe nun schon mehrmals mit eigenen Augen gesehen, daß ich nicht immer das bekomme, was mir als Teilhaberin der Fabrik zusteht, und ich wehre mich dagegen, weil es mein Recht ist. Ob dir das nun paßt oder nicht, ich werde schon ..."

Hans winkte ab und setzte sich. Was war denn plötzlich mit Helga los? Das war doch nicht ihre Art, so auf den Tisch zu hauen und ihr Recht zu fordern, weil sie annahm, daß man sie ungerecht behandelt habe. Da steckte doch etwas hinter. Sie gab aber immer noch keine Ruhe und redete weiter auf ihn ein. Da öffnete er die Schublade seines Schreibtisches und knallte ihr sein Notizbuch auf den Tisch.

„Hier kannst du dich überzeugen, daß alles mit rechten Dingen zugegangen ist. Dazu, liebe Schwägerin, kann ich dir noch sagen, daß gerade der Horsch schon oft auf seinen Anteil verzichtet hat, weil er es im Augenblick nicht so nötig hatte wie andere hier."

Helgas Gesicht war verkniffen, ihr Mund zusammengepreßt. Sie nahm das Heft vom Tisch, ging zu ihrem Schreibtisch hinüber und blätterte darin. Als sie dazu etwas sagen wollte, hatte Hans sich schon erhoben und verließ den Raum. Er kehrte auch nach der Pause nicht wieder zurück. Er wollte vermeiden, daß Helga diesen Disput in Gegenwart der anderen fortführte. So, wie sie heute geladen war, war das sehr wahrscheinlich. Dabei war sie sonst doch immer gut gelaunt, ja, sogar fröhlich. Nie auch nur die geringste Beschwerde gehabt, geschweige denn sich über etwas aufgeregt. Hatte sie privaten Ärger? Steckte jemand dahinter, Kroll etwa? Auf keinen Fall. Dazu war er zu gewandt und zu klug. Wenn der annahm, daß Helga übervorteilt würde, wußte er aber andere Wege als diesen offenen Streit. Heute war der Tag, an dem er seine Eltern besuchte. Er sprach mit ihnen über die Auseinandersetzung mit Helga und fragte sie, ob er etwas falsch gemacht habe. Seine Eltern hörten schweigend zu. Er führte auch nicht alle Einzelheiten auf, sondern informierte sie über den Tenor des Gespräches.

„Helga mißtraut mir und nimmt an, daß ich sie übervorteile und ihr etwas vorenthalte, was ihr zusteht. Ich nehme an, sie denkt, daß ich euch alle betrüge und mich an den Dingen bereichere, die euch auch gehören!"

„Das darfst du nicht so sehen, Hans", meinte sein Vater und verharmloste Helgas Ausbruch so, als könne das einmal passieren. Seine Mutter atmete auf, Gustav Dehlen wechselte das Thema. Er begleitete dann seinen Sohn nach draußen und schnitt dieses heikle Thema noch einmal an.

„Um noch einmal auf diesen leidigen Streit zurückzukommen, Hans. Mir ist auch schon einmal Helgas Mißtrauen aufgefallen, als ihre Eltern im vorigen Jahr hier waren. Damals hat sie darauf herumgeritten und mich mehrmals gefragt, ob ihr nun

Gerds Anteil gehört. Dabei ist das doch die selbstverständlichste Sache der Welt, daß sie und die Kinder Gerds Erben sind. Ich habe es dann so bereinigt, daß ich ihr den Entwurf des Testaments gezeigt und ihr versichert habe, daß sich daran nichts ändern wird. Ich habe dann, einige Wochen später, das Testament so verfaßt und beim Notar hinterlegt."

Auf die erstaunten Blicke seines Sohnes meinte er. „Hans, man kann nie wissen, was einem passieren kann. Wenn man alt wird, sind Überraschungen häufiger, und man tut gut daran, alles zu ordnen. Woher Helgas Mißtrauen stammt, kann ich nicht sagen, aber daß es da ist, das wissen wir jetzt."

Er faßte den Arm seines Sohnes. „Frauen reagieren oft anders als Männer. Sie sind emotionaler und verlieren manchmal den Blick für die Realität. Du darfst das nicht zu schwarz sehen, mein Junge. Helga ist ein gutes Mädchen, aber sie hat zwei Kinder, um die sie sich sorgt, und die starke Hand fehlt ihr. Für sie und die Kinder wäre es gut, wenn sie bald diesen Dr. Kroll heiratet."

„Ob sie dann aber ihre Einstellung zu mir ändert?"

„Das glaube ich schon, Hans. Wenn die beiden sich aber zusammentun und in ihrer Meinung über die Fabrik nicht mit uns übereinstimmen, dann muß in aller Ruhe und mit viel Verständnis, aber auch mit der nötigen Konsequenz eine vernünftige Lösung gefunden werden. Verscherbelt, unter den Hammer gebracht oder versteigert wird unsere Fabrik niemals, Hans. Darauf kann ich mich doch verlassen?"

„Vater! Das ist doch überhaupt keine Frage."

„Dann bin ich zufrieden. Auf Wiedersehen, Hans. Grüß Lydia von mir."

***

Auf dem Heimweg, als sie eine Weile durch die kalte Luft gegangen war, hatte sich Helgas Zorn abgekühlt, und sie sah alles wieder ruhiger. Daß sie Hans derart in die Parade gefahren war, bereute sie und dachte an die harten Worte, die sie gebraucht hatte. Einen stichhaltigen Grund hatte sie nicht, es war der Verdacht, der sie so aus der Haut hatte fahren lassen, und ein Quentchen Mißtrauen war immer noch da. Schon seit Wochen war sie mißtrauisch und wollte Hans zur Rede stellen, und immer war etwas dazwischen gekommen. Jansen war im Büro oder Horsch, das junge Mädel oder der Senior. Heute hatte sich die Gelegenheit geboten, und sie hatte sie ergriffen. Ihr war der Kragen geplatzt. Wieso eigentlich? Über ihre Aggressivität war sie selbst erstaunt. Sie ging schneller, denn der Wind blies kräftig gegen ihren Rücken. Josef Kroll kam am frühen Abend noch auf einen Sprung vorbei, und sie erzählte ihm den ganzen Hergang des Streitgespräches mit Hans. Sie erwartete seinen Tadel, wenn auch in feiner Form und war um so überraschter, als er grinste und ihr sagte, daß das gar nicht so schlimm gewesen sei.

„Bei aller Sympathie und allem Respekt vor deinem Schwager, Helga, halte ich diesen Disput eher für nützlich als schädlich. Man kann, indem man einen Krach vom Zaun bricht, vielen Dingen eine andere Wendung geben und auf etwas aufmerksam machen, was sonst untergehen würde, weil es für selbstverständlich gehalten wird. Auch in diesem Fall denke ich, daß es nützlich war, daß du deinem Schwager einmal gesagt hast, wie du die Sache siehst. Schaden wird das auf keinen Fall. Wie ich ihn kenne, forstet er nun alle Unterlagen durch, um dir zu beweisen, daß du immer gerecht bedacht worden bist und dich niemand übers Ohr gehauen hat. Dein Schwager ist ein tüchtiger Kerl und macht seine Sache gut, Helga. Er baut die Fabrik zu einem Unternehmen aus. Aber er will auch der Chef sein. Ich glaube nicht, daß er dich einmal wegen so eines Handels gefragt oder dich darüber vorher informiert hat, aber ich glaube auch nicht, daß er dich unkorrekt behandelt. Hans ist die junge Generation, und die macht es nicht mehr so wie der alte Herr. Der hätte dich vorher gefragt. Aber laß dir deswegen keine graue Haare wachsen. Gesagt ist gesagt. Rückgängig kannst und willst du es auch nicht mehr machen, wie ich dich kenne. Also laß es laufen. Hans Dehlen wird sich in Zukunft sehr in acht nehmen, das steht fest."

Lachend hob er sie hoch. Er blickte in ihre Augen und sagte: „Helga, dir ist doch sicherlich die Sympathie, die ich für dich hege, nicht verborgen geblieben, und es freut mich, daß ich von deiner Seite auch so etwas wie Zuneigung spüre." Er machte ein pfiffig-naives Gesicht; sie lachte und lehnte sich in seinen Armen zurück. „Du, liebe Helga, und meine Tätigkeit als Berater in allen Lebenslagen haben in mir die Gewißheit reifen lassen, daß es für uns beide sehr schöne wäre, wenn wir zusammenziehen würden. Liebe Helga, sag ja, wenn du damit einverstanden bist, dann können wir zügig darauf hinarbeiten."

„Soll das ein Heiratsantrag sein?"

„Schlaues Mädchen. Du merkst aber auch alles."

Ihr Zorn war längst verflogen. Ihr war zum Singen zumute, obschon die beiden Kleinen total verdreckt ins Zimmer traten und sie sich daran geben mußte, sie in die Badewanne zu stecken. Kroll sah lachend zu. „Sollen wir nicht heute abend, wenn die Kinder im Bett liegen, noch eine Flasche Wein trinken? Ich bin per Zufall an einige Flaschen gekommen, die würde ein Kenner keinem Esel ins Ohr schütten."

„Was hast du vor?" fragte sie verschmitzt.

„Ach so, - nein. Ich möchte mich nur einmal ins rechte Licht rücken."

„So kann man das auch nennen", lachte sie.

***

Inge Dehlens Leben verlief eigentlich ganz angenehm, seit ihr Bruder verheiratet war und in seiner eigenen Wohnung lebte. Aus den beiden kleinen Dachkammern, die sie und Hans vorher bewohnt hatten, hatte der Betriebsschreiner einen Raum gemacht, der durch die beiden schrägen Dachfenster sehr hell war. Er wurde weiß getüncht, und die Dekorationen, die sie angebracht hatte, machten ihn gemütlich. Ihr Bett, tagsüber mit einer bunten Decke abgedeckt, und die kleinen, flachen Schränke und Regale, die Strohblumen auf dem Tisch und die Aquarelle an den Wänden machten ihn schön. Hier fühlte Inge sich wohl. Es war das Licht, die Sonne, der Duft des nahen Waldes und die herrliche Stille. Ihre Arbeit an der Textilingenieurschule machte ihr Freude und hatte ein intensives Interesse erweckt. Zu Dr. Fery ging sie zweimal im Monat und machte mit ihm zusammen einen Spaziergang durch die Stadt, deren Straßen immer mehr von ihrer alten Form zurückbekamen. Sie mochte den alten Herrn sehr. Er war wohl der einzige Mann, zu dem sie Vertrauen hatte, ihren Vater und Hans ausgenommen. Ihr Verhältnis zu anderen Männern hingegen gestaltete sich schwierig, aber das bemerkte sie selbst nicht. Für Dr. Fery aber war dies eine logische Folge des Erlebten. Als er sie nach ihrem Studium fragte, erzählte sie von ihrer Arbeit. Dr. Fery nickte. Er wußte, daß sie ihre Arbeiten mit unermüdlichem Fleiß und Ehrgeiz machte. Sie ahnte nicht, daß er aus ihren Erzählungen seine Schlüsse zog und daraus ihre Reaktionen aus dem Unterbewußtsein ableiten konnte. - Diese Reaktionen gaben ihm zu denken.

In der Schulclique war Inge Dehlen beliebt, besonders aber bei den Studenten. Zu den Studentinnen hatte sie ein gutes, aber keineswegs herzliches Verhältnis. Ihr Benehmen den anderen Mädchen gegenüber war freundlich, aber von einer gewissen Reserviertheit. Echte Herzlichkeit kam nie auf. Ihre stille, vornehme Art machte sie zur Favoritin bei den meisten Studenten, und sie ging in der Mittagspause nie allein über den Hof oder die angrenzenden Straßen, die von den Studenten als Mittagsspaziergang benutzt wurden. Immer war sie in Begleitung einiger junger Männer. Keinem von ihnen räumte sie einen Vorzug ein. Besser als mit den anderen Mädchen kam sie mit Karola Hahn zurecht, die sich beim Mittagsspaziergang bei Inge einhakte und ihr etwas erzählte, wobei vielfach ihre ganze Sympathie für Jürgen Blom das Thema war. Daß Karola Hahn den Blom liebte, war allen klar. Daß sich Fritz Baumann um Inge bemühte, sah auch jeder. Daß er sich dabei sehr schwertat, das wußte nur er. Geduldig bemühte er sich um sie und hatte sich wohl im Anfang des Semesters gedacht, ihr helfen zu können, um so ihr Interesse, eventuell sogar ihre Gunst zu erlangen. Leider mußte er das Gegenteil erfahren, denn helfen konnte er ihr nicht. Ihre Arbeiten waren immer exakt ausgeführt, und er merkte bald, daß er seine Taktik ändern mußte. Also drehte er den Spieß um und ließ sich von ihr helfen, was sie in distinguierter, fast arroganter Art auch tat. Stets sagte sie ihm klar und deutlich, was er falsch gemacht hatte, und er wurde das Gefühl nicht los, daß sie das gerne tat.

„Du hältst mich wohl für reichlich blöd?" sagte er einmal zu ihr, und sie blickte ihn mit ihren großen, dunklen Augen an und erwiderte nichts.

Er fühlte sich augenblicklich unbehaglich und sagte: „Entschuldige, so war das nicht gemeint. Aber so dumm, wie du denkst, bin ich nicht."

Nach dem ersten Kuß, als er sie vor zwei Wochen nach Hause brachte, hatte sich in dieser Richtung nichts mehr getan. Er hatte sich sehr aufmerksam bemüht, aber sie blieb reserviert. Nur wenn er resigniert an seinen Platz zurückkehrte und sich längere Zeit nicht mehr um sie kümmerte, kam sie plötzlich herüber und fragte, was denn mit ihm los sei. Er machte sich dann wieder Mut für den nächsten Anlauf.

Fritz Baumann kriegte Wut, wenn er sah, wie dumm und plump sich der dicke Schwarz an Inge heranmachte und sie in seiner bäuerlich-unbekümmerten Art etwas fragte, und er sah mit Wonne, wenn sie seine Annäherungsversuche geflissentlich übersah. Wie sie ihn ins Leere laufen ließ und er schließlich mit breitem Grinsen wieder abzog. Ein anderes Mal kam Schwarz zu ihm, weil er seinen Platz am Labortisch neben Inge hatte, und quatschte so laut, daß sie es unmöglich überhören konnte. Er gab fürchterlich an und spielte den Alleswisser. Fritz Baumann war sicher, die besseren Chancen zu haben. Gewiß bemerkte er manchmal bei ihr die Ungeduld, wenn er sie mitten in ihrer Arbeit störte und sie unterbrechen mußte, aber so wie mit dem dicken Schwarz verfuhr sie nie mit ihm.

Heute aber war so ein verflixter Tag, wo er mit seiner Arbeit nicht zurechtkam. Er versuchte alles, kam aber nicht zurande. Als er zu ihr hinüberging und sie zum zweiten Mal etwas fragte, schüttelte sie nur den Kopf und ließ ihn stehen.

Er lief rot an, als er das Grinsen der anderen bemerkte und schlurfte langsam an seinen Platz zurück. Mühsam rappelte er sich auf und riß sich zusammen, begann noch einmal von vorne und schaffte es schließlich.

Auch in der großen Pause blieb er an seinem Platz und mimte viel Arbeit. Aus den Augenwinkeln sah er sie draußen auf dem Hof auf- und abgehen, in Gesellschaft einiger Studenten eines anderen Lehrgangs. Als es Zeit war, nach Hause zu gehen, fragte sie ihn: „Gehst du ein Stück mit mir?"

Was war denn nun los? Zuerst wies sie ihn ab, und dann wollte sie seine Begleitung. Sollte er ja oder nein sagen? Er blickte auf seine Uhr, deutete damit an, daß er wenig Zeit hatte. Sie blieb vor ihm stehen und wartete. Nun mußte er sich wohl entscheiden.

„Wir können ein Stück zusammen gehen", sagte er kurz und ging mit ihr hinaus.

Sie gingen nebeneinander, ohne viel zu sagen und wenn, dann nur belangsloses Zeug. Sollte sie ruhig merken, daß er sauer war.

„Sag mal, bist du beleidigt?“ fragte sie prompt.

Zuerst schüttelte er den Kopf, meinte aber dann: „Bin nicht gerne vor versammelter Mannschaft als Blöder dahingestellt.“

„Habe ich etwa gesagt, du wärst blöd?“

„Nein, das natürlich nicht. Das paßt nicht in deine vornehme Linie. Du hast mich abschmieren lassen wie einen Anfänger.“

„Das war nicht meine Absicht!“

„Na, na!“

„Wirklich nicht. Glaub mir!“

Schon längst hätte er abbiegen müssen, denn das gemeinsame Wegstück war zu Ende. Er war einfach mitgetrottet und blieb stehen.

„Was denn, kehrst du um?“ Er spürte ihre Augen auf seinem Gesicht, obwohl er sie nicht ansah.

„Komm, sei kein Frosch!“ Sie nahm seinen Arm und hängte sich bei ihm ein. „Die paar Meter schaffst du doch spielend.“

Halb widerwillig, halb erfreut über ihre plötzliche Nähe ging er weiter mit und hörte mit verschlossenem Gesicht ihr munteres Geplauder an. Fritz Baumann war verunsichert und fand für Inge Dehlens Verhalten keine Erklärung. Was er aber sicher wußte, war, daß er alle seine Absichten, sie zu schneiden, kein Wort mehr mit ihr zu reden und sie nie mehr in seinem Leben nach etwas zu fragen, nur Schall und Rauch gewesen waren.

Sie waren am Dehlen'schen Haus angekommen. Das große eiserne Tor war geschlossen, der Posten nicht da. Über dem Wald glänzte die Regensonne und sandte letzte Strahlen in den dunstigen Himmel, und vor dem Gärtnerhaus drehten sich Blätter in einem Wirbel.

„Also dann,“ er streckte ihr die Hand hin.

„Aber, Fritz, willst du so einfach gehen? Sonst nichts?“

„Was denn sonst?“

„Fritz, was ist nur heute mit dir los? Als du mich das letzte Mal hierhergebracht hast, gabst du mir einen Kuß. Erinnerst du dich nicht mehr?“

Mit verdattertem Gesicht schüttelte er den Kopf, und er fühlte seine Knie weich werden, als sich Inge auf die Zehenspitzen stellte und ihm einen Kuß auf den Mund gab. Dann verschwand sie durch die kleine Seitenpforte und winkte noch einmal zu ihm herüber, bevor sie die Haustür öffnete. Fritz Baumann rappelte sich auf und winkte ein wenig perplex zurück. Verstehe jemand, was in den Köpfen dieser Frauen vorgeht, dachte er und ging nach Hause.

***

Seit Tagen fiel ununterbrochen ein feiner Regen, der alles durchdrang, und der Wind rüttelte wütend an den Dächern der Fabrik, von denen nur eines eine Pfannenabdeckung hatte, während die anderen mit Teerpappe gedeckt worden waren. Die Kohlen fehlten wieder einmal, und das, was Will schwarz herangebracht hatte, war fast weg. Eine Panne löste die andere ab. Die Tür öffnete sich, und Jansen kam ins Büro, einen Schwall feuchtkalter Luft mitbringend. „Jetzt regnet es in der Stopferei durch, Herr Dehlen. Die Frauen meutern und wollen da oben bei diesen Temperaturen nicht mehr weitermachen. Nun noch die Nässe dazu. Ich muß der Meisterin recht geben, denn mit klammen Fingern kann man diese diffizile Arbeit nicht anständig ausführen. Wir müssen dringend etwas unternehmen."

Hans folgte Jansen in dessen Büro hinüber. Er sah Helgas mißmutiges Gesicht, denn die kriegte jedesmal den Kaltluftschub mit. Seit ihrem Streit vor ein paar Tagen hatten die beiden nur wenig miteinander geredet und sich auf das, was die Arbeit betraf, beschränkt. Hans war Helga nicht böse, wenngleich er ihr Benehmen unangebracht fand. Darüber noch einmal mit ihr reden, wollte er nicht mehr, aber gewisse Konsequenzen mußte er ziehen. Sie sollte von nun an jedesmal dabei sein, wenn etwas über Kompensation oder Tausch lief. Wenn es auch ein kleines Geschäft war, sie würde davon wissen. Vorwürfe wie vor Tagen würde er sich nicht noch einmal machen lassen. Er hatte sich immer korrekt verhalten und fand ihre Anschuldigungen grundlos.

Helga war seitdem reservierter, und das gelegentliche Albern zwischen ihnen hatte aufgehört. Zum Abdichten des Teerdaches der Appretur, dort war die Stopferei untergebracht, war neben einem Gasbrenner ein kleines Zeltdach notwendig, und Hans gab Order, das Zeug aufs Dach bringen zu lassen. Doch war im Augenblick niemand da, der diese Arbeit hätte ausführen können. Vier Leute waren dabei, in einer anderen Tuchfabrik die gekaufte Zwirnmaschine abzubauen und zum Transport hierher fertigzumachen. Die beiden Schlosser, die noch in der Werkstatt waren, hatten eine unaufschiebbare Arbeit und konnten nicht weg.

„Also los", sagte Hans zu einem jungen Mann, der erst ein paar Tage in der Fabrik war. „Dann müssen wir beide auf das Dach. Gehen Sie schon mal rauf, ich bin in ein paar Minuten auch da."

Hans hatte sich in der Stopferei die undichten Stellen angesehen und kam zu dem Mann aufs Dach. Er markierte die drei Punkte, und es konnte losgehen. Trotz der Regenumhänge wurden ihre Hosenbeine schnell naß. Hans hantierte mit klammen Fingern und setzte hintereinander zwei Flicken auf. Beim letzten Stück waren seine Hände so gefühllos, daß ihm der Gasbrenner zur Seite rollte, und als er schnell danach griff, verbrannte er sich den Handrücken. Schlecht gelaunt kehrte er nach der Reparatur in die Stopferei zurück, um seine Arbeit zu kontrollieren. Er blickte zu den Stellen hoch. Das Tropfen hatte aufgehört. Eines der Mädchen wischte den Boden auf. Nun wollte die Meisterin wissen, wann denn endlich die Heizung wieder funktionieren würde, und Hans sagte ihr, daß er sich darum kümmern werde.

Im Kesselhaus mußte er dann erfahren, daß etwas mit dem Manometer nicht in Ordnung war.

„Ich beobachte das Ding schon mindestens eine Stunde, Herr Dehlen, ich habe mal dran geklopft, aber es rührt sich nicht, und ohne Manometer bin ich nicht in der Lage, einen höheren Druck zu fahren."

„Verdammt noch mal", fluchte Hans laut, und der Mann, der so etwas beim Junior zum ersten Mal hörte, sah ihn erstaunt an.

„Heute läuft aber auch alles falsch in diesem Laden. Der Wagen ist wieder einmal in Reparatur, das Dach undicht. In allen Räumen ist es kalt, das Manometer spielt verrückt, dieses blöde Ding. Haben wir denn nicht noch ein Ersatzmanometer? Das müssen Sie doch wissen. Sie sind doch der Mann, der am Kessel arbeitet. Aber nein, ich muß ran. Ich bin für jeden Mist gut."

Nun wandte sich Hans direkt an den Mann: „Ich habe weiß Gott wichtigere Arbeit zu machen, als mich mit dem Kram hier abzugeben."

Der Mann sah den Chef verdutzt an, und sein Gesicht wurde eisern.

„Wo ist der Ersatz?" fragte Hans grob, und der Mann eilte zu einer Werkbank, wühlte in deren Innerem herum und brachte ein Manometer mit.

„Das müßte passend sein."

Die versengte Hand brannte wie Feuer, und eine breite Blase breitete sich auf deren Rücken aus.

„Los, kommen Sie, wir wechseln das Ding aus."

Die Absperrhähne wurden geschlossen, und der Heizer holte ein paar Schraubenschlüssel und Dichtungsmaterial. Dann drehte er das defekte Manometer ab und setzte das neue auf, nachdem er Dichtungsmaterial in das Gewinde gedreht hatte. Der Mann öffnete den Hahn.

„Na, wie ist der Druck?" fragte Hans Dehlen ungeduldig.

„Der Druck ist viel zu niedrig."

„Dann machen Sie mal ein bißchen dalli. Die Frauen in der Stopferei gehen uns laufen, wenn dort nicht bald die Temperatur ansteigt. Fehlte noch, daß ich selbst die Stücke stopfen muß."

„Wollen Sie mir vielleicht die Schuld daran geben, daß wir hier im Betrieb alles mit altem Kram am Laufen halten müssen?"

Der Mann war aufgebracht, und in seinem großflächigen Gesicht stand die Wut. „Jetzt werden Sie nicht noch frech! Hätten Sie ein wenig mitgedacht, dann wäre die Panne mit dem Manometer nicht passiert. Aber nein, dazu muß ich herkommen und Ihnen zeigen, wie man ein defektes Manometer auswechselt."

Auch Hans hatte seine Stimme erhoben, und die beiden standen sich mit zornigen Augen gegenüber. Hans war in Rage, nicht nur wegen dieses Manometers, sondern wegen verschiedener anderer Dinge auch. Vor allem machte es ihn verrückt, daß die Kohlenlieferung auf sich warten ließ. Will raste wie ein Irrer durch die Gegend, und es gelang ihm nicht, etwas zu bekommen. Schlamm ja, aber damit konnte man keinen Dampfkessel fahren. Wenn das so weiterging und die Kälte sich verschärfte, und alles deutete darauf hin, dann konnte man einpacken. Hans hatte diesen Gedanken verfolgt und nicht mehr auf den Mann geachtet, der immer noch mit wütendem Gesicht vor ihm stand und nun losbrüllte: „Ich tue hier in Ihrer Fabrik meine Pflicht, und daß ich ein Faulenzer bin, der nicht auf den Kessel aufpaßt, das ist eine Unverschämtheit. Ich lasse mich von Ihnen nicht beleidigen und wenn Sie zehnmal der Chef sind!"

Den Höhepunkt seines Zorns hatte Hans schon überschritten, und er wollte den Streit mit dem sonst guten Mann auch nicht weiterführen. Er war ja auch nur ein Mensch, dem die Nerven durchgehen konnten. Er bekam es in letzter Zeit knüppeldick zu spüren, jeden Tag. Er sah den Mann noch einmal an und verließ dann das Kesselhaus. Im Büro ließ er sich zuerst die verbrannte Hand von der Bürokraft behandeln und verbinden, dann ging er an seinen Platz. Helga sah kurz herüber, sagte aber nichts. Das Telefon klingelte, und sein Vater berichtete ihm, daß er in Bezug auf Kohlen leider ohne den geringsten Erfolg gewesen war. Hans legte den Hörer so heftig auf, daß die Frauen aufblickten.

Helga ging nach kurzem Gruß nach Hause, und die Bürohilfe brachte die Post weg. Nebenan hörte er jetzt Jansen telefonieren und erinnerte ihn noch einmal daran, sich um Kohlen zu bemühen. Jansen nickte und beendete das Telefonat. „Ich rufe meinen Schwiegersohn jeden Tag an, Herr Dehlen. Doch da ist es im Moment sehr schwer, etwas loszueisen. Die werden von den Engländern kontrolliert noch und noch. Da kann kein Gramm raus, ohne daß der Kontrolleur seine Nase dran kriegt."

Jansen machte ein sorgenvolles Gesicht. „Ich weiß, was für uns davon abhängt und bleibe auch am Ball, aber leider …"

Also auch nichts. Wie sollte das weitergehen? Hans Dehlen wußte es nicht. Als er sich wieder an seinen Platz setzte, stieß er sich seine verbrannte Hand an der Tischkante, und der Schmerz schoß den Arm hoch. Er ging nervös im Zimmer auf und ab und zündete sich eine Zigarette an. Den Rauch blies er lustlos in die Luft. Was war nur los? Obschon sie sich alle anstrengten und pausenlos hinter allem her waren, hatte er das Gefühl, daß es nicht mehr weiterging, und wenn nicht bald Kohlen kamen, was dann? Die Kohlen, die Will schwarz besorgt hatte, waren schon fast wieder weg. Es war auch nur wenig gewesen und verdammt teuer noch dazu. Das, was auf dem Hof neben dem Kesselhaus lag, schrumpfte von Tag zu Tag.

Will kam durchnäßt herein und hängte seinen Mantel neben dem Ofen auf. Hans brauchte ihn nur anzusehen, um zu wissen, daß auch er erfolglos gewesen war. „Wie sieht es denn heute auf dem schwarzen Markt aus, Will? Siehst du dort eine Möglichkeit für uns? Hast du schon einmal diesen Krings aufgesucht? Gegen ein paar Coupons muß es doch Kohlen geben, oder?"

„Den Krings habe ich angespitzt. Der will sich bemühen. Ruft an, wenn sich etwas tut."

„Wann kommt denn unsere Zuteilung, Herr Jansen?" rief Hans ins angrenzende Büro hinüber. „Die hätten wir schon vorige Woche hier haben müssen."

„Dann setzen Sie sich aber unverzüglich noch einmal mit diesen Herren in Verbindung. Die können doch nicht sang und klanglos unsere Zuteilung vergessen oder gar streichen. Da reden die immer davon, daß die Wirtschaft angekurbelt werden soll und lassen uns ohne Kohlen sitzen. Ich glaube, denen sollte man mal Feuer unterm Hintern machen, sonst schlafen die in ihrem Amt noch ein."

Es klopfte an der Tür, und Jansen rief: „Herein!" Es war der Betriebsratsvorsitzende Giese und ein weiterer Arbeiter. Hans, der sich mit Will unterhielt, hörte mit einem Ohr, daß die beiden zu ihm wollten, und Jansen versuchte sie auf morgen zu vertrösten. Er hörte dann, daß Giese sich aber nicht vertrösten lassen wollte und etwas von Konsequenzen sagte.

Hans ging hinüber. „Was ist los? Was sagten Sie von Konsequenzen, Herr Giese?"

„Die Sache ist die, Herr Dehlen. Bei allem Elend sind die Leute nicht auch noch bereit, sich Grobheiten anzuhören und sich Unterstellungen gefallen zu lassen. Die werden …"

Jetzt noch Stunk in der Fabrik. Das hatte noch gefehlt. „Wer sagt hier etwas, und wer läßt sich was nicht mehr gefallen? Raus mit der Sprache, ich will das ganz genau wissen?"

Hans hatte laut gesprochen, und Giese sah ihn verärgert an. Dann sagte er: „Der Heizer hat sich soeben bei mir beschwert, Herr Dehlen. Er sagte, daß Sie ihn ungerechtfertigt angeschrien hätten und behauptet haben, er mache seine Arbeit nicht gut."

Hans wollte loslegen, aber Will Horschs Hand legte sich wie unbeabsichtigt auf seinen Arm, und Wills Augen signalisierten ihm, Ruhe zu bewahren.

„Was Sie da sagen, das stimmt teilweise, Herr Giese, das muß ich zugeben. Ich war verärgert, weil er wertvolle Zeit verstreichen ließ, ehe er sich entschloß, den Fehler des Manometers zu beheben. Läßt der doch den ganzen Betrieb derart abkühlen, daß die Frauen in der Stopferei nicht mehr arbeiten können. Das war ein Fehler, Herr Giese, und aus diesem Grund habe ich ihm vielleicht ein wenig scharf gesagt, daß er nächstens besser aufpassen und ein bißchen mitdenken sollte."

Hans blickte den Betriebsratsvorsitzenden an. „Ich war wohl ein wenig zu barsch, das gebe ich zu, und ich werde mich bei dem Mann dafür entschuldigen. Aber nur für den Ton, nicht für das, was ich gesagt habe. Sagen Sie ihm, ich komme nachher vorbei und erledige das."

Doch Giese und sein Begleiter blieben stehen.

„Ist noch etwas?" fragte Hans, und Giese nickte.

„Was gibt es denn noch?"

Giese warf einen Blick auf Will Horsch, und der ging in das andere Büro hinüber und schloß die Tür hinter sich.

„Es ist wegen Herrn Ortmanns", begann Giese, und sein Begleiter nickte zustimmend. „Die Leute regen sich über den Webereileiter auf, Herr Dehlen, weil er sie immer unter Druck setzt." Giese suchte nach den passenden Worten. „Wie soll ich Ihnen das schildern? Der wird nicht laut und brüllt herum, der bringt seine Vorwürfe mit leiser Stimme vor und hat an allem, aber auch an allem etwas auszusetzen. Wenn dann einem der Kragen platzt, und der ihm etwas sagt, dann kann man in seinem Blick die Verachtung für uns Arbeiter sehen. Dann dreht der sich um und geht. Aber glauben Sie nur nicht, daß es damit getan ist, nein, dann geht das erst richtig los. Der denkt sich was aus und kommt dann damit. Einige, die stecken ihm die Nase ..., die reden ihm nach dem Mund und stehen vor ihm stramm, mit denen läuft es auch gut. Doch mit den anderen nicht. Wir haben manchmal das Gefühl, der glaubt immer noch, in der SA zu sein. Auch die Töne, die der anschlägt. Wir haben ..."

Hans unterbrach ihn. „Herr Giese, wir sind hier eine Arbeitsgemeinschaft, und diese Gemeinschaft setzt sich aus Menschen zusammen, und diese Menschen machen Fehler. Sehen Sie mich an. Auch ich bin nicht immer so gut aufgelegt und bin bei dem Heizer auch etwas laut geworden, weil mir verdammt noch einmal nicht zum Lachen war. Ich kam durchnäßt vom Dach zurück, zu allem Überfluß hatte ich mir die Hand noch verbrannt. Ich mache mir seit Tagen Sorgen, wie es weitergehen soll für uns alle, Herr Giese. Daß man dann nicht immer von überströmender Freundlichkeit ist, das sollte auf ein gewisses Verständnis stoßen. Also, ich habe einen Fehler gemacht und der Ortmanns auch, der ja auch nichts zu Lachen hat."

„Wir auch nicht, Herr Dehlen. Wir tun hier unsere Arbeit, das wissen Sie, und wir sind bisher auch immer gut miteinander ausgekommen. Auch wir haben Sorgen und wissen oft nicht, wo uns der Kopf steht. Jetzt kommt der Winter und damit die Kälte. Wissen Sie, was das für den kleinen Mann bedeutet, der nur seine Arbeitskraft hat und sonst nichts? Das bedeutet, daß er frieren wird in seinen vier Wänden. Dazu der ewige Hunger, der an einem nagt, von morgens früh bis in die Nacht hinein. Und aus diesem Grunde, denke ich, sollte sich jeder ein bißchen zusammenreißen und der eine nicht für den andern der Teufel sein."

Hans, der eben noch mit Schrecken an die Zukunft dachte, mußte Giese zustimmen. Außerdem respektierte er die Offenheit in Gieses Worten.

„Herr Giese, ich verspreche Ihnen, daß dies alles geregelt wird, sagen Sie das den Leuten. Auch werde ich auf Herrn Ortmanns einwirken, damit er sein Verhalten den anderen gegenüber überdenkt. Zufrieden?"

Giese schaute seinen Begleiter an, und der sagte zum ersten Mal ein Wort: „Der Ortmanns, der sollte sein Benehmen den Leuten gegenüber nicht nur überdenken, Herr Dehlen, der sollte es ändern!"

Hans erwiderte nichts. Er wußte, daß Ortmanns manchmal den Unwillen der Leute erregte. Aber hier wollte er diese Angelegenheit nicht weiter ausbreiten, das würde Jansen schon mit Ortmanns regeln. Er stimmte den Wünschen der beiden zu, und Giese und sein Begleiter gingen wieder in die Fabrik hinüber.

Jansen kam herein. „Der Ortmanns ist ein guter Mann, aber die Art und Weise, wie der mit den Leuten umspringt, artet schnell in ein Schlittenfahren aus. Wissen Sie, wie ich das meine? Der findet einfach nicht den richtigen Ton zur richtigen Zeit. Der kommt von seinem verdammten Führerprinzip nicht los, das sie ihm bei der SA eingehämmert haben."

„Könnte das nicht vielleicht ein Art von Schwäche sein?"

Jansen zuckte die Achseln. „Wer weiß das schon, Herr Dehlen. Wie schon gesagt, er ist gut, fachlich gesehen, aber er hat seine Marotten. Ich habe mich längst daran gewöhnt und sehe das überhaupt nicht mehr. Aber die Leute, die unter ihm arbeiten, verstehen seine Art nicht und reagieren sehr empfindlich darauf. Manchmal ist er aber auch ein bißchen arg stramm."

„Auf jeden Fall werden wir mit ihm reden müssen. Es ist ja nicht das erste Mal, daß sich Giese über diese Art beschwert. Das Arbeitsklima ist zu wertvoll, als daß es jemand mit ungeschickten Worten zerstört. Die Leute sind durch die äußeren Umstände genug belastet."

In der Tür drehte Hans sich noch einmal um. „Ich werde morgen mit Ortmanns reden, Herr Jansen."

„Wie Sie meinen, Herr Dehlen."

„Legst du dich jetzt mit den Leuten an?" fragte Will.

Hans, der sich beruhigt hatte, aber immer noch mit den fehlenden Kohlen beschäftigt war, meinte: „Will, ich weiß nicht, was in letzter Zeit los ist. Es klappt hinten und vorne nicht, aber auch nicht im geringsten. Erst der Krach mit meiner Schwägerin, dann der Sturm, der die Dächer beschädigte, heute ein Dach undicht, und du weißt, daß es nicht gerade ein Vergnügen ist, da oben in der Nässe herumzuturnen und das Dach abzudichten. Dann verbrenne ich mir die Pfote, und als ich vom Dach herunterkomme, sagen mir sie Stöpferinnen: „Es ist zu kalt, wir können so nicht arbeiten." Dann der Heizer mit seinem Manometer, der sich viel zu viel Zeit gelassen hat, der Sache auf den Grund zu gehen, ehe er sich zu einem Wechsel entschloß, aber erst nach meinem Auftritt dort. Das war doch sehr viel auf einmal. Was meinst du?"

„Klar, Hans. Das sind schon Brocken, die man verdauen muß. Aber ich glaube, im Moment siehst du alles zu schwarz. Hans, wir haben schon tiefer in der Tinte gesessen und sind immer wieder herausgekommen. Auch in dieser Situation bleiben wir alle hier pausenlos an allem dran und lassen nicht locker. Wir schaffen es auch dieses Mal. Darauf kannst du dich verlassen."

Wills ruhige Worte, waren für Hans eine Wohltat und er spürte eine gewisse Erleichterung und leichte Zuversicht und dieser Zustand steigerte sich beträchtlich, als Will wie nebenbei sagte: „Ruf doch deinen Freund Malone an, vielleicht kann der uns mit ein paar Tonnen Kohlen aus der Patsche helfen?"

***

Morgens, wenn Hans Dehlen zur Fabrik ging, war das Unkraut auf den Trümmern immer voller Rauhreif. Die Temperatur war unter den Gefrierpunkt gesunken. Der Winter hatte das ganze Land fest im Griff. Im letzten Augenblick waren Kohlen gekommen, und das, was Hans so sehr befürchtet hatte, war nicht eingetreten. Hein Krings lieferte die Zuteilung an und bot gleichzeitig von sich aus weitere Kohlen gegen Tuch an. Hans griff sofort zu. Wer wußte schon, was im nächsten Monat war, und niemand konnte voraussagen, wie dann die Kohlenlieferungen aussahen. Auch von Major Malone war eine Nachricht gekommen, die besagte, daß auch er sich bemühen werde. Jansen ließ seinen Schwiegersohn nicht aus den Fängen, der versprochen hatte, Kohlen zu schicken.

Für den Hausbrand war Will sehr aktiv und besorgte große Mengen Schlamm. Es war ihm gelungen, an einer Zeche einen Mann zu finden, der einem guten Geschäft stets offen gegenüberstand. Die Suche nach Lebensmitteln lief permanent, und mancher Meter Tuch wurde dafür ausgegeben. Will verteilte und rechnete, organisierte und verhandelte, kam oft ohne Ergebnis zurück und folgte beharrlich jeder

Spur zu einer weiteren Möglichkeit. Aber trotz seines Engagements entstanden immer Engpässe in der Versorgung der Leute, und wenn es fast hoffnungslos erschien, kam wieder etwas herein. Der Schwarzmarkt blühte nach wie vor. Alle Maßnahmen, ihn einzudämmen, schlugen fehl. Der Winter brachte mit seiner Kälte die Gegensätze in der Bevölkerung wieder einmal kraß heraus. Die Masse des Volkes hungerte und fror, die großen Schieber wurden immer fetter und fetter. Die kleinen Schwarzhändler riskierten Kopf und Kragen, und mancher von ihnen wanderte für Monate ins Gefängnis. Das Elend aber war nicht mehr zu überbieten. Viele Menschen starben.

Hans Dehlen hatte seine Schwägerin Helga bei der Lebensmittelverteilung hinzugezogen und bemühte sich, zu ihr wieder ein gutes Verhältnis herzustellen. Schließlich war sie die Frau seines Bruders und gehörte zur Familie. Doch schien ihr Mißtrauen tief und fest zu sein. Wie er sich auch anstellte, er spürte ihre prüfenden Blicke, und das störte ihn.

Als er mit Will darüber sprach, sagt der: „Das Mißtrauen einer Frau ist kaum zu zerstreuen, Hans. Gib dir weiter keine Mühe. Du gibst ihr ihren Anteil und damit hat es sich. Wenn sie dann noch glaubt, wir beschummeln sie, soll sie den Mund aufmachen."

Wills Worte schienen ein wenig grob zu sein, aber es stimmte. Hans verteilte alles gerecht und kümmerte sich nicht mehr um Helgas Blicke und Kontrollen. Aus Helgas Worten, was das Geschäft anbelangte, glaubte er Krolls Einfluß herauszuhören. Manchmal drückte sie sich regelrecht juristisch aus.

Das Weihnachtsfest und der Jahreswechsel verliefen wie in den voraufgegangenen Jahren. Außer dem, was Will besorgte, gab es nichts Besonderes, und das Fest fiel sehr mager aus. Zum ersten Mal traf Hans nicht mit Helga und den Kindern zusammen. Sie hatte ihren Besuch in letzter Minute verschoben. Hans und Lydia besuchten Lydias Mutter, seine Eltern und Will und Mia.

In der Fabrik waren verschärfte Wachen eingerichtet worden. Das, was dort an Tuchen, Kohlen und Garnen lagerte, war zu kostbar, als daß man es sich stehlen lassen sollte. Zu Lydias Leidwesen mußte auch Hans an einem der Feiertage Wache schieben, und die Zeit der Muße und des Zusammenseins wurde geringer. Eine Überraschung war ein Paket Major Malones, der neben nützlichen Dingen einen Stapel Klaviernoten mitschickte. Bach, Mozart und Ragtime von Scott Joplin. Über die Chopin-Noten freute sich Hans besonders, weil diese während der Naziherrschaft nicht erhältlich gewesen waren. Musik eines Polen war nicht erwünscht bei den Nazis. Bei einem Gespräch mit seinem Vater hörte er dessen Besorgnis heraus, daß Kroll im Falle einer Heirat mit Helga Einfluß auf das Geschehen in der Fabrik nehmen könnte, worüber er sich Gedanken machte. „Der hat zwar in seiner

Anwaltskanzlei genug zu tun, aber sein Einfluß wird sich bemerkbar machen. Ob das nun zum Segen der Fabrik sein wird, das muß sich noch herausstellen."

Hans erinnerte sich an ein Gespräch vor Wochen, als sein Vater sich ähnlich geäußert hatte. Damals hatte er das abgetan, aber heute war er anderer Meinung, und es kamen ihm ernste Bedenken. Helga war Teilhaberin und konnte bei allen Entscheidungen mitreden, das stand ihr zu, und daß sie von ihrem Mann beeinflußt würde, war sicher. Einen Augenblick hatte er den Gedanken, daß sie versuchen könnte, Kroll in die Fabrik zu bekommen, als Geschäftsführer, als Berater oder als sonstwas. Aber da hatte sein Vater wohl Recht, wenn er sagte, daß Kroll mit seiner Kanzlei vollauf beschäftigt sei.

Wenn seine Eltern nicht mehr lebten, hatte Helga fast ein Drittel der Anteile, Onkel Klaus einen kleinen Anteil, Inge und Hans den Rest zu gleichen Teilen. Man war bei einer eventuellen Auseinandersetzung in der Mehrheit, aber Ärger gab es auf jeden Fall. Und wenn Inge sich nun auf die andere Seite schlagen sollte ...?

***

In der großen Politik ging es nicht mehr vernünftig zu. Nichts lief so, wie es laufen sollte. Verärgert durch den Zonenzusammenschluß der Briten und Amerikaner und der Bankunion in den Westzonen, die eine Währungsreform vorbereiten sollte, machten die Russen seit Herbst 1947 Schwierigkeiten. Sie verschärften ihre Kontrollen und sperrten Leute wegen geringer Vergehen ein. Im Kontrollrat redete man nicht mehr wie Kriegsverbündete und Waffenbrüder, und die Querelen der Russen störten jedes Gespräch. Der Umgangston wurde hart, und etwas Positives kam nicht mehr zustande.

Im Januar 1948 kontrollierten die Russen zum ersten Mal einen britischen Militärzug an der Zonengrenze und Anfang Februar einen amerikanischen Eisenbahntransport. Etwas später rissen sie einige Ausfallstraßen von Berlin auf, und viele ahnten schon, daß Berlin abgeriegelt werden sollte, was die Stimmung in der Bevölkerung nicht gerade hob. Im März 1948 schließlich verließen die Russen unter einem nichtigen Vorwand den Kontrollrat, und die Regierung der vereinten alliierten Militärmächte platzte.

Marschall Sokolowski, Chef der russischen Militäradministration, teilte Clay und Robertson schriftlich mit, daß die Russen künftig jeden Transittransport kontrollieren würden und zwar auf Straße und Schiene.

Clay und Robertson erhoben Einspruch gegen solche Maßnahmen, allerdings mit wenig Erfolg, und die Russen sperrten weitere Brücken wegen Baufälligkeit und Schienenwege wegen Ausbesserungsarbeiten.

***

Der Termin der Hochzeit von Helga und Dr. Kroll war festgesetzt. Hans, Lydia, Inge und seine Eltern wurden eingeladen. Krolls Mutter, seine Schwester und Helgas Eltern sollten auch dort sein. Die beiden heirateten standesamtlich. Eine kirchliche Trauung fand nicht statt. Für die katholischen Dehlens eine unmögliche Sache. Hans ließ das kalt.

Es gab einen Empfang und anschließend ein Essen. Danach wollte das Paar wegfahren. Ein amerikanischer Kunde von Kroll hatte die beiden in sein Haus in Bayern eingeladen. Der Amerikaner hatte dort einen größeren Besitz, der ihm nach Beendigung des Krieges wieder zugeeignet wurde. Der Nazi, der sich das große Haus mit viel Land und einem Wald unter den Nagel gerissen hatte, war spurlos verschwunden. Es war einer der Großen, einer, der Möglichkeiten hatte und sie auch nutzte. Gerüchten zufolge sollte er sich in Südamerika aufhalten.

Nach der Trauung traf man sich bei Kroll. Die Gesellschaft war nicht groß. Ein Kellner und ein Mädchen bedienten. Es fehlte an nichts. Die Atmosphäre war ein wenig kühl.

Hans Dehlen und seine Frau machten gute Miene zum bösen Spiel, und Hans gratulierte dem Paar betont herzlich. Nachher fiel ihm auf, daß er Helga nicht einmal einen Kuß gegeben hatte. Irgend etwas hatte ihn davon abgehalten. Nach dem Aperitif gingen ein paar Leute, die Hans nicht kannte, und es blieb praktisch nur die Familie da. Die Tafel war festlich geschmückt, und Hans konnte sich davon überzeugen, daß nicht nur Tuchfabrikanten Kompensationsgeschäfte machen konnten. Das, was hier aufgefahren wurde, hätte in Friedenszeiten kaum besser sein können. Kroll mußte über eine Menge dankbarer Beziehungen verfügen. Hans war der Gedanke gekommen, daß Helgas verändertes Verhalten vielleicht aus einem Gefühl der Einsamkeit resultieren könnte, als sie so mißtrauisch wurde und prüfende Blicke um sich warf. Er vertraute diesen Gedanken seiner Frau an, die aber schüttelte den Kopf und meinte, das sei ein Mutterinstinkt bei Helga. Sie kämpfe für ihre Kinder und habe Angst, sie kämen zu kurz. Das war natürlich auch eine Möglichkeit.

Gustav Dehlen klopfte an sein Glas, als man sich an die Tafel gesetzt hatte. Er erhob sich von seinem Stuhl und meinte, daß er hier im Raum der Älteste sei und ihm damit die Pflicht zufalle, ein paar Worte zu diesem Ereignis zu sagen. Hans war stolz auf seinen Vater, der mit Charme und weltmännischer Manier eine schöne, witzig-intelligente Ansprache hielt. Gustav Dehlen verlor sich nicht in Einzelheiten und ließ Vergangenes ruhen. Er redete vom Leben der Menschen auf diesem Planeten, von dem einmaligen Auftritt, den jeder hat. Er sprach von den Meilensteinen im Leben, von der Geburt, der Heirat und von dem, was danach kommen würde. Vom gegenseitigen Vertrauen, das in einer Ehe besonders wichtig sei und dort auch seinen Höhepunkt finden sollte. Er sagte mit einfachen Worten, daß die Ehe etwas sei, das dem Menschen Kraft gebe, weil immer einer für den anderen da sein würde.

„Das Glück, das die Menschen sich ersehnen, kommt nicht von ungefähr, man muß es sich selbst holen. Man muß immer daran arbeiten.“

Geschickt wechselte er auf das Brautpaar über und wünschte ihnen all das, was zu einer beständigen Ehe führe. Dabei ließ er ganz zart anklingen, daß das Glück auch darin bestehe, mit den anderen stets ein gutes Verhältnis zu haben.

Helga bedankte sich. Sie ging zu ihm hinüber und küßte ihn auf beide Wangen, und Kroll drückte dem alten Herrn die Hand und sagte ein paar Freundlichkeiten.

Es wurde eine kurze Feier, denn bald nach dem Essen kam der Wagen und holte die beiden Hochzeiter ab. Die Kinder wurden von einer Frau mitgenommen, die sich auch in Zukunft um die beiden kümmern würde, um Helga zu entlasten. Sie wurde eigens dafür angestellt.

Gustav Dehlen hatte vorgeschlagen, daß man sich zu Hause noch eine Stunde zusammensetzen sollte. Inge aber hatte eine Verabredung. Sie wollte mit jemandem von der Schule arbeiten. Hans, der eigentlich noch in die Fabrik wollte, schloß sich schließlich seinen Eltern an, als er das enttäuschte Gesicht seines Vaters sah.

***

Fritz Baumann blickte durch die Reihen der Flaschen und Reagenzgläser und das andere Glasgeschirr zum Platz von Inge Dehlen hinüber. Er verstand die Welt und die Menschen nicht mehr. Vor allen Dingen Frauen wie Inge Dehlen nicht. Oft hatte er sich in den letzten drei Wochen gefragt, ob das immer so sein würde. Ob jedes Mädchen sich so benahm, wie sie das tat. Waren wirklich alle Frauen so verdreht und launisch wie sie. Inge Dehlen war in ihre Arbeit vertieft und hielt den Kopf gesenkt, und er sah ihre schönen blonden Haare wie ein Schleier rechts und links an ihrem blassen Gesicht herunterhängen. Jetzt blickte sie auf, und ihr Blick streifte ihn. Nur für den Bruchteil einer Sekunde sah er ihre dunklen Augen über sich hinwegstreifen. Ansehen tat sie ihn nicht.

Für die bin ich Luft, ein Fremder, selbst nach alledem, was passiert ist. Das kapiere ich nicht. Ich habe ihr nichts getan, weswegen sie hätte beleidigt sein können. Sie war es doch, die es gewollt hat, die mich dazu brachte, daß es passierte.

Baumann senkte seinen Blick auf das Buch. Doch er las nicht. Er dachte immer nur an das, was geschehen war und daran, wieso sie ihn nun wie einen Fremden behandelte und ihm auswich, als habe er die Pest. Immer diese kalten Duschen Man konnte fast annehmen, daß dahinter System steckte, ein Wechsel von nett und zärtlich, von Reserviertheit und Ablehnung. Dann wieder ihr Annähern, das aber nicht lange anhielt, dann ging wieder der Zirkus los. Er ertrug ihre Launen, und wenn ihm der Kragen platzte, lenkte sie ein.

Schließlich wollte er wissen, ob das bei allen Paaren so wäre und nahm sich Blom und die Hahn unter die Lupe. Die beiden waren ja offensichtlich ein Paar. Doch konnte man bei ihnen nur feststellen, daß sie immer nett und freundlich miteinander umgingen und einer dem andern stets lächelnd gegenübertrat.

Baumann und Inge Dehlen kannten sich, seit sie hier arbeiteten, und alles hatte sich am Anfang auch gut entwickelt, dann aber, nach einer gewissen Zeit, war dieses Theater losgegangen. In der ersten Zeit war er darüber weggegangen und hatte es mit einem „Na bitte, dann eben nicht" abgetan. Doch war sein Engagement stärker geworden, und er hatte sich in Inge Dehlen verliebt. Er hatte gelitten und sich manchmal gefragt, was denn werden sollte. Wenn sie wieder nett zu ihm war, vergaß er alles. Sein Hals zog sich zusammen, und er schluckte, um den Kloß loszuwerden, der sich beengend bemerkbar machte, wenn er an der letzte Zusammensein mit Inge dachte. Sie wollten zusammen arbeiten, um sich auf kommende Aufgaben vorzubereiten. Sehr oft schon hatten sie das gemeinsam getan und hatten sich entweder bei ihr oder bei ihm zu Hause getroffen. Das letzte Mal war es bei ihm gewesen. Diesen Tag würde er nie vergessen.

Seine Mutter hatte ihnen eine Tasse Malzkaffee heraufgebracht und sie dann allein gelassen. Inge hatte am Vortag wieder einmal verrückt gespielt und ihn wie einen Lakaien behandelt, und er hatte sich maßlos aufgeregt. Zu einer Aussprache war es jedoch nicht gekommen, und nun wollte er diese Gelegenheit wahrnehmen und mit ihr darüber reden. Sie hatten sich gegenüber gesessen und nach einer Weile, es gärte schon länger in ihm, hatte er angefangen und sie gefragt, warum sie sich gestern wieder einmal so seltsam ihm gegenüber benommen hatte.

Sie hatte ihn angesehen, als wüßte sie nicht, wovon er redete, und ihn auf die übliche verzeihende Art angelächelt. Damit brachte sie ihn in Rage. Es hatte sich über Wochen angestaut, und heute ließ er sich nicht mit ein paar netten Worten besänftigen. Er hatte richtig losgelegt und kein Blatt vor den Mund genommen. Mit aller Kraft hatte er sich beherrschen müssen, nicht handgreiflich zu werden, so hatte sie ihn gereizt. Auch hatte er sich nicht beschwichtigen lassen. Angebrüllt hatte er sie und ihr gesagt, daß das doch nicht normal sei, was sie mit ihm mache. So wie sie benehme sich kein erwachsener Mensch. Wie sie mit ihm umspringe, komme er sich vor wie ein Hund, wie der letzte dreckige Köter, der keinen Funken Selbstvertrauen habe.

Sie hatte kein Wort gesagt. Sie war aufgestanden, und als er annahm, sie packe ihre Sachen zusammen und gehe nach Hause, fing sie an, sich auszuziehen. Sie zog den leichten Pullover über den Kopf und streifte ihren Rock ab, der zu Boden glitt, und noch ehe er etwas sagen konnte, stand sie nackt vor ihm und sah ihn an.

„Bist du übergeschnappt?" hatte er gesagt. „Was ist denn in dich gefahren?"

„Das wolltest du doch?" hatte sie geantwortet und ihm ihre Arme um den Hals gelegt.

Vollkommen durcheinander sagte er: „Inge, ich will nicht."

„Doch, du willst wohl."

„Aber hier? Wenn nun jemand kommt?"

„Schließ die Tür doch ab, oder willst du Zuschauer haben?"

Hin und hergerissen von ihrer Frivolität und von seinem Verlangen, hatte er die Tür abgeschlossen und war zum Bett hinübergegangen, auf das sie sich gelegt hatte.

Fritz Baumann hörte sein Herz schlagen und schloß einen Moment die Augen. Seine Hände strichen fahrig über das Buch, und er blickte noch einmal zu ihr hinüber. Wie eine Marmorstatue stand sie da, und als der dicke Schwarz herankam und sie etwas fragte, gab sie freundlich Antwort.

Mich hat sie erledigt, dachte er traurig. Nachdem sie sich geliebt hatten, war sie nach Hause gegangen ohne ein Wort und ohne einen Gruß. Er war ihr nachgelaufen bis auf die Straße, wollte sie festhalten, denn nun waren sie doch ein Paar, das sich liebte. Doch sie hatte nur geschwiegen. Das war das Ende gewesen. Nun wußte er es, und es tat weh. Drei Wochen waren vergangen und kein Wort von ihr, kein Blick, nichts. Alles hatte er in dieser Zeit versucht, war sich dann aber so dämlich vorgekommen, daß er es schließlich aufgegeben hatte. Daß er sich nun aber zusammenriß und nicht mehr diese Leichenbittermiene zur Schau trug, war dem dummen wie schadenfrohen Grinsen der andern zuzuschreiben, die natürlich mitgekriegt hatten, daß er vergeblich um Inge kämpfte. Auch die Worte eines Freundes, der meinte, er solle sich nicht verarschen lassen, hatten gewisse Wirkung gehabt und dazu geführt, daß er nach außen hin Gleichgültigkeit zeigte. Aber er beobachtete sie nach wie vor und hätte schon vor Eifersucht in die Luft gehen können, als er sah, wie der dicke Schwarz auf seine dumme Art zu ihr hinüberschlenderte und sie anquatschte. Ebenso schmerzlich bemerkte er, daß Ernst Lages, ein anderer Kommilitone, sich an Inge heranmachte und es schaffte, sie nach Schulende zu begleiten. In weitem Abstand war er schon hinter den beiden hergeschlichen und hatte gesehen, wie er sie bis vor ihr Haus brachte und sie küßte. Anfangs, nachdem sie ihn abserviert hatte, war es schlimm gewesen, aber zu ertragen, wenn auch nur schwer. Es war Schluß mit ihr, das wußte er, und er begann, sich seine Liebe zu ihr auszureden.

***

Für die Währungsreform war der 20. Juni 1948 festgesetzt worden, und jeder sah diesem Termin mit großer Erwartung entgegen. Die Russen waren mit dieser Reform nicht einverstanden und störten, wo immer es möglich war. Unter fadenscheinigen Vorwänden sperrten sie die letzten Zufahrtswege nach Westberlin und machten sich daran, nun auch die Wasserwege zu blockieren. Das Störspiel lief schon seit Monaten, aber jetzt trieb es einer totalen Blockade Westberlins entgegen. Die Westalliierten in Berlin begannen unter einem spürbaren Mangel an Versorgungsgütern zu leiden.

General Clay verlangte mehr Flüge nach Westberlin und erreichte auch, daß täglich mit dreißig Flügen etwa sechzig Tonnen an Gütern aller Art nach Westberlin kamen.

Als eines Tages eine Ostberliner Zeitung schrieb: „Die Amerikaner hauen ab!" und die Russen diese Schlagzeile für ihre Zwecke ausschlachteten, wurde von amerikanischer Seite kühl und sachlich gesagt, daß man im Traum nicht daran denke, auch nur einen Amerikaner aus Westberlin abzuziehen.

Zwei Tage nach der Währungsreform stellten die Russen ihre Mitarbeit in der Kommandantura ein.

Am 2o. Juni standen die Bürger der Stadt, wie alle ihre Landsleute innerhalb der Westzonen, in langen Schlangen vor den Lokalen, in denen der Geldumtausch stattfand. Diese Lokale waren in der ganzen Stadt verteilt eingerichtet worden. Gegen vierzig alte Mark gab es vierzig neue Deutsche Mark. In einigen Wochen sollte es noch einmal zwanzig neue Deutsche Mark geben.

Es gab neue Geldscheine in verschiedenen Werten bis hinab zu fünfzig Pfennigen. Das Kleingeld sollte vorläufig seinen Wert behalten. Mit dieser Währungsreform wollten die Westalliierten der deutschen Wirtschaft zu einem Neubeginn verhelfen. Die Banken und das Versicherungswesen sollten saniert werden. Man wollte eine Stabilisierung der Preise, der Löhne und Gehälter erreichen und, wenn möglich, einen Wechselkurs festlegen. Bankguthaben wurden im Verhältnis 1:10 aufgewertet. Über die erste Hälfte des Guthabens konnte man sofort verfügen. Die zweite Hälfte kam auf ein Sperrkonto und würde später verfügbar sein. Wahrscheinlich wollte man mit dieser Maßnahme einer plötzlichen Geldschwemme vorbeugen, die sicherlich ein Extrem anderer Art hervorrufen könnte. Nun machten sich auch die Russen, allerdings mit einigen Tagen Verspätung, an ihre Währungsreform, und da sie unvorbereitet waren und kein neues Geld zur Verfügung stand, klebten sie einen schmalen Zettel auf die alten Scheine. Diese Reform fand am 24. Juni 1948 statt.

***

Man hatte jetzt wieder Geld in den Händen, mit dem man einkaufen konnte. Dies aber löste nicht mit einem Schlag alle Probleme, denn viele Lebensmittel würden noch lange Zeit rationiert bleiben müssen. Aber die freien Güter oder Sachen, die der Besitzer gehortet hatte, flossen nun auf den freien Markt. Plötzlich gab es jemanden, der wohlriechende, gute Seife verkaufte. Ein Hutgeschäft, dessen Schaufenster seit langer Zeit ein Bild des Jammers abgegeben hatten, deren staubige Leere jedem Hoffnungsschimmer auf einen Hut Hohn sprach, war nun mit einer Fülle neuer Hüte gefüllt, und die Kette der Käufer riß nicht ab. Es ging ein Aufatmen durch die Bevölkerung der Städte, und wenn auch die Not noch keineswegs vorüber war, so bemerkte doch jeder die neue Zeit, den spürbaren Aufschwung und ein emsiges Erwerbsleben, das mit aller Kraft einsetzte. Was sich verkaufen ließ, was benötigt wurde, kam nun auf den Markt und belebte ihn in noch nie dagewesenem Maß. Für die Fabrik wurde vieles anders. Plötzlich war alles zu haben. Es wurden Dachpfannen und Bauholz, Ersatzteile und Maschinenöle, Eisenrohre und Eisenstäbe aller Größen und anderes Maschinenzubehör in Mengen angeboten. Das neue Geld wirkte Wunder. Alles war da, was es vorher nicht gegeben hatte, und die Hoffnung erfüllte alle mit neuer Kraft. Die Menschen, die nicht alle zu ihrem Vergnügen dem Schwarz- und Tauschhandel gedient hatten, um ihre Familien zu ernähren, drängten sich nun zum Arbeitsamt, denn der Wochenlohn – bar auf die Hand – in neuem Geld war sehr verlockend. Vieles regulierte sich aufgrund der Reform, die man als einen vollen Erfolg für die Volkswirtschaft werten konnte.

Mit einem großen Lager an Halbfertigwaren, die sich in der fälligen Bilanz günstig auswirkten, kam die Fabrik gut über den Währungschnitt hinweg und konnte in kurzer Zeit verstärkt mit dem Verkauf ihrer Erzeugnisse fortfahren. Jeden Tag kamen Leute ins Büro und wollten Tuche kaufen. Sie zählten das neue Geld auf den Tisch, und Helga war den ganzen Tag über damit beschäftigt zu zählen, abzumessen und zu verkaufen. Abends ließ sie sich müde auf einen Stuhl fallen, um den schmerzenden Füßen eine Ruhepause zu gönnen, ehe sie nach Hause ging. Am nächsten Tag ging es wieder los, und sie hatte schon kurz nach acht Uhr das Büro voller kauflustiger Menschen. Einer von ihnen, ein älterer Herr, stellte einen ganzen Beutel voller Kleingeld auf den Tisch und wollte damit seinen Stoff bezahlen. Es gab ein Hin und Her, und sie wollte den Mann mit seinem Kleingeld zur Bank schicken, damit er es dort gegen größere Scheine eintauschen sollte. Doch der Mann sagte, daß die Bank dazu jetzt keine Zeit habe, weil dort permanent Massenandrang herrsche. Also entschloß sie sich, den Kunden zufriedenzustellen und zählte mit ihm zusammen das ganze Kleingeld ab.

Es dauerte nur wenige Tage und die Tuchgroßhändler gaben sich die Klinke in die Hand. Es war erstaunlich, über welche Summen einige von ihnen jetzt schon wieder verfügten. Sie stauten sich im Büro, und Hans Dehlen, der sah, daß Helga die Übersicht zu verlieren drohte, machte sich daran, ihr beim Verkauf behilflich zu sein.

Einige Großhändler wollten sofort einen Vertrag mit der Fabrik abschließen, der ihnen einen gewissen Anteil garantiere, und einer machte sich stark, die gesamte Produktion abzunehmen. Er war sogar bereit, eine größere Vorauszahlung zu leisten. Alle waren froh, als sich der Tag dem Ende zuneigte und man das große Tor schloß.

„So wie das Geschäft im Augenblick läuft, geht das nicht", sagte Gustav Dehlen am nächsten Tag. Er war am Vortag in der Fabrik gewesen, hatte aus der Entfernung dieses wilde Treiben betrachtet und sich Gedanken darüber gemacht. Ein paar der Tuchgroßhändler hatten ihn, den sie aus früheren Zeiten kannten, freudig begrüßt und versucht, schnell wieder die alten Beziehungen zu vertiefen. Am heutigen Tag hatte der Senior Hans, Jansen, Will Horsch und Helga zu einer Besprechung gebeten.

„Wir sind genötigt, uns der momentanen Situation anzupassen", begann Gustav Dehlen. „Aber wir sollten ebenso sehr daran denken, wie wir den Verkauf in Zukunft gestalten wollen und müssen heute die geeigneten Maßnahmen ergreifen, und da wir früher nur Großhändler und Konfektionäre beliefert haben, werden wir uns wieder dorthin orientieren. Den Verkauf an Privatleute und Schneider werden wir so bald wie möglich einstellen. Unsere Kundschaft sind Leute, die größere Mengen abnehmen."

Der Senior machte eine Pause und holte ein paar Blätter hervor.

„Vor allen Dingen müssen wir versuchen, einen Blick in die Zukunft zu tun und eine Prognose für unser Geschäft erstellen. Ich habe alles einmal zusammengestellt, nicht erst gestern, ich habe mir schon lange darüber Gedanken gemacht, und ich denke, daß das sehr interessant ist. Ich wollte ergründen, wie und auf welchen Wegen sich das Tuch in den nächsten zehn Jahren absetzen läßt. Der Aachener hat immer über die Anzüge „von der Stange" gelächelt. Jedoch hat sich dies schon in den letzten Jahren vor dem Krieg geändert und zwar gewaltig. Mit großem Erfolg haben sich die Konfektionäre bessere Modelle und Schnitte zugelegt, und es gibt heute viele von ihnen, bei denen sich der Normalverbraucher ohne weiteres einen gutsitzenden Anzug kaufen kann. Über diese Entwicklung ist viel geschrieben worden, und ich kenne die meisten Artikel und kann sagen, daß sich der Trend zum

Konfektionsstück verstärken wird. Für unsere Fabrik aber heißt das, daß wir die Augen offenhalten müssen. Wir dürfen unseren Verkauf nicht eine Sekunde aus den Augen verlieren und uns nur dem Augenblicksgeschäft widmen. Die Vehemenz, mit der sich im Moment das Geschäft abwickelt, entspricht der langen Zeit der Entbehrungen, und es werden immer wieder Leute zu uns kommen, die ein paar Meter für einen Anzug haben wollen. Das sollten wir aber bald einstellen. Wir werden unsere Geschäfte mit dem Großhändler machen, solange diese Abnehmer gut im Geschäft sind, uns jedoch verstärkt an die Konfektionsfabriken wenden. Ich hoffe, daß wir denen bald unsere Kollektion vorlegen können, weil dort unsere Zukunft liegt. Der Tuchgroßhandel, der zum Teil die Schneider beliefert, wird künftig einen schweren Stand haben, denn viele Verbraucher werden auf die preiswerteren Konfektionswaren umsteigen."

Jansen, der aufmerksam zugehört hatte, nickte zustimmend und meinte: „Dann aber, Herr Dehlen, sollten wir nicht mehr lange warten und zusehen, daß die Konfektionäre bald unsere Kollektion vorliegen haben. Ich weiß von früheren Besuchen, daß es nur noch Kleckerkram ist, was man an Aufträgen bekommt, wenn die Konkurrenz schon beim Kunden war."

„Sie meinen, wir sollten sofort mit der Kollektion losgehen?" fragte Hans.

„Ja, Herr Dehlen. Nicht heute, aber wir sollten unbedingt sehen, daß wir bei den richtigen Kunden im Geschäft sind, ehe dieser Boom zu Ende ist."

Hans blickte zu seinem Vater hinüber und sah in dessen Gesicht Zustimmung.

„Es scheint mir aber doch noch ein wenig zu früh zu sein, Vater. Die Menschen im ganzen Land, nicht nur hier bei uns, werden sich zuerst einmal das kaufen, was sie am meisten entbehren mußten, und das war das Essen. Sie werden kaufen, was sie kriegen können. Vor allem die langentbehrten Dinge, sofern sie auf dem Markt sind. Wenn dieser Bedarf dann einigermaßen gedeckt ist, gehen sie an die Kleidung heran. Oder sehe ich das falsch?"

Jansen hob die Schultern.

Der Senior sagte: „Falsch sicherlich nicht, Hans. Aber wir sollten schon in dieser Zeit die Vorbereitungen treffen. Wir müssen uns an unsere Vertreter wenden, dort, wo einer ausgefallen ist, müssen wir einen neuen engagieren. Dann müssen wir sehen, was der junge Mann, den wir eingestellt haben, an Dessins mustert und ob er das Richtige macht. Wir müssen uns orientieren, was verlangt wird, und eventuell einen erfahrenen Dessinateur hinzuziehen."

Jansen meinte nach kurzem Nachdenken, daß man auch zweigleisig fahren könnte. „Wir lassen den jungen Mann Muster machen und sehen, was daraus wird. Die Kundschaft wird am Anfang noch nicht so wählerisch sein und ..."

„Herr Jansen, verlassen wir uns lieber nicht darauf. Wir haben bisher nur Unis gemacht und werden uns schwer tun, wenn wir anfangen, bunt zu mustern. Ich weiß von andern Tuchfabrikanten, daß die Kundschaft, allerdings in den besten Zeiten, die Dessinateure verrückt gemacht hat und karierte Maikäfer verlangte."

Der Senior war gegangen, Will mußte noch in die Stadt. Jansen und Ortmanns debattierten im Nebenraum. Nur Hans und Helga blieben in ihrem Büro.

„Soll das nun heißen, daß ich nichts mehr über den Tisch verkaufen soll?" fragte Helga.

„Ja und nein, Helga. Wir wollen den Kleinverkauf so bald wie möglich einstellen, jedoch nicht mit einem Schlag. Leute, die wir gut kennen, denen wir es quasi versprochen haben, werden bedient, aber neue Kleinkunden nehmen wir nicht mehr an."

„Und wie stellen wir uns zum Beispiel zu Modehäusern oder Modeateliers? Ich habe eine Schulfreundin, die vor kurzem ein Modeatelier eröffnet hat, kann ich der denn etwas verkaufen oder stört das eure Überlegungen und Entschlüsse?"

Hans kannte diese Freundin. Er hatte sie schon ein paarmal hier gesehen, und da er wußte, daß Helga sicherlich empfindlich reagieren würde, meinte er: „Ich würde sagen ja."

Helga schien zufrieden zu sein und wandte sich wieder ihrer Arbeit zu.

Hans hatte sich schon vor Wochen mit den Vertretern getroffen, von denen einige wieder mit der Fabrik arbeiteten. Jetzt, wo sich hoffentlich alles wieder schnell normalisierte, würden weitere hinzukommen, und dort, wo sich einer nicht mehr meldete und Bezirke frei wurden, würde man neue Vertreter einstellen müssen. Großabnehmergebiete wie um Aschaffenburg und München durfte man nicht ohne einen guten Bearbeiter lassen. Will rief an und sagte, daß ihm ein Opel Olympia in recht gutem Zustand angeboten worden sei. Hans wollte den Wagen sehen, bevor er sich zum Kauf entschloß. Jansen steckte den Kopf zur Tür herein und fragte, ob er am Vormittag eine halbe Stunde Zeit habe. Es kämen Herren einer Maschinenfabrik, die neue Webstühle anbieten wollten. Hans sagte zu, raffte dann die Pläne der Maschinenaufstellung der oberen Appreturetage zusammen und verließ sein Büro. Helga saß an ihrem Tisch und starrte auf einen imaginären Punkt.

***

Lydia Dehlen lag ausgestreckt auf dem Bett. Sie hatte die Augen geschlossen, atmete tief, und als sie sich auf ihr Herz konzentrierte, konnte sie es schlagen hören. Es schlug langsam und gleichmäßig. „Entspannen Sie sich täglich, hatte der Arzt gesagt. Lassen Sie Ihren Körper zur Ruhe kommen. Tun Sie niemals etwas hastig und treiben Sie nichts voran. Lassen Sie sich Zeit mit allem."

Der Gynäkologe hatte sie untersucht und in organischer Hinsicht nichts gefunden, was eine Empfängnis behindert oder unmöglich gemacht hätte. Die Psyche gehört genau so dazu wie der Körper, hatte er gesagt. „Sie müssen Geduld haben."

Hans hatte über ihre Befürchtungen, kein Kind kriegen zu können, gelacht und gemeint, daß das schon kommen würde. Im Augenblick sei die Zeit nicht gerade geeignet, um Kinder zu haben.

Bei einer Aussprache hatte sie einmal geweint. Sie hatte sein erschrockenes Gesicht gesehen und sich geschworen, das nie wieder zu tun. Sollte er auch noch unglücklich werden? Wenn Hans abends nach Hause kam, war er meist müde, und sein Versprechen, früher aus der Fabrik zu kommen, hatte er nur ein paar mal gehalten. Daran hatte auch die Währungsreform nichts geändert, von der sie erhofft hatte, daß sie ihm das Leben in der Fabrik erleichtern würde. Sie hatte ihm nichts zu sagen brauchen. Er war allein darauf gekommen und hatte zugegeben, daß sich das leider auch in naher Zukunft nicht ändern würde. Auch Jansen und andere waren bis spät abends noch in der Fabrik. Sogar sonntags ging er schnell einmal hin oder zu seinem Vater, wenn er etwas Eiliges zu besprechen hatte. Alles mußte schnell gehen, alles war eilig, nichts hatte Zeit und konnte in Ruhe gemacht werden. Und sie sollte ruhig sein und sich entspannen.

Einmal hatte sie ihm gesagt, daß sie sich so überflüssig vorkomme, so wie eine Nebensache. Die Fabrik stehe immer an erster Stelle. Das Klavier sei auch wichtiger. Sie sei der Ansicht, daß er ohne dies nicht leben könnte. Zu ihrem Erstaunen hatte er dies bejaht. Sein Gesicht war dabei todernst gewesen, und sie hätte sich am liebsten auf die Zunge gebissen und wäre ihm wortlos um den Hals gefallen.

„Die Fabrik ist meine Arbeit, und du bist mein Leben", hatte er gesagt und sie angesehen.

„Und dein Klavier?"

„Meine Entspannung. Meine Art, mich zu regenerieren."

Sein Spiel war schön. Er spielte viel von Chopin, und sie fand es elegant und spürte die Wehmut in dieser Musik, trotz der perlenden Tonfolgen. In letzter Zeit hatte sie sich, wenn er spielte, in seine Nähe gesetzt und daran teilgenommen. Sie empfand auch hier seinen Drang zur Perfektion.

Lydia erhob sich und trat ans Fenster. Daß das Alleinsein ein solches Problem sein konnte, hätte sie nie für möglich gehalten. Auch ihre Mutter litt darunter und trug sich mit dem Gedanken, zu ihrer verwitweten Schwester zu ziehen. Sie halte es in dem Haus allein nicht mehr aus, hatte sie ihr bei ihrem letzten Besuch gesagt.

***

Nun war Berlin völlig abgeschnitten. Alle Zufahrten waren von den Russen abgesperrt worden. Es gab bei den Amerikanern eine Gruppe, die auf die Zufahrt beharrte und sie notfalls mit Waffengewalt zu erzwingen suchte, aber die, die keinen Konflikt mit den Russen haben wollten, weil sie an eine mögliche ungeahnte Ausdehnung dieses Streites dachten, waren in der Überzahl.

Einer der Gründe, warum Washington darauf verzichtete, die Zufahrt zu erzwingen, war, daß es über die Zufahrtswege von und nach Westberlin keine vertragliche Regelung gab. Aber es gab einen Vertrag über Luftkorridore. Man hatte ihn 1946 geschlossen, als noch niemand an eine Blockade gedacht hatte. Er war aus Flugsicherungsgründen abgeschlossen worden und gab nun General Clay die Möglichkeit, Berlin auf diesem Weg zu versorgen.

Clay führte mit dem designierten Oberbürgermeister von Westberlin, Reuter, ein Gespräch und legte ihm die Sachlage klar.

„Werden das die Westberliner aushalten?“ fragte er Reuter, und dieser entgegnete: „Wenn sie durchhalten, tun wir es auch!“

Nun wandte sich Clay an den Fliegergeneral Curtis Le May, dessen Fortress-Geschwader schon legendär waren, ob er in der Lage sei, Kohle zu fliegen.

„Würden Sie das bitte wiederholen?“ fragte Le May verdutzt, und Clay schilderte ihm die Situation und sagte gleichzeitig, daß Kohle für die Berliner Kraftwerke und Haushalte das wichtigste Gut sein würde.

Le May wollte es ausprobieren und versprach, so viele Flugzeuge wie möglich bereitzustellen. Es war ein Glück, daß in Westberlin ein Kohlevorrat für etwa dreißig Tage lagerte, so daß die Luftbrücke Zeit genug hatte, anlaufen zu können.

Als sich diese Absicht herumsprach, waren Fachleute, vor allem Russen, der Meinung, daß das nicht gehen würde. Ganz sicher waren sich die Amerikaner ihrer Sache auch nicht. Trotzdem ließ Le May aus allen Ecken der Welt, aus Hawaii, Panama, Japan, Alaska und von den Stützpunkten in den USA viermotorige C 54 (Skymaster) heranfliegen, die eine Ladekapazität von zehn Tonnen hatten. Sie schafften es. Bald flogen 225 Skymaster und 156 Flugzeuge verschiedener Typen von der RAF hin und her und versorgten die eingeschlossene Stadt.

Es war notwendig, eine riesige Organisation aufzuziehen, denn man benötigte nicht nur unheimliche Mengen an Flugbenzin, sondern auch Ersatzteile, Ersatzmotoren und viele andere wichtige Dinge. Die Amerikaner dirigierten große Benzintanker auf dem Atlantik um und schickten sie nach Bremerhaven, sonst wäre der Anfang schon ein Fiasko geworden.

Schwierigkeiten bereitete der Transport der Kohle, weil Kohlenstaub explosiv ist. Also feuchtete man die Kohle an und tat sie in Papiersäcke, die dicht und haltbar waren.

Die Transporte von Industrie- und Speisesalz waren ein besonderes Problem, weil das Salz den Flugzeugboden durchfraß und die darunter liegenden Kabel beschädigte. Die Briten jedoch verfügten über seewasserfeste Flugboote, deren Ladeböden resistent gegen Salze waren. Die englischen Flugboote starteten in Hamburg und landeten auf den Havelseen. Bei Nebel, so hofften die Russen, würden die Flüge nach und von Berlin zwangsläufig reduziert werden müssen und damit wäre die Versorgung der Stadt in Frage gestellt. Hier setzten die Amerikaner ihr neues GCA-Radarsystem ein, das den bodenkontrollierten Landeanflug ermöglichte. Damit war die Versorgung Berlins gesichert.

Trotz aller Widerstände und Schikanen der Russen lief das Leben in Westberlin weiter, auch wenn es an vielem fehlte. Es ging seit der Währungsreform in den drei westlichen Sektoren viel besser, und das deutsche Wunder wurde in den Betrieben, den Werkstätten der Handwerker, in den Geschäften, die oft nur primitiv aufgebaut worden waren, in seinen Anfängen sichtbar.

Noch niemand erahnte damals auch nur, was die Deutschen alles auf die Beine stellen würden, und man staunte im Ausland nur noch, mit welchem Elan und mit welcher Kraft das vor sich ging. Diese Leistungen, die nach der Währungsreform erbracht wurden, hätte man einem Volk, das sich in einem der größten Kriege der Geschichte verausgabt hatte, niemals zugetraut. Die großen Werke im Ruhrgebiet, die Stahlkocher und die Kohlengruben, die Chemiewerke und Maschinenfabriken , die fast vollkommen zerbombt waren, wurden nach modernsten Erkenntnissen wiederaufgebaut. Viele Jahre später war es die einhellige Meinung der Wirtschaftsfachleute, daß gerade dieser Umstand, daß nun in Deutschland alles neu und modern aufgebaut wurde, einer der Hauptgründe für die sich nachher einstellende Wirtschaftskapazität und Qualität war.

Professor Nordhoff war seit Monaten Chef von VW und wurde zu einem der größten Initiatoren in dieser Branche.

Max Schmeling, das Boxidol der Deutschen, stieg wieder in den Ring. Er mußte aber nach einigen Kämpfen, die er gegen jüngere Leute führte und die ihm sichtlich zu schaffen machten, einsehen, daß seine Zeit vorbei war, und trat zurück. Nun gingen andere Sterne auf, und Hein ten Hoff und Riedl Vogt prangten in den Schlagzeilen der Zeitungen, die ständig ihre Auflagen erhöhten, was dem Wiedererstehen der Papierindustrie zu verdanken war.

Die deutsche Politik war noch in der Phase der Aufbauarbeit. Der spätere Bundeskanzler Adenauer war schon als Oberbürgermeister von Köln eingesetzt gewesen, aber von den Briten entlassen worden. Wahrscheinlich, weil der Alte ihnen zu unbeugsam war. Heute weiß man, daß dies für die CDU ein Riesengewinn war, denn Adenauer konnte sich jetzt mit voller Kraft, die er trotz seines Alters noch hatte, für diese Partei einsetzen.

Auch in Aachen ging es verstärkt weiter. Nicht nur in der Dehlen'schen Fabrik, sondern auch in allen anderen Betrieben und Handwerksstätten. Natürlich herrschte noch Mangel, aber jetzt gab es Geld, mit dem man etwas anfangen konnte. Infolge der noch zu leistenden Aufbauarbeit schossen Handwerksbetriebe wie Pilze aus dem Boden. Sie hatten Hochkonjunktur. Die herrschende Gewerbefreiheit gab dazu Gelegenheit. Allerdings mußte eine Meisterprüfung abgelegt werden. Kinos waren stets bis auf den letzten Platz gefüllt, und die Leute erhielten hier und aus dem Radio die Nachrichten aus aller Welt. Sie erfuhren, daß ein Fanatiker Gandhi erschossen hatte, und sie sahen die prunkvolle Hochzeit der Prinzessin Elisabeth von England mit Philip Mountbatten. Alles, was sich in der Welt ereignete, kam wieder in jedes Haus. Nur von den Kriegsgefangenen in Rußland hörte man nichts. Die Zahlen, die aus der Ostzone herüberkamen, stimmten nicht mit denen der Russen überein. Eines jedoch wurde klar, es mußten noch viele hunderttausend in Rußland sein, und es mußten viele in der Gefangenschaft ihr Leben gelassen haben.

Der deutsche Suchdienst versuchte die Menschen wieder zusammenzuführen, die in den Kriegswirren getrennt worden waren. Bemitleidenswert waren vor allem die Kinder, die in den chaotischen Situationen der Flucht, der Vertreibung und der Fliegerangriffe von ihren Eltern getrennt wurden. Lange Listen mit den Bildern dieser Kinder wurden veröffentlicht, auf denen die Daten und Angaben der Kinder und der Eltern, soweit vorhanden, aufgeführt waren.

Das Ende des Schwarzmarktes war eingeläutet worden. Noch war er nicht völlig verschwunden: Für die noch raren Artikel bestand er nach wie vor. Es ging mit der Besserung langsam vorwärts. Besonders auf dem Lebensmittelsektor, und es wurde stetig mehr.

***

Die Tage von Dr. Kroll waren stets mit Arbeit ausgefüllt, auch Arbeit, die er abends mit nach Hause brachte. Dann saß er in seinem Arbeitszimmer, und die beiden Kinder wurden ermahnt, ruhig zu sein. Wenn Helga aus der Fabrik kam, hatte sie auch noch eine Menge zu tun, und der Haushalt und die Kinder forderten ihr viel ab. Waren dann die Kinder zu Bett gegangen, saßen sie und ihr Mann zusammen, und sie besprachen die Dinge, die besprochen werden mußten. Sehr fruchtbar waren diese Gespräche nicht, beide waren müde und abgespannt.

Eine Zeitlang hatte man es so gehandhabt, und dann war es zu den Waldspaziergängen am Sonntagmorgen gekommen. Nach dem Frühstück brachen sie auf und hatten mehr als eine Stunde für sich allein. Sie waren ausgeruht, der Wald war still, und sie sprachen über die Dinge, die sie bewegten und ihnen auf der Seele lagen und faßten wichtige Entschlüsse.

Vieles war so schon bei diesen Spaziergängen besprochen worden, und es war für Helga geradezu ein Bedürfnis, sich mit ihrem Mann auszusprechen. So hatte man auf einem dieser Spaziergänge beschlossen, Helgas Haus zu vermieten und Kroll hatte in seinem weitläufigen Haus zwei Kinderzimmer einrichten lassen. Daß ihre Schwiegermutter mit in diesem Haus lebte, störte Helga keineswegs, denn sie hatte ihre eigene Wohnung. Krolls Schwester war in Köln beschäftigt und kam nicht einmal an jedem Wochenende. Ihre Schwiegermutter sah Helga meist nur einmal am Tag, und wenn sie eine Aufsicht für die Kinder brauchte und die Haushaltshilfe nach Hause gegangen war, dann sprang ihre Schwiegermutter gerne ein.

Die Hitze des Sommers war vorbei. Im Wald war es morgens angenehm kühl. Die Sonne glitzerte durch das Laub und malte helle Flecken auf den Waldboden.

„Du bist also fest entschlossen, deine Stellung in der Fabrik aufzugeben?"

„Ja," antwortete sie bestimmt. „Ich werde die erste sich bietende Gelegenheit nutzen, etwas anderes anzufangen."

Sie schritten nebeneinander über den weichen Boden des Waldweges, auf dem man außer dem Gezwitscher der Vögel nichts als des anderen Stimme hörte.

„Und was schwebt dir vor, was du anderes tun könntest?"

Sie blieb stehen und wandte sich ihm zu. „Ich werde versuchen, nur noch indirekt mit der Fabrik zu arbeiten. Auf keinen Fall bleibe ich länger als nötig in dieser Baracke. Wenn ich sehe, Josef, was in dieser Branche verdient wird, was unsere Vertreter und vor allen Dingen diese Tuchgroßhändler für Gewinne einheimsen, dann komme ich mir wie ein Lakai vor, der seinen Dienst zu machen hat und dafür mit einem Trinkgeld entlohnt wird."

„Ist dies der einzige Grund, warum du aus der Fabrik fort willst?"

Helga zögerte einen Augenblick. „Eigentlich ja. Ich möchte mehr Geld verdienen, damit ich meinen Kindern eine gute und erfolgreiche Zukunft sichern kann."

„Hältst du die Fabrik nicht für eine gute Zukunft? Ein Werk wie dieses ist doch schon etwas, und wenn man bedenkt, daß dein Schwager alles stark forciert und die Fabrik laufend vergrößert, dann kann man dort den Kindern eine gute Zukunft sichern. Oder sehe ich das falsch?"

„Natürlich kann man das mit der Fabrik. Aber wenn ich denke, daß einer meiner Söhne einmal in die Fabrik kommt und sich dort Hans unterordnen muß, und das ist sicher, dann macht mich dieser Gedanke nicht gerade froh. Wenn du meine ehrliche Meinung hören willst, Josef, dann muß ich sagen, daß ich mich dort schon lange nicht mehr wohl fühle. Ich habe schon seit längerer Zeit das Gefühl, daß dort

Dinge geschehen, von denen ich bewußt ferngehalten werde. Dann diese Chefallüren von Hans, der immer über allem steht. Dieses verschwörerische Geflüster von diesem Horsch, das alles geht mir auf die Nerven. Ich bin von diesem ganzen Tun derart nervös und aufgebracht, daß ich mich schon schüttele, wenn ich die beiden wieder einmal zusammenstehen sehe. Hans ist natürlich immer freundlich, aber du kannst mir sagen, was du willst, Josef, da laufen Sachen, von denen ich nichts weiß und nichts wissen darf. Selbst Jansen, sonst immer ein netter Mensch, schaut mich in letzter Zeit so verzeihend lächelnd an."

„Helga, siehst du nicht allzu schwarz? Also ich nehme nicht an, daß man etwas macht, was du nicht wissen darfst. Technische Dinge, okay, die machen Hans und Jansen unter sich ab. Darüber informiert man dich, wenn sie gelaufen sind. Aber ist es nicht so, daß die monatlichen Konferenzen, denen der Senior vorsitzt und an denen Hans, Jansen, Horsch und du stets teilnehmen, doch alles auf den Tisch bringen, was geschehen ist und was geplant wird. Ob das nun ein paar neue Maschinen sind, die gekauft werden sollen, oder ob man neue Leute einstellt oder was weiß ich noch alles. Immer bist du dabei und hörst, was geplant und erörtert wird. Gustav Dehlen ist ein integerer Mann, der wird nicht zulassen, daß ein Teilhaber wie du im Unklaren über etwas gelassen oder mit Absicht über gewisse Dinge nicht informiert wird."

„Gut, ja, das stimmt. Mein Schwiegervater macht sicherlich nichts, was ich nicht wissen soll, aber Hans und dieser Will, denen traue ich nicht mehr über den Weg."

Eine Weile gingen sie stumm weiter.

„Dazu kommt noch, daß ich nur ein ausführendes Organ bin. Ich kann nicht selbst bestimmen, ich muß immer fragen und dann nach Anordnung handeln."

„Läßt man dir keine freie Hand, was den Verkauf anbelangt?"

„Doch, schon, aber Hans will immer alles wissen, und wenn ich es von mir aus nicht sage, dann fragt er. Der macht mich noch rasend mit seiner penetranten Fragerei. Gestern habe ich ihm eine patzige Antwort gegeben."

„Und was hat er geantwortet?"

„Nichts. Er hat mich nur angesehen und ist hinausgegangen."

„Nachher hat er auch nichts gesagt? Ich meine, ist er noch einmal darauf zurückgekommen?"

„Nein, gesagt hat er nichts mehr dazu. Er war wie immer, sachlich, nicht unfreundlich und korrekt. Aber so korrekt, daß ich schon wieder etwas vermute."

Sie machte eine Bewegung mit der Hand, als ihr Mann etwas sagen wollte, und fuhr fort: „Vielleicht bin ich etwas überempfindlich, wenn es um das Eigentum meiner Kinder geht, das gebe ich zu, aber das Klima dort, diese Herrenclique, die gefällt mir ganz und gar nicht, und da möchte ich schnell weg."

„Wenn das dein Wunsch ist, Helga, dann solltest du es auch so machen, wie du es vorhast. Auf gar keinen Fall aber in einem Streit fortgehen. So etwas ist nie gut. Wir werden zusammen überlegen, was zu tun ist. Bisher ist uns immer noch etwas eingefallen."

„Lange überlegen brauchen wir nicht, wenn das geht, was ich vorhabe."

„Aha!" Kroll blieb stehen und sah seine Frau an.

„Hans hat sämtliche Vertreter, die alle seit vielen Jahren mit uns zusammenarbeiten, in der Fabrik versammelt, um diesen Herren die Marschroute bekanntzugeben. Alle Herren waren anwesend, nur der, der den Raum Aachen, Köln und Düsseldorf bearbeitet, nicht. Zuerst nahm ich an, er sei verhindert, habe dann aber später erfahren, daß dieser Mann nicht aus der Evakuierung zurückgekehrt ist. Dann hörte ich noch, daß er schon sehr alt ist und es ihm schon damals gesundheitlich nicht gut ging, und man annahm, er stehe als Vertreter nicht mehr zur Verfügung. Und diese Arbeit, Josef, das wäre ganz nach meinem Geschmack. Besonders verlockend ist, das gebe ich gerne zu, die Provision, denn diese Leute verdienen gut. Was hältst du davon?"

„Nun ja, dann wärst du aus der Baracke weg, wenn das klappte, aber dauernd unterwegs."

„Aber doch nicht jeden Tag. Ich weiß mittlerweile, wie die Vertreter arbeiten. Die besuchen ihre Kunden jeden Monat einmal, und alles andere wird vom Telefon aus gemacht. Außerdem ist der Raum Aachen, Köln und Düsseldorf nicht groß. Ich müßte eben nur zu den andern Städten hinfahren. Ich bin überzeugt, daß mir für uns und für die Kinder mehr Zeit bliebe als jetzt."

„Das klingt nicht schlecht, wenn man bedenkt, wie gerne du das machst und nicht zu Hause bleiben willst."

„Zu Hause bleiben, Josef, das würde nicht lange gutgehen. Ich bin ein Mensch, der etwas unternehmen muß. Ich muß mich bewegen können, Gespräche führen und verkaufen. So etwas mache ich gerne, und ich möchte nicht darauf verzichten. Wenn das so läuft, wie ich es mir denke, haben wir alle mehr davon."

„Schön wär's, wenn das alles so geht, wie es sich in deiner Vorstellung schon festgesetzt hat."

„Ja, Josef, wir hätten wirklich mehr Zeit für uns. Schließlich bin ich dann mein eigener Herr und brauche nicht die Bürostunden abzusitzen. Wenn ich meine Arbeit gut organisiere, kann ich auch einmal ein paar Tage hintereinander frei machen und mich anderen Dingen zuwenden. Ich sehe darin eine große Chance. Mein Anteil an der Fabrik bleibt, und ich verdiene bedeutend mehr als jetzt."

„Was wird dein Schwager denn zu diesem Entschluß sagen?"

„Das weiß ich nicht. Ist mir aber auch egal. Wenn ich die Vertretung bekomme, dann sehen die mich in der Fabrik nur noch, wenn es unbedingt sein muß. Ich weiß ehrlich nicht, wie Hans das aushält. Der kommt morgens und bespricht zuerst das mit Horsch und Jansen, was ihm noch am vergangenen Abend eingefallen oder schon am frühen Morgen aufgegangen ist. Danach geht es los, das in die Tat umzusetzen, was er sich ausgedacht hat, Jansen für das, was den Betrieb betrifft, und Horsch für den weiteren Aufbau und den Einkauf. Neuerdings hat der Horsch so ein leichtes Motorrad und fährt damit los, und Hans hat schon zweimal einen Herrn da gehabt, der ihm Wagen vorführte. Aber du kennst ihn ja, Perfektionist, der er ist, hatte er an jedem dieser Fahrzeuge etwas auszusetzen. Aber ich glaube, daß er doch in kurzer Zeit zu einem Fahrzeug kommt. Allein schon, damit der Senior es etwas bequemer hat, denn der kommt den ganzen Weg von da oben zur Fabrik zu Fuß und ist manchmal ganz ausgepumpt, wenn er ankommt. Doch bei Hans selbst wird sich dadurch nichts bessern. Der wird dann sein persönliches Programm aufstocken und so erweitern, daß ihm wieder keine Zeit für sich bleibt. Jetzt hockt der manchmal abends noch stundenlang in der Baracke und arbeitet. Ein Familienleben hat der schon lange nicht mehr. Lydia heult jeden zweiten Tag, weil sie allein ist. Ich weiß das von Inge, daß sie sich quasi beschwerte, weil Hans, wenn er zu Hause ist, einen großen Teil seiner Zeit am Klavier zubringt. Er hat ..."

Kroll unterbrach sie, indem er ihren Arm faßte. „Helga, bitte. Ich kenne Hans, und ich schätze ihn und weiß auch, daß ohne ihn die Fabrik nicht das wäre, was sie heute ist."

„Der ist doch besessen, Josef. Der kennt ja nichts anderes mehr als die Fabrik. Seine Frau möchte ein Kind, was jede Frau verstehen kann. Aber er, er läßt sich Zeit. Hat zu Lydia gesagt, dafür sei noch nicht der richtige Moment. Mit einem Wort, er vertröstet sie auf später und widmet sich der Fabrik um so eifriger."

„Helga, du weißt anscheinend nicht, welche Aufgabe es war, aus diesem Schutthaufen wieder eine Fabrik zu machen. Ich hätte es nicht für möglich gehalten, daß er es schafft, und es kommt mir immer noch wie ein Wunder vor. Aber so eine Aufgabe erfordert den ganzen Mann. Einen Menschen, der sich von früh bis spät dafür einsetzt und damit beschäftigt. So ein Mensch muß von der Idee besessen sein, sonst wird nichts daraus. Und wenn er sich nun so einsetzt, wie du sagst, ein Leben wie ein Hund führt, so ist das letztendlich auch dein Gewinn. Hans tut das für euch alle, die ihr an diesem Werk einen Anteil habt."

„Tue ich Unrecht, wenn ich von dort fort will?"

„Nein, Helga, das tust du nicht. Aber du solltest die Leistungen deines Schwagers anerkennen, auch wenn du mit seiner Art nicht einverstanden bist."

Beide schwiegen eine Zeitlang. Dann begann Helga wieder, aber diesmal mit ruhigerer Stimme.

„Zweifellos ist das richtig, Josef, was du über Hans sagst, ohne ihn wäre viel weniger geschafft worden. Der Senior hatte nicht mehr die Kraft dazu, und die anderen, Jansen, Horsch, die haben nicht die Motivation und die Courage. Aber du verstehst meinen Wunsch, wenn ich versuche, von dort wegzukommen?"

„Ich verstehe das gut, Helga. Jeder Mensch hat seine Vorstellungen und Wünsche. Der eine ordnet sich ein Leben lang unter, und ein anderer bricht aus und macht alles so, wie er es möchte. Du bist nicht verpflichtet, dort auszuhalten, wenn es dir aus den verschiedensten Gründen nicht paßt. Das wird auch Hans verstehen. Sag es ihm, wie du es mir eben gesagt hast, und er wird nichts dagegen haben. Und dein Schwiegervater auch nicht. Was deinen Wunsch nach dieser Vertretung angeht, würde ich dir sowieso vorschlagen, möglichst bald mit dem alten Herrn zu reden, damit dir kein anderer vor die Nase gesetzt wird."

„Das scheint mir auch das Beste zu sein. Ich werde gleich morgen früh mit ihm reden."

***

Der Winter war mild. Es hatte allerdings wochenlang geregnet, und in der Stadt stand an vielen Stellen das Wasser in Riesenpfützen auf dem unebenen Pflaster der Straßen. Von heftigem Westwind begleitet, war etwas Schnee gefallen, dem Regen beigemischt war, und wenn der Wind auffrischte und pfeifend um die Häuserecken und Ruinen strich, hagelte es gelegentlich. Zu richtigem Frostwetter aber war es nie gekommen.

In der Fabrik hatte man das Wetter gut überstanden. Alle Dächer waren dicht. Lediglich die Außenarbeiten waren mehrmals gestoppt worden, wenn der Regen allzu heftig war. Die Weberei war auf sechsundfünfzig Webstühle angewachsen, und die Appretur lief gut, wenngleich es noch an Maschinen fehlte. Im Untergeschoß der Appretur war ein Raum für eine eigene Garnfärberei eingerichtet worden. Der erste Färbeapparat war schon montiert. Die Beendigung von Inge Dehlens Studium, welches kurz vor dem Abschluß stand, sollte der Startschuß für die Färberei sein. So hatte der Senior es bestimmt. Die ersten Färbungen, die Inge Dehlen gemacht hatte, waren zufriedenstellend ausgefallen. Besonders erfreut darüber war Gustav Dehlen, der dies mit den Worten kommentierte, daß eine Fabrik, in der die Eigentümer nicht mitarbeiteten, nicht mit dem richtigen Geist erfüllt sei.

„Man muß selbst mitmachen und miterleben, wie das Produkt entsteht, dann ist man auch in der Lage, noch Besseres zu leisten."

Inges Erfolg hatte dem alten Herrn sehr imponiert. Er sah in seiner Tochter immer noch das Kind und war voller Vaterstolz.

Die Erweiterung der Weberei stieß insofern auf Schwierigkeiten, als alle reparaturfähigen Maschinen fertiggestellt waren und man sich nach anderen Möglichkeiten umsehen mußte. Von anderen Tuchfabrikanten war keine Maschine mehr zu kaufen. Die Maschinenfabriken, von denen die heimische Industrie seit langen Jahren ihre Webstühle kaufte, lagen in Sachsen und waren aus diesem Grund unerreichbar. Westdeutsche Maschinenfabriken bauten auch Webstühle, allerdings für einen anderen Zweig der Industrie. Den Webstuhl für die Aachener Tuchindustrie wollten nun Maschinenfabriken in Westdeutschland in ihr Programm aufnehmen und damit diese Marktlücke schließen.

Der Mai 1949 begann mit strahlendem Sonnenschein. Die Ruinen verwandelten sich in wildblühende Gärten, in denen es hellgelb, rosa und blau leuchtete. Die Welt war wieder um vieles schöner geworden. Jansen und Ortmanns kamen ins Büro herein. Jansen, mit öligen Händen, war aufgelöst und ließ sich erschöpft auf einen der Stühle fallen.

„Was ist denn los, Herr Jansen?"

Jansen japste, ehe er zu reden anfing. „Herr Dehlen, diese beiden neuen Webstühle von der Firma Schmitt in Süddeutschland, die können wir wieder abmontieren. So schön die auch aussehen mögen und so sehr die Herren, die sie uns verkauften, sie auch lobten, wir kommen mit den Dingern nicht klar. Sie laufen gut, okay, dagegen läßt sich nichts sagen, aber wenn einer wegen Fadenbruch abstellt, glaubt man, eine Bombe schlüge in die Halle ein. Das sind Schläge, die erschüttern den ganzen Websaal. Warum die nicht die Abstellung der Maschine von den Sachsen übernommen haben, das weiß der Geier. Die mögen so stolz auf ihre Neuerung sein, wie sie wollen, wir können damit nicht arbeiten. Dazu kommt bei Schußfadenbruch eine langwierige Hantiererei, die sehr zeitraubend ist und damit außerhalb jeglicher Wirtschaftlichkeit steht. Ortmanns und ich, wir befassen uns schon tagelang mit diesen Maschinen und kommen auf keinen grünen Zweig. Ich habe nun endgültig die Schnauze voll. Die Dinger müssen raus!"

Hans erwiderte im ersten Augenblick nichts. Er erinnerte sich an die Verkaufsverhandlungen, die Worte der Verkäufer, deren Schilderung der Vorzüge dieser Neukonstruktion, und nun das. Er zweifelte keine Sekunde an Jansens Urteil.

„Herr Jansen, dann stellen wir sie eben ab und bitten die Verkäufer, sich das hier einmal anzusehen. Rufen sie die Firma an und reklamieren sie diese beiden Maschinen. Wenn wir damit nicht oder nur unwirtschaftlich arbeiten können, dann schlagen wir uns nicht lange damit herum. Wir brauchen Maschinen, die eine gute Leistung ermöglichen, und wenn sie das nicht tun, dann raus damit."

Ortmanns hatte zu den Worten nur beifällig genickt, und als Jansen sich erhob und sagte, daß er sofort anrufen werde, ging er mit ihm hinaus.

„Was ist dem Jansen denn über die Leber gelaufen?" fragte Will, der ins Büro kam und seine Motorradjacke aufhing. Hans erklärte ihm, was vorgefallen war. Will nickte. „Fiel mir schon in den letzten Tagen auf, daß die beiden sich an den neuen Webstühlen zu schaffen machten. Übrigens, Hans, da ist eine belgische Maschinenfabrik, die soll sehr gute Webstühle bauen. Einige davon laufen schon hier. Ich werde mich einmal erkundigen, was das ist, und wo man sie sehen kann."

„Aber bitte schnellstens, Will. Mach sofort einen Besuchstermin aus!"

„Okay. Weißt du schon, daß man jetzt auch aus dem Ausland Garne beziehen kann? Die belgischen Spinner sollen für uns besonders interessant sein. Ist zwar ein unheimlicher Papierkrieg damit verbunden, aber das sollte uns nicht abschrecken."

Hans war überrascht. „Will, wir treiben ja schon wieder Handel mit dem Ausland. Das nenne ich aber eine gute Nachricht. Mach diese beiden Sachen klar, damit wir sie morgen bei der Besprechung behandeln können. Jansen kennt von früher her viele der belgischen Lieferanten. Er kann uns sicherlich behilflich sein."

Auf der angesetzten Technikerbesprechung kamen alle ins Auge gefaßten Aktionen zur Sprache. Die Firma Schmitt würde vorbeikommen, und Will hatte für die belgischen Webstühle einen Besuchstermin ausgemacht. Hans bestimmte, daß Jansen und Ortmanns sie sich ansehen sollten. Dann gab er einen Überblick über das vergangene Vierteljahr und stellte mit Befriedigung eine planmäßige Entwicklung fest. Die Fabrik lief sehr gut, die Auftragslage war ausgezeichnet, und die Zahlungen flossen pünktlich ein. Die Verwaltung der Fabrik aber, die Buchhaltung, das Personalbüro, das Schreibzimmer, das Lager und der Verkauf mußten dringend vergrößert werden. So, wie das zur Zeit ablief, ging es auf keinen Fall weiter. Aktenschränke standen an den unmöglichsten Orten herum und verstaubten hoffnungslos. Das waren Zustände, die behoben werden mußten. Diese Abteilungen waren auch immer wie Stiefkinder behandelt worden; stets hatte die Produktion den Vorrang gehabt. Hans bestimmte ohne viel Umstände, daß man mit einem Büroanbau beginnen werde. Sein Vater habe ihn schon gefragt und sich darüber gewundert, daß nicht schon längst größere Pannen aufgetreten waren. Das Problem bei diesem Bürotrakt sei der Platz, der dazu benötigt werde. Darüber müsse man sich noch den Kopf zerbrechen.

Als die Besprechung zu Ende war, meinte Jansen, er habe noch eine Sache. „Es ist zwar noch ein Gerücht, aber ich glaube doch an eine feste Absicht. An der Sache ist jedenfalls was dran."

„Und was ist das für eine Sache?" fragte Hans ungeduldig.

„Die Leute wollen mehr Lohn."

Hans hatte damit gerechnet und es mit Jansen besprechen wollen, aber die letzten Tage waren derart mit den technischen Neuerungen und den Überlegungen für den Bürobau vollgestopft gewesen, daß er es bis jetzt zurückgestellt hatte. Nun, die augenblickliche Lage in der Fabrik war gut, trotz der Anschaffungen, die man gemacht hatte und die noch ausstanden. Wenn Hans die letzten Monate Revue passieren ließ, konnte er zufrieden sein mit dem, was geleistet worden war.

„Da ist noch etwas, was sie wissen sollten", sagte er, und alle wandten sich ihm zu. „Meine Schwägerin, Frau Kroll, die bisher den Verkauf leitete, ist aus ihrem Dienst ausgeschieden. Sie hat unsere Vertretung für den Raum Aachen, Köln und Düsseldorf übernommen. So wie es aussieht, macht sich ihr Geschäft gut. Es kommen gute Aufträge. Wir hoffen weiterhin auf Erfolg bei ihr."

„Das wird die Zeit zeigen", unkte Jansen. „Jetzt wird jedem Vertreter alles aus den Händen gerissen, wenn es auch nur einigermaßen gute Ware ist. Aber wenn sich wieder alles normalisiert hat, wenn die Konkurrenz groß geworden ist und der Vertreter auf einen gesättigten Markt trifft und verkaufen muß, dann kommt die Stunde der Wahrheit."

„Der Erfolg hängt immer davon ab, was man zu bieten hat. Der Verkauf von Tuchen, das weiß ich von meinem Vater und von Ihnen, Herr Jansen, steht und fällt mit der Qualität der Kollektion."

Jansen nickte. „Über unsere Kollektion müssen wir uns auch noch unterhalten, Herr Dehlen. Sagen Sie mir, wann es Ihnen paßt, dann komme ich rüber."

„Ist es denn eilig?"

„Bei uns ist immer alles eilig."

„Gut, dann machen wir es anschließend. Sagen Sie dem jungen Mann Bescheid, der soll dabei sein?"

„Natürlich, der Bremer muß ja die Neumusterung machen."

Die anderen waren gegangen, und Jansen ging in sein Büro hinüber, um den jungen Mann anzurufen.

„Das ist ein guter Mann, Herr Dehlen", sagte er von drüben. „Der macht sich Gedanken und verrichtet seine Arbeit mit sehr viel Geschmack und Geschick, ohne vorher dicke Töne zu reden, wie man das manchmal bei solchen Leuten hat."

„Schön zu hören, Herr Jansen."

***

Sie hatten sich zufällig am Samstagnachmittag in der Stadt getroffen, Ortmanns und ein Kamerad aus dem ehemaligen SA-Sturm. Beide waren ehrlich erfreut, einander wiederzusehen. Über eine Stunde hatten sie in der Nähe des Rathauses zusammengestanden und Erinnerungen ausgetauscht. Der Krieg war an beiden ohne Schaden an Leib und Leben vorübergegangen, und sie waren zu ihren Familien zurückgekehrt. Einer fragte den anderen, wie es ihm in der Zwischenzeit ergangen sei und was er jetzt mache. Ortmanns erzählte, er sei jetzt Produktionsleiter einer großen Tuchfabrik und es gehe ihm und seiner Familie gut. Der andere sagte, er sei nun wieder bei der Stadtverwaltung angestellt, nachdem man ihn durch die Entnazifizierungsmühle gedreht habe. Dann, gegen Ende ihrer Unterhaltung, kam das Gespräch schließlich auf die früheren Kameraden, mit denen sie damals ihre Aktionen ausgeführt hatten, und sie schwelgten eine Zeitlang in Erinnerungen von echter Kameradschaft. Beide vertraten die Ansicht, daß alles, was man damals unternommen hatte, dem deutschen Volk gedient habe. Daß es dabei manchmal ein wenig grob zugegangen war, das hatten sich die Gegner des Führers, die Meckerer, die ewigen Danebensteher und Schmarotzer am Volke selbst zuzuschreiben. Über die Reichskristallnacht hatten sie die gleiche Meinung, und sie wußten, wie wenig Verständnis die anderen dafür hatten. Die wußten auch nicht, in welcher Gefahr das Deutschtum geschwebt hatte. Darum war diese Aktion notwendig gewesen. Wenn auch unschön, so hatte sie doch ihren Zweck erfüllt. Mit der heutigen Zeit waren beide nicht zufrieden. Diese ausländischen Militärs, die ewig kaugummikauenden Amerikaner und überhaupt die ganze Großkotzigkeit der Besatzer. Primitiv in ihrer ganzen Art, jawohl. Die Engländer waren ein wenig feiner, kultivierter, aber dafür hinterhältig.

Auf Ortmanns Frage nach den anderen Kameraden erhielt er zur Antwort, es gebe von den anderen Bekannten hier in dieser Stadt wohl keinen mehr. Entweder seien sie gefallen oder nicht mehr nach Aachen zurückgekommen. Aber man habe einen Stammtisch, an dem sich Gleichgesinnte trafen.

„Du mußt zu uns kommen, Werner“, sagte der andere, und Ortmanns stimmte zu. „Da bist du noch einmal unter Menschen, die so denken und dieselbe Sprache sprechen wie du. Du wirst staunen, wer dort hinkommt und in welchen Positionen diese Herren sind.“ Dann hatte der Kamerad ihm das Lokal genannt, in dem der Stammtisch zusammenkam. Ortmanns hatte sein Kommen zugesagt.

Nun schritt er die Straße entlang, in der diese Kneipe liegen sollte. Die Hausnummer hatte der Kamerad nicht gewußt, ihm aber das Haus so exakt beschrieben, daß er es sofort erkannte. Dieses alleinstehende Haus am Stadtrand, mit dem über mehrere Etagen reichenden Erker und dem hellen Anstrich. Jetzt stand er davor. Er trat ein. Der Wirt, ein Endfünfziger mit Bauch und Glatze, wies ihm den Weg in das Vereinszimmer, als er nach dem Stammtisch fragte. Sein Kamerad, der ihn hierher eingeladen hatte, sprang auf, als er nach kurzem Anklopfen das Zimmer betrat. Er führte ihn ans Kopfende des langen Tisches und stellte ihn dem dort sitzenden Herrn Vonberg vor, anscheinend die Hauptperson, denn er wurde von allen mit Respekt behandelt.

Vonberg, ein schlanker Mann um die fünfzig, drückte ihm fest die Hand und gab seiner Freude Ausdruck, daß ein ehemaliger SA-Kamerad den Weg zu ihnen gefunden hatte. Dann wurde er den anderen acht Personen vorgestellt, und bei jedem wiederholte sich das gleiche Zeremoniell des festen Händedrucks und des klaren Blickes. Alle bis auf einen waren Ortmanns unbekannt. Von dem einen wußte er, daß dieser eine gehobenere Stellung in der SA gehabt hatte. Er nahm am Ende des Tisches neben seinem Kameraden Platz. Nun richteten sich wieder die Blicke auf Vonberg, der seine sehnigen Hände ineinanderschlang und in seiner Rede fortfuhr, die durch Ortmanns Eintreten unterbrochen worden war. Ortmanns hörte interessiert zu.

„... geht es im Augenblick darum, unauffällig das zu tun, was zu tun ist. Versteht mich recht, Kameraden, wir sind noch da und wollen auf keinen Fall durch irgendeine voreilige Aktivität auffallen. Anders ausgedrückt: Jetzt ist die Zeit, wo wir das neue Fundament bauen, die Basis für den Neubeginn. Diskretion und eiserne Disziplin sind die Voraussetzungen, und ich bitte noch einmal, immer daran zu denken, daß wir bei gegebener Zeit wieder an die Öffentlichkeit treten werden. Ich bin autorisiert, Ihnen zu sagen, wie wichtig alles ist und daß dies in Form einer politischen Partei erfolgt. Wie jeder von Ihnen verstehen wird, müssen wir uns den Gegebenheiten dieser Zeit anpassen, und wir tun dies auch. Aber das geschieht nicht aus Furcht vor den Alliierten, sondern weil die Klugheit es uns gebietet. Im Klartext, wir tragen keine Uniform, jetzt jedenfalls noch nicht. Wie das später aussehen wird, muß sich ergeben. Was allein zählt, ist der Geist, den wir einbringen und für dessen Weiterverbreitung wir sorgen werden. Wir werden diesem Geschwafel von Demokratie entgegentreten, wenn unsere Zeit gekommen ist. Wir sind uns des Erfolges sicher."

Sein hageres Gesicht strahlte, und seine grauen Augen leuchteten ekstatisch.

„Wir können nun einmal nicht in diesem Durcheinander, in dem jeder etwas zu sagen hat, leben. Wir brauchen Führungskräfte, die uns den Weg weisen, sowohl in weltanschaulicher als auch in wirtschaftstechnischer Hinsicht, und nicht diese Hampelmänner, die jetzt in unserem Vaterland die Politik machen. In unserem Lande werden starke Kräfte gebraucht, um Deutschland vor dem Rachedurst der Alliierten, des Weltkommunismus und der Zionisten zu bewahren."

Vonberg hatte etwa eine Stunde geredet. Dann löste sich der Stammtisch auf. Das nächste Zusammentreffen wurde vereinbart, und man trennte sich. In kleine Gruppen aufgeteilt, strebten die Kameraden in verschiedene Richtungen auseinander. Vonberg bestieg einen grauen Wagen, der am Straßenrand stand, lud noch zwei der Kameraden ein und fuhr davon.

„Na, Werner, wie hat es dir gefallen?"

„Gut, ich würde sagen, dort wurde das ausgesprochen, was man selbst denkt. Mir gefällt der Stil dieses Vonbergs. Der ist nicht so plump, wie früher manche waren. Ich empfinde das als sehr angenehm. Das mit der neuen Partei hat mich erstaunt, und ich bin sehr gespannt, wie sich das weiterentwickeln wird. Auch gefiel mir, was er von der Demokratie sagte. Es deckt sich vollkommen mit meinen Ansichten. Die Menschen durchschauen das Spiel der Alliierten nicht, die kommen nicht hinter deren Trick mit der Demokratie. Die wollen uns doch nur schwächen und gefügig machen, uns und die Japaner. Auch dort haben sie die Demokratie eingeführt. Das hatte als erstes eine Gewerkschaft zur Folge, die jetzt mit aller Macht höhere Löhne herausschinden will. Und was ist der Erfolg, die Wirtschaftskraft der Japaner ist dahin. Ihre Konkurrenzfähigkeit passé. Genauso wollen sie auch mit uns verfahren. Die geballte Kraft, die wir hatten und hoffentlich bald auch wieder erringen, soll zerstört werden, indem man sie in demokratische Kleinkräfte aufspaltet. Von diesen kleinen Kräften aber hat keine die Macht, etwas Großes zu bewegen."

„Das ist ja auch der Grund, warum man eine neue Partei gründen will. Diese Partei hat die Kraft."

„Du hast zweifellos recht, Kamerad. Ich sehe das tagtäglich in unserem Betrieb. Da sind auch viele, die etwas zu sagen haben. Da weiß die Rechte nicht, was die Linke tut, und umgekehrt. Was könnte da noch alles geschafft werden, wenn wir nur einen richtigen Führer hätten."

Sie gingen schweigend nebeneinander, und als der andere sich von Ortmanns verabschiedete, fragte er ihn: „Sag mal, was macht dieser Vonberg eigentlich? Ich meine, was hat der? Ein Geschäft, einen Betrieb oder ...?"

„Der, mein Lieber, das ist ein reicher Mann. Der hat eine Fabrik für landwirtschaftliche Geräte und Maschinen. Ich bin einmal bei dem draußen gewesen, mußte dort etwas hinbringen. Mein lieber Freund, der wohnt nicht in einem Haus, der wohnt in einer Riesenvilla."

***

Im Sommer 1949 gab es wieder frisches Gemüse in größeren Mengen. Salat und andere Feldfrüchte, auf die man jahrelang hatte warten müssen. Der seit Anfang 1948 im Zweizonenwirtschaftsamt arbeitende Professor Ludwig Erhard hatte sofort nach der Währungsreform die Zwangswirtschaft aufgehoben. Er vertraute auf die Eigeninitiative der Menschen. Alles ging noch viel schneller, als die günstigsten Prognosen es vorausgesagt hatten.

Die große Hilfe aber war der Marshallplan. General G. Marshall hatte diesen Plan auf die Beine gestellt, weil er in einem Dahinvegetieren der Völker Europas keinen Sinn und Nutzen sah. Seine Worte „Mit armen Leuten kann man keine Geschäfte machen!“ stießen in Amerika und großen Teilen der Welt auf viel Verständnis.

Hilfe wurde auch den Russen angeboten, aber Stalin winkte ab. Er wollte sich nicht von den Amerikanern durchfüttern lassen, und so flossen die Dollarmillionen an den Ostvölkern vorbei und kamen den anderen europäischen Staaten zugute. Ein absolutes Geschenk aber sollte diese Hilfe nicht sein. Sie mußte zurückgezahlt werden, jedoch konnte man sich Zeit damit lassen.

Für die Deutschen war eine Rückzahlungslaufzeit von dreißig Jahren angesetzt worden. Der deutsche Aufschwung, das deutsche Wirtschaftswunder aber lief so gut und schnell an, daß die erste Rückzahlungsrate schon vorzeitig gezahlt werden konnte. Von irgend jemandem wurde der deutsche Aufschwung als Freßwelle, Kleiderwelle und Reisewelle charakterisiert. Die Freßwelle lief 1949 bereits auf vollen Touren, und die Kleiderwelle kam gerade aus den Startlöchern und machte sich bereits um diese Zeit durch eine große Nachfrage nach Tuchen bemerkbar.

In der Fabrik war Feierabend, und die Leute der Tagschicht gingen nach Hause. In der Weberei klapperten noch die Webstühle der Spätschicht.

Will Horsch hatte schon seine Motorradjacke angezogen und machte sich für den Heimweg fertig. „Hans, ich soll dich noch einmal an den Anruf deiner Frau erinnern. Sie wollte heute Abend ein besonderes Essen auf den Tisch bringen und möchte, daß du pünktlich nach Hause kommst, sonst verbrutzelt ihr alles.“

Hans blickte kurz von seiner Arbeit auf. „Ja, Will, alles klar. Ich werde pünktlich sein. Habe nur noch ein Telefonat mit meiner Schwägerin zu führen, dann bin ich fertig.“

Hella Horsch kam ins Büro, um ihren Vater abzuholen, und Hans erkannte sie im ersten Augenblick gar nicht.

„Du warst ja auch schon lange nicht mehr bei uns, Onkel Hans.“ Sie kam und küßte ihn auf die Wange.

Hans und Will hatten oft von ihr gesprochen, und Hans wußte, daß Hella und ihre Ausbildung für Will eine Herzensangelegenheit war, und er war mit Recht stolz, daß Hella auf dem Gymnasium in ihrer Klasse zu den Besten zählte. Hans wußte, daß es so etwas bei Horschs früher nie gegeben hatte. Für sowas war kein Geld da. Wer aus der Schule kam, ging in die Fabrik, weil Geld verdient werden mußte. Aus diesem Grund war eine Lehre reine Zeitverschwendung, wo es doch so gerade zum Essen und für die Kleidung reichte. Will hatte aus seinem Bildungszustand die Erkenntnis gezogen, daß es notwendig war, etwas Vernünftiges zu erlernen. An sich selbst hatte er oft genug gespürt, anderen gegenüber Ausbildungslücken zu haben.

Hans blickte in das hübsche Mädchengesicht, das mit dreizehn Jahren einen erstaunlich reifen Ausdruck zeigte. Dann verabschiedeten sich Will und Hella, und er konnte sehen, wie Hella sich geschickt hinter ihren Vater auf den Motorradsitz schwang. Sie sieht aus wie eine junge Dame, dachte er anerkennend. Die Gesichtsform wie Will, aber Augen und Mund von Mia.

Die zweite Bürokraft ging nun auch hinaus und sagte: „Herr Dehlen, denken Sie bitte daran, Frau Kroll zurückzurufen!"

„Ja, natürlich." Hans suchte den Zettel mit der Telefonnummer und wählte. Helga, die in Köln bei einem größeren Kunden war, hatte angerufen, als er nicht zu erreichen war, und erwartete nun seinen Rückruf.

„Hans, endlich! Ich bin bei Herrn Götze und habe mir hier die Muster einer französischen Kollektion ansehen können. Diese französische Fabrik macht Damenoberbekleidungsstoffe und hat laut meinen Informationen ein Bombengeschäft. Doch dies nicht erst jetzt. Die haben schon vor dem Krieg ein sehr gutes Geschäft auf diesem Sektor gehabt. Zufällig habe ich einige Muster aus deren Kollektion in die Hände gekriegt, und Herr Götze und ich sind davon begeistert. Da stellt sich natürlich für mich sofort die Frage, können wir das auch machen?"

„Also, Helga, an den Mustern sind wir selbstverständlich interessiert und würden sie gerne sehen. Besonders der Dessinateur. Wie du aber weißt, machen wir ausschließlich Herrenoberbekleidung und dazu ein paar leichte Tuche, die sich für Damenkostüme und Kleider eignen. Die Damenoberbekleidung, die du im Auge hast, machen wir nicht. Wir sind darauf einfach nicht eingestellt."

„Ja, aber - aus euren Tuchen kann man doch irgendwie variieren, ohne sich groß in Unkosten zu stürzen, oder?"

„Weißt du, was das heißt, Helga? Das ist ein ganz anderer Sektor der Oberbekleidung. Dazu gehört ein völlig anderer Maschinenpark. Denk nur an die Fantasiegarne und Zwirne, die die machen. Das allein schon ist eine Kunst für sich."

„Da wird es aber höchste Zeit, daß ihr damit anfangt und neben der normalen Kollektion noch eine Damenware auflegt. Braucht ja nicht direkt für große Mengen zu sein. Aber peu à peu anfangen würde ich doch. Hans, denk an die Zeiten, wenn der Markt voll ist, wo jeder Tuchfabrikant froh ist, seine Ware loszuwerden. Frauen kaufen mehr Stoffe als Männer, glaubst du nicht?"

Hans wurde ungeduldig, denn es hatte nicht den Anschein, als ob Helga dieses Gespräch bald beenden würde. Seit sie aus der Fabrik fort war, war sie ein anderer Mensch geworden. Die damalige andauernde Übellaunigkeit war wie fortgeblasen, und sie war stets aufgeräumt und heiter.

„Helga, machen wir es doch so, daß wir uns erst einmal deine Muster ansehen. Du weißt, daß es Vater war, der uns zu der neuen Linie, die wir nun auch verfolgen, geraten hat, und wir beide wissen, daß sein Rat gut war. Ob wir nun auch Damenoberbekleidung machen, wenn auch im kleinen Rahmen, möchte ich gerne mit Vater und Jansen besprechen. Du sollst natürlich bei diesem Gespräch dabei sein, denn ich finde deine Argumente sehr interessant, und die anderen sollten sich das auch anhören. Also, komm mit den Mustern vorbei, und wir reden weiter. Okay? Gut, bis dann."

Zuerst ein wenig verwirrt ob dieses plötzlichen Überfalls von Helga, mußte Hans sich aber eingestehen, daß ihre Idee von der Damenoberbekleidung nicht schlecht war. Doch wahrscheinlich war diese Ware, die Helga so gut gefiel und die in Frankreich von Spezialfabriken hergestellt wurde, nicht von heute auf morgen nachzumachen. Diese Stoffe, die von der Haute Couture verarbeitet wurden, waren wild gemustert und mit Metallfäden durchzogen. Wenn sie sich zu so etwas ähnlichem entschließen würden, wäre niemals die Kollektion so wild und bunt wie bei den Franzosen. Aber wer wußte schon, was morgen gefragt wurde? Wer wußte mit Sicherheit zu sagen, was noch alles Veränderungen erfahren würde? So ein Riesenmarkt, wie der der Textilindustrie insgesamt war, unterlag immer auch einem künstlerischen Einfluß, dessen Formen nie erstarrten.

So, jetzt aber ab wie die Feuerwehr, sonst gab es Ärger mit Lydia. Hans räumte seinen Schreibtisch ein wenig auf und schloß ihn ab. Die beiden Nachtwächter hörte er nebenan in Jansens Büro, und aus dem Radio kamen die ersten Abendnachrichten. Mit einem Ohr hörte er noch von der Absicht der Alliierten, im Westen die Demontagen abzubrechen. Sie hatten vor, hundertsechzig Werke von der Demontageliste zu streichen. Die Nachtwächter erhielten noch ein paar Instruktionen, und dann war er draußen. Wenn er pünktlich zu Hause sein wollte, mußte er schon einen kleinen Galopp einlegen.

Ein kleiner grauer Wagen stand am Bordstein, und Hellmann hielt ihm die Tür auf, als er vorbeigehen wollte.

„Komm, Hans, steig ein, ich fahre dich nach Hause."

„Michael, du kommst ja wie gerufen. Ich bin leider wieder mal spät dran und möchte meine Frau nicht warten lassen."

Sie fuhren los.

Nach dem Essen saßen sie im Wohnzimmer zusammen, und Hans meinte: „Dir scheint es doch in Frankfurt gut zu gehen, Mike, als stolzer Besitzer eines Wagens?"

Hellmann lehnte sich zurück und holte seine Zigaretten hervor. „Der Schein trügt, Hans. So gut, wie es mir ging, geht es mir leider nicht mehr. Ich habe meinen Job in Frankfurt verloren, ich blöder Hund. Habe mich stark gemacht, für alle dort beschäftigen Journalisten etwas zu tun, und bin ganz elend dabei auf die Schnauze gefallen. Die Burschen haben mich im Regen stehen lassen."

Auf die fragenden Blicke von Lydia und Hans erzählte er. „Wir alle, die bei dieser Nachrichtenagentur arbeiteten, waren der Ansicht, daß für diese Arbeit mehr gezahlt werden müsse. Wir hatten abends in Freddys Bar darüber lang und breit palavert, und ich hatte mich schließlich bereit erklärt, den Sprecher für alle zu machen. Also ging ich hin und trug unserem Chef dieses Anliegen vor, und er ließ uns alle in seinem Büro aufmarschieren. Ich war der Flügelmann, und mich fragte er als ersten, ob ich, wenn ich nicht mehr Entgelt bekommen würde, kündigen wollte. - Es war unter uns so abgemacht worden, also sagte ich ja. Dann fragte er die anderen, und alle fielen um. Ich stand allein da mit einem dummen Gesicht. Ich mußte dann meinen Hut nehmen."

Mike schwieg und zog nervös an seiner Zigarette.

„Ich hätte am liebsten jedem meiner Kollegen in die Fresse geschlagen, aber das hätte auch nichts gebracht. Ich war draußen. Bin abgehauen, ohne ein Wort zu sagen."

„Und deine Frau? Was sagt Eva dazu?"

„Eva hat einen Laden und verkauft an die Amis Nippessachen, kleine Porzellanfiguren und anderen Kram. Die Amis zahlen recht gute Preise dafür. Zur Zeit hat sie ein gutes Geschäft. Mit ihr habe ich natürlich auch Krach gekriegt. Habe versucht, mich in dem Laden nützlich zu machen, aber eingesehen, daß das für mich nichts ist. Dann habe ich es mit ein paar Zeitungsartikeln versucht, die ich schließlich für ein Spottgeld abgab, und mußte erfahren, daß man davon auch nicht leben kann. Habe ein paar Wochen herumgehangen und von Evas Geld gelebt. An meinem Roman zu arbeiten, fehlte mir die Lust. Dazu braucht man doch eine gewisse Ruhe und Ausgeglichenheit. Aber das war nicht drin. Eva wurde immer mißmutiger. Für jedes Bier mußte ich mir von ihr Geld erfragen. Mit Deutschstunden für Amerikaner habe ich es dann versucht. Lief auch im Anfang ganz nett. Männer kamen nicht, aber Frauen. Ich hielt den Unterricht in unserer Wohnung ab, was wiederum Evas Mißfallen erregte, die mir vorwarf, ich hätte mit einer Amerikanerin ein Verhältnis. Sie verbot mir, den Unterricht weiter in der Wohnung abzuhalten, weil sie es war, die die Miete bezahlte. Eine Amerikanerin bot sich an, die Sprachstunden in ihrer Wohnung zu gestatten, und als Eva davon Wind kriegte, brach sie einen Streit vom Zaun. Ich ließ es bleiben und versuchte es wieder mit meinem Roman, aber es klappte nicht. Nichts Vernünftiges kam in dieser Situation zustande. Was ich heute schrieb, warf ich am nächsten Tag in den Papierkorb. - Naja, was soll ich euch erzählen? Es gab nun täglich Stunk, und Eva schmiß mich eines Tages raus. Ich habe mich in die Karre gesetzt und bin nach Aachen zurückgekommen."

Hans und Lydia schwiegen. Was sollten sie auch zu dieser Angelegenheit sagen? Hans kannte Mike von der Schule her und wußte, daß der gerne den Mund etwas voll nahm. Er erinnerte sich an Mikes Sturm- und Drangzeit, wo er jeden zweiten Abend mit einer anderen angekommen war. Auch Eva war nicht allzu pingelig, das hatte ihm Mike einmal gesagt. Etwas mehr Solidität hätte beiden nicht geschadet. Trotzdem tat ihm Mike Hellmann leid, der nun bei seinen Eltern herumsaß. Für beide Teile kein befriedigender Zustand.

„Und was nun? Was hast du vor? Bestehen Möglichkeiten, deine Lage zu ändern?“

„Ich denke schon. Ich habe einem früheren Kollegen aus Frankfurt, der jetzt in Bonn arbeitet, geschrieben und hoffe, daß er mir bei der Suche nach einem neuen Job behilflich sein kann. In Bonn ist ja jetzt allerhand los, und es wird immer mehr. Seit sie den Alten zum Bundeskanzler gemacht haben, tut sich dort viel, und die Weltöffentlichkeit interessiert sich dafür. Adenauer hat sich ein Kabinett zusammengestellt und den Erhard als Wirtschaftsminister eingesetzt. Ich habe schon über diesen Erhard schreiben müssen und weiß, was dieser Mann für eine Kanone ist. Alles, was dort geschieht, interessiert, wie die zahlreichen Pressebüros beweisen, die in Bonn eröffnet wurden. Jede namhafte Zeitung hat jetzt dort eine Vertretung. Bei einer von denen hoffe ich unterzukommen.“

„Da werden wir dir feste die Daumen drücken, Mike.“ Hans holte ein paar Flaschen Bier und schenkte die Gläser voll. Mike Hellmann trank in langen Zügen.

„Von Eva hast du nichts gehört in der Zwischenzeit?“ fragte Lydia.

„Nicht einen Ton“, erwiderte Mike und trank sein Glas aus.

***

Inge Dehlen lebte eigentlich ohne nennenswerte Probleme. Sie leitete in der Fabrik die Färberei, und diese Arbeit machte ihr Freude. Immer noch wohnte sie in den beiden Dachkammern bei ihren Eltern, die sie sehr wohnlich eingerichtet hatte. Die kleinen Dachluken waren durch größere Fenster ersetzt worden, und der Raum war nun lichtdurchflutet und sehr gemütlich. Freunde hatte sie nicht. Zu Helga ging sie kaum, denn die hatte selten Zeit für sie.

Lydia besuchte sie selten. Einen Menschen, dem sie vertraute, hatte sie nicht, und glücklich war sie auch nicht. Männer lernte sie hin und wieder kennen, und es war fast etwas wie eine festgeschriebene Regel, daß sie sie nach der ersten Intimität abschob und jeden weiteren Kontakt mit ihnen ablehnte. Es erfüllte sie mit Befriedigung, wenn diese Kavaliere ihr dennoch nachstellten und die Beziehung fortführen wollten, was für sie aber auf gar keinen Fall in Frage kam. Daß ihr Verhalten Männern gegenüber nicht der allgemeinen Norm entsprach, war ihr vage aufgegangen, und sie hatte versucht, diesen Umstand zu analysieren, doch war sie immer an der Beurteilung der eigenen Person gescheitert. Nun versuchte sie es bei ihrer Schwägerin und Schulfreundin Lydia und brachte bei einem ihrer Besuche dort das Gespräch auf die Beziehung zwischen Mann und Frau. Sie wollte Lydias Meinung darüber hören. Sie hatte nach einem Anfang gesucht, aber Lydia kam ihr zuvor, indem sie fragte, ob sie denn keinen Freund habe. Einen Mann, den sie gerne hatte oder vielleicht sogar liebte. Inge dachte an ihre Männerbekanntschaften, von denen Lydia nichts ahnte, und hatte nur mit den Schultern gezuckt.

„Vielleicht bist du dem richtigen Mann noch nicht begegnet?" meinte Lydia, und sie hatte genickt. Dann hatte sie Lydia zugehört, die schwärmerisch von der Liebe zu ihrem Mann sprach, und Inge hatte sie für ein wenig überspannt gehalten. Sie nahm an, Lydias Zuneigung zu ihrem Bruder entspringe einer gewissen Naivität. Doch naiv war Lydia nicht. Sie hatte nicht Inges starken Willen. Sie war ihrem Mann in Liebe ergeben, ein Zustand, den Inge sich nicht vorstellen konnte. Wenigstens bei sich selbst nicht. Einen Mann lieben, immer für ihn da zu sein. Jede Nacht mit ihm zusammen im Bett zu liegen, seine Zärtlichkeiten ertragen müssen? Den Kerl immer um sich zu haben, das war für sie ein Zustand, den sie nicht herbeisehnte. Andere Frauen hatten nichts anderes im Kopf, als diese Zweisamkeit zu erreichen, - sie nicht.

Ist das normal, wie ich lebe? Das hatte sie sich schon eines Tages gefragt. Bin ich normal? Daß es an den Erlebnissen liegen könnte, die sie am Ende des Krieges erlitten hatte, auf diese Idee kam sie nicht. Sie hatte es verdrängt. Mit Dr. Fery, den sie nur noch selten besuchte, hatte sie einmal über die Beziehungen zu Männern gesprochen, als er sie danach fragte. Sie hatte es geleugnet. Mit seinen hellen Augen hatte er sie stumm angeblickt, aber das tat er immer. Doch hatte sie immer den Eindruck, wenn sie ihn traf und sie über alles redeten, nur nicht über sie selbst, daß der Alte viel mehr von ihr erfuhr als ihre Worte allein. Wenn sie mehr über die Beziehungen von Mann und Frau erfahren wollte, dann nur bei Hans und Lydia, und sie legte es eines Tages geschickt darauf an, bei ihnen zu übernachten, als es einmal sehr spät geworden war und Lydia ihr anbot, doch im Wohnzimmer auf der Couch zu schlafen. Der Abend bei den beiden war sehr nett gewesen. Hans hatte ausnahmsweise einmal nicht von der Fabrik geredet, sondern von alltäglichen Dingen. Inge war überrascht gewesen, wie aufmerksam ihr Bruder Lydia gegenüber war und wie gerne sich diese das gefallen ließ. Oft hatte Hans seine Frau geküßt. Einmal in der Küche, als sie das Abendbrot vorbereitete, ein anderes Mal im Vorbeigehen, und sie hatte gefragt, ob sie denn immer so zueinander wären. Ganz erstaunt hatten beide das bejaht und sich im Austausch von Zärtlichkeiten nicht im geringsten stören lassen.

So hatte man zu dritt noch lange zusammengesessen, etwas getrunken und sich unterhalten. Hans hatte begeistert von einem Konzert des Pianisten Edwin Fischer erzählt, der einen Klavierabend in einem neuerbauten Kino gegeben hatte. Sie waren spät zu Bett gegangen, und sie hatte noch Lydias Stimme, die verhalten sprach und kicherte, vernommen.

Das Frühstück am Sonntagmorgen war ebenso nett wie der Abend, und als Inge nach Hause ging, war sie der Meinung, daß die beiden doch glücklich zusammenlebten. Daß sie auch einmal so leben könnte, schien ihr aber unvorstellbar.

Bei den Partys, zu denen man sie einlud, bemerkte sie bei den Paaren, die dort hinkamen, ein ähnliches Verhalten wie bei Hans und Lydia. Viele waren freundlich und zärtlich miteinander. Sie dagegen lehnte Zärtlichkeiten in dieser Form ab. Für sie war Zärtlichkeit ein Mittel zu dem Zweck, den Mann in eine Abhängigkeit zu führen, die sie stets anstrebte, um ihn dann fallenzulassen. Das Gefühl, den Mann bezwungen zu haben, war ihr eine Lust. Inges Methode, einen Mann für ihre Person zu interessieren, war eigentlich immer gleich. Sie näherte sich ihm, blickte ihn verheißungsvoll an, tanzte sehr eng mit ihm, wenn getanzt wurde, oder saß dicht an seiner Seite. Sie legte es auf ein Rendezvous an und traf sich ein bis zweimal mit ihm. Dann ging sie mit ihm ins Bett. Den Laufpaß bekam er sofort danach, und sie ließ ihn mit Wonne abfahren, wenn er sich nachher um so eifriger um sie bemühte und die Liaison fortführen wollte. Je mehr er sich dabei anstrengte, um so tiefere Genugtuung empfand sie. War einer besonders zurückhaltend oder dickfellig, fuhr sie schwereres Geschütz auf und zog sich vor ihm aus. Sie erreichte dann eben auf diese Weise ihr Ziel. Noch nie war sie einem Mann begegnet, der sich anders verhalten hatte, und noch nie hatte sie auch nur einen angetroffen, mit dem sie gerne länger zusammengewesen wäre. Ihr erschien ihr eigenes Verhalten und das der anderen schon sehr gegensätzlich, und sie sinnierte darüber, wie dieser Unterschied zustande kam. Doch waren ihre Schlußfolgerungen aus den Überlegungen nie klar, so sehr sie sich auch anstrengte. Es war wie eine Blockade in ihrem Kopf, und sie nahm sich vor, doch einmal mit Dr. Fery darüber zu reden und ihn zu fragen, warum das so war?

***

Die englischen Offiziere waren aus der Villa ausgezogen, und die belgischen Besatzungseinheiten hatten sich schon lange etabliert und benötigen das Haus nicht. Ein englischer Sergeant, der den Abtransport der Akten beaufsichtigte, hatte ihnen gesagt, daß ihnen ihr Haus wieder zur Verfügung stand.

Man hatte die Schlüssel von dem Sergeant bekommen und einen Rundgang durch das ganze Haus angetreten.

Im ersten Augenblick kamen ihnen die Räume verändert vor, fast fremd, denn die Engländer hatten die Möbel zugunsten eines großen Partyraumes aus dem Wohnzimmer entfernt und auch das Musikzimmer fast leer geräumt. Nur der große Teppich lag in der Mitte des Wohnzimmers, und Stühle und Sessel standen an den Wänden. Annette Dehlens scharfe Augen entdeckten sofort ein paar Flecken auf dem wertvollen Teppich und einige Kratzer auf dem glänzenden Deckel des Flügels. Aber Gustav Dehlen meinte, daß man das in Kauf nehmen müsse.

„Liebe Annette, wir haben noch großes Glück gehabt. Da müßtest du einmal andere Häuser sehen, in denen die Besatzungsoffiziere gewohnt haben. Ich hörte von einem Haus in der Friedrich-Ebert-Allee, wo ein Offizier mit Familie eingewiesen worden war. Der hat sich dort aber nicht gerade wie ein Gentleman aufgeführt. Der hat doch wahrhaftig das Eßzimmer, das ihm nicht gefiel, auf die Terrasse gestellt, wo der Regen es langsam völlig aus dem Leim gehen ließ und es sich in seine einzelnen Bestandteile auflöste. Dagegen waren unsere Engländer noch harmlos. Sei froh, daß sie weg sind und wir wieder in unser Haus einziehen können. Wenn es gründlich saubergemacht und gestrichen worden ist, können wir uns hier wieder wohl fühlen und zu unserer alten Bequemlichkeit zurückkehren. Wir können draußen wieder unseren Spaziergang machen und haben Platz, viel Platz."

„Was meinst du, was die Kinder machen? Ob Hans wieder hierher zieht?"

„Hans? Das nehme ich nicht an. Der hat eine schöne Wohnung in einer ruhigen Gegend, ist schnell in der Fabrik und ebenso schnell in der Stadt. Ich glaube nicht, daß er wieder zu uns kommt. Und wenn, dann nur, um hier Klavier zu spielen. Inge aber, die wird zu uns kommen, denke ich jedenfalls"

Bei genauerem Hinsehen stellte sich dann doch heraus, daß viele der Zimmer renoviert werden mußten. Die Engländer hatten viel geraucht, und die Decken und Wände waren vergilbt. Annette Dehlen inspizierte alles bis ins Detail, und Gustav Dehlen, der mit einem baldigen Einzug in die Villa gerechnet hatte, mußte sich nun noch ein paar Wochen gedulden, ehe es soweit war.

Hans, der jetzt über einen Wagen verfügte, holte seinen Vater zweimal in der Woche ab und nahm ihn mit in die Fabrik, wo der alte Herr den Schreibtisch von Helga benutzte.

„Bin ich froh, Junge, daß du mich abholst und ich dieser Renovierungsorgie entfliehen kann. Mutter fühlt sich anscheinend wohl in diesem Trubel, und sie kommt mir wie ein Kapitän auf der Brücke vor, der seine Befehle nach allen Seiten austeilt. Ich stehe ihr nur im Weg und bin mir in den letzten Tagen recht verloren vorgekommen. Hatte schon vor, im Gärtnerhaus zu bleiben. Dort war alles wohlgeordnet, wenn auch eng. Doch hatte ich mich im Laufe der letzten Jahre daran gewöhnt und fand es sehr gemütlich. Ich wäre schon dort geblieben, wenn man ein neues Bad eingebaut hätte. Mutter hat mich vielleicht angeblitzt, als ich dies einmal äußerte, und meinen angefangenen Satz im Keim erstickt. Sie will in die Villa zurück, selbst wenn es dort lange nicht so gemütlich wie im Gärtnerhaus ist.“

Daß es Hans dort nicht hinzog, verstanden seine Eltern, aber als Inge im Gärtnerhaus bleiben wollte, war ihre Mutter damit nicht einverstanden und hatte sie so lange bearbeitet, bis sie schließlich nachgab. Sie setzte aber durch, daß ihre kleine Wohnung im Gärtnerhaus erhalten blieb und quasi als Gästehaus diente oder sie manchmal darin schlafen konnte, wenn sie spät nach Hause kam und nicht stören wollte. Ihre Mutter hatte dem zugestimmt.

Wenn sein Vater ihm sagte, daß er sich im Gärtnerhaus wohlgefühlt hatte, so bemerkte Hans doch, daß er auflebte. Die altgewohnten Räume, der Park, die große Terrasse, alles weit von der Straße, hatten schon bei ihm ihre Wirkung hinterlassen. Hans bemerkte aber auch, daß sein Vater Anzeichen des Alters zeigte und nicht mehr so flott auf den Beinen war wie früher. Er würde bald siebzig Jahre alt werden. Sein Geist war rege, rege wie eh und je. Oft versetzte die Gründlichkeit seines Vaters, mit der er die Belange der Fabrik durchdachte, Hans in Erstaunen. Wann immer im Management etwas anstand, eine Entscheidung getroffen werden mußte, die manchmal von großer Tragweite war, dann hatte der Senior die Lösung stets parat. Meist war diese Lösung einfach, aber richtig, und Hans konnte sich darauf verlassen, daß sein Vater sie pausenlos in seinem Kopf hatte ablaufen lassen. Dabei war ihm seine langjährige Erfahrung sicherlich von großem Nutzen. So auch jetzt.

Sie fuhren auf die Stadt zu, und sein Vater sagte: „Diese Sache mit Helga, Hans. Dieser Wunsch von ihr und diesem Herrn Götze, denn der steckt todsicher dahinter, Damenoberbekleidung in größerem Stil zu machen und der jeweiligen Mode anzupassen, das machen wir nicht. Helga soll sich das aus dem Kopf schlagen. Bleiben wir ruhig bei unserer Herrenkollektion, dann haben wir Arbeit und Sorgen genug. Es mag sein, daß sie in einem Punkt recht hat, nämlich, daß Frauen mehr zum Anziehen kaufen als Männer, aber sie weiß nicht, was es heißt, eine bunte, modegerechte Damenkollektion auf die Beine zu stellen. Dazu gehört nicht nur die genaue Kenntnis des Metiers und lange Erfahrung, dazu gehört auch noch ein großer Haufen Geld, um all das einzukaufen, was dazu gehört. Aufgrund der Spezialgarne, die den besonderen Effekt ausmachen, und des entsprechenden Resteanfalls ist dafür eine völlig andere Kalkulation vonnöten, die man sich selbst erarbeiten muß. Das aber kostet viel Zeit und Geld. Ganz zu schweigen von dem enormen Arbeitsaufwand und dem Dessinateur, der eine gut einschlagende Kollektion erstellen kann. Also Schwierigkeiten über Schwierigkeiten bei einem Erfolg, der für Anfänger, und wir wären Anfänger, in weiten Fernen liegt. Wenn du Erfolg haben willst, mußt du jede Modenschau besuchen und sehen, was dort ankommt und was nicht. Entweder mußt du selbst dorthin gehen oder einen Gewährsmann haben, der dich über alles genau unterrichtet. In der heutigen Zeit hieße das, du mußt in Paris und Mailand präsent sein. So sieht die Sache aus, wenn man ernsthaft mitmischen und nicht untergehen will."

„Du bist also dagegen, daß wir Damentuche machen?"

„Strikt dagegen, Hans. Ich habe meine Erfahrungen. Allerdings habe ich die zum Glück nicht am eigenen Leibe machen müssen, aber ich habe mit angesehen, wie es andere versuchten und Schiffbruch erlitten. Der eine von denen ging mit viel Geld und Courage an die Arbeit und hat Tag und Nacht geracker t und es doch nicht ganz geschafft. Einer der Faktoren, ich habe es nachher zu analysieren versucht, war in seiner Wertigkeit nicht so eingeordnet worden, wie es hätte sein sollen, und brach ihm das Genick. Bei dem zweiten war es ähnlich. Auch der verkalkulierte sich an einer scheinbar unwichtigen Stelle und, bums, lag er auf dem Bauch. Nun wird man sich fragen, aber es gibt doch welche, die haben aber Erfolg. Ja, Hans, die sind auch in dem Geschäft groß geworden. Die kennen nichts anderes, haben sich im Laufe von vielen Jahren darauf einstellen können und haben zu den Tailleurs gute Kontakte. Was in dieser Branche ankommt, wird in Paris und Mailand bestimmt. In Aachen aber, in dieser alten Tuchstadt, die für gute Herrentuche bekannt ist, da sucht man so etwas nicht. Was hier an Damentuchen gemacht wird, ist bei weitem nicht so modisch orientiert wie das, was Helga vorschwebt. Das, was wir an leichten Tuchen machen, wurde immer auch für Damenkostüme und auch Kleider verwandt, aber die Haute Couture hat nur selten davon Gebrauch gemacht. Laß uns bei unserer Herrenware bleiben, und wenn wir nun einige Nouveautés haben, sind wir schon kühn genug. Ob das aber für die Ewigkeit sein wird, das kann dir niemand sagen. Wer weiß schon, was wir noch alles machen werden? In der jetzigen Zeit aber würde ich die Finger von solchen Experimenten lassen."

Jansen stimmte dem Senior zu, als Hans dessen Meinung über die Damentuchherstellung wiedergab.

„Verlassen Sie sich auf den Weitblick und auf das Gespür Ihres Vaters, Herr Dehlen. Glauben Sie keinen Moment, daß Ihr Vater in seinem Alter Veränderungen feindlich gegenübersteht oder sich stur sagt: Das war immer so, und das bleibt auch so! Ich hatte im Laufe der langen Zusammenarbeit mit ihm immer wieder Gelegenheit zu staunen, mit welcher Weitsicht Ihr Vater handelte. In dieser Beziehung kennt er keinen Verschleiß und denkt pausenlos an die Fabrik. Wir haben viele Gespräche geführt, und ich kann nur sagen, daß so, wie er die Fabrik geleitet hat, es immer gutgegangen ist, für alle. Unsere Kollektion hat immer gestimmt und die Qualität auch. Schauen Sie sich nur einmal unsere Konkurrenz an, und sie werden feststellen, daß es nicht viele sind, die ihre Qualität so hoch halten und ihren guten Namen verteidigen wie wir. Viele versuchen, aus billigerem Rohstoff eine gefällige Ware zu machen. Heute machen die ihr Geschäft, aber morgen."

Jansen kramte auf seinem Schreibtisch herum und hatte plötzlich ein Blatt in der Hand, das er Hans reichte, der gerade in sein Büro hinübergehen wollte.

„Schauen Sie sich das einmal an! Das ist eine Rechnung, die hat unser Textilingenieur gemacht."

„Und was ist das?"

Hans nahm das Blatt.

„Der hat die Wirtschaftlichkeit unserer Dampfmaschine berechnet. Ich finde das sehr interessant. Er hat die Kosten für den Stadtstrom und die Gesamterzeugungskosten des Stromes über die Dampfmaschine einmal gegenübergestellt. Dieser Vergleich ist besonders interessant, wenn man bedenkt, daß demnächst die Leistungsgrenze unserer Dampfmaschine erreicht ist und wir immer Stadtstrom dazu nehmen müssen."

Hans, der sah, daß sein Tagesplan nicht einzuhalten war, weil sein Vater ihn erst nicht losgelassen hatte und nun Jansen ihn festhielt, war ein wenig ungeduldig geworden und fragte leicht gereizt.

„Und was ist das Ende vom Lied?"

„Die Dampfmaschine ist nicht mehr wirtschaftlich."

„Was wäre die Konsequenz?"

Jansen zog die Schultern hoch. „Nach dem, was Bremer errechnet hat, sollte man sie stillsetzen oder abreißen!"

„Die Dampfmaschine abreißen? Wissen Sie, was sie da sehr gelassen aussprechen, Herr Jansen? Sagen Sie das einmal meinem Vater."

„Das werden wir aber bald tun müssen."

***

Lydia hatte das Frühstücksgeschirr abgewaschen und das Bett ausgelegt. Die Fenster standen offen, und draußen im Sonnenschein zwitscherten die Spatzen. Sie kamen jetzt bis auf die Fensterbank und pickten die Brotkrümel fort, die Lydia dort ausgestreut hatte. Außer den Vogelstimmen war nichts zu hören, und in der Wohnung war diese Stille für Lydia erdrückend. Oft trat sie ans Fenster und sah den gefiederten Kerlchen zu, wie sie flink heranflogen, und wenn Lydia sich nicht bewegte, konnte sie sogar deren blanke Augen sehen.

Hans war heute schon früh aufgebrochen, und sie hatte ihn vom Fenster aus abfahren sehen. Schnell verschwand sein Wagen um die Ecke, und sie blieb allein zurück. Das bißchen Hausarbeit, die sie erwartete, war schnell getan, und dann würde sie sich langweilen. Noch immer war sie nicht schwanger und hatte schon fast alle Hoffnung aufgegeben. Der Arzt vertröstete sie stets mit den gleichen Worten, die Zeit des Hungers und der Entbehrungen würden oft eine Schwangerschaft verhindern.

„Sie sind nicht die einzige Frau, die sich mit diesem Problem befassen muß. Es kommen viele Frauen zu mir, und ich muß denen dasselbe sagen wie Ihnen, Ruhe und nochmals Ruhe. Stärken Sie sich zuerst einmal, und dann werden Sie auch den Erfolg sehen."

Sie sei sehr sensibel, hatte er gemeint und ihr von ähnlichen Fällen erzählt. „Bei sensiblen Menschen ist es nun einmal nicht so einfach wie bei anderen Frauen, die eine robustere Kondition haben."

Als ihre Mutter vor zwei Wochen hier gewesen war, hatte diese ihr auch zu einer Stärkung geraten und ihr empfohlen, morgens ein rohes Ei in Rotwein zu schlagen, das sei ein altbewährtes Hausmittel und habe auch ihren Vater vor Jahren nach der schweren Operation gestärkt. Mit jedem Schluck kamen die Lebensgeister, und sie sah ihre Lage schon bedeutend gelassener und war sogar bereit, einen Gang durch die Stadt zu machen, um dabei ihre Einkäufe zu tätigen. Es hatte Wochen gegeben, da war sie nur zu dem Kaufmann um die Ecke gehuscht und hatte dort das Notwendigste eingekauft, nun aber wollte sie einen Spaziergang durch die Stadt machen und im Vorbeigehen das kaufen, was im Haushalt fehlte. Vor ein paar Tagen hatte sie das auch gemacht und war müde vom vielen Laufen nach Hause gekommen. Sie hatte nachts sehr gut geschlafen, was leider nicht immer der Fall war, besonders in der letzten Zeit. Während Hans neben ihr schlief und nicht durch Kanonenschüsse aufzuwecken war, hatte sie stundenlang wach gelegen.

Nun war das Glas leer. Sie hatte rosige Wangen bekommen, zog sich zum Ausgehen an und verließ das Haus. Es war schön. Der Herbst malte alles bunt, und die Trümmergrundstücke waren dschungelähnlich bewachsen. An allen Ecken wurde aufgebaut, und auf den Straßen herrschte reger Verkehr. Immer mehr Automobile fuhren, und die Zahl der Pferdefuhrwerke hatte merklich abgenommen. Die Kleidung der Leute war besser geworden. Nur wenige trugen noch die handgewebten Mäntel und Jacketts. In den Hauptgeschäftsstraßen wuchsen die Läden wie Pilze aus dem Boden. Viele Trümmer verschwanden, und viele Lücken in den Straßenzeilen wurden geschlossen. Das Behelfsmäßige trat immer mehr in den Hintergrund, und solide Bauten entstanden. Zwar nicht immer gleich ein Haus mit mehreren Etagen, sondern man begann mit dem Verkaufsraum und einigen dahinter liegenden Zimmern. Das Dach wurde so konstruiert, daß man das Material beim Weiterbau wieder verwenden konnte.

Dieses brodelnde Leben, dieser Schwung zum Wiederaufbau und der Unternehmungsgeist der Menschen blieb nicht ohne Wirkung auf Lydia. Wenn sie in der Stadt eine Bekannte traf, blieb sie manchmal lange bei ihr stehen und unterhielt sich mit ihr. Mit einer Schulfreundin, die sie traf, hatte sie über eine Stunde lang über alles geredet, was sie bewegte. Auch die Schulfreundin war seit einigen Monaten verheiratet und bekam ein Kind. Sie freute sich sehr darauf, und es versetzte Lydia einen Stich, als sie auf die Frage der Freundin sagen mußte, daß sie noch keines erwartete.

Nun trat sie den Heimweg an. Sie war fast drei Stunden unterwegs gewesen. Ihre Einkaufstasche war schwer, und sie ging langsam und wechselte die Tasche von einer Hand in die andere. Ihre Gedanken kreisten um das zentrale Problem.

In der letzten Woche hatte es eine Zusammenkunft der ganzen Familie gegeben. Der Wiedereinzug in die Villa sollte gefeiert werden. Sie war froh, wieder einmal mit vielen Menschen zusammen zu sein und hatte sich sehr auf diesen Abend gefreut. Doch bald hatte sie die forschenden Blicke ihrer Schwiegermutter bemerkt, und eine Bemerkung von Helga hatte sie zusammenzucken lassen, als diese sich laut und ungeniert erkundigte, wann denn das erste Kind zu erwarten sei.

Ihre gute Laune war wie weggeblasen. Sie war sich ganz verloren vorgekommen und hätte am liebsten geheult. Hans schien nichts zu bemerken. Sie hörte ihn lachen, als er mit seinem Vater und Kroll zusammenstand und sich anscheinend blendend unterhielt.

Auf dem Nachhauseweg hatte sie ihm von Helgas Unverschämtheit erzählt, doch er war anderer Meinung.

„Du bist zu empfindlich, Schatz. Wenn Helga dich danach fragt, dann ist so etwas doch unter Frauen die natürlichste Sache der Welt. Als sie damals meinen Bruder heiratete, habe ich kurz nach ihrer Hochzeit dieselbe Frage an sie gerichtet. Wenn es nun bei uns nicht so schnell geht wie bei den andern, dann müssen wir uns eben gedulden.“ Er sah sie an und drückte sie an sich. „Mach dir keine Sorgen, das wird schon werden und bei unseren eifrigen Bemühungen erst recht. Wir sind jung, beide gesund, warum also soll das nicht klappen?“

Sie stieg die Treppe zu ihrer Wohnung hinauf und stellte die schwere Tasche auf den Küchentisch. Männer hatten ihre Arbeit, die sie ausfüllte, aber junge Frauen wollten nun einmal ein Kind, und wie sehr sie sich danach sehnte, konnte ein Mann nicht verstehen.

***

Trotz der zugezogenen Vorhänge wachte Helga Kroll schon früh auf. Es war kurz vor sieben, und sie hätte heute am Sonntag eigentlich noch länger schlafen können, aber das, was sie bewegte, ihre Ideen hatten sich zu einer festen Absicht verdichtet und sie nicht länger schlafen lassen. Leise erhob sie sich und schlich ins Bad hinüber. Ihr Mann lag noch schlafend im Bett, aber wie sie ihn kannte, würde er jetzt aufwachen, seinen Luchsohren entging nicht das leiseste Geräusch. „Bist du aus dem Bett gefallen?" fragte er auch schon von der Tür her, als sie unter die Dusche ging. „Oder hast du ein Problem, das dich nicht weiterschlafen läßt?"

Sie streckte den Kopf durch den Duschvorhang und grinste ihn an. „Wie gut du mich kennst, mein Göttergatte." Dann drehte sie die Dusche auf und sah noch, daß ihr Mann sich reckend und gähnend nach seinem Rasierapparat griff. Sie beeilte sich, denn das Frühstück zusammen mit ihrem Mann ohne die beiden Kinder war ein Genuß, und sie konnte ungestört mit Josef über Sachen reden, die seinen Rat benötigten. Die Kinder, zappelig wie nun einmal Kinder sind, würden die Intimität ihres Gesprächs stören. Schnell zog sie sich an und eilte in die Küche, setzte Kaffeewasser auf und deckte den Tisch. Ich bin glücklich in meiner Ehe, sagte sie sich. Damals, als sie gerade aus der Evakuierung zurückgekommen war, hätte sie sich das, was heute war, nicht einmal im Traum vorstellen können. Für sie war das Leben ohne Gerd leer gewesen. Wie es weitergehen sollte, hatte sie nicht gewußt. Nur an die Kinder und an deren Zukunft hatte sie gedacht, und sie war besessen von dem Gedanken, ihre Kinder unbeschadet durchs Leben zu bringen, ihr Eigentum zu erhalten und ihnen eine gute Ausbildung zu ermöglichen. Ohne Ehemann sicherlich sehr schwierig. Dann war Josef auf dem Plan erschienen, ein gut aussehender Mann. Er hatte sie beeindruckt mit seiner Beständigkeit, seiner Bildung und seiner netten Art, mit ihr und auch mit den Kindern umzugehen. Josef war auf eine andere Art intelligent als Gerd es gewesen war. Er nahm die Arbeit sehr ernst und hatte Erfolg. Doch in der Freizeit war er ein charmanter Kavalier und den Kindern ein angenehmer Vaterersatz, der sie nicht einengte, sondern ihnen viel Freiheit ließ. An einigen Grundsätzen ließ er jedoch nicht rütteln, und das war gut so.

Nun kam er in die Küche, nach Rasierwasser duftend, und küßte sie. „Bei dem Kaffeeduft muß man ja aufstehen", meinte er lachend und setzte sich an den Tisch. „So, Helga, nun sag mir, was dich so früh aus dem Bett geholt hat." Er biß in den Toast und trank einen Schluck Kaffee.

„Ach, das sind verschiedene Dinge, die mir dauernd im Kopf herumgehen und mich sehr beschäftigen. Aber heute Nacht habe ich einen Entschluß gefaßt, und dazu hätte ich gerne einmal deine Meinung gehört."

„Also, schieß los, ich warte."

Sie suchte ein paar Sekunden nach dem richtigen Anfang und sagte schließlich: „Ich möchte einen Tuchgroßhandel eröffnen!"

„Und was bewegt dich dazu? Was versprichst du dir davon?"

„Was ich mir davon verspreche? - Jetzt bin ich Vertreterin der Fabrik und muß die Ware verkaufen, die in der Fabrik hergestellt wird. Für mich, die ich von jedem Verkauf meine Provision bekomme, hängt alles von den Dessins ab, die die Fabrik macht. Gefallen sie der Kundschaft gut, dann verkaufe ich viel und verdiene gut. Gefallen sie aber nicht, was ja eines Tages einmal der Fall sein könnte, dann sitze ich da und bin froh, wenn ich ein paar Kröten verdiene. Ich weiß, daß dies im Augenblick nicht so ist und bei der enormen Nachfrage auch in Kürze nicht der Fall sein wird. Aber wie sieht es aus, wenn wir ein paar Jahre weiter sind und die Kundschaft wählerischer geworden ist, der Markt viel mehr bietet als heute und es immer schwieriger wird, etwas zu verkaufen, weil die Konkurrenz auch nicht geschlafen hat? Es ist mir ein unangenehmes Gefühl, zu wissen, daß ich darauf keinerlei Einfluß habe und dem Lauf der Dinge ausgeliefert bin. Aber, und das ist der Hauptgrund, warum ich diese Überlegungen angestellt habe, wenn ich den Tuchhandel aufziehe und bei jedem Fabrikanten kaufen kann, dann bin ich persönlich in der Lage, mir das an Dessins und Musterungen auszusuchen, was mir gefällt und bin nicht auf einen Hersteller allein angewiesen. Ich kann Damenoberbekleidungsware hinzunehmen, etwas, was die Fabrik nicht macht und auch in Zukunft nicht machen will. Ich kann ausländische Stoffe kaufen und unterliege in der Gestaltung meiner Verkaufskollektion keinerlei Zwang. Natürlich muß ich den richtigen Geschmack beweisen, und das hoffe ich zu können. Ich möchte, daß es bei mir alles zu kaufen gibt, was modern ist, ohne auf die Standards zu verzichten, die sehr gut sind. Aber die Kollektion der Fabrik ist mir ein wenig zu konservativ. Selbst deren Nouveautés sind sehr vorsichtig und eher streng gemustert. Ich weiß nicht, wie ich dir das erklären soll. Na ja, wie dem auch sei, du weißt jetzt, was ich meine. Was sagst du dazu?"

Kroll lehnte sich zurück und blickte seine Frau aufmerksam an.

Dann sagte er: „Die Idee ist nicht schlecht, und deine Argumente sind nicht von der Hand zu weisen. Was du sagtst, hört sich gut an, und es leuchtet ein, daß du mehr Einfluß auf dein Geschäft nehmen willst. Aber ist dir klar, wieviel Kapital du dann benötigst? Beim Provisionsgeschäft braucht man kein Kapital. Du verkaufst nach Muster, und wenn geliefert wird, geht dein Anteil an dich. Ein finanzieller Einsatz deinerseits beschränkt sich auf Auto- und Benzinkosten und ein paar andere Kleinigkeiten. Beim Tuchhandel hingegen, liebe Helga, da mußt du ein Büro und ein Lager haben, und dieses Lager muß anständig bestückt sein. Mit ein paar Metern Tuch ist kein Großhandel aufzuziehen, da muß mehr her, und das kostet Geld."

„Habe ich auch schon überlegt, Josef. Ich habe vor, eventuell mein Haus zu verkaufen."

Kroll nickte. „Das wäre ein Anfang. Der Verkauf des Hauses brächte etwas. Ich fürchte nur, daß das nicht ganz reicht. Du brauchst mehr."

„Ich denke doch, daß man in der Fabrik Entgegenkommen zeigen wird und mir mit der Bezahlung Zeit läßt für das, was ich dort einkaufe. Mir so eine Art Kredit einräumt. Außerdem könnte ich bei der Bank einen Kredit bekommen."

„Denen mußt du Sicherheiten bieten. Für schöne blaue Augen geben die dir nichts."

Sie zögerte ein paar Sekunden.

„Der Bank könnte ich meinen Fabrikanteil als Sicherheit geben. Das werden die doch akzeptieren?"

Kroll blickte erstaunt.

„Du gehst aber ran, Helga. Willst du dir nicht den Fabrikanteil als eiserne Reserve behalten? Also, dann lieber etwas kleiner beginnen und sich nicht aller Werte entblößen."

Sie blickte ihren Mann an. Alles, was er tat, war stets sehr gut durchdacht. Was sie vorhatte, war natürlich mit einem Risiko verbunden, aber was war im Geschäftsleben schon ohne Risiko? Wenn man sich zu etwas entschlossen hatte, dann sollte man auch mit voller Kraft daran gehen und sich nicht beirren lassen. Halbheiten waren hier nicht angezeigt. Und der Tuchgroßhandel war ein gutes Geschäft. Sie kannte es von ihrer Verkaufstätigkeit in der Fabrik nur zu gut und wußte, was da verdient wurde. Wenn sie einmal im Geschäft war, dann lief es auch, davon war sie überzeugt. Trotzdem wartete sie auf die Zustimmung ihres Mannes.

Josef Kroll rührte in seinem Kaffee, und sie wartete. Dann hob er sein Gesicht. Sein Ausdruck war ernst und konzentriert. „Wir werden noch einmal alles genau überlegen, Helga. Das eine und das andere, und wenn du dann noch fest entschlossen bist, den Tuchgroßhandel aufzuziehen, dann tu es, aber dann mit ganzem Herzen. Wir werden zusammen alles durchrechnen, werden den Hausverkauf und den Bankkredit vorsichtig miteinkalkulieren und dann sehen, was dabei herauskommt. Dem Hausverkauf oder einer Hypothekaufnahme würde ich sofort zustimmen, den Fabrikanteil aber erst nach sehr reiflicher Überlegung überschreiben und als Sicherheit anbieten. Um hier Klarheit zu erlangen, müßten wir mit der Bank reden, um zu erfahren, wie sie diesen Anteil bewerten."

„Aber, Josef, eine Fabrik wie unsere, das ist doch ein aufstrebendes Unternehmen. Da wird die Bank doch nicht zögern. Oder?"

„Nein, sicherlich nicht. Ich überlege gerade, ob es wirklich notwendig ist, daß du überhaupt den Fabrikanteil verpfändest. Sich ganz verausgaben widerstrebt mir. Vielleicht kommen wir auch hin, wenn du nur einen gewissen Prozentsatz davon als Sicherheit gibst. Dann wäre noch zu klären, wie sich dein Schwiegervater und Hans dazu stellen. Verbieten können sie es dir nicht, aber erfreut werden sie auf gar keinen Fall darüber sein."

„Mit Vater kann man reden, das glaube ich schon. Wenn jemand querschießt, dann Hans. Der wird nicht gerne sehen, wenn plötzlich die Bank an der Fabrik beteiligt wäre."

„Hans ist damit nicht einverstanden. Der wird sich sofort fragen, was passiert, wenn eines Tages dein Handel nicht gut geht und die Bank in der Fabrik mitbestimmen könnte."

„Aber das ist doch Unsinn, Josef. Hans weiß genau, daß ich der Bank das Geld zurückzahle."

„Helga, für Hans gibt es in diesem Fall zwei Möglichkeiten. Die erste wäre, er ist damit einverstanden, und die Bank bekommt deinen Anteil als Sicherheit. Die zweite ist: Hans will die Bank nicht mit einem Fuß in der Fabrik haben und wird dir einen Kredit geben oder dich auszahlen, indem er seinerseits einen Kredit aufnimmt. Dann aber, Helga, bist du raus aus der Fabrik!"

Sie blickten sich eine Weile stumm an, und Kroll sah, daß seine Frau nun von Zweifeln hin und hergerissen wurde. Er legte seine Hand auf ihre zusammengeschlungenen Hände: „Helga, wir überlegen alles gründlich und machen dann unsere Vorschläge. Zuerst in der Fabrik deinem Schwiegervater und Hans und dann der Bank. Mache dir jetzt keine Gedanken mehr. Irgendwie kriegen wir das hin."

Helgas Gesicht entspannte sich, und sie meinte: „Eigentlich habe ich diesen Ehrgeiz nur der Kinder wegen entwickelt. Wenn alles eines Tages so läuft, wie ich es mir vorstelle, dann ist einer der beiden in der Fabrik und der andere hat den Tuchgroßhandel."

„Man kann aber auch eine Tuchfabrik oder einen Tuchgroßhandel leiten, wenn man vorher ein Jurastudium absolviert hat."

Sie blickte überrascht auf.

„Daran habe ich noch nicht gedacht."

„Aber es ist doch naheliegend?"

„Natürlich ist es das, Josef."

„Oder man könnte eventuell beiden die Möglichkeit geben, Jura zu studieren?"

„Du meinst, daß beide Jungs vorher Jura studieren?"

„Gerd ja, der scheint seiner Veranlagung nach dazu geeignet zu sein. Peter ist ein kleiner Träumer, der oft in einer anderen Welt weit über den Wolken schwebt. Nein, ich denke, es könnte sich vielleicht eines Tages ein Kind anmelden, dann könnte man ..."

„Josef, du willst noch ein Kind?" Helga hatte sich erhoben und setzte sich neben ihren Mann. Sie nahm seinen Kopf in beide Hände und zwang ihn, sie anzusehen.

Langsam hob er die Augen und lächelte sie an. „Warum eigentlich nicht. Wir sind beide jung und könnten noch ein Kind verkraften." Er grinste.

„Mir paßt es im Augenblick nicht so recht, aber man kann ja mal darüber nachdenken. Abwegig finde ich diesen Gedanken jedenfalls nicht."

„Braucht ja nicht jetzt zu sein. Aber wir sollten uns einmal mit dieser Möglichkeit vertraut machen, und wenn es dann soweit wäre, ging einer in die Fabrik, einer machte den Tuchhandel und der dritte oder die dritte würde Jurist. Ich denke, das wäre ein gelungenes Dreigestirn!"

***

Der Anfang der fünfziger Jahre ließ das Wirtschaftswunder in Westdeutschland greifbar werden. Wenn die Werke auch noch nicht aufgebaut worden waren, so hatte sich doch der Marshall-Plan in ganz Europa schon sehr positiv bemerkbar gemacht. Die denkwürdige Rede, die General George Marshall 1947 in der Harvard Universität hielt, war in die Tat umgesetzt worden. Den Morgenthauplan hatte man fallengelassen. Nur von wenigen unterstützt, war er doch eine Zeitlang Bestandteil der alliierten Politik gewesen. Marshall aber hatte in seiner Rede den neuen Weg gezeigt, und der amerikanische Präsident Harry S. Truman brachte die Amerikaner zur Einsicht, indem er ihnen vorhielt, daß sich die Marktchancen der Amerikaner mit einem verarmten Europa stark vermindern würden. Die größte Unterstützung aber erhielt der Marshall-Plan durch das Auseinanderdriften der beiden Großmächte, die einst Kriegskameraden waren und sich nun unverhohlen feindlich verhielten.

Konrad Adenauer, seit dem 15. September 1949 Bundeskanzler, und sein Wirtschaftsminister Erhard nutzten diese einmalige Chance, und das geschlagene Deutschland entwickelte sich zu dem Staat, der den Wiederaufbau des Landes und der Wirtschaft am schnellsten vorantrieb. In Deutschland wurde gearbeitet wie nie zuvor. Neubauten von Schulen und Brücken wurden beschleunigt, Bahnhöfe instandgesetzt, große Industriewerke wiederhergestellt und Verkehrswege erneuert. Das Land blühte auf. Der Hunger war besiegt, das Leben wieder lebenswert geworden. Der Aufbau der Häuser, Geschäfte und Betriebe lief wie eine Kettenreaktion, die nicht gestoppt werden konnte.

In der Stadt fanden immer öfter Konzerte statt. Herbert von Karajan dirigierte am 25. Januar 1950 ein Konzert in einem Kinosaal, und im bekannten Suermondt-Museum fand im Februar des gleichen Jahres eine Arthur-Kampf-Ausstellung statt, bei der der Künstler selbst zugegen war.

Das Gesamtstadtbild wurde freundlicher, und die Kriegsschäden verschwanden immer mehr. Jeder hatte Arbeit, und jeder half mit, den Staat und sein eigenes Leben zu gestalten.

Die Fabrik lief auf Hochtouren, einige Abteilungen sogar im Mehrschichtbetrieb. Nach den Plänen, die den modernen Erfordernissen Rechnung tragen sollten, waren Um- und Neubauten entstanden. Die Bürobaracke war abgerissen worden, und das neue Verwaltungsgebäude stand kurz vor dem Abschluß. Dann wurden die einzelnen Büros eingerichtet. Das Terrain der Fabrik war bis auf den letzten Quadratmeter verplant. Es gab wieder ein Chefbüro. Auf der gleichen Etage waren der Einkauf und die Betriebsleitung mit zwei Büros, eines für Jansen und Ortmanns, ein anderes für den Dessinateur. Den Rest teilten sich Buchhaltung, Rechnungsabteilung und das Schreibzimmer. Inge Dehlens Büro war innerhalb der Färberei gelegen, und die Betriebsbüros, wie das der Schlosserei, des Garnlagers und der Weberei lagen in den Hallen dieser Abteilungen. Die mechanischen Werkstätten waren vergrößert worden. Auch die Schreinerei war gewachsen, und ein Anstreicher war eingestellt worden.

In diesen Jahren gab es in der Aachener Textilindustrie einen ungeahnten Aufschwung, denn der Hunger war nicht mehr das Thema Nummer eins. Nun war die Kleidung gefragt. Die in Aachen hergestellten Tuche gingen in alle Welt, und die Tuchhändler standen Schlange. Doch sollte dieser Zustand nicht sehr lange anhalten. Am Horizont zeigten schon ein paar dunkle Wolken das Unheil, welches sich mit großer Macht auf die Textilindustrie auswirken sollte. Es würde mit aller Gewalt über alle, die Tuche herstellten oder verkauften, hereinbrechen und viele von ihnen vernichten.

Der Grund für dieses Desaster war ein Krieg, der sich fernab im Osten abspielte, in dessen Verlauf die beiden Großmächte versuchten, sich gegenseitig Schaden zuzufügen und dadurch unter anderem diese Krise in der wollverarbeitenden Industrie hervorriefen.

Die fernöstliche Halbinsel Korea war schon seit Jahrhunderten ein Zankapfel gewesen. Fast alle in der Nähe liegenden Staaten hatten versucht, Korea zu besetzen oder zu annektieren. Einmal waren es die Japaner, ein anderes Mal die Chinesen. Ruhe über längere Zeit gab es dort nie, und die Alliierten hatten in einer Konferenz in Kairo während des Zweiten Weltkrieges im Verband mit China beschlossen, Korea zu seiner Selbsständigkeit zu verhelfen. Damals waren sich die beiden Mächte USA und UdSSR noch freundlich gesonnen und kamen überein, Korea zu verwalten, bis sich dort eine ordentliche Regierung gebildet haben würde. Die Russen und die Amerikaner schickten ihre Truppen in dieses Land, damit der politische Prozeß in Ruhe und Frieden ablaufen konnte.

Man teilte das Land in zwei Zonen auf, von der die eine unter amerikanischer, die andere unter russischer Kontrolle liegen würde. Als Grenze zwischen den beiden Zonen wählte man den 38. Breitengrad. Diese Besetzung Koreas fand nach 1945 statt. Leider jedoch verlief nichts so friedlich, wie man sich das vorher gedacht hatte, denn beide Großmächte versuchten der Zone ihren Stempel aufzudrücken, und als schließlich im Süden eine Regierung aufgestellt wurde, die das ganze Land beherrschen sollte, waren die Russen damit nicht einverstanden und stellten im Norden eine Gegenregierung auf. Als 1949 die Russen aus dem Norden abzogen und 1950 die Amerikaner aus dem Süden, ging das Gerangel um die alleinige Macht im Staat richtig los. Eine Einigung wurde trotz zahlloser Verhandlungen nie erzielt, und als sich dieser Zustand hinzog, marschierten gegen Ende 1950 die Nordkoreaner über die Grenze und griffen den Süden an.

Unter dem Schutz der Amerikaner griffen die Truppen der Vereinten Nationen ein, und der Krieg war perfekt. Da eine Ausweitung dieses Krieges stets befürchtet wurde, waren die Vereinten Nationen, als alle diplomatischen Bemühungen im Sande verliefen, an einem toten Punkt angelangt. Schließlich, nach verlustreichen Kämpfen und einer Unzahl von Waffenstillstandsverhandlungen, kam dieser Krieg im Mai 1952 zu einem Ende. Im Umfeld dieses Krieges aber versuchten die Russen, den Amerikanern zu schaden, und die Amerikaner drehten den Spieß um, weil sie den Russen eins auswischen wollten. Zu einer dieser Maßnahmen, so behaupteten Leute, die es wissen konnten, gehörten große Wolleinkäufe in den Erzeugerländern, vor allem in Australien. Die beiden Großmächte erschienen dort und kauften die Wolle ganzer Landstriche auf. Diese enorme Nachfrage nach Wolle trieb die Preise in unendliche Höhen und ließ sie, nach Beendigung des Koreakrieges, wieder in die Tiefe sacken. Wer diesen Zeitpunkt des plötzlichen Preissturzes von heute auf morgen nicht erahnt oder sich nicht darauf vorbereitet hatte, wer also diesem Umstand keinerlei Rechnung getragen hatte, mußte schwere Verluste hinnehmen. Viele Tuchfabriken in Aachen und in der wollverarbeitenden Textilindustrie andererorts sowie viele Tuchhändler konnten diesen plötzlichen Preisverfall nicht verkraften und mußten ihr Geschäft schließen.

❁❁❁

Das Haus lag nördlich der Stadt, einige Kilometer außerhalb. Ursprünglich ein Bauernhof, war es von hohem Gebüsch und vielen Bäumen umgeben, und der Besitzer, ein Hans Dampf in allen Gassen, hatte es nach dem Krieg erworben und vollkommen neu gestaltet, jedoch den ländlichen Charakter des großen Hauses bewahrt. Ein riesiges Wohnzimmer, dessen Türen, die zur Terrasse, zum Garten und zum Swimmingpool führten, weit offen standen. Eine buntgewürfelte Gesellschaft hatte sich sowohl innen als auch draußen verteilt.

Heute waren viele Leute eingeladen worden. Der Hausherr war sehr großzügig, denn jeder, der jemanden mitbringen wollte, konnte dies tun. Aus der einstigen Stammclique von vier Männern und ihren Frauen war im Laufe der Zeit ein großes, vergnügungshungriges Rudel geworden, das sich regelmäßig hier bei Thomas traf und amüsierte.

Thomas machte Geschäfte aller Art. Bei ihm konnte man alles kaufen, und was im Augenblick nicht vorrätig war, wurde von Thomas in kürzester Zeit besorgt. Hier sollten auch geheimnisvolle Geschäfte abgewickelt werden, aber Genaueres war nicht bekannt. Die Eingeweihten schwiegen sich aus. Zum Essen und Trinken war genug vorhanden und der Nachschub kein Problem. Geld spielte keine Rolle.

Inge Dehlen gehörte seit einigen Monaten zu denen, die immer eingeladen wurden, und sie genoß die Abende und Nächte in diesem Hause. Das ganze Treiben hier kam ihren Wünschen sehr entgegen. Hier konnte sie tun, was sie wollte, und sie hatte sich schon einen gewissen Namen gemacht. Ungeniert flirtete sie, und gelegentlich verdrückte sie sich mit einem der Herren in eines der zahlreichen Zimmer, und da sie auch den Partner wechselte, war es an jedem Abend, den sie hier war, ein wildes Spiel, wer mit wem. Von den ledigen Männern war sie umschwärmt und es fehlte ihr nicht an Verehrern. Man tuschelte schon nicht mehr über sie, sondern sprach offen aus, was man über sie dachte, wobei es zu den unterschiedlichsten Bewertungen kam. Während die Ehefrauen sie als Nutte oder Hure bezeichneten, waren die Herren nicht so hart in ihrem Urteil über sie. Diejenigen, die schon mit ihr geschlafen hatten, schwärmten von ihr und versuchten sie noch einmal für sich zu haben, und die anderen machten die tollsten Anstrengungen, mit ihr einmal verschwinden zu können. Daß Inge Dehlen zu vorgerückter Stunde einen Strip machte, war zur Regel geworden.

Heute war der Geburtstag des Hausherrn und die Schar der Gäste besonders groß. Inge hatte schon bei ihrer Ankunft, sie wurde stets mit viel Beifall begrüßt, einige neue Gesichter gesehen, und die ungewohnt vielköpfige Runde animierte sie bald dazu, ihre Show abzuziehen.

Die Terrasse, von vielen Lampions erhellt, war die Tanzfläche, denn innen war es zu warm zum Tanzen. Es war eine herrliche Mainacht.

Nun war es schon nach Mitternacht, und einige der Gäste suchten immer noch das riesige Buffet auf. Der Großteil aber umlagerte den Swimmingpool. Die Musik dröhnte pausenlos, und die vielen Stimmen schwirrten durcheinander. Es war ein lustiger Haufen, es wurde viel gelacht, und ein paar Spaßvögel sorgten für Unterhaltung. Angetrunken gingen sie auf unsicheren Beinen dicht am Rand des Pools vorbei, und einer stieß den andern ins Wasser. Je wilder die Stimmung hochschwappte, um so mehr freute sich der Gastgeber. Bei ihm konnte jeder machen, was er wollte, und niemand brauchte sich den geringsten Zwang aufzuerlegen.

Inge hatte schon viel getrunken, war aber noch ziemlich sicher auf den Beinen, als sie vom Pool zur Bar hinüberschritt. Sie mußte dabei über einige am Boden Liegende hinwegschreiten und hob geziert ihren Rock hoch. Etwas mehr als unbedingt nötig, so daß jeder ihre schönen Beine sehen konnte. Von irgendwoher schallte plötzlich der Ruf: „Inge, zieh die Klamotten aus!"

Das war für sie das Signal. Sie stieg auf einen Tisch, der bereitwillig geräumt wurde und begann zu den Klängen der Musik und unter wüstem Gejohle und Geklatsche der Umstehenden, ihre Kleider abzulegen. Mittlerweile hatte sie darin Routine erlangt, und ihre verführerische Vorstellung erregte die Gemüter der Herren, die den Tisch umlagerten und ihrer Freude wild und laut Ausdruck verliehen. Nun war auch das letzte Kleidungsstück gefallen, und sie drehte sich schlangengleich langsam um die eigene Achse, wobei sie die Gesichter der Männer scharf beobachtete. Die meisten Männer standen um den Tisch und waren ihr bekannt, aber weiter hinten an einem Pfeiler der Pergola gelehnt stand einer, den sie noch nicht kannte. Der mußte heute zum ersten Mal hier sein. Das Gesicht dieses Mannes aber war im Gegensatz zu den Gesichtern der andern starr wie eine Maske, und nicht der Anflug eines Lächelns deutete an, daß ihm ihre Show gefiel. Das stachelte sie an, noch nicht vom Tisch zu steigen, sondern noch eine Besonderheit zu bieten, die erneut lauten Beifall auslöste. Nun blickte sie wieder zur Pergola hinüber, aber der Mann war verschwunden. Jetzt wollte sie vom Tisch, und als ein paar der Herren sie daran hinderten und eine Zugabe forderten, ging sie in die Knie, hockte wie verknotet in der Mitte des Tisches und weinte.

Einige waren betroffen und machten ihr den Weg frei. Andere aber, stockbetrunken und voller Tatendrang, wollten sie weiter auf dem Tisch sehen, und es entstand ein Gerangel.

Inge war es gelungen, vom Tisch herunter zu kommen. Sie raffte schnell ihre Kleider und Wäschestücke zusammen, wobei sie mitten unter die Rangelnden geriet. Einer faßte an ihre Brust, und sie schlug die Hand weg. Dann fühlte sie sich an einem Arm gepackt, und jemand zog sie aus dem Knäuel heraus, hing ihr eine Strickjacke um und sagte: „Los, kommen Sie!"

Mit einer Hand hielt sie die Strickjacke über ihrer Brust zusammen, in der anderen hatte sie ihre Kleider gefaßt. So stolperte sie neben dem Mann her, durch das Wohnzimmer auf das Bad zu und wollte dort hinein. Einige Gäste verstellten ihr scherzhaft den Weg, doch sie stieß sie beiseite und erreichte das Bad. Sie schloß die Tür hinter sich. Ihr war übel, und sie mußte sich übergeben, nachdem sie ihre Wäsche angezogen hatte. Sie würgte über der Toilettenschüssel, und Tränen liefen ihr über das Gesicht. Ihr Make-up war total verschmiert, und sie kriegte einen Schrecken, als sie sich im Spiegel ansah. In diesem Augenblick öffnete sich die Tür, und einer der Männer, die immer noch vor der Tür standen, kam herein, packte ihren Arm und wollte sie wieder nach draußen ziehen. Inge wehrte sich nach Kräften, konnte aber nichts gegen die Kraft dieses betrunkenen Mannes ausrichten, und es gelang ihm, sie bis zur Tür zu zerren. Vor dieser Tür zustimmendes Gejohle. Ihre Beine wurden schlaff, und der Kerl schleppte sie noch ein Stück weiter. Plötzlich aber wurde der Mann von einem anderen gebremst, und es entstand ein heftiger, kurzer Wortwechsel, den Inge nicht ganz mitkriegte. Der Mann ließ ihren Arm los und legte sich auf die Erde, und die Stimme von vorhin war wieder da und sagte. „Kommen Sie!“ Es gab noch etwas Geschiebe und Gedränge. Jemand lachte, ein anderer schimpfte laut. Dann streifte ihr jemand das Kleid über den Kopf, und ein paar Sekunden später stand sie draußen auf der Straße vor dem Haus.

Sie lehnte sich gegen die Hauswand und atmete ein paarmal tief durch. Sie überlegte, wie sie nach Hause kommen könnte, da sah sie den Mann vor sich stehen, und sie erkannte seine Stimme wieder. Das war der, der sie hier herausgeholt hatte.

„Gehen wir“, sagte er kurz, und sie fühlte seine Hand auf ihrem Arm. Sie ging ohne Widerspruch mit ihm die dunkle Straße hinunter. Das Licht war spärlich, der Mond nur eine schmale Sichel. Sie fror, und er hing ihr wieder diese Strickjacke um die Schultern, wobei er kein Wort redete, und als sie stolperte, faßte er ihren Arm fester.

Bis zur Stadt waren es noch einige Kilometer, und sie blieb stehen.

„Ich möchte ein Taxi haben!“

„Hier und jetzt? Schlagen Sie sich das aus dem Kopf. Hier ist weit und breit kein Haus und kein Telefon. Sie müssen schon bis zur Stadt laufen.“

Sie gingen weiter und erreichten nach einer Stunde den Stadtrand.

„Wo wohnen Sie?“ fragte er und blieb stehen.

„Am anderen Ende der Stadt. Ich kann aber nicht mehr gehen. Meine Schuhe, die Absätze, darauf kann man doch ...“ Sie stockte und schwieg. Sie schaute ihren Begleiter an. Das war doch das Gesicht von der Pergola, als sie auf dem Tisch gestrippt hatte. Dieser große, dunkle Schnurrbart war ihr sofort aufgefallen.

„Ich kann nicht mehr“, sagte sie kläglich und machte Anstalten, sich auf den Bürgersteig zu setzen. Doch er zog sie hoch. Sein Arm schob sich unter ihren, und er ging mit ihr wieder los.

„Wir werden langsam gehen, dann schaffen auch Sie es, das werden Sie sehen. Sie müssen sich natürlich ein bißchen zusammenreißen."

Zusammenreißen, zusammenreißen. Der hatte gut reden. Der fühlte nicht, wie schlapp sie war. Außerdem war ihr immer noch zum Heulen zumute, und sie mußte sich wirklich zusammennehmen, um nicht loszuweinen. In einem solchen Zustand hatte sie sich noch nie befunden, und sie bekam Angst. Diese Angst war neu, und sie sah sich ihr fassungslos ausgeliefert. Wie oft war sie schon bei Thomas gewesen und hatte ihre Show abgezogen und sich nachher blendend gefühlt, aber heute - , heute hatte es nicht so geklappt. Es war völlig anders gewesen. Sie, die sich immer stark gefühlt hatte, die sich an den geilen Blicken der Kerle weidete und sie abblitzen ließ, wenn sie nicht ihr Interesse weckten, war nun schlapp wie ein nasser Lappen. Die frische Luft und der Marsch durch die Nacht hatten ihr gut getan, wenn sie auch müde war, aber diese unerklärliche Angst saß ihr im Nacken und trieb ihr Tränen in die Augen. Sie wischte sie mit einer Hand fort und sah ihren Begleiter von der Seite an.

Der schaute geradeaus und schritt unerbittlich weiter. Auf ihre Müdigkeit und die schmerzenden Füße nahm er nicht die geringste Rücksicht. Sie hatten jetzt die Stadtmitte erreicht, und ihr Begleiter sagte, daß er hier in der Nähe wohne und wie weit es noch bis zu ihrem Haus sei.

In Inge regte sich ein gewisser Trotz gegen diesen Mann, der sie bisher nur herumkommandiert hatte, dessen Namen sie nicht einmal kannte, und der so tat, als sei sie so etwas wie sein Eigentum. - Ja, natürlich hatte er sie aus den Händen dieser betrunkenen Kerle befreit und sie aus dem Haus gebracht, aber darauf brauchte er sich nun wahrhaftig nichts einzubilden. Vielleicht ist das seine Masche, dachte sie.

„Bis nach Hause schaffe ich es nicht mehr." Ihre Stimme klang kläglich, und sie blieb wieder stehen. „Meine Füße schmerzen und ich ..."

„Und was wollen Sie tun?" fragte er kurz.

Sie zuckte mit den Schultern und meinte schließlich: „Kann ich nicht bei Ihnen übernachten? Sie wohnen doch hier, sagten Sie."

Er blickte sie ein paar Sekunden stumm an.

„Okay. Ich denke, daß sich das machen läßt."

Die Straße, die er einschlug, führte etwas bergab. Dann traten sie durch ein Tor in ein Haus hinein. Es ging über einen Hof, der mit Kopfsteinen gepflastert war, in einen flachen Anbau. Er schloß die Tür auf und machte Licht. Sie befanden sich in einem kleinen Raum, in dem ein Schreibtisch mit einem Stuhl stand. Eine alte

Schreibmaschine auf einem Beistelltisch. An der Wand standen drei Stühle. Es sah aus wie ein Wartezimmer. Dahinter lag ein großer Raum. Der war sehr hell, als er hier das Licht anmachte und sie sah, daß es sich um ein Fotoatelier handelte. Mehrere Scheinwerfer, Schirme und Stative standen in der Mitte des Zimmers, und an der Wand auf einem Sideboard lagen Fotoapparate.

„Kommen Sie", sagte er wieder, und sie folgte ihm in einen dritten Raum, der durch einen ockerfarbenen Vorhang geteilt war. Hinter dem Vorhang, den er etwas zur Seite schob, stand ein breites Bett und an der Wand eine Liege. Zwei hellbeige Sessel und ein Stuhl bildeten neben einem französischen Gaderobenständer das Mobiliar.

Er nahm ihr die Strickjacke ab und hing sie an den Garderobenständer.

„Möchten Sie etwas essen oder einen Kaffee?"

„Einen Kaffee würde ich noch gerne trinken."

Sie setzte sich in einen der Sessel und zündete sich eine Zigarette an. Einen Aschenbecher fand sie nicht, und sie ging hinter den Vorhang, um dort danach zu suchen.

Er stand in einer Nische vor einem Elektroherd und kochte Kaffee, und als er sie sah, schüttelte er mißbilligend den Kopf. „Müssen Sie denn hier unbedingt rauchen? Das ist mein Schlafzimmer, und ich möchte nicht in dem Tabakqualm schlafen müssen."

Damit hatte sie nicht gerechnet und blickte sich wohl ein wenig ratlos um, die brennende Zigarette loszuwerden. Er nahm sie ihr kurz entschlossen aus der Hand, hielt sie unter den Wasserhahn und warf sie dann in den Abfalleimer.

Sie ärgerte sich. Sie wollte ihm etwas dazu sagen, und als ihr nichts Passendes einfiel, meinte sie: „Sie haben immer so ein ernstes Gesicht. Können Sie nicht lachen, oder wollen Sie nicht lachen?" Es klang ein wenig kämpferisch und gereizt.

Er drehte sich um und füllte zwei Kaffeetassen. „Wenn es etwas zum Lachen gibt, lache ich auch. Doch im Augenblick sehe ich keinen Grund dazu."

Wieder dieses Bestimmte in seiner Stimme. Der Kerl schien ein unbegrenztes Selbstvertrauen zu haben. Doch ihr gefiel das nicht, und sie nahm den Kaffee stumm entgegen und setzte sich damit an den kleinen Küchentisch.

Er trank seinen Kaffee im Stehen und sah sie an. „Tut gut, nicht wahr?"

Sie nickte und trank davon. „Ich habe Sie heute abend zum ersten Mal bei Thomas gesehen. Kommen Sie dort öfter hin?"

Er stellte seine Tasse ins Spülbecken und drehte sich um. „Ich war heute zum ersten Mal dort, und ich glaube, daß es auch das letzte Mal war."

„Ach, und was hat Ihr Mißfallen erregt?" Ihre Stimme klang ironisch. Sie wollte ihn in Verlegenheit bringen und überlegte sich schon die nächste Frage.

„So Verschiedenes. Vor allen Dingen aber diese Ansammlung von Blödmännern und affektierten Weibern. Gesellschaften dieser Art gefallen mir nicht."

„Sie scheinen einen besonderen, einen speziellen, sicherlich sehr guten Geschmack zu haben, Ihrer Ansicht nach jedenfalls?" Ihre Stimme klang höhnisch. Seine Überheblichkeit brachte sie in Wut.

„Ob mein Geschmack nun so gut ist, wie Sie andeuteten, das weiß ich nicht. Aber ich habe einen anderen Geschmack als dieser Thomas. Gegen ihn persönlich habe ich nichts, ich kenne ihn ja auch nicht. Er macht Geschäfte einer speziellen Art und lebt offensichtlich gut davon. Leider weiß er, nach meinem Dafürhalten, aber nichts mit sich und seinem vielen Geld anzufangen und holt sich zu seiner Unterhaltung dieses Volk ins Haus. Die trinken und essen auf seine Kosten, und er hat anscheinend seinen Spaß daran?"

„Also, mit einem Wort gesagt, die Party hat Ihnen nicht gefallen."

Er schüttelte den Kopf. „Nicht besonders."

„Und wie habe ich Ihnen gefallen?" fragte sie herausfordernd und unüberlegt, weil sie sich ärgerte, wie er die anderen abtat.

„Sie?" Er lächelte zum ersten Mal. „Das, was Sie machten, war gut. Leider war ihr Publikum nicht gut. Wie ich hörte, machen Sie das öfter und sollen nicht kleinzukriegen sein. Jedenfalls erzählte man mir das schon, bevor Sie auf den Tisch stiegen." Wieder lächelte er so überheblich und arrogant.

Sie verschluckte sich an ihrem Kaffee und hustete, setzte ihre Tasse mit einem Knall auf den Tisch und sah ihn funkelnd an. „Aber zum Zuschauen waren Sie sich nicht zu schade?"

„Aber nein, auf gar keinen Fall. Nur hat mich dabei das Publikum gestört."

„Dann wäre Ihnen wohl eine Privatvorstellung lieber gewesen?" Ihre Stimme klang hart. Sie wollte ihm das große Maul stopfen und ihn verletzen, aber er reagierte ruhig und tat, als höre er die Schärfe in ihrer Stimme nicht.

„Es wird Zeit, zu Bett zu gehen. Morgen ist zwar Sonntag, aber ich habe trotzdem zu tun und muß ziemlich früh aufstehen."

Er verließ die kleine Küche, und sie ging hinterher, sinnend, wie sie ihm beikommen könnte. Sie war sich ihres Eindruckes auf Männer bewußt, das hatte sie oft genug bewiesen. Der eine kam etwas früher angekrochen, der andere etwas später. Dieser hier aber schien ein besonders harter Brocken zu sein, doch auch diese Kerle waren schließlich weich zu kriegen.

„Sie, als mein Gast, bekommen das Bett. Es ist frisch bezogen. Ich schlafe auf der Liege nebenan. Das Bad ist dort und das Klo auch."

Er öffnete eine schmale Seitentür. „Bitte sehr."

Er ging noch einmal in die Küche und öffnete dort ein Fenster, und sie ging ins

Bad. Dann zog sie sich aus und wartete, aber er kam nicht mehr. Sie hörte ihn hinter dem Vorhang rumoren, und die Liege knarrte, als er sich hinlegte. Eine Weile starrte sie in die Dunkelheit. Der Groll gegen ihren Gastgeber hatte sich nicht gelegt, er hatte sich eher noch verstärkt, und sie konnte nicht einschlafen, ohne ihm noch eins versetzt zu haben. Sie überlegte, was sie ihm noch an den Kopf werfen konnte und sagte: „Sie scheinen einer von der eiskalten Art zu sein, einer der alles besser weiß und der die Frauen verachtet. Vielleicht mögen sie überhaupt keine Frauen?“ So, das hatte gesessen.

Schon glaubte sie, ihn richtig getroffen zu haben, da kam seine Stimme, ruhig wie immer, aber, wie ihr schien, nicht mehr ganz so hart wie vorhin, als er von der Party gesprochen hatte. „Da irren Sie sich aber gewaltig. Ich mag eigentlich alle Menschen, natürlich auch die Frauen. Es sei denn, sie sind dumm.“

„Und mich halten Sie für dumm?“ Sie hatte sich im Bett aufgesetzt und sah gespannt zu dem Vorhang hinüber.

„Nein, ganz und gar nicht. Dumm sind Sie auf keinen Fall. Sie sind sogar viel klüger, als all die anderen Frauen und Männer, die auf der Party waren. Aber Sie machen etwas falsch.“

„Und was bitte mache ich falsch?“

Er war eine Weile stumm, und sie glaubte schon, er wolle auf diese Frage nicht antworten, da sagte er: „Ich habe schon ähnliche Fälle erlebt und ...“

„Ich bin kein Fall!“ schrie sie.

„Sie sind einer und wissen es nicht. Sie machen sich auf, weil Sie die gesamte Männerwelt vernaschen wollen, um sie dann verachten zu können. Sie sollten einmal einen Psychiater aufsuchen, Sie sind krank.“

***

Die Besprechung hatte im neuen Verwaltungstrakt stattgefunden, und Helga und ihr Mann hatten nicht schlecht gestaunt, wie sehr sich die Fabrik in den wenigen Monaten verändert hatte. Nicht, daß nun plötzlich Neubauten hier standen, nein, es waren die Details, die sich während ihrer Abwesenheit ergeben hatten. Vorne am Eingangstor war es nun wieder wie früher. Dort saß in einer Loge ein Portier, und dort war auch die Telefonzentrale. Dampfmaschine und Kesselhaus waren abgerissen worden und hatten einer großen Werkstatt und einer Dampferzeugungsanlage Platz gemacht. Die Weberei war bis auf den letzten Platz mit Webstühlen gefüllt, deren Klappern in der ganzen Fabrik zu hören war. Die Webereivorbereitung, Spulerei, Kettschärerei und Zwirnerei waren ebenfalls vergrößert, und die Färberei hatte ein spezielles Dampfabzugsystem erhalten. Der Bau der Appretur war fertig, und vor dem Gebäude lagen, noch in Kisten verpackt, Maschinenteile, und ein paar Arbeiter waren dabei, sie auszupacken und zu ihrem Standort zu transportieren.

Es herrschte emsige Betriebsamkeit, das sahen sie bei ihrem Rundgang unter der Führung von Hans. Dann kamen sie in das neue Büro und setzten sich an den großen Konferenztisch, der mindestens zwölf Personen Platz bot.

Ohne lange Vorreden, denn Helga hatte sich diese Rede schon hundertmal zurechtgelegt, kam sie zur Sache und trug ihr Begehren vor. Ihr Schwiegervater und Hans hörten zu, ohne sie auch nur einmal zu unterbrechen. Da sie auf ihren Gesichtern keinerlei Erstaunen feststellen konnte, nahm sie an, daß sie damit gerechnet hatten. Es schien ihr ebenso sicher, daß sie schon ausführlich darüber geredet hatten, denn Hans, der sonst immer alles machte, ließ seinen Vater reden.

Auch Gustav Dehlen redete nicht lange um den heißen Brei herum, sondern kam schnell zum Kern der Sache. Das Ende vom Lied war, daß die Fabrik selbst den Banken sehr verpflichtet war, denn alle Sicherheiten waren erschöpft. Das hieß aber, man hatte sich den Banken gegenüber nur soweit in die Hände gegeben, wie das bei Dehlen üblich war. Es stellte sich dann heraus, daß Hans den Weiterbau der Fabrik so stark forciert hatte, wie es die Kredite erlaubten. Von daher also war, wie ihr Mann schon vorausgesagt hatte, nichts mehr drin. Der Kredit auf die gelieferten Tuche sollte gewährt werden, aber nicht mehr.

Helga und ihr Mann waren dann nach ein paar belanglosen Freundlichkeiten verbunden mit Grüßen an die Familie wieder gegangen. Auf dem Hof begrüßten sie Inge, die gerade mit farbverschmiertem Kittel aus der Färberei kam. Mit ihr wechselten sie wenige Worte und verließen dann die Fabrik.

Zu Hause nahm Helga, immer noch sehr enttäuscht vom Gespräch mit ihrem Schwiegervater und Hans, den Verkauf ihres Hauses in Angriff.

In ein paar Wochen hatte ihr Mann das Geschäft vorbereitet und abgeschlossen. Sie hielt das Geld in den Händen und konnte mit ihrem Tuchhandel loslegen. Zwar nicht so groß, wie sie es sich zuerst vorgestellt hatte, aber auch so schien es zu gehen. Zur großen Überraschung, sie hatte ihren Eltern von ihren Plänen geschrieben und ihnen mitgeteilt, daß sie eventuell sogar auf einen Anteil der Fabrik verzichten wollte, um das nötige Startkapital zu haben, erschienen ihr Vater und ihr Bruder. Ihr Vater bot ihr einen Vorschuß auf ihr Erbe an und riet ihr dringend davon ab, ihren Fabrikanteil auch nur anzurühren.

Sie kannte ihren Vater und sein Geschäft und wußte, daß er, als ihre Nachricht eingetroffen war, Tag und Nacht daran gedacht und für sie den Erbteil flottgemacht hatte. Als dann am Abend, es war ein schöner Abend im Kreise der Familie, Josef auch noch etwas zu ihrem Kapital tat, war sie glücklich.

In einer guten Geschäftslage in der Innenstadt hatte sie ein passendes Lokal gefunden, wobei ihr Mann ihr sehr zur Hand gegangen war. Einer seiner Klienten hatte gebaut und sich dann anders entschieden. Josef Kroll schaltete sofort und kaufte dieses Lokal, das aus einem Büro, einem Lagerraum und einem Zimmer für Besprechungen bestand. Es gab auch ein Bad mit Toilette.

Schon nach wenigen Wochen, das Geschäft war gut angelaufen, hatte sie ihre Ängste über das Gelingen ihres Tuchgroßhandels vergessen.

Es war ihrem persönlichen Einsatz zu verdanken gewesen und der Fähigkeit ihrer Vertreter. Was sie störte, war die Tatsache, daß die Tuchhersteller anfingen, laufend ihre Preise zu erhöhen. In der letzten Zeit war das fast bei jedem größeren Einkauf der Fall gewesen. Josef, ein eifriger Zeitungsleser, der nicht nur wie sie die Schlagzeilen las, sondern jeden Buchstaben aufnahm, sagte ihr bald einen Grund für diese Preiserhöhungen. „Es sind die vermehrten Wolleinkäufe in den Erzeugerländern. Die Russen kaufen wie toll und die Amerikaner auch. Die grasen die halbe Welt nach Wolle ab. Soviel Uniformen für ihr Militär können die daraus gar nicht machen. Daß die sich damit gegenseitig das Leben schwer machen wollen, das kann ich fast nicht glauben. Es steckt sicherlich noch etwas anderes dahinter, - aber was? Die kaufen in Südafrika, Australien und Neuseeland. Aber mache dir bitte deswegen keine Sorgen, Helga, dieser verrückte Krieg in Korea, dort unten in Ostasien, hat die ganze Menschheit verunsichert. Vielleicht hat man Sorgen, daß ihre Industrien nicht genügend Rohstoffe haben, denn Buntmetalle werden ebenso verrückt eingekauft. Was wirklich dahintersteckt, werden wir wohl nie erfahren. Es hat immer schon solche Fälle gegeben. Laß dich nicht davon beunruhigen, das reguliert sich von selbst. Ist nur eine Frage der Zeit."

Die ersten Tage nach ihrer Geschäftseröffnung würde sie nie vergessen. Das Büro und der Empfangsraum waren ein einziges Blumenmeer, und viele Leute hatten ihr einen Besuch abgestattet. Selbst ihr ehemaliger Kunde und jetziger Konkurrent, Herr Götze aus Köln, einer der Großen, war zu ihrem Empfang gekommen und hatte ihr viel Erfolg für ihr neues Geschäft gewünscht.

Ihr war natürlich auch bewußt, daß der Name Dehlen eine große Hilfe war, denn sie hatte ihn bei jedem ihrer Besuche herausgestellt und ihre Verbindung zu dieser bekannten Tuchfabrik nicht verschwiegen. Ihr Geschäft lief gut, und sie tat das, was ihr Mann ihr geraten hatte. Nicht zuviel Ware und auf keinen Fall zu wenig. Immer den Überblick bewahren. „Wenn man immer am Ball bleibt", hatte Josef ihr gesagt, „wird ein Geschäft von alleine größer."

Sie schickte ihren Kunden einen Prospekt ihres Geschäftes, in dem auch einige Fotos ihrer Räume und des Lagers waren. Den Fotografen hatte Josef aufgetrieben und gemeint, man müsse modern sein und die Kunden über alles informieren. Auf diese Weise bringe man sich immer in Erinnerung und schaffe einen festen Kontakt zu diesen Leuten.

Der Fotograf war nicht billig, aber seine Bilder sehr gut. Josef schenkte ihr dies zum Einstand. Die Aktion war ein voller Erfolg, und Helga wollte in einem gewissen zeitlichen Abstand noch einmal einen solchen Prospekt herausgeben.

„Was meinst du, Josef?“ fragte sie ihren Mann. „Mich fragen immer wieder Kunden, ob ich auch eine eigene Fabrikation hätte. Das habe ich ja eigentlich. Ich bin doch an einer Tuchfabrik Teilhaber und somit auch Produzent. Wenn ich also angebe, daß ich eine Tuchfabrikation habe, sage ich die Wahrheit.“

„Das stimmt, mein Schatz, und ich kann dir auch sagen, was du vorhast.“

„Und was habe ich vor?“ fragte sie keck, angesteckt von seinem launigen Ton.

„Du möchtest die Fabrik in den Prospekt bringen.“

„Ob mein Schwiegervater das gestattet?“

„Aber warum denn nicht, ist doch auch eine gelungene Reklame für sie.“

„Dann könnten sie sich ja auch an den Kosten beteiligen, was meinst du?“

„Frag Hans. Mach ihm klar, daß er diesen Prospekt, beim Drucker entsprechend abgeändert, auch seinen Kunden zuschicken kann. Dann wird er sicher mitmachen.“

Helga blickte auf ihre Uhr. „Heute ist es schon zu spät, aber morgen früh rufe ich Hans sofort an.“

***

Heute war der Tag, an dem man über die Investitionen und Einkäufe sprechen wollte. Um neun Uhr sollte es losgehen. Nun war es kurz vor neun, und die Herren betraten das Konferenzzimmer.

Gustav Dehlen eröffnete die Besprechung, indem er einen kurzen Überblick über den Stand der Fabrik gab. „Was mir in letzter Zeit zu denken gibt, und wo ich hoffe, einen Weg zu finden, der uns größere Verluste erspart, wenn Unvorhergesehenes passieren sollte, das sind die Wollpreise. Sie steigen unaufhaltsam und ein Ende dieser Spirale ist nicht abzusehen.“ Der Senior nahm ein Blatt zur Hand und sagte: „Die Buchhaltung ist von mir angewiesen worden, einmal festzustellen, was wir an Gewinn eingebüßt haben im Zuge dieser Wollpreissteigerungen und unseren Preiserhöhungen. Zwischen diesen beiden Preisen findet ja stets so etwas wie ein Nachlaufen statt, da wir uns in unserer Preiskalkulation eben nach diesen Wollpreisen richten müssen. Es sind Verluste aufgetreten, allerdings sind sie unwesentlich, aber sie sind da, und wir werden in Zukunft vermehrt darauf achten müssen. Eine bewährte Methode ist die Partienkalkulation, das heißt, man kauft ein und kalkuliert mit diesem Preis sein Erzeugnis. Kommt die nächste Garnpartie, macht man dieselbe Prozedur auf Basis des neuen Einkaufspreises und so fort. Auf diese Weise liegt man immer richtig. Aber es ist umständlich, und man macht damit die Kundschaft verrückt. Erstrebenswert ist ein Durchschnittspreis, der allerdings auf kompliziertere Art errechnet werden muß. Wir werden der Kundschaft unsere Überlegungen mitteilen und um Verständnis bitten, denn diese besondere Zeit verlangt auch besondere Methoden. Die Kundschaft muß sich darauf einrichten oder es wenigstens versuchen. Wie ich aus den Preisnotierungen ersehen konnte, ist der Verlauf der Wollpreise ein wildes Auf und Ab mit kräftig steigender Tendenz, und kein Mensch kann uns im Augenblick sagen, wann der Kurs wieder auf ein normales Niveau zurückgehen wird. Es liegt vielfach in der Natur der Sache, daß das Ende so einer verrückten Periode schlagartig erfolgen kann. Es braucht das nicht unbedingt, aber die Wahrscheinlichkeit, daß es so kommt, ist größer als ein allmähliches Absinken auf den Normalpegel. Darin aber liegt die große Gefahr. Kaufen wir heute groß ein und die Preise gehen morgen in den Keller, haben wir große Verluste. Verluste, die man eventuell nicht mehr verkraften kann. Es ist also eine existentielle Frage, vor der wir heute stehen, und ich schlage deshalb vor, daß wir es mit der Partiekalkulation versuchen. Es wird viel Arbeit nach sich ziehen, aber mir scheint es, nach sehr reiflicher Überlegung, die beste und vor allen Dingen die sicherste Methode der Preisgestaltung zu sein.“

Hans und die versammelten Herren hier waren nun aufgefordert, ihre Meinung zu sagen. Hans war für einen Durchschnittspreis, aber Jansen und der Buchhalter Orler waren für die Partiekalkulation. Sie würde zwar, weil sie der Preisentwicklung folgen würde, auch ein Auf und Ab im Verkaufspreis ergeben, aber Verluste seien so gut wie ausgeschlossen. Was die Partiengröße anbelangte, wollte man fünfhundert Kilo nicht überschreiten. Stur wollte man aber auf keinen Fall sein, und wenn man heute die Partie mit tausend Kilo festgelegt hätte, so wäre dies bei der nächsten Besprechung in drei Monaten leicht zu korrigieren, falls nötig. Mit der Kundschaft müsse man natürlich eingehend reden, und der Senior schlug vor, dies bei den großen Kunden in einem persönlichen Gespräch zu machen, was bedeutete, daß vermehrt gereist werden mußte.

Man wandte sich nun den Maschinen zu, und Will Horsch und Jansen konnten von einem schnellaufenden, neuen Webstuhl berichten, den eine Firma in Viersen baute. Diese Sache war so interessant in der Schilderung der beiden, daß der Senior sich entschloß, dorthin mitzufahren.

Der Kauf eines neuen Lieferwagens stand an. Der alte hatte ausgedient und war in letzter Zeit mehr in der Werkstatt als in der Fabrik.

Zum Schluß kam die Musterpalette aufs Tapet, und Jansen gab die Anteile der

Waren mit fünfundzwanzig Prozent Nouveautés, circa zehn Prozent leicht gemustert und dem Rest in Stückfärbern, an. Zum Schluß der Konferenz meldete sich der Betriebsleiter noch einmal zu Wort. Wie immer sprach Jansen temperamentvoll, und seine Hände spielten dabei eine wesentliche Rolle.

„Ich kann nur das wiedergeben, was mir zu Ohren gekommen ist, und das besagt, daß die Leute mit ihrem Entgelt nicht mehr zufrieden sind. Es wird untereinander oft darüber geredet. Mir haben sie offen gesagt, daß es langsam Zeit würde, die Löhne zu erhöhen. Giese, der Betriebsratsvorsitzende hat schon vor Wochen einen Vorstoß in dieser Richtung gemacht, und ich habe ihn auf die Abmachungen der Textilindustrie und der Gewerkschaft hingewiesen. Für den Augenblick sah er das ein und war sich der Abmachungen bewußt, aber die Leute bedrängen ihn pausenlos, und ich weiß aus Erfahrung, daß das nicht mehr lange so weitergehen wird. Es kommt etwas auf uns zu, mit dem wir uns auseinandersetzen müssen."

Hans meinte: „Unsere Kalkulation ist von einer ganzen Anzahl von Faktoren bestimmt, und ich glaube, daß die Löhne in der nächsten Zeit ebenso unruhig wie die Wollpreise reagieren. Mit unserer Vierteljahresberechnung sollten wir jedoch alles gut übersehen können und Verschiebungen dort vornehmen, wo es nötig ist. Die Investitionssummen sind dabei sehr wichtig, weil sie nicht nur unsere Arbeit sichern, sondern auch unsere Konkurrenzfähigkeit erhalten. Ich weiß dies aus den Entwicklungen bei unseren Nachbarländern. Wir gehen unruhigen Zeiten entgegen, das ist gewiß. Was wir keine Sekunde aus den Augen verlieren dürfen, ist die Verbesserung unserer Produktion. Sie muß stets auf dem modernsten Stand sein, besonders in der Weberei. Schneller laufende Webstühle erfordern zwar eine vermehrte Investition, aber sie bringen mehr Wirtschaftlichkeit. Jede Möglichkeit der Rationalisierung muß genutzt werden."

Er wandte sich an seinen Vater. „Das werden Herr Jansen, Horsch und ich in die Hand nehmen."

Der Senior machte Notizen und wollte die Sitzung schließen, als das Telefon klingelte. Hans ging hinüber und hob ab. Sein erstauntes „Wie bitte?" ließ alle zu ihm hinüberblicken. Sein Gesicht wirkte sehr angespannt und erfreut zugleich, als er langsam den Hörer auflegte.

„Was Besonderes, Hans?"

Einen Moment sagte Hans nichts, dann löste sich die Spannung in seinem Gesicht, und er sagte: „Meine Frau rief eben an und teilte mir mit, daß ich auf dem besten Weg bin, Vater zu werden!"

***

In Inge Dehlens kleinem Büro klingelte das Telefon. Sie war im Labor und lief hinüber. Es war Hans. „Inge, kannst du mal zu mir herüberkommen? Es geht um den Prospekt, den wir machen wollen. Helga hat das angeleiert, und ich finde diese Idee gut. Sie hat anscheinend ein sehr großes Echo bei ihrer Kundschaft ausgelöst, und ich dachte, daß es auch für unsere Kunden von Interesse wäre, zu sehen, wie es in einer Tuchfabrik zugeht. Ich habe dem Fotografen soweit alles gezeigt, und es fehlt uns nur noch die Färberei und die Appretur. Lahaye hat im Moment wenig Zeit, wärst du so nett und zeigst Herrn Pasteau, das ist der Fotograf, deine und Lahayes Abteilung, damit er überlegen kann, welche Fotos er dort macht?“

Der Name Pasteau löste bei Inge etwas wie einen Schock aus, und sie mußte zweimal ansetzen, um ihrem Bruder zu sagen, daß sie in wenigen Minuten bei ihm sein würde. Sie hatte den Hörer wieder aufgelegt und stand vor ihrem Schreibtisch. - Pasteau, der Kerl mit dem Schnurrbart, der sie vor Wochen von dieser Party bei Thomas mit nach Hause genommen hatte.

„Sie sind krank!“ hatte der damals zu ihr gesagt und sie tief getroffen. Wütend und total verunsichert hatte sie in dem breiten Bett gelegen und nicht einschlafen können, trotz ihres Alkoholkonsums. Er hatte hinter dem Vorhang leise vor sich hingeschnarcht. Morgens, als sie aufwachte, nachdem sie nur wenig geschlafen hatte, war er fort gewesen. Vor ihrem Bett hatte ein Stativ mit einem Zettel daran gestanden.

Kaffee ist gekocht. Brot im Brotkasten. Alles andere steht auf dem Tisch. Wenn Sie gehen, löschen Sie das Licht und ziehen die Tür fest hinter sich zu. Mußte weg, war sehr in Eile. Gruß R. Pasteau

Bei dieser Gelegenheit hatte sie seinen Namen erfahren, und da sie einen Mordshunger hatte, ausgiebig gefrühstückt. Dann war sie nach Hause gegangen und hatte die Tür fest hinter sich zugezogen.

Immer noch zornig über seine Worte, sie sei krank, schleppte sie sich ein paar Tage damit herum und hörte sie im Geiste immer wieder. Hatte sich Dr. Fery nicht einmal ähnlich ausgedrückt? Zwar nicht so brutal wie Pasteau, aber gemeint hatte Dr. Fery es wohl auch. Fast eine Woche ging ihr diese Sache durch den Kopf, und sie beschloß, Dr. Fery deswegen aufzusuchen.

Zuerst hatte sie ein wenig herumgedruckst und nicht alles gesagt, aber sich schließlich doch dazu entschlossen. Sie erzählte von ihren Männerbekanntschaften, wie sie das handhabte und wie sie diese Verhältnisse schnell auflöste. Sie sprach von der Party und dem Auftreten Pasteaus.

Dr. Fery ließ sie ohne Unterbrechung reden. Nur wenn sie stockte, brachte er sie mit seinen Fragen wieder auf das Thema zurück. Als sie am Ende ihrer Erzählung war, blickte er sie mit seinen hellen Augen an. „Wenn dieser junge Mann das zu

Ihnen gesagt hat, daß sie krank seien, dann hat er im weitesten Sinne recht. Ich sehe es aber, denke ich, doch etwas anders als er. Ich bin im Laufe unserer Unterhaltungen, schließlich kenne ich Sie besser als jener junge Mann, zu der Überzeugung gekommen, daß das, was Sie damals erlitten haben, zu einer Verhaltensveränderung geführt hat. Kurz gesagt, man hat Ihnen sexuell Gewalt angetan, und Sie wollen sich dagegen zur Wehr setzen. In vielen Fällen kommt es dazu, daß man das andere Geschlecht verachtet und sich an ihm rächen will. Eine, wie ich finde, völlig verständliche Reaktion. - Nur sollten Sie jetzt, da es Ihnen klar geworden ist, versuchen, etwas dagegen zu unternehmen."

Sie hatte gespannt zugehört und fragte mit trockener Kehle: „Was kann ich denn unternehmen?"

„Man hat Sie enttäuscht, und darunter leiden Sie. Normalerweise ist die erste körperliche Liebe für ein Mädchen etwas sehr Wichtiges, etwas, was Sie ersehnt. Die Natur hat das so eingerichtet und sie auch neugierig darauf gemacht. Gefühle spielen dabei eine große Rolle, besonders bei der Frau. Dies aber war bei Ihnen nicht der Fall. Es war eine Überrumpelung ohne jedes Gefühl. Nun könnte man sagen, daß Sie derart tief enttäuscht sind und nicht glauben können, daß es echte Sympathie geben könnte. Dieser junge Mann hat es Ihnen mit seinen Worten ziemlich deutlich gesagt, als er Ihre Situation erkannte. Es muß ein echtes Interesse an Ihnen vorliegen, sonst hätte er sich nicht diese Gedanken gemacht und sich so intensiv damit beschäftigt. Außerdem scheint er klug zu sein. Die Männer, die Sie vorher kannten, werden wohl sehr oberflächliche Vertreter dieses Geschlechts gewesen sein. Dieser Mann aber ist ein ernstzunehmender Mensch. Vielleicht sollten Sie noch einmal mit ihm reden und Kontakt aufnehmen, auch wenn Sie noch erbost sind. Ich bin überzeugt, daß Sie Ihre Meinung über ihn ändern werden, wenn Sie ihn näher kennenlernen. Sie sollten es wenigstens versuchen und selbst erfahren, daß Sie auch mit einem Mann in normalen Kontakt treten können. Wie Sie mir erzählten, hat er Sie aus der Menge geholt, aus dem Bad befreit und Sie mit zu sich nach Hause genommen. Sie haben in seiner Wohnung übernachtet, und er hat sich wie ein Gentleman benommen."

„Ja, aber ..."

„Ich würde annehmen, daß Sie diesen Mann interessieren."

Inge ging über den Hof. Bevor sie bei Hans anklopfte, richtete sie noch einmal ihre Frisur, dann trat sie ein.

Pasteau erhob sich, und als Hans sie miteinander bekannt machen wollte, sagte er: „Wir kennen uns bereits."

„So?" fragte Hans.

„Von irgendeiner Party", kürzte Inge ab.

Hans schilderte, wie man sich den Prospekt dachte und von welchen Abteilungen noch einige typische Aufnahmen fehlten.

„Ein Überblick genügt", meinte er. „Den ganzen Fabrikationsablauf können wir nicht darstellen. Es soll sich auf einige markante Punkte beschränken. Ich dachte an zwei bis drei Aufnahmen pro Abteilung."

Er legte Inge die Fotos von Helgas Geschäft vor, und Inge mußte zugeben, daß sie gut waren.

„Herr Pasteau, meine Schwester leitet unsere Färberei und wird Sie durch ihre Abteilung und auch durch die Appretur führen. Sie wird Ihnen sagen, was typisch ist, und Sie können die Aufnahmen auswählen."

Hans erhob sich und streckte dem Fotografen die Hand hin. „Wie besprochen, werden wir später aus den Bildern diejenigen aussuchen, die unseren Prospekt schmücken sollen." Hans nickte Inge zu und meinte bei deren Hinausgehen: „Lydia würde sich freuen, wenn du dich noch einmal bei uns sehen lassen würdest. Sie hat mir schon mehrmals aufgetragen, dich mal wieder einzuladen. Also, wann kommst du vorbei?"

Inge zögerte. Neben ihr stand Pasteau und wartete.

„Ich rufe dich an, ja?"

„Okay!"

Auf dem Hof, an einer Wand, standen zwei Scheinwerfer nebst Stativen und eine große Tasche. Pasteau lud sich alles auf und schritt hinter Inge zur Färberei hinüber. Im Büro stellte er seine Sachen ab und trat mit ihr in die Färberei. Leider herrschte hier nicht viel Licht, so daß er sich auf Nahaufnahmen an den glänzenden Färbeapparaten heranmachen mußte. Hingegen war das Labor mit den weißen Wandkacheln und dem großen Fenster sehr hell, und die vielen Gläser mit den bunten Flüssigkeiten würden herrliche Lichtreflexe ergeben. Sie stand neben ihm und sah zu, wie er die Motive suchte und den günstigsten Winkel probierte. So ging es minutenlang; er arbeitete stumm und richtete kein Wort an sie.

„Brauchen Sie mich eigentlich noch?" fragte sie ein wenig indigniert.

„Natürlich. Sie müssen mit auf das Bild. Ich möchte Sie bei Ihrer Arbeit fotografieren."

„Muß das sein? Meine Person hat doch in dem Prospekt nichts verloren. Im übrigen bin ich nicht gerade fotogen."

„Aber selbstverständlich. Ein Foto Ihres Labors ohne einen Menschen drauf macht den Eindruck, als sei hier nichts los."

Er holte seine Scheinwerfer herbei, und dann erstrahlte das grelle Licht. Er stellte Inge an den Labortisch, gab ihr ein Reagenzglas mit farbigem Inhalt in die Hand. Sie sollte es hochhalten und nach oben zu diesem Glas blicken. Sehr oft ging er zur Kamera, blickte hindurch und korrigierte anschließend etwas. Einmal ihre Haltung, ihre Hand und auch ihr Haar legte er so, wie er sich es dachte. Nun richtete er noch einmal die Scheinwerfer und machte Aufnahmen aus verschiedenen Winkeln. Ihre Haltung wurde verändert, und sie mußte jetzt nach unten blicken. Dann gingen sie in die Färberei hinüber, wo er ebenso verfuhr, nachdem ihm Inge die Arbeit am Färbeapparat erklärt hatte.

„Aufnahmen dürfen nicht gestellt aussehen, sonst wirken sie steif und unelegant. Man soll den Schwung der Arme sehen, das Surren der Räder hören. Dann sind sie echt."

Inge betrachtete ihn und dachte an die Nacht zurück, in der er sie von der Party weggeschleppt hatte. Es war nun einige Wochen her, und sie war seitdem dort nicht wieder hingegangen. Überhaupt keine Party hatte sie in der Zwischenzeit aufgesucht. Die Anrufe, die sie da oder dorthin locken sollten, hatte sie zwar freundlich entgegengenommen, aber auf keine Einladung zugesagt. Einmal hatte sie ein „Vielleicht" gegeben, war aber dann doch ins Kino gegangen. Was er wohl abends macht, dachte sie? Er ist zwar nicht der Typ des Partyhengstes, aber jeden Abend allein zu Hause wird er auch nicht sein. Nach einer Freundin hatte es in seiner Wohnung nicht ausgesehen, aber wer konnte das schon wissen?

„So, das war's", sagte plötzlich seine Stimme dicht neben ihr, und sie zuckte leicht zusammen. Dann packte er sein Arbeitszeug zusammen, und sie nahm ihm die Kameratasche ab, weil er wirklich viel zu tragen hatte. Sie gingen ins Büro, und sie fragte: „Haben Sie noch Lust auf einen Kaffee?"

„Oh ja, gern." Er stellte sein Zeug ab und folgte ihr ins Labor, wo sie ihm Platz auf einem der Schemel anbot. Heißes Wasser war immer bereit, und bald duftete der Kaffee in zwei großen Tassen auf dem Labortisch. Inge holte Zigaretten heraus, und als sie ihm eine anbot, bediente er sich.

„Ich denke, Sie rauchen nicht. Mir haben Sie es in Ihrer Wohnung nicht erlaubt?"

Er grinste sie an. „Im Schlafzimmer brauche ich frische Luft und kann dort den Tabakrauch nicht ausstehen, aber Rauchen, ja, drei bis vier am Tag, mehr nicht."

„Sind sie so sparsam oder so geizig?" forderte sie ihn heraus.

„Nee, nicht die Bohne. Aber wenn man intensiv arbeitet und sich viele Stunden in der Dunkelkammer aufhalten muß, bleibt einfach nicht die Zeit dazu. Außerdem stört es in meinem Beruf bei jedem Handgriff. Also schränke ich es ein. Abends, zu Hause, beim Lesen, ja, dann rauche ich manchmal eine Zigarette."

Etwas trieb sie dazu, ihn zu fragen, ob er noch einmal bei Thomas Mobert gewesen sei. Er blickte erstaunt. „Nein, da war ich nicht mehr, und da gehe ich auch nicht mehr hin. War rein zufällig, daß ich damals dahingekommen bin. Ein Bekannter hatte mich mitgeschleppt."

„Es hat Ihnen also dort wirklich nicht gefallen?“

„Nee, absolut nicht. Partys bei solchen Leuten sind nicht mein Fall.“

„Sie sind für gehobeneres Niveau?“

„Nicht so, wie Sie das meinen. Ich bin gerne unter netten Menschen, wo man lustig ist und sich unterhalten kann. Man trinkt auch einen oder auch ein paar mehr. Aber bei diesem Thomas, das war doch eine einzige wüste Sauferei. Ein halbwegs vernünftiges Wort kam nicht zustande. Da wurde nur gegrölt. Mich ständig besaufen, das ist nicht meine Sache, da kommt ja auch nichts bei heraus. Ich mag das einfach nicht. Unter einem lustigen Zusammensein mit Freunden und Bekannten stelle ich mir etwas anderes vor.“

Dann erhob er sich von dem Schemel und machte Anstalten zu gehen. Inge begleitete ihn bis zur Tür, und er belud sich wieder mit seinen Utensilien. Er bedankte sich für ihre Mithilfe und ging über den Hof nach draußen.

Am Nachmittag kam Hans in die Färberei und fragte nach einigen eiligen Färbungen. „Wie war es mit dem Fotografieren? Was hast du für ein Gefühl? Sind die Fotos gut, die dieser Pasteau gemacht hat?“

„Ich denke doch. Schließlich ist der Mann Fotograf und wird wissen, was er zu machen hat.“

„Ja, nehme ich auch an. Die Fotos, die er bei Helga machte, waren Klasse. Er kommt übermorgen abend zu mir und zeigt mir die Bilder. Komm doch auch rüber, dann unterhalten wir uns ein wenig und du kannst gleich die Fotos aus deiner Abteilung begutachten. Außerdem würde Lydia sich freuen. Na, wie ist es?“

„Okay, ich komme. Gibt es bei euch etwas zu essen?“

„Für dich immer, Schwesterlein. Dich werden wir noch satt kriegen.“

Lydia freute sich sichtlich, als Inge abends zu ihnen kam. Sie umarmte sie und sagte ihr, daß sie noch nie in ihrem ganzen Leben so glücklich gewesen sei.

Lydia war verändert, seit sie ein Kind erwartete. Inge, die früher oft hier gewesen war, kannte Lydia nur als ernsten Menschen. Liebenswürdig war sie immer gewesen, aber nun ging von ihr eine Herzlichkeit aus, und das Strahlen ihrer Augen war unübersehbar. Es rührte Inge ein wenig, und sie fragte burschikos: „Na, kommst du mit meinem Bruder noch klar?“

„Aber natürlich, Inge. Hans ist der beste Mann der Welt!“

„Vorsicht mit diesen Aussagen“, rief Hans von nebenan.

„Ich habe für dich etwas vorbereitet, Inge. Du möchtest doch etwas essen?“

Nachdem Inge etwas gegessen hatte, standen sie und Hans im Wohnzimmer mit einem Glas Bier in der Hand, als es klingelte.

„Das wird der Fotograf sein.“ Hans ging zur Tür und drückte den Türöffner.

Schritte im Treppenhaus, dann stand der Fotograf im Zimmer. „Ach, das finde ich aber nett, daß Sie heute auch hier sind“, sagte er, und Inge fühlte seinen kräftigen Händedruck.

Dann setzten sie sich um den Tisch, und Pasteau packte seine Bilder aus. Sie gingen rund und fanden allgemeinen Beifall. Inge mußte sich eingestehen, daß sie das dem Kerl mit seinem Schnauzbart nicht zugetraut hätte. Sie fand die Fotos alle ausgezeichnet. Die aus dem Labor und der Färberei einfach fabelhaft. Sie hatte den Gedanken, auch für sich privat einmal solche Bilder zu haben, noch nicht zu Ende gedacht, da reichte ihr Pasteau ein Couvert aus seiner Tasche. „Ihr Bild, Fräulein Dehlen, gefiel mir so gut, daß ich von den Fotos aus Ihrem Labor noch eine Ausschnittsvergrößerung gemacht habe. Ich wollte sie Ihrem Bruder mitgeben, aber wenn Sie schon hier sind, kann ich es Ihnen persönlich geben. Bitte schön.“

Hans und Lydia sahen herüber, während Inge das Bild aus dem Couvert zog. Auf dem Foto war lediglich ihr Gesicht im Profil zu sehen, eine blonde Haarsträhne und sonst nichts. Die Beleuchtung war geschickt gewählt und die Konturen etwas weich gehalten. Es war ein Portrait von außerordentlicher Schönheit.

„Du bist wunderschön, Inge“, sagte Lydia leise, und Inge hatte das Gefühl, Pasteau habe ihr eben eine Liebeserklärung gemacht. Sie schluckte und wollte etwas sagen, aber Hans löste die Spannung durch sein fröhliches „Ich wußte immer schon, daß ich eine schöne Schwester habe“, und alle lachten.

Inge bedankte sich bei Pasteau, und als sie nach dem Preis fragte, winkte der ab und meinte, daß das eine Selbstverständlichkeit sei, wo sie ihm doch so gut geholfen habe, denn ohne sie wären die Fotos sicherlich nicht so gut ausgefallen.

Man unterhielt sich angeregt, und als Pasteau nach seiner Herkunft gefragt wurde, wegen seines französischen Namens, erzählte er, daß sein Urgroßvater nach Deutschland gekommen sei, als Dentist des letzten Königs von Hannover. Im Rheinland, besonders aber in Aachen, meinte er, fielen solche Namen kaum auf, weil es eine Vielzahl davon hier gebe.

„In unserer Fabrik sind, wenn ich mich nicht irre, fünf Leute mit französischen Namen, die allerdings nicht immer richtig ausgesprochen werden.“

Pasteau redete wenig. Praktisch nur, wenn das Wort an ihn gerichtet wurde. Was er aber dann sagte, klang vernünftig und wohlüberlegt. Seinem Wunsch, etwas auf dem Klavier zu spielen, kam Hans gerne nach und spielte ein Scherzo von Chopin, an dem er in der letzten Zeit viel gearbeitet hatte, sofern seine Zeit dies zuließ.

Auch Inge fand das wunderbar und hatte während des Klavierspiels die Augen geschlossen. Pasteau war voll des Lobes. Dann nahm Lydia Inge in Beschlag und schwärmte ihr vor, wie sie sich das Leben nach der Geburt ihres Kindes und wie sie sich dessen Erziehung vorstellte. Doch Inge hörte nur mit einem Ohr hin. Sie blickte zu Hans und Pasteau hinüber, die sich anscheinend gut verstanden, denn Hans klopfte dem Fotografen wiederholt auf die Schulter, was er sonst nicht tat. Sie war überrascht, als Pasteau nach der Uhrzeit fragte und es schon nach zwölf war. Erstaunlich, wie schnell dieser Abend vorbeigegangen war. Inge hatte es hier sehr gut gefallen, und sie dachte einen Moment an Pasteaus Worte im Labor, daß er von Geselligkeit andere Vorstellungen habe, als er es auf der Party bei Thomas angetroffen hatte.

Pasteau brachte sie nach Hause. Er scheute den weiten Weg nicht. Der Mond und der klare Himmel gaben ausreichend Licht, und die beiden ließen sich Zeit. Die Kühle der Nacht war angenehm.

„Ihr Bruder ist ein talentierter Mann. Sein Klavierspiel ist wunderbar, und dieses Scherzo hat er meisterhaft gespielt."

„Mein Bruder hat vor dem Krieg Musik studiert, Hauptfach Klavier. Er hat wirklich Talent, und es ist schade, daß der Krieg ihm einen dicken Strich durch seine Rechnung gemacht hat. Er hätte Pianist werden können."

„Sind Sie musikalisch?" fragte er.

„Ich höre gerne Musik, aber ein Instrument spiele ich nicht. Bei Hans war das von vornherein anders. Der hat uns früher verrückt gemacht mit seiner Klavierüberei. Doch das war nun einmal seine Leidenschaft. Typisch bei meinem Bruder. Was der macht, das macht er mit Besessenheit, und meine Mutter wachte wie ein Zerberus darüber, daß ihn niemand störte."

Sie waren angekommen, und als sie sich von ihm verabschiedete, sagte er: „Ich würde Sie gerne wiedersehen. Darf ich Sie in der Fabrik anrufen? Natürlich nur, wenn Sie damit einverstanden sind."

„Ja, bitte rufen Sie an." Dann ging sie ins Haus. Von einem Fenster konnte sie ihn sehen, wie er mit langen Schritten stadteinwärts ging.

Sie war verwirrt über das, was sie empfand. Wenn sie anfangs über seine Ansichten in bezug auf Geselligkeit gelächelt hatte, so mußte sie nun zugeben, daß der heutige Abend ihr ausnehmend gut gefallen hatte. Das strahlende Glück bei Lydia, die ihr Kind erwartete, Hans aufgeräumt wie selten, denn in der Fabrik war er immer ernst, oft sogar muffelig, lachte selten und wenn, dann nur mit seinem Freund Horsch. Aber heute war er ihr wie vor vielen Jahren erschienen, jungenhaft, fröhlich und nett. Sie legte sich ins Bett und löschte das Licht. Bevor sie einschlief, fielen ihr die Worte von Dr. Fery ein, der gesagt hatte, daß dieser ernste, junge Mann sich für ihre Person interessiere. Der Alte hatte richtig gelegen. Pasteau wollte sie wiedersehen. Bist du verliebt, Inge, fragte sie sich und lächelte im Dunklen. Nein, dann aber mußte sie sich eingestehen, daß sie die Gesellschaft von Pasteau keineswegs als unangenehm empfunden hatte.

***

Lydias gewandelter Gemütszustand wirkte sich positiv aus. Hans freute sich, wenn er abends nach Hause kam und seine junge Frau ihn strahlend erwartete. Während sie in den vergangenen Monaten sehr depressiv und übellaunig war und sich ihm nachts verzweifelt in die Arme geworfen hatte, war sie nun eine zärtlich liebende Gattin, die ihren Mann verwöhnte und versuchte, das Leben so angenehm wie möglich zu machen. Der Teufelskreis von Hoffnung und Enttäuschung war durchbrochen und hatte einer ausgeglichenen und glücklichen Frau Platz gemacht, deren Heiterkeit auf ihre Umgebung strahlte. Besuche bei Will und Mia wurden häufiger gemacht, und es war wie früher, als sie noch nicht verheiratet waren.

Will freute sich, sie wieder öfter bei sich zu haben. Mia auch, ganz zu schweigen von Hella, die ihren Onkel Hans immer zur Begrüßung und Verabschiedung küßte, nun aber mit fünfzehn Jahren dabei errötete. Hans liebte diesen jungen, hübschen Menschen, und Will neckte seine Tochter mit Bemerkungen über Hans. Hella wurde rot und lief in die Küche hinüber. Erst nach einigen Minuten kam sie wieder zurück. Mia schubste ihren Mann in die Rippen und wies ihn lachend zurecht.

Sich selbst gestand Lydia ein, daß sie zeitweilig die Fabrik gehaßt hatte, heute aber Verständnis für ihren vielbeschäftigten Mann aufbrachte. Jetzt fragte sie ihn abends, wie denn der Tag in der Fabrik verlaufen sei und nahm Anteil am Geschehen dort. Sie besuchte sogar den alten Arbeiter Vanloo, der allein lebte, als dieser für zwei Wochen ins Krankenhaus mußte. Munter machte sie jetzt ihre Einkäufe in der Stadt und besuchte eines Tages Helga. Sie staunte, wie feudal sie eingerichtet war. Diese herrlichen Marmorfußböden, das moderne Interieur der Räume und Helga selbst, die Eleganz in persona. Helga, sichtlich erfreut, hatte Kaffee kommen lassen und sich angeregt mit ihr unterhalten. Dann hatte Helga sie rundgeführt und ihr das reichhaltige Lager gezeigt. Sie war offensichtlich stolz gewesen, es Lydia zeigen zu können, und diese hatte dafür vollstes Verständnis gehabt. Daß sie das alles für die Kinder tat, wie sie sagte, leuchtete Lydia ein. Sie konnte das gut verstehen, denn sie selbst machte sich jetzt schon Gedanken, was später einmal aus ihrem Kind werden würde. Auch der Fabrik stattete sie manchmal einen Besuch ab. Dann begrüßte sie Hans und ihren Schwiegervater, und Gustav Dehlen, immer höflich und äußerst nett zu ihr, war über die Schwangerschaft hoch erfreut und nahm seine Schwiegertochter zärtlich in den Arm. Dann sagte sie Will Horsch guten Tag und ging in Inges Labor hinüber. Die goß ihr Kaffee ein und rauchte eine Zigarette. Lydia erzählte ihr von dem Besuch bei Helga, und als sie meinte, die sei aber elegant eingerichtet und habe sicherlich ein gutes Geschäft, meinte Inge: „Die kriegt anscheinend den Hals nicht voll."

Sogar zum Klavierüben kam sie jetzt wieder und war dabei so eifrig und erfolgreich, daß sie Hans eines Abends mit einem Stück aus Robert Schumanns Kinderszenen überraschte.

Seit gestern regte sich in ihrem Innern etwas. Sie horchte in sich hinein, hielt sich völlig still, um diese Bewegung eines Lebewesens fühlen zu können. Abends kam Inge bei ihr vorbei, und sie teilte ihr die Neuigkeit sofort mit. Doch Inge reagierte merkwürdig desinteressiert und konnte Lydias Freude kaum teilen. Als Lydia im Laufe des Gespräches fragte, ob sie noch einmal etwas von diesem Herrn Pasteau gehört habe, flog Inges Kopf herum, und ihr Gesicht war so ernst, daß Lydia annahm, sie hätte etwas Unpassendes gefragt. Inge hatte nichts gesagt, nur den Kopf geschüttelt.

Sie sprach später mit Hans darüber und wollte wissen, ob ihre Frage nach Herrn Pasteau taktlos gewesen sei, aber der lachte nur. „Die sind doch beide alt genug, Lydia. Wenn die sich einander nähern wollen, werden die das schon tun."

***

In meinem Leben muß sich etwas ändern, nur arbeiten und zu Hause herumsitzen oder ins Kino gehen und mir jeden neuen Film ansehen, ist auf Dauer auch nicht das Richtige. In der Leihbücherei war sie Stammkundin. Sie verschlang die Bücher, und wenn sie eines erwischte, das sie besonders interessierte, las sie manchmal bis spät in die Nacht hinein. Ihre Mutter tauchte gelegentlich auf, aber mit der konnte sich Inge auch nicht unterhalten. Die meckerte nur an allem herum, was sie tat. Die gelegentlichen Einladungen ihrer Eltern zum Abendessen waren auch nicht unterhaltsam, aber es war für sie der einzige Kontakt mit der Familie. Seit Helga verheiratet war, hatte sie andere Interessen, was verständlich war, und eine Aufsicht für die Kinder war engagiert worden. Mit ihrem Bruder sprach sie praktisch nur auf den Besprechungen, oder er sagte im Vorbeigehen zu ihr: „Komm doch noch mal vorbei!" Dann war er schon weg, ehe sie ihm eine Antwort gegeben hatte. Eigentlich ist das komisch mit mir, dachte sie. Seit ich mit Dr. Fery gesprochen habe, bin ich wie umgedreht. Die Partys, auf die ich ging, interessieren mich nicht mehr und ich möchte … ja, was möchte ich eigentlich?

Einmal hatte sie einer Einladung Folge geleistet und war zu einer Party gegangen, die ein Freund von Thomas gegeben hatte. Hier ging es genauso zu wie bei Thomas, und sie war mit Freudengeschrei empfangen worden. Als sie ankam, waren alle schon ziemlich angetrunken. Sie nippte nur an ihrem Glas, und als man sie zu einem Strip aufforderte, winkte sie ab. Ein paar dieser lästigen Kerle hatten darauf herumgeritten und dann schließlich ihre Bemühungen aufgegeben. Niemand hatte sich mehr um sie gekümmert. Ein junges Ding, vielleicht gerade achtzehn Jahre alt, hatte die Gelegenheit wahrgenommen und hatte sich unter lautem Gejohle ausgezogen. Inge war abgemeldet, hatte noch eine Weile herumgesessen und war dann nach Hause gegangen. Keiner hatte es bemerkt.

Inge inhalierte den Rauch ihrer Zigarette und versuchte, Ordnung in ihre Gedanken zu bekommen. Verdammt, mir liegt nichts mehr an diesem Mist. Aber ich führe das Leben einer Nonne und bin auch nicht zufrieden. Allein in meiner Wohnung sitzen oder ebenso allein ins Kino gehen, ist ja auch nicht der Sinn des Lebens.

Pasteau stand am Fabriktor, als sie nach Hause ging. Sie sah seine Zähne unter dem Schnurrbart, als er sie anlächelte. Er hatte auf sie gewartet, denn er kam sofort auf sie zu.

„Hallo, Fräulein Dehlen, wie geht es Ihnen?"

„Hallo", antwortete sie einsilbig. Er hatte sie überrascht. Sie fühlte seinen festen Händedruck und seine Nähe, die ein eigenartiges Gefühl bei ihr auslöste. Er kam ihr vertraut und fremd zugleich vor.

„Ich wollte mich schon früher bei Ihnen melden, aber ..."

„Ja", unterbrach sie ihn, „das wollten Sie."

„Ich habe drei Wochen mit einer Grippe im Bett gelegen. Nun geht es wieder."

„Da bin ich aber froh." Es klang ironisch, und sie hätte sich im gleichen Augenblick die Zunge abbeißen können.

„Wollen sie mich veräppeln?" Das klang nicht unfreundlich, doch Inge kam ein wenig aus dem Gleichgewicht.

„Nein, ich wollte ..."

„Okay". Seine Hand fuhr durch die Luft. „Haben Sie heute abend schon etwas vor? Würden Sie mit mir zusammen essen und anschließend ins Kino gehen? Es läuft ein neuer Film von diesem De Sica, 'Fahrraddiebe' heißt er, soll gut sein. Na, wie ist es?"

„Wo werden wir essen? Bei ihnen?"

„Um Gottes Willen. Ich koche zwar, aber nur für mich. Was ich da zusammenschmore, kann ich keinem anzubieten. Ganz bei mir in der Nähe ist eine Kneipe, in der man ganz gut essen kann. Ich trinke dort manchmal ein Bier. Das ist zwar kein Drei-Sterne-Restaurant, aber was die machen, schmeckt." Er sah sie von der Seite an. „Hätten Sie Lust? Ich würde mich freuen." Und da sie zögerte, fügte er hinzu: „Wenn nicht, dann vielleicht ein anderes Mal?"

„Ich denke, wir sollten Ihre Kneipe einmal ausprobieren."

Auf dem Weg in die Stadt erzählte er ihr von seinem Plan, den Aufbau der Stadt in Bildern festzuhalten, um später einmal einen Bildband zu veröffentlichen.

„Die Menschen schuften und schuften rund um die Uhr. Sie bauen ihre Häuser und Geschäfte, Betriebe und Werkstätten wieder auf, und in ein paar Jahren erinnern sich die meisten nicht mehr, wie es hier sofort nach dem Krieg ausgesehen hat, und wenn die nächste Generation antritt, ist alles vergessen."

„Glauben Sie, daß man alles vergessen kann? Alles, was geschehen ist, was man selbst erlebt hat?"

„Vergessen", sagte er versonnen. „Vergessen vielleicht nicht, aber alles, auch das, was man selbst erlebt hat, rückt immer mehr in den Hintergrund, in die Vergangenheit, bis man es einmal hervorkramt, um es anderen zu erzählen. Doch den meisten Menschen geht es so, daß sie viel verdrängen und sich nur noch an die freudigen Ereignisse erinnern. Mir jedenfalls geht es so."

Die Kneipe war gemütlich. Der Wirt kannte Pasteau.

„Was macht deine Grippe, Richard? Bist du wieder okay?" Dann wandte er sich an Inge. „Bei diesen Junggesellen muß man ein bißchen Obacht geben, daß sie nicht verhungern, wenn sie krank im Bett liegen." Er ging, nachdem Pasteau bestellt hatte.

„Hat der Sie etwa gepflegt, als sie im Bett lagen?" fragte sie spöttisch, und Pasteau sagte, daß er den Wirt angerufen habe, als er krank war und das Haus nicht verlassen konnte. Der hatte ihm sein Frau geschickt, die ihn verpflegt und den Arzt geholt hatte, obwohl er sich dagegen sträubte.

„Ist sie denn wenigstens hübsch?"

„Sehen Sie selbst." Er wies zum Tresen hinüber, wo eine hellblonde, ziemlich dralle Frau stand.

Es hatte Inge in der Kneipe gut gefallen. Der Wirt und seine Frau waren an ihren Tisch gekommen, und als Pasteau ihnen sagte, daß sie ins Kino wollten, bestand der Wirt darauf, nachher noch zusammen ein Bier mit ihnen zu trinken. Das taten sie auch, und Pasteau brachte Inge nach Hause.

Es wurde zu einer schönen Gewohnheit, einmal in der Woche in die Kneipe zu gehen und sich im Verein netter Menschen zu unterhalten, sich gute Filme anzusehen und noch ein spätes Bier zu trinken.

Dies ging so bis zu dem Tag, als es in Strömen regnete und sie vor der Kneipe standen und sich unschlüssig ansahen.

„Kommen Sie einfach mit zu mir. Sie kennen meine Bude ja."

Sie nickte und ging mit ihm in seine Wohnung. Dort tranken sie noch einen Schluck, und sie rauchte in der Küche noch eine Zigarette. Er zeigte ihr das neue Wohnzimmer mit den vielen Büchern. Einige Möbel fehlten noch. Sie sah sich interessiert um. Sie wollte seine letzten Arbeiten sehen, und er legte ihr seine Bilder vor. Inge sah sie aufmerksam an. „Sie fühlen viel mehr, als Sie aussprechen", meinte sie. Er sagte nichts, hielt den Kopf gesenkt. Dann faßte er ihre Hand und sah sie an.

„Ich mag dich, Inge." Seine Stimme war leise und rauh.

Sie sah vor sich, hob langsam den Blick und heftete ihn in seine Augen. „Ich - mag dich auch."

Sie gingen ins Schlafzimmer hinüber, und er küßte sie. Sein Kuß war zart und nicht fordernd und dann stiegen beide, als sei dies die selbstverständlichste Sache der Welt, zusammen in das breite Bett.

Richard Pasteau, der einen Blick in ihr Innerstes getan hatte und ahnte, wie es in ihr aussah, war zärtlich und zurückhaltend, und Inge, die diese Art von Liebe nicht kannte, erwachte langsam wie zu einem neuen Leben. Er liebte sie und ließ sie alles vergessen und nur diesen herrlichen Augenblick genießen. Er führte sie und sie folgte ihm erst zögernd, dann willig voll angestauter Sehnsucht nach seiner liebenden Zärtlichkeit.

***

Die heißen Quellen, die in Aachen zutage treten, in denen die Römer badeten und eine Therme errichteten, deren Ruine Karl der Große auf einem Jagdzug entdeckte, sind ein Beweis dafür, daß sich diese Stadt auf vulkanischem Boden befindet. Gelegentliche Erdstöße erinnern daran, daß unser Planet innen noch glüht und daß sich infolgedessen Bewegungen und Verschiebungen ergeben. Die ersten stärkeren Erdstöße nach dem Krieg traten am 14. März 1951 morgens um 10:48 auf. Sie dauerten etwa fünfzehn Sekunden und richteten keinen nennenswerten Schaden an. So berichteten am nächsten Tag die Zeitungen.

Als die Erdstöße einsetzten, stand Hans Dehlen im Tuchlager gegen den großen Tisch gelehnt und verglich zusammen mit Jansen die neuen Qualitäten mit den Handmustern. Hans spürte, wie sich plötzlich der Boden bewegte und legte beide Hände haltsuchend auf die Tischplatte. Er blickte verblüfft zu Jansen hinüber, der etwas ins Straucheln gekommen war und blaß wurde. Nach fünfzehn Sekunden war der Spuk vorbei, und als sie ins Büro hinübergingen, meinte Jansen: „Es hat schon mal hier etwas gewackelt, aber in dieser Stärke habe ich es noch nicht erlebt."

Inge Dehlen kam aus der Färberei und meldete, daß ein hohes Glasregal umgefallen sei. Hans sah sich den Schaden an und meinte zum Schluß, daß es noch einmal gut gegangen sei, denn viel sei ja nicht passiert.

Er dachte an seine Frau und ließ sich mit seiner Wohnung verbinden. Als Lydia sich nicht meldete, nahm er sich vor, später noch einmal anzurufen. Zu Hause wäre auch nichts geschehen, wenn der altdeutsche Eichenschrank nicht einen defekten

Fuß gehabt und sich Lydia nicht gerade vor dem Schrank befunden hätte. Auch sie hatte bemerkt, wie sich plötzlich der Boden unter ihren Füßen verschob, und gesehen, daß der Schrank diese Bewegung mitmachte. Als dann der lose Fuß wegkippte und der Schrank auf sie zufiel, sprang sie zurück und fiel die Treppe hinunter. Sie prallte gegen das Geländer und dann auf die Stufen. Ein reißender Schmerz durchfuhr ihren Körper, und sie schlug hart mit dem Hinterkopf auf. Dann rollte sie, sich überschlagend, die Treppe hinunter und blieb liegen. Der große Schrank fiel mit viel Getöse um.

Die Frau des unter ihnen wohnenden Staatsanwaltes fand sie eine Stunde später, als sie vom Einkauf zurückkam und etwas bei Lydia abliefern wollte. Sie fand die Bewußtlose, sah das Blut und alarmierte sofort einen Krankenwagen. Dann benachrichtigte sie die Fabrik.

Hans hatte gerade mit Mike Hellmann telefoniert, der für die nächsten Tage seinen Besuch angemeldet hatte, als die Telefonistin ihm sagte, es sei angerufen worden. Seine Frau sei gestürzt und befinde sich im Krankenhaus. Die Anruferin sei ziemlich konfus gewesen und hätte sofort wieder aufgelegt. Hans sprang in seinen Wagen und fuhr zum Krankenhaus.

Lydia wurde noch untersucht, als er eintraf. Wie lange es dauern würde, wußte die Schwester nicht. Also warten. Hans wurde von einer plötzlichen Unruhe erfaßt und malte sich im Geiste die schrecklichsten Bilder aus. Seine Hände zitterten, als er sich auf die Bank setzte.

Der Arzt stand bald vor ihm, und er sprang auf.

„Die Verletzungen, die Ihre Frau davongetragen hat, die Gehirnerschütterung und die gebrochenen Rippen, dürften nicht das Problem sein, doch der Blutaustritt läßt vermuten, daß das Kind Schaden genommen hat. Um das genau zu erfahren, müssen wir abwarten und eine Beobachtung einrichten." Er hob die Schultern. „Wenn der Schaden schlimm ist, müssen wir es holen ..."

„Um Gottes Willen, alles, nur das nicht. Wenn Sie wüßten, wie sehr sich meine Frau dieses Kind gewünscht hat, dann - ?"

„Wir tun, was möglich ist, Herr Dehlen, aber wenn das Kind nicht lebensfähig ist oder nicht mehr lebt, sind wir zu diesem Eingriff gezwungen, um die Mutter zu retten."

Der Arzt war wieder weg, und Hans stand immer noch auf dem Flur. Hier herrschte viel Betrieb. Patienten in Bademänteln schlurften vorbei, und Schwestern schoben auf einer Liege einen Kranken den langen Flur hinunter.

„Hier dürfen Sie nicht rauchen!" sagte eine der Schwestern zu ihm, und er steckte die Schachtel in die Tasche zurück. Draußen ging er auf und ab und rauchte einige Zigaretten. Eine erneute Anfrage brachte nichts.

Will Horsch kam die Auffahrt herauf. „Komm, Hans, ich fahre dich nach Hause. Du kannst ja jederzeit anrufen."

Sie stiegen in den Wagen, und Will fuhr ihn zu sich nach Hause, wo Mia sie mit verweinten Augen empfing. Hans ging wie betäubt ins Haus und setzte sich in einen Sessel. Den Cognac, den Will ihm hinstellte, rührte er nicht an.

Niemand sagte etwas, weil allen die Worte fehlten. Hella kam und stellte sich stumm neben ihre Mutter. Sie weinte. Hans starrte vor sich, erhob sich langsam und machte ein paar ziellose Schritte. „Wollen wir wieder in die Fabrik, Will? Hier herumsitzen bringt auch nichts." Seine Stimme war heiser und seine Worte fast unverständlich.

Als er nachmittags gegen vier wieder anfragte, sagte der Arzt, daß es mit dem Kind nicht gut stehe. Er glaube, es müsse geholt werden.

Will Horsch hatte seiner Frau versprechen müssen, Hans nicht allein zu lassen und fuhr am Abend noch einmal mit ihm ins Krankenhaus.

Sie konnten mit dem diensthabenden Arzt reden, der Hans mitteilte, daß man das Kind holen müsse. Er schilderte Hans die Einzelheiten, die zu diesem Entschluß geführt hatten. Hans hörte stumm zu. Das meiste verstand er nicht einmal, weil seine Gedanken bei Lydia waren, der man das Kind wegnehmen mußte, weil dessen Herz zu schlagen aufgehört hatte.

Will nahm ihn mit zu sich nach Hause, und Hans rief seine Eltern an. Er aß etwas bei Will und Mia, und Will überredete ihn, einen Cognac zu trinken. Die beiden Frauen, Mia und Hella, sahen ihn nur an. Wills Worte waren unbeholfen, aber Hans erkannte den guten Willen seines Freundes und legte ihm den Arm um die Schultern, lehnte aber einen weiteren Cognac ab, als Will wieder mit der Flasche kam.

Hans schlief in der Mansarde, wo alles begonnen hatte. Ihre erste Liebe, ihr Wille, zusammenzubleiben und ein gemeinsames Leben zu führen. Das alles lief noch einmal vor seinen Augen ab, und es dauerte lange, bis er einschlief.

Will und Mia sahen am anderen Morgen die Qual in seinem Gesicht. Einen Kaffee trank er, essen konnte er nichts. Danach fuhr er mit Will in die Fabrik.

Am Nachmittag erfuhr Hans, daß alles gut verlaufen sei. Für einen Besuch sei es noch zu früh. Einen Tag würde er sich noch gedulden müssen. Er war gerade aufgestanden, als es an der Haustür klingelte. Es war seine Mutter. Sie sah ihn an, sagte aber nichts und ging in die Küche, um das Frühstück zu bereiten. Hans aß lustlos eine Kleinigkeit und trank den starken Kaffee.

Seine Mutter meinte, daß Lydia noch jung sei und immer noch Kinder kriegen könne, und er erfuhr, daß seine Mutter auch einmal eine Fehlgeburt gehabt hatte. Später sei Inge geboren worden. „Leider gibt es solche Fälle, Hans, aber darüber kommt man weg. Du wirst es sehen, Junge, daß auch Lydia sich wieder fängt. Du mußt ihr nur Mut machen und ihr gut zureden, damit sie nicht glaubt, das Leben sei nun sinnlos geworden. Lydia scheint sehr empfindlich zu sein. Sag ihr, daß alles wieder gut wird. Ich werde sie besuchen, sobald es ihr ein wenig besser geht."

In der Fabrik lenkte ihn die Arbeit ein wenig von seinen Sorgen ab. Es war Samstag, und es gab wie immer viel zu tun. Jansen kam zaghaft in sein Büro, und sie besprachen die anstehenden Dinge und die Angelegenheiten der Produktion. Neue Vorschläge des Dessinateurs und ein paar Neueinstellungen, bei denen der Betriebsratsvorsitzende zugegen war. Als sie alles besprochen hatten und Jansen fortging, blieb Giese noch und fragte, ob Hans noch ein paar Minuten Zeit für ihn hätte.

„Natürlich, Herr Giese. Was gibt es denn?"

„Herr Dehlen, die Unzufriedenheit der Leute wächst. Sie müssen etwas an den Löhnen tun. Die Leute brauchen das Geld. Von verschiedenen Seiten hörte ich, daß anderswo mehr verdient wird und wir hinterherhinken."

Hans nickte. „Ich habe das schon von Herrn Jansen erfahren und werde darüber nachdenken, Herr Giese. Denken Sie daran, daß wir noch viel für die Fabrik tun müssen. Wir sind im Augenblick finanziell sehr angespannt und müssen aufpassen, daß wir uns nicht übernehmen. Ist das nämlich der Fall, haben alle das Nachsehen. Haben Sie nicht gehört, daß die größte Aachener Tuchfabrik in Schwierigkeiten ist? Man spricht ganz offen darüber. Wenn man mich richtig informiert hat, geht es dort steil bergab."

„Das habe ich auch gehört."

„Ich weiß aber auch, Herr Giese, daß anderswo ebenfalls Schwierigkeiten herrschen. Eine ganze Reihe anderer Tuchfabriken tun sich schwer. Denken Sie nur mal an diese verrückten Wollpreise. Wir haben ein Preisniveau erreicht, das einmalig ist. So etwas hat es in unserer Branche noch nie gegeben."

Als Giese ausholen wollte, um sein Anliegen zu unterstreichen, winkte Hans ab.

„Herr Giese, heute ist Samstag, und wir haben wenig Zeit. Außerdem habe ich im Moment andere Sorgen. Lassen Sie es uns auf nächste Woche verschieben, ja? Dann reden wir ausführlich darüber."

Giese erhob sich. „Wie Sie wünschen. Machen wir es in der kommenden Woche. Wir haben eine Betriebsratssitzung anberaumt, da könnten wir alles gemeinsam besprechen."

Hans Dehlen erschrak, als er seine Frau sah. Sein Herz klopfte plötzlich wild beim Anblick dieses geliebten Menschen, der kaum wiederzuerkennen war. Das Gesicht von gelblich wächserner Blässe, fast durchsichtig und die Augen riesengroß und dunkel umschattet. Die Hand, die sie ihm mit flehender Geste entgegenstreckte, war kalt und schlaff.

„Hans …"

„Lydia."

Er hielt ihre Hand in seinen Händen und drückte sie.

„Du mußt tapfer sein Liebling. Es war ein tragischer Unfall, an dem wir nichts mehr ändern können. Du mußt jetzt an dich denken und versuchen, das Geschehene zu vergessen. Du wirst es überstehen und wieder gesund werden. Wir werden Kinder haben, Lydia. Ich habe mit dem Arzt gesprochen, und er hat mir bestätigt, daß du gesund bist und wieder ein Kind haben kannst."

Sie blickte ihn an, sagte kein Wort. In ihren Augen sah er tiefe Traurigkeit und Hoffnungslosigkeit. Er suchte nach tröstenden Worten und sprach von ihren Gemeinsamkeiten, seiner Liebe zu ihr und von seinem Wunsch, ein Kind zu haben. Er malte ihr aus, wie es sein würde, wenn sie wieder gesund sei. Nur dürfe sie den Glauben an die Zukunft nicht verlieren. Ihre gemurmelten Worte verstand er nicht, so leise kamen sie aus ihrem Mund. Sie schloß die Augen, und er glaubte zu sehen, wie die Kraft sie verließ. Er blieb lange bei ihr und hielt ihre Hand, und sie lag da mit geschlossenen Augen und rührte sich nicht. Nur hin und wieder öffnete sie langsam die Augen und sah ihn an. Dann formten ihre Lippen seinen Namen, und er drückte ihre Hand fester.

„Dieser Zustand ist bei sensiblen Frauen typisch", sagte der Arzt. Ich denke, daß es morgen schon bedeutend besser aussieht. Rufen Sie an, wenn Sie sie besuchen wollen. Sie können zu jeder Zeit kommen. Ich habe morgen Dienst."

Mike Hellmann erwartete ihn vor der Haustür, und Hans ging mit ihm hinauf. Hellmanns Mitgefühl tat gut, und als Mike ihn zu sich nach Hause zum Essen einlud, ging er mit ihm.

Hellmanns Eltern, einfache Leute, hatten sich mit dem Essen alle Mühe gemacht. Niemand sprach ein Wort über das Unglück, das ihn getroffen hatte, und auf dem Nachhauseweg, Mike begleitete ihn, meinte dieser, daß dies zwar schmerzlich, aber keineswegs endgültig sei.

„Ihr könnt noch Heerscharen von Kindern in die Welt setzen, lieber Hans."

„Das glaube ich auch, Mike. Aber mach das mal meiner Frau klar. Ich fürchte immer noch, daß sie unter dem Schock mehr leidet als unter den körperlichen Beschwerden."

Sie saßen bis spät in die Nacht hinein zusammen und tranken. Die dunklen Gedanken lichteten sich, und Hans sah nicht mehr so schwarz wie noch vor Stunden. „Morgen sieht es schon viel besser aus", hatte der Arzt gesagt, und er schöpfte Hoffnung, die sein Freund Mike Hellmann kräftig unterstützte.

Als er am anderen Morgen aufwachte, er hatte überraschend gut geschlafen, war er völlig ausgeruht. Er machte sich sein Frühstück und las die Samstagszeitung durch, wozu er am Vortag nicht gekommen war. Gegen neun rief er das Krankenhaus an.

„Sind sie Herr Dehlen?" fragte die Stationsschwester, mit der man ihn verbunden hatte.

„Ja."

„Moment bitte."

Es knackte in der Leitung.

„Oberschwester Margret."

Hans Dehlen nannte noch einmal seinen Namen.

Herr Dehlen, wir haben Ihre Frau heute morgen mit den Sterbesakramenten versehen lassen. Herr Dehlen? Hallo?"

„Ja, ich komme sofort."

Lydia lag im Koma. Ihre Brust hob und senkte sich mühsam. In ihrer Nase steckte ein dünner Schlauch, ihre Lippen bewegten sich kaum merklich, und ihre Hand reagierte nicht auf seinen Druck. Vom Krankenhauspersonal war niemand im Zimmer. Hans war mit seiner Frau allein. Sein Versuch, sie anzureden, blieb ohne Reaktion. Er schob den Stuhl heran und setzte sich dicht neben ihr Bett. Er hielt ihre Hand. Was kann ich tun, dachte er? Kann man überhaupt noch etwas tun? Bei ihrem Anblick traten ihm Tränen in die Augen. Ein beklemmendes Gefühl stieg in seiner Brust hoch. Sterbesakramente? Was ist, wenn sie stirbt? Gestern noch hatte man gesagt, daß es besser werden würde, - und nun. Er erhob sich und ging auf den Flur hinaus. Der Arzt mache gerade seine Runde, wurde ihm gesagt, als er nach ihm fragte. Er werde aber bald kommen. Das Warten auf den Arzt wurde zur Ewigkeit, die Stille im Flur erdrückend. Bis er endlich kam, verging über eine Stunde. Der Zustand seiner Frau hatte sich nicht verändert. Langsam tropfte eine helle Flüssigkeit in einen Behälter, von dem ein dünner Schlauch zu ihrem Unterarm führte. Ein leises „Hans" drang plötzlich zu ihnen herüber, und Hans trat sofort neben sie, beugte sich hinunter, aber sie lag wieder still und ohne Regung da.

Der Arzt wollte sie untersuchen und bat ihn, auf den Flur hinauszugehen, und als er fertig war, sagte er: „Am besten lassen wir sie jetzt allein, Herr Dehlen, Sie werden etwas essen wollen. Kommen Sie gegen drei Uhr wieder zurück!"

Ein Passant sprang schnell auf den Bürgersteig und schimpfte hinter seinem Wagen her, aber er bemerkte es nicht. Er steuerte den Wagen wie im Traum, verfuhr sich und lenkte ihn schließlich zu Will Horschs Wohnung. Mia, Will und Hella fragten nichts. Sie sahen ihm an, daß er litt und Worte nur wenig ausrichten würden. Sie boten ihm einen Platz an ihrem Mittagstisch an, und Hans aß eine Kleinigkeit. Nicht ein einziges Mal blickte er von seinem Teller auf.

Will fuhr ihn um drei Uhr wieder ins Krankenhaus, wo ein Arzt auf dem Flur wartete und ihn in sein Zimmer bat. Dort teilte er ihm mit, daß seine Frau vor einer halben Stunde verstorben sei.

Hans hörte die Worte. Er blickte den Arzt fragend an.

„Wieso mußte sie sterben?“ Er schluckte. „So jung und - ?“

„Herr Dehlen, wir haben keine rechte Erklärung dafür. Der physische Schaden, den Ihre Frau davongetragen hatte, war es mit Sicherheit nicht. Es war ihre Sensibilität, so glauben wir. Für uns ist das die einzige Erklärung. Das kommt äußerst selten vor. Aber Ihre Gattin war leider so ein Fall. Wie war Ihre Ehe? Hatten Sie Probleme?“

Hans sah ihn einen Augenblick verständnislos an, dann schüttelte er den Kopf. „Unsere Ehe war gut. Meine Frau litt unter dem vielen Alleinsein, weil ich oft bis spät abends arbeiten muß. Wir haben uns geliebt, und ich habe es ihr auch immer gesagt. Ihre Sehnsucht nach einem Kind war unbeschreiblich, und sie hat sehr darunter gelitten, daß es anfangs den Anschein hatte, als würde sie keines bekommen, und als es dann soweit war, konnte sie das Glück nicht fassen.“

Es war einige Sekunden still zwischen ihnen. Will kam näher, und der Arzt fragte: „Kann ich Ihnen etwas anbieten, einen Kaffee?“

„Nein danke.“ Hans reichte ihm die Hand, und sie gingen den Flur hinunter. Will schlang seinem Freund den Arm um die Schulter und brachte ihn zum Wagen.

***

Der „Alte“ aus Rhöndorf regierte souverän. Seine zähe Kämpfernatur war das richtige Gegengewicht gegen die Besatzung. Verbissen rang er um jeden Zentimeter Boden. Er war zu einer Vaterfigur für viele geworden, und große Teile des Volkes brachten ihm grenzenloses Vertrauen entgegen. Gipfelpunkt seines Erfolges war die Heimkehr der Kriegsgefangenen aus Rußland. Dann die Verbrüderung mit de Gaulle und Frankreich. Diese große Gestalt des Nachbarlandes, diese beiden Alten verdammten den Krieg und sahen in ihrer Freundschaft den Beginn eines neuen Zeitalters.

Theodor Heuß repräsentierte auf sympathische Art und Weise die Deutschen, und die Stimmen des Hasses und das Schreien nach Vergeltung ebbten allmählich ab. Man suchte und versuchte Wege zur Verständigung und zur Wiedergutmachung mit den Juden. Hier wurde Ben Gurion zur Schlüsselfigur der anderen Seite. Männer wie er, wie de Gaulle und viele andere Politiker auf der ganzen Welt waren für einen Neuanfang. Deutschland erlangte von vielen Vergebung, doch sollte nichts vergessen werden.

Die bedeutendsten Politiker Europas, vor allem aber die auf dem Kontinent, sprachen immer wieder von einem vereinten Europa, und zahlreiche Staatsmänner setzten sich dafür nachdrücklich ein. Aachen, die Stadt Karls des Großen im Herzen Europas, stiftete den „Karlspreis" für Verdienste um Europa. 1951 wurde der Preis Hendrik Brugmans verliehen. Nach dieser Preisverleihung fand eine Europakundgebung vor dem Rathaus statt..

***

Das deutsche Wunder war in vollem Gange und wurde überall in der Stadt sichtbar. Der Dom hatte neue Chorfenster bekommen, die von Walter Brenner und Prof. Wendling entworfen wurden. Das Rathaus war bei Prof. Pirlet in guten Händen. Er würde die schwerbeschädigte Fassade dieses historischen Bauwerkes wieder herrichten, so wie er damals auch den Chor des Domes stabilisierte.

Mitte des Jahres eröffnete ein französisches Kulturzentrum seine Pforten. Eine Autobusverbindung zum holländischen Heerlen wurde geschaffen, und die belgischen Nachbarn hatten an der Grenze eine Busumsteigestation eingerichtet. Die Bahnlinien in und aus der Stadt waren repariert, und das Zugaufkommen hatte vorkriegsmäßige Dimensionen. Der innerstädtische Verkehr wuchs mit jedem Tag. Immer mehr Automobile bevölkerten die wieder hergerichteten Straßen. Alte, wieder zusammengeflickte Autos rollten unentwegt. Sie waren handlackiert und glänzten in den buntesten Farben. Es waren aber auch schon Neukonstruktionen auf dem Markt. Ein typisches Fahrzeug dieser Tage war der Loydt, im Volksmund „Leukoplastbomber" genannt, ein Kleinwagen, dessen Karosserie neben Blechstreben auch mit Sperrholz verarbeitet war. Schrott wurde immer noch gesammelt, und es ging das Wort um, daß dieser oder jener reich wie ein „Schrotthändler" sei. In den großen Industriegebieten kamen immer mehr Werke in Schwung. Nach einer Stahlerzeugungsquote wurde kaum noch gefragt, und es wurde nun mehr Kohle gefördert, als man vorgesehen hatte. Die mittelständische Industrie und die Handwerksbetriebe wuchsen, und niemand war ohne Arbeit.

In der Textil- und Bekleidungsindustrie war es die Mode, die eine nachhaltige Wirkung auf Erzeuger und Verbraucher ausübte. So hatte der Newlook nach dem Krieg die langen Damenröcke gebracht, deren Länge mit dreißig Zentimetern über dem Boden angesetzt worden war. Für die Hersteller von Tuchen war dies mit Hunderttausenden von Metern Tuch verbunden, während einige Jahre danach die Minirockmode die Produktionszahlen erheblich kleiner werden ließ.

Die Situation in der Textilbranche war unruhig. Seit Monaten waren die Rohstoffpreise in starke Bewegung geraten, die Tendenz immer weiter steigend. Es hatte den Anschein, als ob der Kalte Krieg, der zwischen den beiden Großmächten herrschte, sich auf die Wolleinkäufe verlagert hatte, denn diese beiden waren es, die immer noch an den Wollbörsen erschienen und diesen begehrten Rohstoff in Riesenmengen kauften.

Das hatte für die Industrie nicht nur zur Folge, daß die Preise für Tuche laufend stiegen, es verlangte auch von dem Hersteller wie auch vom Tuchhändler ein erheblich größeres Kapitalvolumen, wenn er Schritt halten wollte. Diese Wollpreisentwicklung hatte schon im Jahr 1951 zur Folge, daß einigen Händlern und Herstellern die Luft ausging und sie in Schwierigkeiten gerieten. Hinzu kam noch eine immer stärker werdende Auslandskonkurrenz. Man konnte wieder englische Tuche kaufen, und die Franzosen und Italiener waren ebenfalls gut im Geschäft.

Die ausländische Konkurrenz machte der deutschen Textilindustrie schwer zu schaffen, und man konnte immer wieder nur staunen, zu welchen Preisen die Ausländer in Deutschland ihre Ware verkaufen konnten. In Helgas Tuchgroßhandel war seit Monaten der Teufel los. Das Geschäft lief eigentlich gut, aber die ruhigen Zeiten schienen vorüber zu sein. Das Telefon klingelte ununterbrochen, und immer wurde die Chefin verlangt, weil ein Kunde es sehr eilig hatte und noch zum alten Preis einkaufen wollte. Die Instabilität der Preise machte die Kundschaft verrückt, und die Linie, nach der das Geschäft ablief, war zu einer Zickzackkurve geworden. Was heute noch stimmte, war morgen schon überholt. Trotzdem ging es weiter, jedoch für Helgas Geschäft mit einem großen Mehraufwand an Arbeit. Neue Preislisten erschienen wöchentlich, und manchmal wurde noch vor Ablauf der Woche wieder korrigiert, weil der Lieferant einfach zu dem abgesprochenen Preis nicht mehr liefern konnte und feste Zusagen zur Seltenheit geworden waren.

Helga versuchte mit aller Kraft, in diesem Wirrwarr die Übersicht zu behalten und arbeitete hart. Sie rauchte viel und trank täglich eine Menge Kaffee. Müde kam sie abends nach Hause, wo man eine ausgeglichene Frau und Mutter erwartete, aber mit einer abgekämpften Geschäftsfrau vorlieb nehmen mußte, die zu nichts mehr Lust hatte. Die Kinder sahen ihre Mutter aus erstaunten, manchmal erschrockenen Augen an, und ihr Mann sagte nicht mehr viel. Über seinen Einwand, sie rauche zuviel, gerieten sie in Streit, der damit endete, daß er sich mit einem Aktenbündel in ein anderes Zimmer verzog. Damit war der Rest des Abends gelaufen, und Helga, die ihm Unverständnis für ihre Situation anlastete, beschloß den Abend mit einem dreistöckigen Cognac.

Erst am nächsten Wochenende kam man zu einem vernünftigen Gespräch, und Helga entschuldigte sich bei ihrem Mann für den Ausrutscher. Sie setzten sich zusammen und verglichen die Summen der Einkaufs- und Verkaufszahlen und stellten fest, das der Gewinn gesunken und die Ausgaben gestiegen waren, und zwar in einem erschreckenden Maß. Zuerst nahmen beide an, sich geirrt und irgendwo verrechnet zu haben, aber eine Nachprüfung bestätigte das vorherige miserable Ergebnis.

Helga war erschlagen. Sie sank auf den Stuhl zurück und starrte ihren Mann mit großen Augen an, in denen dieser nichts als Ratlosigkeit sehen konnte.

„Wir müssen eine Strategie entwerfen, die den Gegebenheiten gerecht wird, Helga. Es geht nicht an, daß du dich in deinem Geschäft abrackerst, dabei deine Gesundheit ruinierst und dann schließlich nur einen lächerlichen Gewinn erzielst, der dich, wenn du so weitermachst, so weit bringt, daß du deinen Verpflichtungen nicht mehr nachkommen kannst." Er sah zu ihr hinüber, die angeschlagen auf ihrem Stuhl saß. „Als ich vorige Woche in der Fabrik bei Hans und deinem Schwiegervater war, da waren die beiden dabei, die Preise für die neue Ware zu überprüfen. Dabei bedienten sie sich der Wollnotierungen und stellten Vergleiche mit den Angeboten an. Wir sollten versuchen, ähnlich vorzugehen, und den Preisverlauf täglich ansehen und verfolgen, um daraus einen Verkaufspreis errechnen, der dich nicht in die Miesen abrutschen läßt."

Sie hatte interessiert zugehört und meinte: „Wenn ich nur noch dasitze und die Preise anschaue, verliere ich Zeit und die geschäftliche Beweglichkeit."

„Vielleicht ist es aber besser, an Agilität zu verlieren als an Gewinn?"

„Du magst recht haben, Josef. Ich habe eine ganze Reihe Kunden, die rufen mich täglich an und machen mich verrückt mit ihren Fragen und Sonderwünschen. Ich bin oft ganz durchgedreht. Dazu kommt, daß ich alles schriftlich festhalten will, weil ich sonst morgen nicht mehr genau weiß, was ich vorgestern versprochen habe."

„Vor allem scheint mir wichtig, daß du es fertigbringst, die Geschäftsabwicklung zu beruhigen. Die ganze Hektik bringt nichts. Dein Geschäft läuft doch gut. Laß es so weiterlaufen, und schaff dir die Kunden, die dich verrückt machen, vom Hals, denn die verleiten dich immer wieder zu Zusagen, die deinen Gewinn verschlingen. Laß sie sausen und konzentriere dich auf die ruhigen, die seriösen, die sicherlich Verständnis haben, wenn du ihnen die Lage erklärst. Kalkuliere nicht zu tief, laß dir auch dort mehr Spielraum, dann bist du in der Lage, deine Preise auch über eine längere Zeit stabil zu halten. Im Grunde machen es die in der Fabrik nicht anders. Die haben auch viel Arbeit mit diesem ständigen Kalkulieren und Nachrechnen, aber die haben das Geschehen fest im Griff und sehen zeitig, wenn etwas im Schwange ist."

Eine Zigarette beruhigte Helga sichtlich. Zuversicht kehrte zurück, und Helga forderte Josef auf, einen Spaziergang durch den Wald zu machen, was seit geraumer Zeit nicht mehr auf ihrem Programm gestanden hatte. Und sie nahm sich vor, den Nachmittag den Kindern zu widmen, die sonst annehmen mußten, daß ihre Mutter für sie nicht mehr zu sprechen war. So verlief dieses Wochenende harmonisch, und es war wie früher. Ich brauche das, dachte sie nachher. Ich benötige diese Erholung, denn mein Geschäft verlangt viel Kraft.

***

Der Betriebsrat, drei Männer und zwei Frauen, warteten schon auf dem Flur, als Hans Dehlen und Jansen aus dem Büro kamen. Gemeinsam betrat man das Besprechungszimmer und setzte sich um den großen Tisch.

Giese eröffnete in seiner Eigenschaft als Vorsitzender des Betriebsrates die Besprechung, und eine der beiden Frauen führte Protokoll. Giese erklärte noch einmal die Bedeutung des Betriebsrates und seiner Arbeit, die nicht ausschließlich dem Wohl der Arbeiter diente, sondern letztendlich auch dem Betriebseigner. Giese erwähnte noch einmal, daß man es in der Nazizeit sehr schwer gehabt habe, weil die Nazis alles von der Partei aus geregelt hatten. Damals wurde auch ein Betriebsobmann gewählt, aber einer, der die Parteilinie vertrat.

„Erst die Demokratie hat uns wieder zu unserem Recht verholfen und das Betriebsrätegesetz neu formuliert, so daß wir wieder in der Lage sind, frei unsere Entscheidungen zu treffen und uns so zu verhalten, daß nicht jeder mit uns machen kann, was er will."

Alle hörten zu, und einer der Männer, ein rotgesichtiger, kräftiger Mann, nickte mit dem Kopf, um auf diese Weise seine Zustimmung zu dem Gesagten zu demonstrieren. Nun trug Giese einige Dinge vor, die er gerne verbessert haben würde. Hans bejahte und versprach Abänderung, wobei man ihm aber eine gewisse Zeit lassen sollte, weil alles auf einmal nicht zu machen sei. Es wurden noch ein paar kleine Wünsche behandelt, und Hans merkte, daß Giese sich den Clou, der den Wunsch nach mehr Lohn beinhaltete, bis zuletzt aufbewahrt hatte. Bevor es aber dazu kam, schnitt Hans noch einmal die Dinge an, die ihm auf dem Herzen lagen. Darunter fiel die Unpünktlichkeit einiger Leute bei Arbeitsanfang. Trotz der Stechuhr, in die jeder Arbeiter seine Karte bei Beginn der Arbeit und bei deren Ende steckte, kamen immer einige zu spät an ihren Arbeitsplatz.

„Das Interessante dabei ist, meine Damen und Herren", sagte Hans, „daß, obschon dieser oder jener zu spät den Pförtner passiert, seine Zeitkarte davon aber nichts anzeigt. Sie ist offensichtlich von einem anderen gesteckt worden. Wir haben nun keine Zeit und auch keine Lust, hinter solchen Mätzchen herzulaufen und denjenigen zu suchen, der sowas macht. Wir werden dem Pförtner den Auftrag geben, in Zukunft die Namen der Zuspätkommenden zu notieren und, wenn wir dann noch eine vorher gesteckte Karte finden, daraus die Konsequenzen ziehen."

„Und was verstehen Sie unter diesen Konsequenzen?" fragte der Rotgesichtige und kniff die Augen zusammen.

„Wie wir es auch früher vor dem Krieg gemacht haben", erwiderte Jansen. „Wer dreimal zu spät kommt, muß mit seiner Entlassung rechnen."

„Und die Angestellten, was machen die?" fragte der Rotgesichtige, der Josten hieß, laut.

„Die Angestellten sind durchweg pünktlich. Gelegentlich kommt von denen auch mal einer zu spät. Hier werden keine Karten gesteckt, und die Angestellten machen oft Überstunden, die nicht extra bezahlt werden", sagte Jansen.

Diesmal war es der Angestelltenvertreter, der nickte.

Es ging noch eine Weile hin und her mit dem Zuspätkommen und den getürkten Stechkarten, und schließlich gab Giese zu, daß es Sünder gebe, die nicht korrekt gehandelt hätten.

„Der Betriebsrat wird diese Kontrolle übernehmen", sagte Josten, und Jansen erwiderte, daß er den Portier ebenfalls aufschreiben lasse, wer zu den Bummelanten gehörte und wer nicht. „Auf diese Weise, Herr Josten, geht uns auch keiner durch die Lappen."

Nun ergriff Giese wieder das Wort und kam zur Lohnerhöhung.

„Wir hören von allen Seiten, Herr Dehlen, daß anderswo besser bezahlt wird als hier bei uns. Die Ernährungskosten, das wissen alle hier an diesem Tisch, steigen ständig, und die Preise für andere Sachen wie Kleidung, Elektrogeräte und all das, was man eben zum Leben braucht, gehen immer weiter in die Höhe. In vielen Familien muß überlegt werden, ob man nun dieses oder jenes zu kaufen überhaupt in der Lage ist. Das ist die Situation, Herr Dehlen. Es reicht einfach vorne und hinten nicht!"

Hans hatte einige Zahlen zusammengetragen und nahm die Blätter zur Hand. „Die meisten von Ihnen haben den Wiederaufbau unserer Fabrik selbst miterlebt oder sind während dieser Zeit zu uns gestoßen, als es hier noch wie eine Wüste ausgesehen hat, als noch kaum eine Mauer stand und die Maschinen ein großer Haufen Schrott waren. In dieser Zeit haben wir alle, nämlich Sie und die Betriebsleitung, eingesehen, daß wir das, was Sie heute hier sehen, nur in gemeinsamer Arbeit geschafft haben. Jeder hat mit angefaßt, und wir haben gemeinsam, ich betone dieses Wort besonders, wir haben gemeinsam den Aufbau gemacht. Diese Phase des Wiederaufbaus kann man heute als abgeschlossen betrachten, doch die Weiterarbeit, die Arbeit, die uns konkurrenzfähig macht und die unser Geschäft für weitere

Jahre stabilisiert, ist noch keineswegs abgeschlossen. Das heißt im Klartext, daß wir uns noch alle verdammt anstrengen müssen, um auch das zu bewältigen. Wir von der Betriebsleitung wissen genauso gut wie Sie, daß alles teurer wird, und wenn Sie sich einmal die Preisentwicklung auf dem Wollmarkt anschauen," Hans wies auf eine farbige Grafik an der Wand, „dann sehen Sie, daß sich auch auf diesem Gebiet einschneidende Dinge tun. Eine solche Preissituation haben wir in unserer Branche noch nie erlebt. Was nun Ihre Löhne angeht, so werden wir sie erhöhen, das haben wir schon besprochen. Doch im Augenblick sind wir sehr angespannt und brauchen noch etwas Zeit. Es wäre also mein Vorschlag, daß Sie uns diese Zeit geben, damit jedes Risiko für die Fabrik ausgeschlossen wird. Wir werden Ihnen dann später eine Lohnerhöhung geben. Sie sagen, daß anderswo mehr gezahlt wird als bei uns, und ich kann Ihnen dazu sagen, daß auch anderswo schon der Laden dicht gemacht werden mußte, weil man mit den Finanzen nicht mehr zurechtkam."

„Daran waren aber nicht die Löhne schuld", konterte Giese.

„Nein, nicht immer. Doch sind mir zwei Fälle bekannt, wo eine Lohnforderung erheblich mit dazu beitrug, das Faß zum Überlaufen zu bringen. - Meine Damen und Herren, wie ich Ihnen schon sagte, sind wir bereit, die Löhne zu erhöhen, doch erscheint mir der Augenblick nicht geeignet, und ich bitte Sie nochmals um etwas Geduld."

Giese machte ein abweisendes Gesicht, und Josten, der kampfbereit am Tisch saß, legte los: „Von uns erwartet man Geduld und immer wieder Geduld, und doch sind wir am Schluß die Gelackmeierten. So war das früher, und so ist das heute auch. Sie reden immer von Gemeinsamkeit und Zusammenarbeit, und was tut sich? Vor ein paar Jahren, da haben wir alle gemeinsam aus einem Topf, der auf dem Hof über einem Feuer hing, die Suppe gegessen. Da haben noch alle gemeinsam angepackt und jetzt ? Der Arbeiter geht zu Fuß zur Arbeit, und der Angestellte kommt mit dem Auto in die Fabrik. Die Herren können sich alles leisten, und wir, wir sollen wieder einmal Geduld haben."

Das Gesicht von Josten war noch roter geworden, und seine Hände fuhren in der Luft herum.

„Ist das vielleicht die Gemeinsamkeit, von der hier immer geredet wird? Hier in der Fabrik geht es rund, das kann jeder sehen, und hier wird auch Geld verdient, aber es wird nicht gerecht verteilt. Die einen haben viel und die andern zu wenig. Diese Ungerechtigkeit lassen wir uns nicht länger gefallen." Josten war nun richtig in Fahrt und wollte weiterreden, aber Giese legte ihm beschwichtigend die Hand auf den Arm und ergriff selbst wieder das Wort.

„Herr Dehlen, wir haben schon vor Wochen über das Lohnproblem gesprochen und sind vertröstet worden ..."

„Wir haben aber auch damals etwas getan," unterbrach ihn Jansen.

„Ja, Herr Jansen, aber das war zu wenig. Man hatte uns versprochen, daß bald mehr käme, doch bis zum heutigen Tag ist nichts geschehen. Wir warten und warten und, um es einmal ganz offen zu sagen, wir sind das Warten leid."

„Und wenn ich nun sage, daß es im Moment wirklich nicht geht, Herr Giese?" fragte Hans. „Es werden in wenigen Tagen noch drei Maschinen geliefert, die wir bestellt haben und dringend benötigen. Außerdem muß in der Verwaltung unbedingt etwas getan werden. Wir haben in unserer Planung ..."

Josten unterbrach mit einer ungeduldigen Handbewegung, die schon etwas von einem Kinnhaken an sich hatte. „Dann haben Sie eben nicht richtig geplant. Sie hätten eine Lohnerhöhung mit einplanen sollen."

„Jetzt machen sie aber mal einen Punkt, Josten. Von unserer Planung, die bisher immer richtig war, das können Sie überall in der Fabrik sehen, haben Sie keine Ahnung, um das mal klar zu sagen. Die Löhne sind nicht in Vergessenheit geraten, aber Sie müssen uns schon zugestehen, daß wir so planen und jede Stelle in der Fabrik berücksichtigt wird und das Gesamte nicht in Gefahr gerät." Jansens Handbewegung zeigte seinen Ärger, als Josten ihn unterbrechen wollte. „Lassen Sie mich ausreden. Sie kommen nachher wieder dran. Also das, was hier von uns geplant wird, soll die Produktion schneller und effektiver machen. Das ist notwendig und muß mit einem Minimum an Zeit über die Bühne gezogen werden. Dieser Wechsel auf dem Markt, wie wir ihn heute haben, verlangt mehr von uns als nur zu produzieren. Wir müssen sehen, daß wir schneller und besser als die anderen sind. Es wird, wie sie ganz richtig sagten, bei einigen mehr bezahlt als bei uns, im Augenblick jedenfalls. Aber wir werden das aufholen. Sie haben aber auch gehört, daß verschiedene ihren Laden dicht machen mußten, weil das Geld nicht mehr reichte, weil die sich übernommen hatten, auch in Bezug auf die Löhne."

„Das ist eine Behauptung, die Sie nicht beweisen können!" Diesmal war es Giese, der Jansen antwortete. Josten erhob auch seine Stimme und eine der Frauen ebenfalls. Es entstand ein wirres Durcheinander.

Hans hob die Hand. „Was Herr Jansen sagte, stimmt. Allerdings waren es bei den Betrieben, die schließen mußten, nicht nur die Löhne. Diese Leute standen vor der gleichen Frage wie wir jetzt. Man hatte sich einfach von der Konjunktur verleiten lassen und drauflos gearbeitet. Man hat zu wenig nachgedacht und nicht seriös gerechnet. Als dann die Wollpreise wieder einmal einen Schub nach unten machten, war das Schlamassel da, und man mußte feststellen, daß man zuviel eingekauft hatte zu einem teureren Preis, daß man zuviel Maschinen bestellt hatte und daß das Verhältnis von Produktion und Lohn schlecht war. Wir versuchen alles, damit uns das nicht passiert. Wie oft, glauben Sie, sitzen Herr Jansen und ich noch spät abends zusammen und kalkulieren noch einmal und noch einmal alles durch, damit uns nur kein Fehler unterläuft? Und für den jungen Mann, der im Betrieb die Arbeitsstudien macht, der von den meisten Leuten angefeindet wird, ist es wahrhaftig kein Vergnügen, diese so wichtige Arbeit zu machen. Sie selbst, Herr Josten, müssen doch bemerkt haben, daß wir dem Weber alle Arbeit abnehmen, die ihn von seinen Maschinen wegholt, damit er dort bleiben kann, weil sich dadurch die Produktivität erhöht und auch sein Lohn. Die Ketten werden nach den neuesten Erkenntnissen vorbereitet, und wir haben viel investieren müssen, damit das langwierige Anknoten der Kettfäden wegfällt. Aber diese Arbeiten der Optimierung des Produktionsablaufes kosten Geld, viel Geld sogar, und wenn ich Ihnen jetzt die Lohnwünsche in der von ihnen geforderten Höhe erfülle, muß etwas anderes zurückgestellt werden, etwas, was sich eventuell sehr ungünstig für uns alle auswirken kann. Berücksichtigen Sie das bei Ihren Forderungen!"

Giese sprach mit leiser Stimme auf Josten ein, der sich wieder zu Wort melden wollte und sagte dann: „Wir vom Betriebsrat haben uns schon lange mit diesem Thema beschäftigt und beschäftigen müssen, weil die Leute immer zu uns mit ihren Forderungen kommen. Das geht nun schon seit Wochen so. Die Arbeiter werden ungeduldig, und einige wollen kündigen. Uns bedrängt man Tag für Tag. Wir wissen aber auch, wie es bei den Leuten aussieht und stehen voll hinter dieser Forderung. Ich persönlich kann Ihnen jetzt und heute nicht sagen, ob man noch warten will und ob man sich mit einer sofortigen, kleineren Lohnerhöhung zufrieden gibt. Wir werden den Fall noch einmal mit der Belegschaft besprechen und dann sehen, was zu machen ist."

Giese erhob sich, und die anderen standen auch von ihren Plätzen auf. Die Besprechung war zu Ende.

Doch damit war die Sache nicht erledigt. In der Fabrik brodelte es an allen Ecken und in jeder Halle. Viele Maschinen wurden abgestellt, weil die Arbeiter sich in Gruppen zusammenstellten, um diesen Fall zu diskutieren. Die Meister und Vorarbeiter predigten tauben Ohren, und es herrschte keinerlei Ordnung mehr. Nach Stunden hatte sich die Lage nicht beruhigt, und am Abend hieß es, man wolle streiken.

***

Nach Lydias Begräbnis war das Leben von Hans Dehlen in andere Bahnen geglitten. Er mied die leere Wohnung und blieb oft bis abends spät in der Fabrik. Wenn er dann nach Hause kam, war er müde und abgespannt und fand trotzdem nicht den ersehnten Schlaf. Sein Alkoholkonsum steigerte sich erheblich, weil der das

Einschlafen erleichterte. Will und Mia kümmerten sich sehr um ihn und luden ihn zweimal in der Woche zu sich ein. Die Trauer über seinen verschwand nur langsam. Was blieb, war die Einsamkeit, trotz Wills freundschaftlichen Bemühungen und dessen Familie, ihn zu zerstreuen.

Als er eines Abends gegen acht hungrig nach Hause kam, erwartete ihn ein ehemaliger Mitschüler. Hans war erstaunt, Jupp Fonten vor seiner Haustür zu finden. Jüppchen, wie sie ihn in der Penne genannt hatten, war ein kleinwüchsiger, pfiffiger Bursche, dem jedoch seine Kleinwüchsigkeit nie etwas ausgemacht hatte. Jupp war früher, wenn es etwas auszufressen gab, immer in vorderster Linie zu finden und mancher Ulk in der Penne, an den sich Hans noch heute erinnerte, ging auf Jupps Initiative zurück. Das Abitur schaffte Jupp nicht, nahm aber an der Abiturfeier teil, wo er mit seinem Witz und seiner Schlagfertigkeit glänzte. Er hatte ein Taxiunternehmen aufgemacht und war Fahrer des Bürgermeisters. Sie hatten sich lange Jahre nicht gesehen, und Hans dachte keine Sekunde daran, daß das Zusammentreffen mit Jupp ihm persönlich gelten könne.

„Ach, Hans, ich war in der Nähe, und da ich gehört habe, daß du abends allein in deiner Wohnung hockst, habe ich gedacht, ich lade dich mal zu 'nem Bier ein.“ Sein Gesicht verzog sich zu einem breiten Grinsen, das Hans an früher erinnerte. „Am besten ziehen wir gleich los,“ meinte er. „Und wenn du noch nichts gegessen hast, können wir auch eine Kleinigkeit futtern. Ich kenne eine Kneipe, da ist es urgemütlich, und ein Haufen netter Leute verkehrt dort. Also, was ist, gehst du mit?“

Hans hatte keine rechte Lust, aber gleichzeitig freute er sich über diesen unerwarteten Beweis alter Verbundenheit. Er stieg in den Wagen und fuhr mit.

Lydia war nun seit drei Monaten tot, und er hatte in dieser Zeit wie ein Mönch gelebt. Die einzige Zerstreuung waren seine Besuche bei Will gewesen. Gelebt hatte er zwischen der Fabrik und seiner Wohnung. Ausgegangen war er nie. Wenn er etwas trinken wollte, tat er dies zu Hause, dann aber soviel, daß er anschließend froh war, zu seinem Bett nur wenige Schritte zu haben.

Daß Jupp Fonten den Weg zu ihm gefunden hatte, erstaunte ihn, denn richtige Freunde waren sie in der Penne nie gewesen. Nach der Schule, wenn sie sich auf der Straße begegneten, hatten sie sich ein „Hallo“ zugerufen und sonst nie ein Wort miteinander gewechselt. Ihre Interessen waren auch sehr verschiedener Art gewesen. Nach dem Krieg hatte Hans nur bei irgendeiner Gelegenheit einmal gehört, daß Jupp Fonten auch zurückgekommen und ihm nichts geschehen sei.

Die Kneipe war voller Menschen, und sie fanden in einer Ecke noch einen freien Tisch. Fonten war hier bekannt wie ein bunter Hund. Alle winkten oder riefen einen Gruß herüber. Jeder kannte Jupp anscheinend gut. Scherzworte, manchmal ein wenig derb, flogen herüber, und Jüppchen konterte gekonnt und witzig zurück.

Das Bier war gut, und die Fritten mit Bockwurst, die sie aßen, schmeckten nicht schlecht. Es wurde viel gelacht in diesem Lokal, in dem viele der Gäste noch ihre Arbeitsanzüge trugen, was aber die übrigen nicht im geringsten zu stören schien. Hans war dieses Milieu fremd. Trotzdem fand er es gemütlich hier. Jupp verschwand für ein paar Minuten, und kurz nach seiner Rückkehr kamen zwei junge Damen an den Tisch. Die eine setzte sich neben Jupp, die andere neben Hans. Jupp nannte die Vornamen der beiden Mädchen und stellt Hans auch nur mit seinem Vornamen vor. Jupp feixte und witzelte ohne Pause, und die Mädchen waren lustig und vergnügt. Hans' „Tischdame" prostete ihm lachend zu, und Hans sah ihre makellosen Zähne und, als sie sich näher zu ihm herüberbeugte, in ihrem Ausschnitt einen respektablen Busen. Er fing Jüppchens Blick auf, der ihm aufmunternd zuzwinkerte und eine neue Lage heranrollen ließ. Ganz allmählich ging Hans ein Licht auf, und er ahnte, daß sein Schulfreund ihm nicht nur das Bier spendierte, sondern ihm auch etwas „fürs Herz," wie sich auch nachher herausstellte, besorgen wollte. Auf den Nachhauseweg sprach Jupp ganz offen darüber. Hans war im ersten Augenblick wohl schockiert, mußte sich aber dann sagen, daß das Jupps Art war. Der wollte einfach nett und freundlich zu ihm sein. Er versuchte, Hans klarzumachen, daß ein Mann eine Frau brauche. Die Fini sei ein nettes und ein sauberes Mädchen, fügte er hinzu.

Zu Hause bei Hans angekommen, verabredeten sie einen nächsten Termin. Hans sträubte sich anfangs, sagte aber doch zu, als Jupp ihn darum bat.

Sonntags spielte er stundenlang Klavier und versuchte sich damit aus trüber Stimmung zu holen und zu vergessen und brach einmal sein Spiel erst ab, als der unter ihm wohnende Staatsanwalt ihn um weniger Lautstärke bat. Er habe noch zu arbeiten und komme bei dem langanhaltenden Klavierspiel, das er ansonsten ausgezeichnet finde, nicht so recht vorwärts. Aus diesem Grunde ging er vielfach sonntags zu seinen Eltern und malträtierte den Bechstein, wobei ihm keinerlei Grenzen gesetzt wurden.

Eines Abends tauchten Inge und Pasteau bei ihm auf, und sie verbrachten einen schönen Abend zusammen. Hans staunte und freute sich über die Veränderung, die mit seiner Schwester vor sich gegangen war. So aufgeräumt, so lustig und verliebt kannte er Inge nicht, und wenn er an die erste Zeit ihres Hierseins dachte, war er froh, daß sie sich mit dem sympathischen Pasteau zusammengetan hatte. Denn zusammengetan hatten sich die beiden. Er hatte das anläßlich eines Besuches bei seinen Eltern erfahren, als seine Mutter ihm empört diese Neuigkeit berichtet hatte.

„Ich habe dem Kind Vorhaltungen gemacht", sagte sie aufgebracht. „Aber Inge tut das einfach ab. Sie sagt, sie liebt diesen Fotografen."

Das Wort „Fotograf“ klang so, als sei dieser eine Art Henkersknecht.

„Aber sie kommt nicht zur Vernunft. Verstehst du das?“

Hans hatte zu seinem Vater hinübergeblickt, der nur die Schultern gehoben hatte und der Sache nicht das Gewicht beimaß, wie seine Mutter dies tat.

„Mutter, Inge hat soviel erlebt, sie war derart verstört, als sie hier ankam, erinnere dich bitte daran. Wenn sie jetzt verliebt ist und mit diesem Mann zusammenlebt, dann würde ich ihr keine Vorhaltungen machen. Wir dürfen ihr dieses Verhältnis nicht zerstören. Zu hoffen ist, daß dieser Pasteau es ehrlich mit ihr meint und sie nicht nach einiger Zeit wieder verläßt. Das wäre für sie eine Katastrophe.“

„Eben. Darum geht es mir selbstverständlich auch. Was mich aber auch sehr daran stört, ist natürlich das Gerede der Leute. In unserer Familie hat es meines Wissens so etwas noch nie gegeben, Hans. Ich weiß ...“

„Mutter, entschuldige. Laß die Leute doch reden. Die reden immer. Als es Inge schlecht ging und sie verzweifelt in ihrem Zimmer saß, da waren diese Leute nicht da und haben nicht versucht, ihr zu helfen. Ich denke jetzt an verschiedene Bekannte, die Inge schon hätten einladen können, aber sie haben es nicht getan. Einige von denen haben sogar wegen Inges Zustand einen Bogen um uns gemacht. Das wird dir nicht entgangen sein. Und wenn die jetzt daherkommen und reden, dann lasse sie in Gottes Namen reden und sich den Mund zerreißen. Inge ist glücklich, und es ist zu hoffen, daß es von Dauer sein wird. Etwas anderes kann ich dir dazu nicht sagen.“

„Nun, wenn ihr beide dieser Ansicht seid, kann ich nichts machen. Recht ist es mir jedenfalls nicht.“

Ein ihnen bekannter Tuchfabrikant rief eines Tages an und wollte mit Hans ein Problem besprechen. Er würde dazu zu Hans in die Wohnung kommen, am Sonntagvormittag, wenn es ihm recht sei und er nicht störe. Herr Beier war ein alter Bekannter seines Vaters, und Hans sagte zu. Er sprach mit seinem Vater darüber, der Beier als einen umsichtigen und seriösen Mann kannte, sich aber nicht erklären konnte, was er mit Hans besprechen wollte.

Der Tuchfabrikant Beier kam und brachte seine dreiundzwanzigjährige Tochter mit, eine etwas pummelige Brünette, die sich sehr selbstbewußt gab. Der Verdacht, daß es mehr um die Tochter als um das Problem ging, kam Hans, als sich dieses als kaum existent erwies. Man redete und redete, und die hübsche Tochter von Herrn Beier machte auf Hans den Eindruck eines verwöhnten Einzelkindes. Sie war nicht sein Fall, aber er konnte es nicht verhindern, daß Beier ihn zu sich einlud und er zusagen mußte.

Als Hans seinen Eltern davon berichtete, meinte seine Mutter: „Beiers sind

Leute unseres Standes. Sie haben keine große, aber eine gutgehende Tuchfabrik. Das Bestreben von Herrn Beier, dir seine hübsche Tochter vorzuführen, erscheint mir ehrenwert und logisch. Und du, Hans, du bist ein junger Mann, der eine Frau braucht. Ein seriöser Mann in unseren Kreisen kann nicht ohne Frau leben, auch wenn du dir das im Augenblick nicht vorstellen kannst, wird die Zeit es dich schon lehren!“

Natürlich braucht ein Mann eine Frau, das hatte er von Jüppchen vor ein paar Tagen auch gehört, aber er konnte es sich einfach noch nicht wieder vorstellen, mit einer anderen Frau zusammen zu leben. Lydias Tod war noch nicht weit genug entfernt.

Mike Hellmann erschien sporadisch und schleppte Hans in die ‘Cortis Bar’, in der es neben teuren Getränken auch Striptease gab. Dazwischen brachte man akrobatische Tanzeinlagen, und er bemerkte, daß die Damen, die tanzen konnten, sich nicht auszogen, und die Damen, die sich auszogen, nicht tanzen konnten. Sie waren lediglich hübsch und ließen ihren Busen hüpfen.

Hellmann war seit einem Monat geschieden und erzählte Hans, wie sich sein Scheidungsprozeß vor Gericht abgespielt hatte. „Ich brauchte nicht viel zu sagen, das hat alles Eva besorgt. Ihr ungezügeltes Mundwerk ist ihr dabei zum Verhängnis geworden. Stell dir vor, sie fiel dem Richter immer ins Wort, und wenn der etwas bestimmte, protestierte sie laut. Bis es dann endlich ausgestanden war, hatte sie vier Verwarnungen bekommen. Ich habe nur ein paar Worte gesagt. Außerdem war mein Anwalt ein cleverer Bursche.“

„Und nun?“

„Was soll schon sein. Ich habe eine große, schöne Wohnung in Bonn, habe einen Wagen und einen Job, der mir einigermaßen Geld einbringt. Ich bin nun ein freier Mann und kann tun, was ich möchte.“

„Und das tust du auch.“

„Aber klar.“

Hellmann war ziemlich betrunken und erzählte von seinen Abenteuern und Eroberungen, und Hans konnte sich des Eindrucks nicht erwehren, daß Mike ein ziemliches Lotterleben führte. Viel Sauferei und jede Menge Frauen. Von seinem Roman, an dem er noch immer schrieb, sagte er nichts mehr.

***

In der Fabrik war es plötzlich still. Hans erhob sich und trat ans Fenster. Auf dem Fabrikhof war nichts Außergewöhnliches zu sehen, und er dachte einen Augenblick, daß der Strom ausgefallen sei. Er knipste seine Tischlampe an, das Licht brannte, also war auch Strom da.

Jansen kam nach kurzem Klopfen ins Büro. „So, jetzt haben Sie Ihren Streik. Alle Maschinen wurden eben abgestellt. Ich habe das kommen sehen, Herr Dehlen. Dieser Josten hat dem Giese keine Ruhe gelassen und seit zwei Wochen herumgestänkert, bis er sich durchgesetzt hat. Ob allerdings die Gewerkschaft diesen Streik trägt, das ist noch nicht raus. Der Josten ist dafür verantwortlich. Das ist der starke Mann, der dieses Ding gedreht hat."

Blitzschnell überlegte Hans, was ein Maschinenstillstand von einigen Tagen für Probleme aufwerfen könnte, und stellte fest, daß einige Stücke wirklich sehr eilig waren und schnellstens abgewebt werden mußten. Irgendwie muß das geschafft werden, dachte er und ging mit Jansen in den Betrieb hinüber. Als erstes betraten sie die Webereivorbereitung, die Kettschärerei und Zwirnerei. Die Mädchen und Frauen saßen auf den Garnkisten und plauderten. Beim Eintritt der beiden verstummte jedes Gespräch. Keine der Maschinen lief.

In der großen Webhalle fanden sie die gleiche Situation vor. An die Webstühle gelehnt, standen die Weber in Gruppen zusammen, und trotz des Rauchverbots lag Tabakqualm in der Luft. In dem großen, sonst lärmerfüllten Raum war nun Totenstille.

Sie fanden Giese und eine Gruppe von Webern in dem Umkleideraum der Weberei, und Hans fragte mit lauter Stimme: „Herr Giese, was soll das? Wie können Sie als Betriebsratsvorsitzender dulden, daß die Maschinen abgestellt werden, ohne mich vorher davon in Kenntnis zu setzen? Was ist das hier? Ist das ein wilder Streik oder eine Meuterei?"

Im Hintergrund wurden einige Stimmen laut, und als Hans sich dorthin wandte, verstummten sie. Giese setzte zum Reden an, aber ehe er noch etwas auf die Frage von Hans sagen konnte, sprach Josten: „Das ist die Antwort auf ihre Einstellung zu unserer Lohnforderung!"

Hans beachtete Josten nicht und fragte Giese: „Nun, Herr Giese, erklären Sie mir bitte, was hier vorgeht. Wenn es ein Streik ist, dann bringen Sie mich augenblicklich mit dem Gewerkschaftssekretär zusammen. Wenn es aber ein wilder Streik ist, dann verlange ich, daß die Fabrik sofort von den nicht Arbeitswilligen geräumt wird. Wer arbeiten will, der soll hierbleiben, wer nicht arbeitet, verläßt die Fabrik. Es ist jetzt zehn Uhr. Geben sie mir bis zwölf Bescheid."

Hans und Jansen verließen den Umkleideraum. Jetzt ging es dort, wo schon vorher harte Worte hin- und hergeflogen waren, erst richtig los. Es war plötzlich ein Streit zwischen Giese und Josten, wobei der eine die Gemäßigten und der andere die Radikalen vertrat. Giese warf Josten vor, die Leute unnötig scharf gemacht zu haben, und Josten titulierte Giese lauthals einen Schlappschwanz.

„Denen muß man es zeigen", schrie Josten, „die haben für den Arbeiter noch nie ein Herz gehabt. Später, später, das ist das Einzige, was die dazu zu sagen haben, und du Blödmann fällst darauf jedes Mal rein."

Ein junger Mann, der erst kürzlich geheiratet hatte und dessen Frau ein Kind erwartete, sagte: „Das, was hier gemacht wird, ist eine einzige, elende Stümperei. Ich bin seit zwei Jahren hier und kann mich nicht mit dem hartem Stil von Josten anfreunden. Natürlich wollen wir alle mehr Lohn und haben es dem Junior auch gesagt. Und wenn der nun sagt, daß er etwas tut, dann kommt auch was. Das war bisher noch immer so, und ich bin überzeugt, daß es jetzt auch so ist."

„Du armer Irrer", brüllte Josten, hochrot im Gesicht und machte ein paar schnelle Schritte auf den jungen Mann zu.

„Du glaubst auch an die Scheißhausparolen von denen? Mann, da bleibt einem doch der Verstand stehen, wenn man sich sowas anhören muß."

„Was? Du hast Verstand, Josten?" fragte der junge Mann ironisch. Josten stand auf seinen dicken, kurzen Beinen wie ein Boxer und blickte den Sprecher wild an. „Du Hosenscheißer, was willst du denn schon wissen. Steckst gerade ein paar Jährchen deine Nase in die Fabrik. Ich habe hier viele Jahre auf dem Buckel und kenne die Brüder ganz genau. Die nutzen uns aus und machen sich selbst ein schönes Leben auf unsere Knochen."

„Du könntest dir aber auch ein besseres Leben machen, Josten, wenn du nicht alles versaufen würdest?" antwortete der junge Mann kampflustig.

Einige murrten zu den Worten des jungen Mannes, andere lachten über Josten, der nun vor Wut zitterte. „Das Gescheiteste wäre es", sagte er mit rauher Stimme, „dir einmal richtig die Fresse zu polieren." Er machte wieder ein paar Schritte auf den jungen Mann zu, der ihn mit entschlossenem Blick erwartete.

Es hatte anschließend noch einen großen Wirbel gegeben, und dann waren zwei Tage später alle Maschinen wieder angezogen worden. Der Bescheid von Giese, den Hans am ersten Streiktag bis zwölf Uhr erwartete, hatte auf keiner Seite Beifall gefunden. Giese konnte nichts Konkretes über die Gewerkschaft und über deren Einwilligung sagen, und Hans war sich nicht ganz schlüssig, was er tun sollte. An diesem ersten Streiktag sollte es noch, das erfuhr Hans von Jansen, in der Männergarderobe eine Keilerei gegeben haben.

„Josten und ein junger Mann namens Laschet sind dort aneinandergeraten. Der eine war dafür, der andere dagegen. Schließlich sind sie handgreiflich geworden. Wie ich hörte, soll sich Josten wie ein wilder Stier auf Laschet gestürzt haben, der ihm aber geschickt ausweichen konnte und ihm ein blaues Auge verpaßt hat. Die andern haben die beiden Kampfhähne getrennt und ihnen klargemacht, daß sie beide aus der Fabrik fliegen würden, wenn das die Geschäftsleitung erfahren sollte."

„Wir wissen es jetzt", sagte Hans. „Was werden wir tun?"

„Wir tun gar nichts, Herr Dehlen. Wir wissen auch von nichts, denn das, was ich Ihnen eben sagte, kam auf sehr verschlungenen Pfaden zu mir. Mir kamen zufällig ein paar Worte zu Ohren, und ich habe dann nachgeforscht. Also offiziell nichts."

Der nächste Tag hatte dann eigentlich die Wende in der Haltung der Belegschaft gebracht. Hans hatte das Eingangstor der Fabrik geschlossen gehalten, und wer in die Fabrik wollte, mußte die kleine Nebenpforte benutzen. Dort aber saßen Hans und Jansen und fragten jeden, der eintrat, ob er arbeiten wolle oder nicht. Sagte der Betreffende oder die Betreffende glaubhaft zu, dann ließ man ihn passieren. Von der Gewerkschaft war bisher noch nichts gekommen, und Giese lief konfus umher. Hans hatte ihm seine Meinung erklärt und ihn über die Aktion, die jetzt an der Portierloge ablief, in Kenntnis gesetzt. Giese hatte darauf nicht geantwortet und weder Zustimmung noch Ablehnung geäußert.

„Der Streik ist wild, Herr Dehlen", sagte Jansen. „Wie mir zu Ohren gekommen ist, geht durch alle Tuchfabriken eine gewisse Unzufriedenheit, und wir, Herr Dehlen, sollten mit einer Lohnerhöhung nicht mehr zu lange warten. Wir kommen, wenn wir wieder friedlich arbeiten wollen, nicht daran vorbei."

„Ist mir völlig klar, Herr Jansen. Aber wir stecken im Augenblick wirklich in der Klemme. Die Lohnerhöhung ist geplant und der Kauf von Maschinen auch und zwar mit festen Zusagen von beiden Seiten. Ich habe nun schon, damit sich die Lage beruhigt, mit der Maschinenfabrik telefoniert. Die sind bereit, die Rechnungsfälligkeit ein Vierteljahr zu strecken, natürlich mit entsprechenden Konditionen, das kostet uns zusätzlich Geld."

„Reicht es dann? Ich meine mit der Lohnerhöhung?"

„Ich hoffe es, Herr Jansen. Mir ist aber auch klar, daß, wenn wir sofort die Erhöhung gewähren, dies Wasser auf die Mühlen der radikalen Forderer wie Josten sein würde. Wir werden uns nachher mit Giese unterhalten und ihm die Erhöhung für die nächste Zeit fest zusagen."

Bei den Gesprächen um und über den Streik erfuhr Hans von seinem Betriebsleiter, daß es in der Fabrik schon immer Unzufriedene gegeben hatte. „Leute, die ihre Arbeit immer gut verrichteten, waren jedoch politisch so orientiert, daß ihnen alles, aber auch alles, was nur nach Schlips und Kragen aussah, auch jeder, der sich etwas weiterbildete oder sich ein kleines eigenes Haus erarbeitete, suspekt war. Diese Menschen, in ihrer proletarischen Gesinnung, fanden alles schlecht und bekämpften es." Jansen setzte Hans ins Bild und meinte zum Schluß: „Ich verstehe solche Leute nicht. Sie sind gute Arbeiter, neiden aber jedem anderen etwas Besseres. Jeder muß nach deren Meinung in diesem Niveau verharren, sonst ist er kein Arbeitskamerad für sie. Josten ist so einer. Wie schon gesagt, er ist ein guter Mann, macht seine Arbeit hervorragend, aber vernünftig reden kann man nicht mit dem Kerl."

„Meinen Sie, wir sollen uns von ihm trennen?"

„Ich weiß nicht, Herr Dehlen. Manchmal würde ich das am liebsten tun, aber dann denke ich an seine Frau und die beiden Kinder, die er hat. Das Schlimmste dabei ist aber, daß sich viele der anderen von dem rebellischen Kerl anstecken lassen."

„Leute mit Mut und Durchsetzungsvermögen sind mir eigentlich nicht unsympathisch, aber man sollte sie auf seiner Seite haben."

Jansen schien verblüfft. Hans fuhr fort: „Ich glaube, ich werde bei passender Gelegenheit einmal mit Josten reden."

Jansen sah seinen Chef an. Viele Chefs hätten sich einer unbequemen Person bei der ersten Gelegenheit entledigt, aber der Junior war immer für eine Überraschung gut, das wußte Jansen. Zu dem Thema 'Josten' meinte er trocken: „Ja, dann versuchen Sie es nur mal."

***

Bis zwei Uhr nachmittags war die Temperatur auf 32 Grad im Schatten gestiegen, und in den Hallen und Büros der Fabrik herrschte eine Höllenhitze. Jansen hatte die Dachluken der Weberei öffnen lassen, und ein kühlender Luftstrom zog durch die offenstehenden Türen der großen Halle herein, der eine leichte Besserung brachte. In den Büros surrten die Ventilatoren, und die lose liegenden Blätter auf den Schreibtischen mußten beschwert werden. Hans hatte schon am frühen Morgen seine Krawatte ausgezogen und einige Knöpfe seines Hemdes geöffnet. Trotzdem stand ihm der Schweiß auf der Stirn, und seine Arme klebten an der Schreibunterlage. Er ließ sich Wasser über die Handgelenke laufen und versuchte, sich auf diese Weise etwas Kühlung zu verschaffen.

Die Mädels in den Büros trugen leichte Kleider und hatten keine Strümpfe mehr an. In der Mittagspause wurde Eis und kalte Limonade geholt und nur wenig vom warmen Essen verzehrt. In der Fabrik wurde Tee ausgegeben, der schwach gesüßt, aber mit viel Zitrone versetzt worden war. Durch die offenen Türen der Weberei klang laut der Lärm der Maschinen, und wenn Jansen dieses Klappergeräusch sonst auch liebte, heute störte es ihn. Er konnte sich nicht auf seine knifflige Arbeit konzentrieren, weil ihn heute alles störte. Das Geklapper der Webstühle, die Hitze und die ewig feuchten Hände, an denen jedes Blatt kleben blieb. Diese widerliche Hitze macht uns alle kaputt, dachte er und kramte auf dem Schreibtisch herum. Schließlich entschloß er sich, seinen Gang durch die Fabrik zu machen, weil hier im

Büro nichts Vernünftiges zustande kam. Er wollte sich zur Rohwarenschau begeben, die ihm heute morgen einen starken Fehleranstieg gemeldet hatte. Die Leute litten unter dieser Affenhitze und konnten sich genauso wenig wie er auf ihre Arbeit konzentrieren, aber diese Fehlerquote …

Die beiden jungen Frauen, die die Rohware kontrollierten, hatten sich so weit entblößt, wie es noch schicklich war, und Jansen grinste, als eine von ihnen bei seinem Eintreten schnell die leichte Kittelschürze über ihrem Busen zusammenzog, um den Ausschnitt zu verkleinern.

„Das ist vielleicht eine Hitze heute, Kinder," sagte er und sah sich die Stücke an, die die vielen Fehler aufwiesen. Hitze hin, Hitze her, das, was da vor ihm lag, hätte vermieden werden können. Er ließ sich die beiden Weber kommen und machte ihnen Vorhaltungen über diese Sauerei, die sie da abgeliefert hatten. Die Männer waren in Arbeitshose und Unterhemd und ihre Hände ölig von ihrer Arbeit, ihre Gesichter schweißbedeckt und gerötet. Der eine hörte sich Jansens Schelte an und sagte wenig dazu. Es sollte besser werden, das versprach er. Der zweite aber ballerte los, als Jansen ihn rügte. Er wehrte sich laut gegen Jansens Vorwürfe und erklärte ihm, was es hieß, bei dieser Hitze mehrere Webstühle zu bedienen. Der Mann war am Ende seiner Kräfte, und Jansen brach das Gespräch ab, indem er ihn nach einer Ermahnung entließ. Den würde er sich später noch einmal zu Gemüte führen, denn jetzt hatte das anscheinend keinen Sinn.

Ein Tag wie heute erhitzte die Gemüter und machte die Leute leicht erregbar, und es war klüger, kein Streitgespräch zu führen, das die Verdrossenheit nur noch gesteigert hätte. Er war schon wieder auf dem Weg in sein Büro, als er aus der offenstehenden Tür der Schlosserei laute Stimmen vernahm. Lag man sich da auch in den Haaren? Er ging näher und mußte feststellen, daß dort wirklich ein handfester Krach im Gange war. Auch das noch, seufzte er und ging hinein.

Um die beiden Streitenden hatten sich die übrigen Schlosser versammelt. Jansen schritt schnell darauf zu, drückte die Zuschauer beiseite und sah den Webereileiter Ortmanns und den Schlosser Josten dastehen. Beide hatten sich angeschnauzt und standen sich jetzt schweratmend gegenüber. Josten, das buntkarierte Arbeitshemd bis zum Nabel offen, ließ seine dicht behaarte Brust sehen. Sein Gesicht, nun krebsrot und schweißbedeckt, war vor Wut verzerrt. Ortmanns stand da in hellblauem Polohemd und Shorts, in denen ein Paar dünne Beine steckten.

„Was ist denn hier los?" fragte Jansen barsch. Und zu den Umstehenden meinte er, sie sollten sich wieder an ihre Arbeit begeben. Hier gebe es nichts zu sehen.

„Kommen Sie mit", sagte er den beiden. Er ging mit ihnen in sein Büro. Besser hier den Streit glattbügeln, als vor Publikum. Die mußten nicht alles mitbekommen, sonst bestand die Gefahr, daß sich der Krach ausweitete. Ausgerechnet dieser

Josten, dachte er verärgert. Erst der Streik, an dem der Kerl einen maßgeblichen Anteil gehabt hatte, und nun diese Szene mit Ortmanns. Es war auch nicht das erste Mal, daß die beiden sich in die Wolle kriegten. Vor zwei Monaten hatte es schon einmal wegen einer Nichtigkeit einen Riesenkrach in der Schlosserei gegeben. Damals war es um ein Haar zu Tätlichkeiten gekommen, die aber durch sein Dazwischenkommen im letzten Moment verhindert werden konnten.

„Sie Kommunist!" hatte Offermanns mit schmalen Lippen und käseweißem Gesicht gezischt, und Josten, die Kämpfernatur, hatte „Sie sind hier nicht in der SA!" gebrüllt. Ortmanns hatte verlangt, daß Josten fristlos entlassen würde, und es hatte viel Mühe und Überredungskunst gekostet, die Wogen zu glätten. Josten hatte ein cholerisches Temperament, und er schlug leicht über die Stränge, das wußte jeder im Betrieb, aber alles konnte er sich nicht erlauben. Man hatte vor Monaten einen neuen Leiter für die Schlosserei gesucht, aber Josten nicht genommen, obschon er rein fachlich gesehen dafür prädestiniert war. Josten war ein hervorragender Fachmann. Jansen wußte das und hatte das Gefühl, daß eine etwas kleinliche Nörgelei von Ortmanns vorlag. So war das damals gewesen, und so könnte es heute auch wieder sein. Nun saßen sie in Jansens Büro ihm gegenüber am Schreibtisch und sahen sich nicht an. Wie die Kinder, ging es Jansen durch den Kopf.

„Ja, meine Herren, da hätten wir wieder einmal einen handfesten Krach, der sich sicherlich hätte vermeiden lassen. Moment, Moment." Jansen hob beschwichtigend eine Hand. „Hier ist mein Büro und hier führe ich das Kommando." Er lächelte den beiden freundlich zu. Aber für sowas hatten die jetzt keine Antenne.

„Herr Ortmanns, sagen Sie mir einmal, was denn eigentlich geschehen ist, und Sie, Herr Josten, lassen ihn bitte ausreden. Unterbrechen Sie ihn nicht, auch wenn er etwas sagt, was Ihnen nicht paßt. Sie sind nachher dran und können das Ihrige dazu sagen. Also bitte."

Ortmanns schilderte, daß es sich um das Zwischenstück einer Kurbelwelle gehandelt habe, dessen Anfertigung man in der Schlosserei verschlampt habe. Er habe danach gefragt, und Josten sei über ihn hergefallen. Er, als Leiter der Weberei, lasse sich das nicht bieten. Er verlange, daß dieser Störenfried endlich aus dem Betrieb entfernt werde. Die letzten Worte Ortmanns hatte Hans Dehlen noch mitbekommen, als er das Büro betrat. Jansen setzte ihn mit wenigen Worten in Kenntnis, und Hans nahm neben den Kontrahenten Platz.

„Nun Sie, Herr Josten."

Josten gab sofort zu, daß einer der Schlosser, der damit beauftragt war, es einfach vergessen hatte. Er, der damit nichts zu tun gehabt habe, sei aber in der Nähe gewesen, als Ortmanns diesen Schlosser zurechtwies. „Mich ärgert die Art, wie Herr Ortmanns das macht. Das regt mich jedesmal auf, und ich kann mich nicht zurückhalten, denn der Schlosser, der das verbockt hatte, ist ein guter Mann, und gegen die Art von Herrn Ortmanns kommt der nicht an, und da bin ich eingesprungen."

Hans blickte auf die beiden vor Jansens Schreibtisch, deren schweißbedeckte Gesichter Ärger ausdrückten.

„Gestatten Sie, Herr Jansen", sagte er und wandte sich zu den beiden. „Meine Herren, die große Hitze macht uns allen zu schaffen, ich bitte, dies zu bedenken. Sie, Herr Josten, haben bei diesen Temperaturen in der Schlosserei sicherlich nichts zu Lachen und Herr Ortmanns in der Weberei ebenfalls nicht. Nun zu dem Zwischenstück. Natürlich ist das ein schweres Versäumnis, wenn so etwas vergessen wird und eine Maschine stillstehen muß. Das sollte gesagt und geklärt werden. Doch bin ich der Ansicht, daß daraus nicht unbedingt ein Krach wie dieser entstehen muß. Von Ihnen beiden weiß ich, daß Sie es, das sei einmal offen ausgesprochen, nicht gut miteinander können, und jedesmal, wenn Sie aneinandergeraten, sagt der eine 'alter Nazi' und der andere 'Sie Kommunist'."

Hans hob nun seine Stimme: „Herr Ortmanns, Herr Josten, das verbitte ich mir in unserer Fabrik! Hier zählt nur Ihre Arbeit und deren Qualität und nichts anderes. Daß Ihre Arbeit gut ist, das sei hier gesagt. Aber ich bitte Sie noch einmal, diese politischen Äußerungen zu unterlassen. Für mich ist das schwerwiegender als dieses Zwischenstück. Ist das klar?"

Hans hatte energisch gesprochen, jedenfalls so, wie es die beiden von ihm nicht gewöhnt waren.

„Für die Zukunft wird folgendes vereinbart. Sollte es noch einmal so eine Sache wie mit dem Zwischenstück geben, dann, Herr Ortmanns, informieren Sie Herrn Jansen oder mich, und wenn Sie, Herr Josten, sehen, daß es in der Schlosserei an was auch immer fehlt, sei es nun Zeit oder Material, dann tun Sie dasselbe, wenn ich bitten darf."

„Dafür bin ich nicht da", sagte Josten patzig. „Ich bin ein einfacher Schlosser und mache die Arbeit, die man mir gibt. Alles andere interessiert mich nicht."

Josten wollte provozieren und war erstaunt und verblüfft, als der Junior ihn freundlich anlächelte und sagte: „Da haben Sie auch wieder recht. Aber das kann sich bald ändern."

Nun war es an Josten, unsicher zu sein, denn er konnte sich nicht vorstellen, was das zu bedeuten hatte, und sein Erstaunen riß nicht ab, als Hans sich erhob, Ortmanns in sein Büro bat und dann auch mit ihm reden wollte. Josten blickte fragend auf Jansen, als die beiden hinübergingen. Doch Jansen hob stumm die Schultern hoch. Es dauerte keine Viertelstunde, und Josten wurde herübergerufen.

„Setzen Sie sich, Herr Josten. Rauchen Sie?" Hans hielt ihm die Schachtel hin, und Josten nahm eine Zigarette, wobei er sich wegen seiner schwarzen Hände ein bißchen genierte. „Herr Josten, von den Differenzen da eben wollen wir nicht mehr reden. Der Fall ist geklärt, und es wird in Zukunft so ablaufen, wie ich es eben bestimmt habe. Nun aber wissen wir beide, daß unser langjähriger Schlossermeister krank ist und, soweit ich orientiert bin, kaum noch in der Lage sein wird, seine Arbeit hier wieder aufzunehmen. Kurz gesagt, wir müssen, damit in der Schlosserei alles richtig läuft, einen neuen Mann haben, der sich um die Sache kümmert. Einer, der die Arbeit und die Leute überwacht, soweit dies notwendig ist. Er soll ferner die Organisation in der Schlosserei übernehmen und die anfallende Arbeit so verteilen, daß so etwas wie eben nicht wieder passiert. Sie und jeder andere werden einsehen müssen, daß wir uns solche Pannen nicht erlauben dürfen. Es muß alles wie geschmiert laufen, Herr Josten. Und damit dies der Fall ist, haben wir an Sie gedacht. Sie wären der richtige Mann dafür."

Josten zog ein wenig umständlich an seiner Zigarette, als müsse er Zeit gewinnen. Verblüfft war er, das sah Hans ihm an. Doch dann, nach kurzen Nachdenken, meinte er: „Sie wollen mich befördern, damit ich in Zukunft das Maul halte und mich nicht mehr querlege." Damit spielte er unverhohlen auf den vergangenen Streik an. Um so erstaunter war er, als der Junior sagte: „Ich brauche einen guten Mann in der Schlosserei. Es sollte der beste sein bei den vielen Maschinen, die von dieser Abteilung abhängig sind. Ich möchte, daß Sie dieser Mann sind. Sie können ihr Maul, wie Sie sagten, auch weiter aufreißen, aber Sie dürfen dann keinen Unsinn von sich geben. Und Ihre Meinung über Politik, in der Form, wie Sie das tun, können Sie außerhalb der Fabrik äußern, hier soll alles friedlich vor sich gehen."

„Sie wollen mir verbieten, im Betrieb meine politische Meinung zu äußern?"

„Nein, Herr Josten, ich bitte Sie darum ... Mann, Sie sind doch ein intelligenter Mensch. Glauben Sie denn, Sie erreichen in der Fabrik etwas, indem Sie ihre politische Meinung bei jeder passenden und unpassenden Gelegenheit hinausposaunen? Brüllen Sie nicht los, wenn jemand anderer Meinung ist. Lassen Sie den anderen anders sein. Wenn Sie so wie bisher weitermachen, handeln Sie sich den Ruf eines Rabauken ein, und damit dienen Sie sich selbst und ihrer politischen Überzeugung überhaupt nicht. So, das war's. Übernehmen Sie nun verantwortlich die Schlosserei oder nicht? Sagen Sie mir heute in einer Woche Bescheid. Tun Sie es nicht, muß eben ein anderer genommen werden."

Hans hatte sich erhoben, und Josten stand ebenfalls auf. Hans reichte ihm die Hand herüber und meinte: „Mich würde es freuen, wenn Sie zusagen würden."

Was will der Kerl von mir, dachte Josten noch, als er schon zu Hause war und sein

Abendbrot verzehrt hatte. Die Gedanken arbeiteten in seinem Schädel. Er hatte das Gespräch mit dem Chef immer wieder an sich vorbeilaufen lassen, um den Haken zu finden, mit dem der ihn festnageln und mundtot machen wollte. Aber mundtot wollte der ihn gar nicht machen, sagte er wenigstens, aber wer konnte schon wissen, was er wirklich im Schilde führte?

„Trinkst du dein Bier nicht?" fragte seine Frau. Er füllte das Glas und tat einen tiefen Schluck. Sein Sohn, gerade zwanzig Jahre alt, kam ins Zimmer herein und knallte seine Arbeitstasche auf einen Stuhl, setzte sich an den Tisch und begann zu essen. „Bist du krank, Papa?" fragte er und schreckte ihn aus seinen Überlegungen auf. Sein Sohn war auf eine vatergerechte Antwort gefaßt und um so erstaunter, als sein Vater ruhig und fast sanft sagte: „Krank wäre ich, wenn ich dieses Angebot nicht annehmen würde, das mir der Chef heute gemacht hat."

„Was denn für ein Angebot?"

„Ich soll demnächst die Schlosserei leiten."

„Mann, das ist doch klasse, dann mal nichts wie ran, Alter!"

„Langsam, Junge, so einfach ist das nun auch wieder nicht."

***

Die Tendenz war steigend, wie die Statistik belegte. Von Mitte bis Ende des Jahres 1951 war die Produktion etwas mehr als fünf Prozent gestiegen. Das war dem rastlosen Einsatz vieler zu verdanken, die sich immer Gedanken um die Produktionsverbesserungen gemacht hatten. Dahinter hatte eine Menge Arbeit gesteckt. Der junge Dessinateur hatte gute Dessins entworfen, und diese fanden den Beifall der Kundschaft. Es liefen sechzig Webstühle, von denen etwa zwanzig Nouveautés machten. Die Standards gingen überraschend gut. Hans, der sich stets am Markt und an den Wünschen der Kunden orientierte, wollte dazu übergehen, die Standards zu variieren und sie mit einem anderen Fadenbild auszustatten. Einige in sich gemusterte Unis hatten sich gut verkaufen lassen. Um nicht ins Hintertreffen zu geraten, wurde beschlossen, daß der Dessinateur nach Mailand fahren sollte, um sich dort umzusehen. Er sollte den Geschmack der Italiener studieren. Wenn sich diese Reise als erfolgreich erwies, sollte er nach Paris und London reisen. Er sollte sich Muster zeigen lassen und wenn möglich etwas davon mitbringen.

„Es ist notwendig, sich dem Geschmack der Zeit anzupassen", hatte der Senior gesagt. „Durch den Krieg sind wir wohl ein wenig aus dem Tritt gekommen und müssen nun den Anschluß wieder finden. Besonders die Italiener sind seit Jahren modebestimmend, was die Herrenmode angeht."

Gustav Dehlen kam in letzter Zeit weniger oft in die Fabrik. Sein Herz machte ihm zu schaffen, und sein Arzt hatte ihm viel frische Luft bei mäßiger Bewegung verordnet. Die Fabrik aber rief er jeden Tag an und hielt so die Verbindung aufrecht.

Helgas Tuchhandel lief gut, aber es war ein aufregendes Geschäft geworden. Sie rackerte nach wie vor den ganzen Tag und war doch nicht immer ganz mit dem Erfolg zufrieden. Die steigenden Preise machten ihr das Leben schwer, und sie hatte versucht, den Einkauf bei den Tuchfabriken für sich insofern zu erleichtern, als sie eine bestimmte Menge auf Abruf bestellte. Einige Tuchfabrikanten lehnten das ab, andere taten es einmal und dann nicht wieder. Sie wollte versuchen, auf diese Weise ihre Preise über eine längere Zeit stabil zu halten, was ihr leider nicht gelang. Josef Kroll, der auch bis abends seinem Beruf nachging, sah, wie seine Frau sich abmühte und machte ihr eines Tages den Vorschlag, den Tuchhandel zu verkaufen. „Jetzt kriegst du sicherlich noch viel Geld für dein Geschäft, also verkaufe es, Helga. Dein persönlicher Einsatz dort steht in keinem guten Verhältnis zum Gewinn. Wenn ich mir das so ansehe, was du dir für Sorgen machen mußt, dann glaube ich, daß es Geschäfte gibt, die dir nicht nur mehr Gewinn bringen, sondern dir auch eine größere Befriedigung bereiten. Verleg dich auf Antiquitäten! Steck dein Geld, das dir der Verkauf des Tuchhandels einbringt, in einen Antiquitätenhandel, und du wirst sehen, daß das auch ein Geschäft ist. Außerdem habe ich von diesen Sachen eine ganze Menge und verfüge über Erfahrung in dieser Branche.“

Doch Helga verkaufte nicht. Ihr schien der Tuchhandel und damit eine gewisse Verbindung zur Fabrik etwas zu sein, das sie nicht aufgeben konnte. Also blieb alles, wie es war.

Inge Dehlen lebte seit Monaten mit dem Fotografen Pasteau zusammen und schien glücklich zu sein. Zur Freude ihrer Mutter hatte sie vor Tagen gesagt, daß sie wohl bald heiraten würden. Pasteau war dabei, sich einen guten Namen zu machen. Seine Arbeiten gefielen, und er war oft in Köln und Düsseldorf, wo er Aufträge hatte, jedoch kam er jeden Abend nach Hause, und wenn es noch so spät wurde. Er wußte, daß Inge auf ihn wartete, und sie kam aus der Haustür, wenn sie seinen Wagen hörte, und drückte sich an ihn, als ob sie immer noch Schutz vor etwas suchen müßte. Die Arbeit in der Färberei der Fabrik machte ihr Freude, sie tat sie mit viel Engagement und war sehr zufrieden.

Die Arbeit von Will Horsch war komplizierter und differenzierter geworden. Die Angebote wurden immer umfangreicher, denn viele neue Firmen drängten auf den Markt. Es gab Tage, da gaben sich die Vertreter die Klinke in die Hand. Will hatte Freude an seinem Beruf. Für ihn, den Ungelernten, war es nicht immer einfach gewesen, doch Hans hatte ihn beruhigt, wenn er an sich selbst zweifelte.

„Ich weiß nicht, was du immer hast, Will. Klappt doch prima. Reg dich nicht über Kleinigkeiten auf! Laß die Vertreter kommen, wenn du etwas einkaufen willst, und wähl in aller Ruhe aus. Die wollen was von uns, nicht wir von ihnen. Die kommen gerne, wenn sie ein Geschäft wittern, und wollen keinesfalls, daß das daneben geht. Wir alle sind mit deiner Arbeit zufrieden. Also mach mal ruhig weiter wie bisher."

Das war der Anfang gewesen, und heute lief es gut. Er hatte eine Hilfskraft einstellen müssen, weil er alles allein nicht mehr bewältigen konnte. Seine Versuche, die Briefe selbst auf der Maschine zu schreiben, waren daneben gegangen, aber das Mädel, das man ihm zur Seite gestellt hatte, machte das gut. Wenn Will abends bei einem Bier und einer Zigarette nachdachte, wie sein Leben verlaufen war, dann mußte er sich eingestehen, daß er verdammtes Glück gehabt hatte. Er war heil aus dem Krieg gekommen, dann in dieses Verpflegungslager der Amis, ein Glück, das noch lange nicht jeder hatte, seine Freundschaft mit Brooks und sein Freund Hans, der ihn in die Fabrik aufnahm und etwas werden ließ. Er hatte eine feste Anstellung, wie er sich das immer gewünscht hatte, und verdiente gutes Geld. Das verdankte er Hans. Mia war ein gutes Mädchen, eine einfühlsame und gefühlvolle Frau. Es machte ihn stolz, zu wissen, daß Mia ihn liebte. Sie sagte es ihm selten, aber er war sich ihrer Liebe gewiß. Hella entwickelte sich gut. Das Gymnasium machte ihr keine Schwierigkeiten und wenn, dann setzte sie sich hin und arbeitete so lange, bis alles klar war. Nur selten nahm seine Tochter die Hilfe einer Mitschülerin in Anspruch. In Französisch war sie die beste, und auf einem Elternabend hatte man ihm und Mia empfohlen, ihre Tochter in den Ferien nach Frankreich zu schicken. Gestern hatte er mit Hans darüber gesprochen, der den französischen Vertreter fragen wollte. Will war ein sozial denkender Mensch, dem das Schicksal seiner Mitmenschen nie gleichgültig gewesen war, und er sah mit Genugtuung, wie gut sich rundherum alles entwickelte. Interessiert hatte Will bei seinem täglichen Nachhauseweg beobachtet, wie die Schreinerei, nicht weit von der Fabrik entfernt, sich immer weiter vergrößerte. Will kannte sie, seit er in der Fabrik arbeitete. Damals war der Schreinermeister in Militäruniform mit dem PW auf dem Rücken über die Trümmer des Hauses geklettert und hatte nach dem wenigen noch Brauchbaren gesucht. Etwas später hatte er angefangen, den Schutt wegzuräumen. Allein hatte der Schreiner gearbeitet, zäh und verbissen immer wieder die Schubkarre beladen und den Dreck weggefahren. Dann war ein zweiter Mann dagewesen, der die Mauern aufgesetzt hatte, und als die Balkenlage aufgelegt wurde, hatte man das begossen, und die beiden waren auf unsicheren Beinen herumgetorkelt und hatten laut gelacht.

Wills täglicher Gang an der Schreinerei vorbei war so eine Art von persönlicher Beziehung zu diesem unbekannten Mann, der sich da eine Existenz aufbaute.

Plötzlich hörte er Maschinen laufen, vernahm das hohe Gejaule des Dickenhobels, und zwei Gesellen werkelten mit. Eines Tages wurde das Vorderhaus aufgestockt und der Schreiner zog mit seiner Familie dort ein. Die Gesellenzahl hatte sich auf vier erhöht. Doch während der Hungerperiode war der Betrieb zurückgegangen. Nur noch selten liefen die Maschinen. Der Meister arbeitete eines Tages wieder allein. Trotzdem ging es vorwärts, wenn auch langsam. Das Haus wurde fertig, und der Schreiner setzte ein solides Dach drauf. Tagelang hatte der mit bunten Bändern geschmückte Richtkranz gegenüber in den Trümmern gelegen, bis eine Bande Schulkinder ihn johlend weggeschleppt hatten. Will hatte den Aufbau dieser Schreinerei immer mit dem Aufbau der Fabrik verglichen und viele Übereinstimmungen festgestellt, und man brauchte nicht viel Phantasie, um zu wissen, daß es so in ganz Deutschland zugegangen war. Erst der Dreck und die Trümmerfrauen, die begannen, und als die Männer wieder da waren, hatten diese mitangefaßt. Immer weiter, ruhelos, Tag für Tag. So was können nur die Deutschen, dachte Will mit gewissem Stolz. Die lassen sich nicht unterbuttern.

Wenn ich Hans nicht gehabt hätte, dachte er noch einmal. Mia hatte gefragt, ob er noch einmal in der Wohnung von Hans gewesen sei, und als er verneinte, hatte sie gemeint, daß es dort sicher fürchterlich aussehen müßte, trotz der Putzfrau. „Da muß mal jemand nach dem Rechten sehen. Wie glaubst du wohl, wie es in so einer Ein-Mann-Bude aussieht?"

Hella war aufgesprungen und wollte zu Onkel Hans. Sie wollte nachsehen und aufräumen. Ortmanns, der Webereileiter, überholte Will mit schnellen Schritten, grüßte kurz und schritt weiter. An der nächsten Straßenecke sah Will ihn wieder. Er wurde von einem Fremden zackig begrüßt. Die beiden drehten sich um und marschierten im Gleichschritt die Straße hinunter.

Ich kann mit meinem Leben zufrieden sein. Und er dachte daran, wen er zu seinem vierundvierzigsten Geburtstag einladen sollte. Hans natürlich, wen sonst noch aus der Fabrik? Jansen war nett, aber ob der gerne zu ihm kommen würde? Vielleicht wäre es gut, die Kollegen in der Fabrik zu einem Bier einzuladen, in der Kneipe um die Ecke. Hella würde sich ganz besonders freuen, Onkel Hans wiederzusehen. Das Kind liebte Hans. War eine Jungmädchenschwärmerei? Als Kind ja, aber nun war sie älter und besuchte das Gymnasium. Sie verehrte Hans, das merkte jeder. Hoffentlich vergeht das, wenn sie älter wird.

***

Was da der SA-Kamerad erzählte, das ließ Ortmanns einen Moment die Luft anhalten. Vonberg hatte sich aus dem Staub gemacht und zu Hause alles stehen und liegen lassen müssen.

„So ein mieser Schnüffler hatte sich den Kameraden Vonberg aufs Korn genommen und behauptet, er habe sich der Beihilfe zum Mord schuldig gemacht. Vonberg war im Osten hinter der Front eingesetzt und hat während des ganzen Krieges nichts als seine Pflicht getan. Diese Demokraten sehen das natürlich aus ihrem Blickwinkel und wollten ihm mächtig an die Karre fahren."

„Ja, aber sein Geschäft? Was soll damit geschehen?"

„Der Laden gehört seiner Frau. Das haben die beiden schon aus Sicherheitsgründen zeitig gemacht. Der Vonberg ist doch nicht von gestern, der läßt sich nicht von denen die Butter vom Brot nehmen. Nein, mein Lieber, da müßten die früher aufstehen. Der Laden läuft wie bisher, dafür sorgt Kamerad Schneider. Der war schon jahrelang Prokurist bei Vonberg und kennt den Laden."

„Und wohin hat sich Vonberg abgesetzt?"

„Der ist nach Spanien gegangen."

„Geht das denn so einfach? Ich kann mir das nicht so vorstellen."

„Klar geht das. Ich sagte dir doch schon, als wir zum ersten Mal zusammenkamen, daß der Vonberg Verbindungen nach oben hat. Von dort aus ist der auch gewarnt worden. Ehe der Staatsanwalt mit seinen Ermittlungen anfing, war Vonberg längst in Sicherheit."

Der SA-Kamerad bog sich vor Lachen, als er das erzählte. „Denk dir nur, seine Frau hat denen gesagt, als die ihn abholen wollten, daß ihr Mann auf Reisen sei." Er schlug Ortmanns auf die Schulter.

„Was hat Vonberg denn gemacht?"

Der SA-Kamerad hob die Schultern: „Wer weiß das schon? Im übrigen ist das immer eine Frage der Auslegung. Was gestern noch Recht war, ist bei denen heute Unrecht. Soviel ich weiß, hatte Vonberg eine Stelle bei einem Stab. Was Näheres ist mir nicht bekannt."

Ortmanns fragte nicht weiter. Ihm ging Vonberg nicht aus dem Kopf, der nun gejagt wurde, sein Haus verlassen mußte und in einem fremden Land lebte, getrennt von seiner Familie.

Als ob der andere seine Gedanken gelesen hätte, sagte der: „Dem geht es blendend in Spanien, dafür ist bestens gesorgt. Da sind schon andere vor ihm hingegangen. Vonberg hat mir einmal einen Brief von dort gezeigt. Mann, Ortmanns, wenn du den gesehen hättest, du kämst aus dem Staunen nicht mehr heraus. Da sitzen Leute mit Geld und Einfluß. Und diese Leute haben immer noch gute Verbindungen hierher, und ihre Gewährsmänner haben die auch. Die wissen, was hier vor sich geht. Ja, so ist das, lieber Ortmanns. Wir sind nicht am Ende, wir fangen wieder an."

„Aber seine Frau und seine Familie?"

„Und? Was soll das denn? Er lebt da und sie hier. Das ist doch kein Problem. Sie kann so oft nach Spanien fahren, wie sie will."

Naja, dachte Ortmanns, wenn das so ist. Doch dann übertrug er in Gedanken dieses Geschehen auf seine Person und mußte sich sagen, daß er als Deutscher in einem fremden Land wie Spanien nicht leben konnte. Wenigstens nicht über längere Zeit.

„Wer wird denn in Zukunft unsere Zusammenkünfte leiten?"

„Der Mann wird von oben bestimmt. Das mit Vonberg ging so schnell, und die Wahl des Neuen braucht seine Zeit. Ich werde dich rechtzeitig informieren, wenn sich was tut. Von unserem Vorhaben weichen wir keinen Millimeter ab. Wie ich hörte, hat sich in Bremen und Hamburg schon etwas getan. Dort stehen starke Gruppen, deren Führung nichts zu befürchten hat. Denen kann keiner an die Karre pinkeln. Ich bin überzeugt, daß der neue Mann auch von dort oben kommen wird."

„Warum nehmen die nicht einen von hier? Immer müssen es Fremde sein."

„Weil die hier in diesem katholischen Kaff keine Haare auf der Brust haben. Die rennen doch den Demokraten nach, vor allen Dingen der CDU, diese Speichellecker. Das mußt du doch noch von früher wissen, wie die sich benommen haben. Das waren doch die Städte Köln, Münster, Paderborn, Aachen und noch ein paar, die haben sich immer schon quergelegt. Da steckten die Schwarzen dahinter."

Mit dem Weggang Vonbergs hatten für Ortmanns die Zusammenkünfte an Attraktivität verloren, denn er hatte Vonberg gemocht. Was nun kam, war noch unsicher. Vielleicht so ein arroganter Besserwisser mit Hamburger Akzent. Hochnäsig waren die alle dort oben. Doch dann kam wieder sein Pflichtgefühl, das ihm sagte, daß er der Sache zu dienen habe, sei es nun so oder anders.

Der SA-Kamerad wollte sich von ihm verabschieden und drückte ihm fest die Hand. „Übrigens haben sich neulich zwei weitere Kameraden gemeldet, die demnächst zu uns kommen wollen. Du siehst, wir werden immer mehr." Dann ging er.

Ortmanns ging langsam, in Gedanken versunken, nach Hause. Vonberg war ein Mann gewesen, aber die anderen? Gewiß dienten auch sie der Idee, aber sie waren durchweg gewöhnlich. Bildung und Manieren hatten die nicht. Keiner von ihnen. Er hatte sich dort wohlgefühlt, weil Vonberg die Leitung hatte. Was jetzt kam, war abzuwarten.

Es war gefährlich, einer solchen Vereinigung anzugehören, das sah er an Vonberg. Auch er ging ein Risiko ein. Dabei konnte er eigentlich zufrieden sein. Er hatte Arbeit, verdiente gut, seine Familie, seine beiden Jungs waren in Ordnung. Aber seine politische Einstellung war es, die Probleme aufwarf, aber so war das nun einmal. Er war Deutscher und dachte so. Nach dem Krieg hatten die Alliierten die Nationalsozialisten zusammengetrieben und den ganz großen Prozeß in Nürnberg gemacht, der für viele der Führungspersönlichkeiten tödlich endete. Einzelne von ihnen, er hatte den Prozeß verfolgt, hatten wie die Löwen gekämpft, besonders der Reichsmarschall hatte sich hervorgetan. Doch alles hatte nichts genutzt, denn die Alliierten, besonders aber die Russen, hatten sich mit der Philosophie des Dritten Reiches nicht einverstanden erklärt und sie verworfen. Man hatte den Angeklagten Völkermord, Verschleppung und Deportation ganzer Völkerstämme zur Last gelegt, dabei waren die, die sich zum Richter aufgeschwungen hatten, nicht einen Deut besser gewesen. Die hätten ihr eigenes Tun einmal unter die Lupe nehmen sollen, dann hätten sie einen anderen Standpunkt eingenommen. Welche Grausamkeiten hatten die Engländer in Indien verübt? Mit welch brutaler Gewalt hatte Stalin seine Völker hin und hergeschoben, und dann der Mord an den Polen in Katyn. Ortmanns straffte sich und schritt schneller aus. Als er nach dem Abendessen seiner Frau erzählte, was sich ereignet hatte, meinte die, ob es denn nicht zu gefährlich sei, sich mit denen abzugeben.

„Auf keinen Fall!“ erklärte er heroisch. Fühlte sich aber nicht ganz wohl dabei.

***

„Du führst ein recht sonderbares Leben, Hans“, hatte sein Vater zu ihm gesagt. „Auch Mutter findet es ungewöhnlich, daß ein junger Mann wie du nichts anderes im Kopf hat als die Fabrik. Wenn dich aber das Leben, wie du es führst, zufriedenstellt und du nur gelegentlich mit einem Menschen reden willst, kannst du deine Wohnung in der Stadt aufgeben und zu uns kommen. Dann hast du immerhin ein paar Menschen in der Nähe.“

Nun war er in seiner Wohnung und dachte über die gutgemeinten Worte seines Vaters nach. Ein eigenartiges Leben war das schon, das er führte. Auch Will hatte verschiedentlich Bemerkungen in diese Richtung gemacht und ihm zu verstehen gegeben, daß er auf keinen Fall so leben könnte. Ihr stellt euch das so einfach vor, dachte er und meinte dabei sowohl seinen Vater als auch Will. Ihr habt eine intakte Familie, was bei mir nicht der Fall ist. Ich kann nicht einfach hingehen und mir eine andere Frau ins Haus nehmen und mit ihr zusammenleben wie vorher mit Lydia.

Tuchfabrikant Beier hatte ihn zu sich eingeladen, und Hans war hingegangen. Weitere Besuche hatte er jedoch höflich abgesagt und dabei seine viele Arbeit vorgeschützt. Diese Ausrede war nicht gerade geschickt gewesen, und die Beiers hatten darauf mit sauren Gesichtern reagiert und nichts mehr von sich hören lassen. Die Tochter der Beiers paßte ihm nicht, obschon sie ein nettes Mädel war. Aber es hatte ihn gestört, daß sie bei seinem Besuch so getan hatte, als kenne man sich schon viele Jahre, als sei sie quasi schon mit ihm verheiratet. Sie hatte immer das Wort an sich gerissen und über ihn verfügt, und sein nächster Besuch hatte bei ihr so fest gestanden wie ein Fels im Meer. Das hatte seinen Widerspruch herausgefordert, und er hatte diese faule Ausrede gebraucht. Vielleicht war sie nicht so übel, wenn man sie länger kannte. Aber was soll's. Verwöhnt von ihren Eltern war sie und zwar sehr, und mit denen sprang sie auch so um.

Mit einer Frau zusammensein, ja, aber heiraten? Er konnte sich das nicht vorstellen und brach diese Gedankenkette ab. Jüppchen hatte am Nachmittag angerufen und ihn eingeladen, und Hans mußtezusagen, denn Jüppchen ließ sich heute nicht abwimmeln.

Er war hungrig und fragte sich, ob er sich etwas richten oder in der Kneipe eine Kleinigkeit essen solle. Das Märzwetter war nicht gut, und in diesem Regenloch nieselte es seit Tagen ununterbrochen. Hans zog einen Trenchcoat an und setzte eine karierte Golfmütze auf. Dann lief er die Treppe hinunter. Unterwegs fiel ihm Mike Hellmann ein, der gesagt hatte: „Hans, die Welt ist voller Weiber, die alle geliebt werden wollen, ich kann dir ein Lied davon singen. Nun sei du nicht so blöd und heirate, laß dich nicht in Fesseln legen, Junge!"

Die Kneipe, in der Jüppchen ihn erwartete, war voller Menschen. Dichte Rauchschwaden zogen träge über den Tresen in Richtung Ventilator, und der Wirt zapfte ein Bier nach dem anderen. Zwei schwitzende Kellner in Hemdsärmeln rannten hin und her und gaben dem Wirt ihre Bestellung mit lauter Stimme auf, um den Lärm des Stimmengewirrs und des lauten Lachens zu übertönen. Eigentlich ein lustiger Laden hier, mußte Hans zugeben. Das Gros der Gäste waren Arbeiter, die hier ihr Bier tranken, sich mit andern trafen, um einen Skat auf die Platte zu legen. Er blickte sich um. Jüppchen war nicht zu sehen, und als am Tresen eine Lücke entstand, schlüpfte er hinein. Er bestellte sich ein paar Bouletten und ein Bier. „'n abend, Herr Dehlen."

Hans drehte sich um. Ein bekanntes Gesicht aus der Fabrik. Der Mann drängte sich vorbei und nahm an einem Tisch Platz. Hans trank. Der Mann neben ihm stieß ihm das Bier um. Er entschuldigte sich und bestellte ihm ein neues. Hans wischte über die feuchte Stelle seines Hemdes und wollte dem Nebenmann sagen, daß das halb so schlimm sei, da hatte der sich schon wieder abgedreht.

„Ihr Bier, bitte." Der Wirt schob ihm das Glas herüber. Hans trank einen großen Schluck. Er fühlte sich wohl. Die vielen Menschen hier, die muntere Geselligkeit, auch wenn man wie er allein war, tat gut. Ein Schwarm Frauen kam herein und steuerte mit viel Trara auf einen Tisch voller Männer zu, und er konnte aus ihren Worten hören, daß die Damen ihren Kegeltag gehabt hatten und nun ihre Männer abholten, die hier auf sie warteten. Es sollte aber noch einen Schlummertrunk geben, und die Männer rückten zusammen, um ihren Frauen Platz zu machen. Einer der Kellner schleppte noch einige Stühle heran und nahm dann die Bestellung auf.

Das Parfum der Dame neben ihm traf seine Nase, und er drehte sich zu ihr um. Es war eine üppige Hellblonde, die auf dem Schemel hockte, der Mann neben ihr ein glattgekämmter Geschniegelter. Feine Leute waren das sicherlich nicht, und Hans fand den Mann unsympathisch. Die Frau war ein wenig ordinär, aber hübsch und besaß eine Menge Sex-Appeal. Ihre Kleidung war ganz dazu angetan, diesen Eindruck noch zu verstärken. Ihr Ausschnitt ließ nicht nur volle Formen ahnen, er präsentierte sie geradezu. Während sie munter plapperte, blickte der Mann blasiert in die Runde und erwiderte die an ihn gerichteten Grüße kaum. Hans bestellte noch ein Bier. Es ging ziemlich eng zu am Tresen, weil sich immer neue Gäste herandrängten. Er streifte den Oberschenkel der Schönen zu seiner Linken und entschuldigte sich. Sie drehte sich zu ihm herum, sah ihn an und meinte, daß das nichts ausmache, und Hans sah den hübschen, vollen Mund, ihre gepflegten Zähne. Er konnte sich eines prickelnden Gefühls nicht erwehren und mußte über sich selbst schmunzeln. Allzuviel Abstinenz ist auch nicht gut, dachte er und wandte sich wieder seinem Bier zu.

„Du, ich werde verdammt eifersüchtig, wenn du dir die Frauen hier so genau ansiehst", sagte plötzlich eine Stimme von der anderen Seite, und er sah Fini, die sich neben ihn quetschte. „Jüppchen hat auf dich gewartet, wurde dann aber weggerufen. Also habe ich auf dich gewartet, Hans. Krieg' ich von dir etwas zu trinken?"

„Natürlich." Hans bestellte.

„Wo hast du die ganze Zeit gesteckt? Jüppchen hat mehrmals bei dir angerufen, und du hast jedesmal eine andere Ausrede gehabt?" Er spürte ihre Hüfte an seiner Seite.

„Fini, was glaubst du, was ich alles zu tun habe! Ich bin nicht immer Herr meiner Zeit, und beim letzten Mal, da wollte ich kommen, traf aber einen alten Bekannten, den ich lange nicht gesehen hatte. Du weißt doch, wie das dann geht."

„Ich habe dich auch lange nicht gesehen. War schon drauf und dran, dich einmal zu besuchen, aber Jüppchen hat es mir verboten. Er sagte, du seiest einer von den Vornehmen, die man nicht so einfach besuchen kann. Von dir müßte man eingeladen werden, stimmt das?"

Er wußte im Augenblick nicht so recht, was er dazu sagen sollte, und meinte: „Meine Freunde können jederzeit zu mir kommen, auch wenn sie nicht ausdrücklich eingeladen worden sind.“

„Bin ich dein Freund oder deine Freundin?“ Sie drängte sich gegen ihn, und er spürte wieder dieses prickelnde Gefühl weiblicher Nähe.

„Ich mag dich, Hans“, sagte sie und wollte ihn küssen.

„Fini, bitte!“ Er wich zurück. „Aber doch nicht hier.“

„Wo denn? Nie kann man nett zu dir sein. Erstens kommst du so selten und wenn, dann bist du zugeknöpft bis hier. Guck dir doch nur die anderen an.“ Sie zeigte auf zwei, die sich ungeniert küßten.

„Ja, aber Fini. Das geht doch nicht. Hier sitzen Leute aus meiner Fabrik. Was macht denn das für einen Eindruck, wenn die mich hier so sehen sollten. Was meinst du, was die reden?“

„Und wo können wir uns küssen?“

„Muß denn das sein?“ Hans sah sich verstohlen um.

„Ja, das muß sein.“ Sie trank einen tiefen Schluck. „Heute kommst du mir nicht so davon.“

„Fini, laß uns vernünftig sein.“

„Gut, wir wollen vernünftig sein. Ich bin es, Hans, aber du willst es nicht sein. Du wehrst dich gegen mich, obwohl ich dir gefalle. Eine Frau fühlt das, und ich frage mich, warum du eigentlich so bist? Bist du derart verklemmt oder so eine Art Mönch, der ein Keuchheitsgelübde abgelegt hat und nun aber doch möchte oder auch wieder nicht möchte?“

Ihre Augen blickten ihn so ernst an, daß er sich verpflichtet fühlte, etwas zu sagen: „Fini, ich finde dich sehr nett, und ich mag dich auch, aber ich …“

Ihr Zeigefinger legte sich auf seinen Mund. „Du redest zu viel, Hans. Laß uns gehen.“

Hans zahlte, dann nahmen sie ihre Mäntel, und der Kellner öffnete ihnen die Tür, die schon abgeschlossen worden war.

***

Die Post, die Hans morgens auf seinem Schreibtisch vorfand, wurde von Woche zu Woche umfangreicher, und es ging viel Zeit drauf, sie zu lesen. Die Notwendigkeit aber, die Post konzentriert zu lesen, war ihm zur Gewohnheit geworden. „Die Post enthält die wichtigen Signale, die Reflexionen von außen, die dir mitteilen, wie man die Fabrik und ihre Produkte beurteilt. Es ist auch notwendig, zwischen den Zeilen zu lesen, um das zu erkennen, was wichtig ist.“ Das war die Erfahrung seines

Vaters. Er sortierte die Bestellungen heraus, die weitergeleitet würden. Die Post, die Will sich zu Gemüte führen mußte, kam in das Körbchen für den „Einkauf“. Seit längerer Zeit war Unruhe in den Preisen zu verzeichnen, und es hörte nicht auf. Die gesamte Kundschaft war beunruhigt, und man hatte sich deswegen zusammengesetzt und einen Brief entworfen, der den Kunden ehrlich und unverblümt die Lage auf dem Wollmarkt schilderte und die Maßnahmen erklärte, die man ergriffen hatte. Dies hatte Wirkung gezeigt und übernervöse Reaktionen gebremst.

Ein Mädchen aus dem Büro holte die Post und besorgte deren Verteilung. Sie stapelte die Körbchen übereinander und ging mit viel Hüftschwung hinaus, wie Hans feststellte.

Die letzten Lohnforderungen waren befriedigt worden. Doch anzunehmen, daß nun Ruhe herrschen würde, wäre ein großer Irrtum. Das hatte Hans schon vor ein paar Tagen erfahren müssen. Es war im Augenblick Ruhe, aber es war die Ruhe vor dem Sturm. Lange würde sie nicht anhalten, das war allen klar, und man wollte sich zeitig darauf einstellen. Meinungsverschiedenheiten wie gehabt waren für niemand von Vorteil und sich immer mit den Leuten und der Gewerkschaft anlegen, brachte es auch nicht.

Es waren die Beine des Mädchen gewesen, das die Postkörbchen wieder ins Büro brachte, die seine Gedanken von den Lohnforderungen auf das Erlebnis mit Fini brachten.

Hans war immer noch ein wenig verwirrt, wenn er an diesen Abend dachte, an dem Fini mit ihm nach Hause gegangen war. Sie hatte ihn dazu gedrängt und seine schwache Gegenwehr einfach beiseite geschoben. Natürlich reizte sie ihn. Sie hatte ihm von Anfang an gut gefallen. Ihre Natürlichkeit, ihre Augen, der Gesichtsausdruck und ihr Körper. Schließlich war er nicht aus Holz.

Sie war ins Bad gegangen und splitternackt herausgekommen. Er saß noch im Wohnzimmer und war aufgesprungen, hatte sich dann aber in die Lage gefügt. Ohne die geringste Scham hatte Fini sich vor ihm gezeigt und war mit ihm ins Bett gegangen, als ob das selbstverständlich sei. Ordinär war sie keine Sekunde, sondern sehr liebevoll und temperamentgeladen auf eine Art, die er nicht kannte. Und da er immer noch zurückhaltend war, hatte sie ihn geliebt. Später hatte sie gefragt, ob sie bei ihm bleiben könne heute nacht, oder ob es ihm lieber sei, wenn sie ginge. Doch das wollte er nicht, und sie legte sich neben ihn und schlief zusammengekuschelt wie ein Kind. Das Erstaunlichste aber bescherte ihm der nächste Morgen, als er mit ihr beim Frühstück saß und sie ihm sagte, daß er ihr gegenüber zu nichts verpflichtet sei. Sie wisse genau, daß ein Mann wie er mit einer Fabrik sie nicht heiraten würde. Sie aber habe sich mit ihm eingelassen, weil er ihr gefallen habe und immer so einsam gewesen sei. Sie habe das bei den Zusammenkünften mit Jüppchen gemerkt. „Du hast mir sofort gut gefallen, und ich wollte dich lieben, aber binden will ich dich nicht."

Sprachlos war er aber gewesen, als sie ihm sagte, sie würde später den Sohn des Kneipenwirts heiraten, der schon lange hinter ihr her sei und den sie schon als Kind kannte.

„Und wenn der von uns erfährt?"

„Das hat der schon."

Hans verschluckte sich und hustete. „Und was sagt der denn dazu?"

„Ich habe ihm gesagt, was ich tun würde, und er hat sich damit abgefunden."

Daß sie sehr offen war, hatte er schon ein paarmal erfahren, aber was er nun erfuhr, das ging über seinen Horizont. Er drückte seine Zigarette in den Aschenbecher und beschloß, die Affäre mit Fini zu beenden und zwar bald.

***

Nun war auch der Schwarzmarkt erledigt, und nur hier und da wurden noch ein paar Artikel gehandelt. Aber das war nur ein winziger Bruchteil dessen, was man vor der Währungsreform umgesetzt hatte. Das plötzliche Auftauchen der langentbehrten Dinge hatte ihm schließlich den Todesstoß versetzt. Es war kaum zu fassen, daß alles wieder da war und man es kaufen konnte. Und man kaufte, und es war jedem egal, wo es herkam. Doch Zigaretten und vor allem der Kaffee waren immer noch wegen der niedrigeren Preise in Belgien und Holland ein Geschäft. Diese Waren wurden nach wie vor geschmuggelt.

In Zollfahndungskreisen nannte man den Schmuggel von Belgien und Holland 'Das Loch im Westen', und von oben war die Aufforderung gekommen, nun endlich etwas dagegen zu unternehmen. Der Kaffeeschmuggel, der hier schon auf eine alte Tradition zurückblicken konnte, hatte sich nach der Währungsreform nicht nur perfektioniert, sondern seine Absatzgebiete auch vergrößert. Manchmal fuhren die motorstarken Schmugglerfahrzeuge ungeniert an den Zöllnern vorbei, und ein paar Pistolenschüsse konnten den Fahrzeugen, die über Panzerglas und gepanzerte Karosserien verfügten, nichts anhaben.

Schon 1951 hatte die Zollfahndung für den Raum Aachen zwei Porsche 356 bereitgestellt und konnte auch schon nach kurzer Zeit einige Erfolge verbuchen. Wenn einer dieser schnellen Wagen die Verfolgung eines Schmugglerfahrzeuges aufnahm, dann war es für die Schmuggler schwer zu entkommen. Einmal, als der Zollfahndung ein Wagen gemeldet wurde, der die deutsch-holländische Grenze passiert hatte, nahm ein Porsche die Verfolgung auf und stellte den Schmuggler bei Geilenkirchen. Er hatte sechzig Zentner Kaffee an Bord. Ein anderes Mal verfolgte man einen Chrysler, der nach waghalsigen Fahrmanövern schließlich im Graben landete. Hier fand man dreißig Zentner Kaffee.

Die Schmuggler, moderne Abenteurer, entwickelten die tollsten Ideen, wenn es hieß, Kaffee von Belgien nach Deutschland zu bringen. Ideen kamen auch von ehemaligen Zöllnern, die ins andere Lager gewechselt hatten, weil hier mehr zu verdienen war. Man hatte den Wagen des Regierungspräsidenten, einen Opel Kapitän, der mit Blaulicht fuhr, haargenau kopiert und mit ihm manchen Zentner Kaffee über die Grenzen geholt. Das wohl dreisteste Stück leistete man sich, als der belgische König Baudouin einmal einen grenznahen Ort auf deutscher Seite besuchte. Das Schmugglerfahrzeug, ein schwarzer Cadillac, genau wie der des belgischen Königs, war auch mit dessen Stander ausgerüstet und so vom Original nicht zu unterscheiden. Er kam mit einer Kaffeeladung über die Grenze, und die deutschen Zöllner rissen den Schlagbaum hoch und salutierten den zwanzig Zentnern Kaffee, die da vorbeirollten.

Gegen die schnellen Verfolger wurden die altbewährten Krähenfüße eingesetzt, und die Verfolger erfanden Spezialbesen, die vor die Räder montiert wurden. Geschossen wurde immer wieder einmal, aber der Schmugglerkrieg artete nicht aus. Beide Seiten wollten nicht unbedingt bis zum Äußersten gehen. Meist blieb es bei Lützows wilder, verwegener Jagd. Der Kaffeeschmuggel hielt sich noch viele Jahre – 1954 wurden von der Zollfahndung und den Zöllnern nahezu zwanzigtausend Kilogramm Kaffee beschlagnahmt – und ebbte erst später ab.

***

Der Krieg in Korea war in den letzten Tagen des Mai 1952 zu Ende gegangen. Nun sollte verhandelt werden. Am 38. Breitengrad wurden ein paar Baracken aufgestellt, in denen sich die Unterhändler beider Seiten treffen sollten, um einen Weg zu finden, wie die Nordkoreaner und die Südkoreaner miteinander leben sollten. Es war eine ähnliche Situation wie in Deutschland. Auch hier war das Land geteilt, und man sprach nur gelegentlich miteinander, doch es kam so gut wie nichts dabei heraus. Mit einem Schlag verschwanden die Großmächte vom Wollmarkt, und die Preise der Wolle fielen weltweit in den Keller.

Gängige Kammgarne, die gestern noch 48 DM, und anspruchsvollere Sorten, die bis zu 60 DM gekostet hatten, fielen über Nacht auf etwa 12 bis 16 DM zurück.

Jeder in der Branche war davon betroffen und hatte Verluste zu verbuchen. Wer alte Vorräte hatte, die er noch zu hohen Preisen erstanden hatte, mußte jetzt die daraus gefertigte Ware quasi verschenken und in den meisten Fällen noch mächtig zuzahlen. Viele versuchten, sich mit einem blauen Auge aus der Affäre zu ziehen, was aber nicht jedem gelang. Die meisten der Großen gerieten in ernste Schwierigkeiten, und nicht alle hatten eine gute Bank im Rücken, die ihnen helfen konnte.

Tuchhersteller, die ein wenig sorglos gewirtschaftet hatten, schlossen ihre Betriebe. Am schwersten traf es die Tuchgroßhändler, die ohne einen umfangreichen Lagerbestand ihr Geschäft einfach nicht betreiben konnten. Diejenigen, deren Lagerbestand erheblich war und die auch noch in Abnahmeverpflichtungen standen, konnten die Lage nicht mehr meistern und gingen in Konkurs. Schon in den ersten Wochen nach Beendigung des Koreakrieges begann das große Sterben, und manch hoffnungsvoller Unternehmer war zahlungsunfähig geworden.

Helga Kroll lebte fast nur noch von Kaffee und Zigaretten. Sie spürte die Müdigkeit nicht mehr, und wenn sie abends nach Hause kam, mußte sie sich fast betrinken, um einschlafen zu können. Ihr Mann versuchte, Ruhe in das Familienleben zu bringen, damit man miteinander reden konnte, aber es gelang ihm nicht. Helga tobte jeden Abend und ließ Dampf ab.

„Die sind wie die Aasgeier", schrie sie zu ihrem Mann hinüber und schwenkte wild das Weinglas durch die Luft, so daß der Wein über den Boden spritzte. „Diese Halsabschneider, die früher mit Tränen in den Augen um den Preis gefeilscht haben, wegen derer ich sogar oft ein schlechtes Gewissen hatte, die kommen heute und spielen sich groß auf. Sie fordern heute und wollen den miserablen Preis, zu dem ich zu verkaufen gezwungen bin, noch drücken. Sie halten mir heute vor, daß sie zu einem andern gehen würden, weil der noch billiger sei als ich." Sie machte ein paar große Schritte durch das Zimmer und füllte das Glas nach.

„Hast du schon mit Hans gesprochen?" fragte ihr Mann.

„Was will denn der schon für mich tun? Der hat doch selbst zu kämpfen. Von den Abnahmeverpflichtungen hat er mich entbunden und ich könnte bei ihm zum neuen Preis einkaufen. Nur ein Haken ist an der Sache, ich weiß nicht, ob ich bezahlen kann, und wenn das so weitergeht, dann …" Sie sank auf einen Stuhl und begann zu weinen.

Josef Kroll ging zu ihr hinüber und setzte sich neben sie. „Helga, nun mach dich nicht ganz verrückt. Wir müssen das durchstehen. Geld werden wir verlieren und uns auch Sorgen machen müssen. Bei aller Misere müssen wir einen klaren Kopf behalten und abwarten. Durch diesen Schock ist der ganze Markt in völlige Unordnung geraten, und kein Mensch kann dir im Moment sagen, wo es langgeht. Vielleicht erholen sich die Preise, und der Verlust ist nicht ganz so groß?"

„Der ist groß, und wie groß der ist."

„Ja, zugegeben, aber herumschreien und toben hilft nichts. Bitte, Helga, beruhige dich. Wir werden einmal alles genau durchrechnen und uns Gewißheit verschaffen. Du wirst sehen, daß es zwar trübe, aber nicht hoffnungslos aussieht. Einer deiner größten Lieferanten, eure Fabrik, hat sich sehr anständig gezeigt und wegen ein paar tausend Mark, die noch ausstehen, werden dein Schwiegervater und Hans dir keinen Strick drehen. Die wollen auch weiterhin an dich verkaufen."

Helga blickte auf ihren Mann und winkte kraftlos ab.

„Ich war bei Hans und habe gesehen, was dort los ist. Da sind plötzlich Neue aufgetaucht, die ich vorher nie dort gesehen habe. Die wollen kaufen und noch mal kaufen."

„Ja, glaubst du denn, daß die Fabrik von heute auf morgen ihre Verkaufsgepflogenheiten ändern wird? Auf gar keinen Fall. Die fallen doch auf diese Burschen nicht herein, die einem Sterbenden noch schnell das Fell über die Ohren ziehen wollen, die eine Lücke gefunden haben, in die sie schlüpfen wollen, um auf die Schnelle viel Geld zu machen. Ich erinnere mich an ein Gespräch mit dem Senior, in dem er von der jetzigen Situation sprach. Der alte Herr wußte genau, daß das nach dem Koreakrieg nicht so weitergehen würde und ein plötzlicher Preisverfall anstand. Er hat mir die Politik der Fabrik erläutert, und der Senior weiß auch genau, daß die Betroffenen, die nun in Schwierigkeiten stecken, dennoch seine Kunden sind." Eine gewisse Bewunderung schwang in Krolls Stimme, als er sagte: „Der Senior hat den richtigen Riecher gehabt. Auch als er meinte, daß die Zukunft der Tuchfabriken bei der Konfektion läge, traf er den Nagel auf den Kopf."

„Aber mir nützt das alles nichts." Helga ließ eine Hand auf den Tisch fallen. Dann erhob sie sich und nahm die Wanderung durch das Zimmer wieder auf. Die Kinder waren von ihrer Betreuerin ins Bett gesteckt worden, und draußen verwandelte sich die Dämmerung in Dunkelheit.

Josef Kroll, selbst müde, nahm einen Packen Papiere zur Hand und legte ihn auf dem Tisch zurecht. Dann bat er Helga, sich zu ihm zu setzen, und sie begannen, eine Übersicht über die finanzielle Lage des Tuchgroßhandels aufzustellen. Kroll arbeitete verbissen, und Helga zählte ihm auf und las aus ihren Listen vor, was noch an Bestand und zu welchem Preis im Lager war und welchen Erlös man erzielen würde. Das Ergebnis war niederschmetternd. Allein hier kam eine Verlustsumme von mehr als vierhunderttausend Mark zusammen.

„Dazu die andern Verpflichtungen und die Abnahmeverträge, die noch zu erfüllen sind und ebenfalls Verluste bedeuten. Abgesehen von den Gehältern meiner Angestellten und dem Kleinkram." Sie barg das Gesicht in ihre Hände, und Kroll, sonst stets Herr das Lage, wußte im Augenblick auch nichts zu sagen.

In dieser Nacht schliefen beide nur wenig. Oft wachte Helga auf und lag lange wach. Dabei grübelte sie über das Geschäft, spielte alle Möglichkeiten durch und war schließlich von wirren Gedanken derart geplagt, daß sie am liebsten laut geschrien hätte.

Die drei Angestellten, die sie entlassen mußte, machten betretene Gesichter. In sechs Wochen würden sie keine Arbeit mehr haben. Alle sahen ihrer Chefin an, daß diese sich zusammenreißen mußte, um nicht von ihrer Verzweiflung übermannt zu werden. Der Verkauf, der in den ersten Tagen etwas gestockt hatte, lief nun gut, aber die Preise, zu denen man die Ware abgeben mußte, waren miserabel, und es tat Helga weh, zu sehen, daß ein Tuch, für das sie mehr als dreißig Mark pro Meter gezahlt hatte, jetzt für siebzehn Mark wegging. Die Telefone klingelten ununterbrochen, und die Angestellten flitzten hin und her wie in den besten Zeiten. Aber heute war es kein Geschäft. Heute kam es Helga vor, als würde sie völlig legal bestohlen.

Sie hatten gestern noch bis spät in die Nacht hinein zusammengesessen, und Josef hatte ihr zu Verhaltensmaßregeln geraten, die vielleicht ein wenig Aussicht auf Erfolg haben könnten. Er hatte ihr geraten, alle Tuchfabrikanten anzurufen, bei denen sie noch in Abnahmeverpflichtungen stand. Helga mußte sich einen Ruck geben, trank einen Schluck von dem schwarzen Kaffee und zündete sich eine Zigarette an. Es wurden zwei aufregende Stunden am Telefon, dann sank sie erschöpft zurück und war dankbar, daß von den sieben Lieferanten, denen sie verpflichtet war, zwei ihre Order strichen. Es waren keine großen Posten, aber immerhin ein kleiner Lichtblick. Positiv, wenn man das so sagen konnte, machte sich auch bemerkbar, daß sie einige Aufträge, die auf Abruf bestellt waren, nicht sofort abzunehmen brauchte. Man gab ihr eine großzügige Verlängerung der Frist, und einer der Fabrikanten machte ihr einen Sonderpreis, um ihr den Übergang zu erleichtern.

So vergingen die nächsten Wochen in ihrem Geschäft mit viel Warenausgang und geringem Geldeingang. Das bißchen Entgegenkommen aber konnte die Lage nicht wesentlich verbessern. Sie blieb sehr ernst. Das Familienleben war stark gestört, so sehr sie sich auch bemühte und zusammennahm, die Herzlichkeit, die ihre Kinder von ihr erwarteten, blieb aus, und die Kleinen, zehn und zwölf Jahre alt, gingen ihr aus dem Weg. Ihre Schulleistungen ließen nach, und Mahnungen der Lehrer flatterten ins Haus. Die erste fing Kroll ab, und bei der zweiten ging er zur Schule. Aber auch das änderte nichts. Die Leistungen, besonders bei dem kleinen Peter, der gerade erst aufs Gymnasium gekommen war, sanken beängstigend.

Der Senior war unvermittelt bei Helga erschienen und hatte sich stumm den Betrieb in ihrem Geschäft angesehen. Seine Hilfsbereitschaft war da, seine Möglichkeiten jedoch begrenzt. Man war selbst sehr angespannt, und der Senior wollte die Fabrik in keiner Minute gefährdet wissen. Das, was er tun konnte, tat er, aber es reichte vorn und hinten nicht. Der große Schlag aber kam, als der Architekt einen Brief schrieb und den zweiten Bauabschnitt, der vertraglich festgelegt worden war, zu einer Zeit, als kein Mensch das, was nun geschehen war, erahnen konnte, beginnen wollte. Kroll und Helga hatten damals den halbfertigen Bau, in dem sich ihr Geschäft befand, gekauft. Der sonst so charmante Mann erwies sich als eisenhart, als es um seinen Vorteil ging. Er war unter keinen Umständen bereit, auch nur einen Millimeter von den Vereinbarungen abzuweichen und verlangte, falls der Weiterbau nicht ausgeführt werden sollte, eine hohe Entschädigung.

Kroll führte die Verhandlungen, bei denen aber keine Erleichterung für Helga herauskam. Auf Aufschub oder einen kleineren Bau ließ der Architekt sich nicht ein und blieb hart. Das war das Ende, das war der Konkurs. Ein Glück war nur, daß ihr Mann das Vermögen der Familie so abgesichert hatte, daß es nicht zur Deckung der Verpflichtungen herangezogen werden konnte und nicht auch noch verloren ging.

Helga, unterstützt von ihrem Mann, ertrug den Konkurs mit unbeweglichem Gesicht, war aber, als alles geregelt war und nun seinen Lauf nahm, jeden Augenblick den Tränen nahe. Sie schlief nur noch mit Hilfe von Medikamenten, und Kroll hatte veranlaßt, daß sie unter steter ärztlicher Kontrolle stand.

***

Erst kleinste Anfänge unter widrigen Umständen, dann stärker und besser hatte sich die Kunst nach dem Krieg in Deutschland wieder entwickelt. Ihre Hauptthemen waren der Krieg und dessen Auswirkungen auf das Leben der Menschen. Selbst in den schlimmsten Hungerjahren 1946 und 1947 war sie nicht völlig erlahmt, und die Künstler erhoben laut und vernehmlich ihre Stimmen. Doch wurden die neuesten deutschen Werke auch sehr kritisch betrachtet, und die französische Militärregierung verbot im Oktober 1946 Karl Zuckmayers 'Des Teufels General' und Borcherts 'Draußen vor der Tür', weil in diesen Stücken deutsche Militärs gezeigt wurden. Doch sollten gerade diese Theaterstücke, die sich mit der jüngsten Vergangenheit auseinandersetzten, später sehr oft und mit großem Erfolg aufgeführt werden. 1947 war Gustav Gründgens in Düsseldorf und inszenierte kritisches Nachkriegstheater.

Der deutsche Pianist Walter Gieseking mußte eine Amerikatournee abbrechen, beziehungsweise konnte sie erst gar nicht beginnen, weil jüdische Amerikaner dagegen protestierten.

Der erste deutsche Film wurde von der DEFA gedreht. Er trug den Titel 'Die Mörder sind unter uns'. Regie führte Wolfgang Staudte. In Köln wurde im gleichen Monat das römisch-germanische Museum wieder eröffnet. Hermann Hesse, der seit einigen Jahren Schweizer Staatsbürger war, erhielt den Nobelpreis für Literatur. In Zürich führte man im Dezember 1946 'Des Teufels General' mit großem Erfolg auf, und die DEFA machte den Film 'Irgendwo in Berlin'.

In Geiselgasteig begann man 1947 mit den ersten Film der US-Zone. Die neugegründete Neue Deutsche Filmgesellschaft begann mit den Dreharbeiten eines Films, der 'Zwischen gestern und morgen' hieß. Die bekannten Schauspieler Viktor de Kowa, Willy Birgel, Karl John, Hildegard Knef, Sybille Schmitz, Winnie Markus und viele andere waren wieder im Geschäft. Leute wie Veit Harlan, Christina Söderbaum und Ferdinand Marian, die während der Nazizeit Filme wie 'Jud süß' und ähnliche gedreht hatten, waren nicht mehr gefragt, und während die einen das Gestern erschreckend aufzeigten und auch die Not der heutigen Tage schilderten, wurde den anderen der Prozeß gemacht. Viele erhielten Berufsverbot und gingen, wenn es ihnen möglich war, ins Ausland. Mancher Name, der während der Nazizeit groß auf der Leinwand prangte, erschien nicht mehr und geriet in Vergessenheit.

Helmut Käutner, ein neuer Regisseur, machte in Hamburg von sich reden. Sein Film 'In jenen Tagen' war ein Erfolg, dem weitere folgen sollten.

1952 war im Filmgeschäft wieder viel los. München und Berlin waren die Zentren, wie vormals auch. So kümmerlich auch überall der Anfang war, nun lief es wieder, und die Produktionen steigerten sich.

Richard Pasteau hatte immer wieder Gelegenheit, Standfotos der Stars zu machen, und seine Aufträge häuften sich. Er war in letzter Zeit viel in München und kam erst am Wochenende zu Inge nach Aachen zurück. Seine gute Arbeit hatte Anerkennung gefunden. Seine spezielle Art, die Menschen zu sehen, sein Kameraauge, sein Einfühlungsvermögen in der Darstellung mittels Kamera hatten ihn zu einem gefragten Fotografen gemacht.

Der Wendepunkt in seinem Leben stellte sich eines Tages in München ein, als er seine Arbeit beendet hatte und nach Hause zu Inge fahren wollte. Ein junger Mann, Mädchen für alles beim Film, fing ihn vor seinem Hotel ab, als er gerade das Taxi zum Bahnhof besteigen wollte. „Herr Pasteau, der Alte will sie noch heute sprechen. Es sei wichtig. Sie sollen sofort zu ihm kommen. Das soll ich Ihnen ausrichten."

Nicht ganz einverstanden mit diesem plötzlichen Einbruch in seine Dispositionen meinte er mürrisch: „Okay, fahren Sie mich nach Geiselgasteig und nicht zum Bahnhof."

Der Kameramann war verunglückt. Auf Motivsuche unterwegs war er von einem herabfallenden Stein schwer verletzt worden und würde in den nächsten Monaten ausfallen.

Der Regisseur wandte sich an Pasteau und wollte von ihm wissen, ob er nicht die

Kameraeinstellungen machen könne. „Du bist doch Fotograf, Richard, und hast das Auge dafür. Also bitte versuche es. Du bist unsere einzige Hoffnung."

Pasteau war verblüfft. Natürlich hatte er sich auch schon Gedanken über laufende Bilder gemacht, aber daß es so plötzlich auf ihn zukam? „Weißt du, Standfotos und Film, da ist doch ein Unterschied, aber ich will es gerne versuchen."

Es waren Innenaufnahmen, und Pasteau machte sich fertig. Das Licht leuchtete auf, und der Regisseur gab seine Anweisungen. Die letzte Szene, die der verunglückte Karl gedreht hatte, sollte noch einmal unter der Kameraführung von Pasteau gemacht werden. Die Schauspieler machten sich bereit, und der Maskenbildner beendete seine Arbeit. Das Scriptgirl gab Pasteau den Teil des Drehbuches, und im Hintergrund wurde die Dekoration korrigiert.

Es wurde gedreht und einige Male wiederholt, bis Pasteau zufrieden war. Es war sehr spät, als sie Schluß machten und auseinandergingen. An ein Nachhausefahren war nicht mehr zu denken. Im übrigen sollte er sich die beiden Szenen ansehen und mit dem Regisseur reden.

Inge lag schon im Bett, als er anrief und war enttäuscht, daß er nicht kommen konnte.

„Wann ich jetzt kommen kann, das weiß ich noch nicht. Durch den Unfall geht hier alles drunter und drüber. Wir sind mit den Dreharbeiten in Verzug. Der Film ist etwa halb abgedreht, und wenn ich die zweite Hälfte mache, dann werde ich noch lange hierbleiben müssen, Inge -, natürlich verstehe ich dich, aber das ist für mich sehr interessant. Eine einmalige Chance. Natürlich bin ich Fotograf und eben deswegen. - Doch, ja, wir sehen die Szenen an und dann wird entschieden. - Gut, ich rufe dich sofort in der Fabrik an. Ja, das bin ich und kann immer noch Fotograf sein. Du kannst dir nicht vorstellen, was hier los ist. Okay, schlaf gut, Inge! Gute Nacht."

***

Hella Horsch war nun siebzehn Jahre alt. Vor einer Woche war sie braungebrannt von einem Ferienaufenthalt aus der Bretagne zurückgekehrt. Vier Wochen Frankreich hatten ihre Kenntnisse verbessert und ihr viel Sicherheit in dieser Sprache gegeben. Immer freier war sie geworden und hatte schließlich so gut gesprochen, daß man sie sogar gelegentlich für eine Französin gehalten hatte. Das machte sie stolz, und sie hatte sich mit Elan wieder in den Schulbetrieb gestürzt. Sie wollte ein gutes Abitur machen und bereitete sich jetzt darauf vor.

In Musik war Mozart das Thema gewesen, und sie sollte darüber ein Referat halten. Das Gerüst ihres Vortrages stand in Stichworten, und Hans Dehlen, Will hatte das organisiert, wollte Hella ein wenig unter die Arme greifen. Der Samstagnachmittag war vereinbart worden, Hella schwang sich auf ihr Fahrrad und fuhr zu Onkel Hans hinüber.

Unter den verständnisvollen Augen ihrer Mutter hatte sich Hella für diesen Besuch zurechtgemacht, ihr dunkles Haar mit einem passenden Stirnband zusammengerafft und ein dezentes Makeup aufgelegt. Sie zog ihren schicksten Pullover an und nahm den weiten Rock, der ihre Taille so schmal machte. Die Ballerinaschuhe ließen die Füße klein erscheinen und modellierten vorteilhaft das schöne Bein.

„Na, Mama, wie sehe ich aus?“

Mia Horsch sah aber nicht nur das Äußere ihrer hübschen Tochter, sie wußte auch, warum sie sich so schön gemacht hatte. Mia hörte aus den Worten ihrer Tochter stets die Verehrung für Onkel Hans heraus. Vor Jahren war es eine kindliche Zuwendung an den Freund ihres Vaters gewesen, der ihr sympathisch war und der von ihr einen Gutenachtkuß bekam. Aber nun war daraus Verehrung geworden, und wenn Mia heute ihre siebzehnjährige Tochter sah, dann erblickte sie eine junge Frau, die sich für einen Mann schön machte. Auch Will, der sich vor ein paar Jahren noch darüber amüsiert hatte, war nachdenklich geworden, als er sah, wie gerne seine heranwachsende Tochter seinen Freund hatte.

„Das ist nicht mehr wie früher, Mia“, hatte er gesagt. „Hella ist kein Kind mehr, und diese Schwärmerei gefällt mir nicht. Ich hoffe, daß sich das verliert. Das ist nämlich in meinen Augen keine einseitige Sympathie. Der Hans sieht das Kind auch ganz verzückt an. Ist dir das noch nicht aufgefallen? - Na, aber mir schon. Vielleicht sehe ich in dieser Sache etwas weiter als du. Die jungen Frauen heute, denen macht es nichts aus, wenn der Mann sechzehn Jahre älter als sie selbst ist. Und Hans ist genau sechzehn Jahre älter als Hella.“

„Machst du dir da nicht zuviel Sorgen, Willi? Im übrigen wäre mir ein guter Mann, der sechzehn Jahre älter als meine Tochter ist, immer noch lieber als ein jüngerer, unreifer Mann, von dem wir nichts wissen.“

„Ich möchte, daß meine einzige Tochter einen netten, tüchtigen jungen Mann kennenlernt und heiratet. Der Altersunterschied zu einem Mann wie Hans stört mich. Außerdem glaube ich nicht, daß Hella mit so einem Mann glücklich werden würde. So ein Mensch wie Hans, den ich als Freund sehr schätze, ist, das weiß ich mit Sicherheit, für Hella viel zu kompliziert. Ich weiß nicht, wie ich das ausdrücken soll. Hans ist ein ordentlicher Kerl, zweifellos, und wenn er nicht Fabrikant und dazu noch mit seinem Klavier verheiratet wäre, dann, also dann hätte ich gegen eine Verbindung nichts einzuwenden. Aber so wie der nun einmal ist, wird er Hella unglücklich machen. Sie wäre so viel allein wie Lydia es war und schließlich auch genau so unglücklich. Aus diesem Grund bin ich dagegen und wünsche mir, daß es nicht dazu kommt."

Will machte eine Pause und sah seine Frau unsicher an.

„Ich meine es gut mit dem Kind, das siehst du hoffentlich ein, und ich möchte ihr Bestes. Ich glaube aber auch, daß diese Schwärmerei für Hans zu nichts Gutem führt und hoffe immer noch, daß sich das ändert."

„Und wenn es sich nicht ändert?" gab Mia zu bedenken.

Will sah sie an und sagte sekundenlang kein Wort. Sie wußte, daß er sich schon oft darüber Gedanken gemacht hatte.

„Wenn es sich nicht verliert, dann soll sie in Frankreich weitere Sprachstudien machen und eventuell auch später versuchen, dort eine Anstellung zu finden."

„Du willst das Kind deswegen ins Ausland schicken?"

Will ging im Zimmer auf und ab, wohl fühlte er sich nicht, und es klang auch nicht ganz echt, als er sagte: „Mir ist ein netter Franzose immer noch lieber als ein Verhältnis mit Hans, denn ob er sie heiratet, wenn sie sich mit ihm einläßt, das steht noch nicht fest."

Mia hatte zu seinen letzten Worten nur den Kopf geschüttelt. Nun sah sie ihrer Tochter nach, wie sie sich schnell auf ihrem Rad entfernte und mit wehendem Rock um die Ecke bog.

Hellas Herz klopfte ein wenig schneller, als sie die Klingel drückte. Der Türöffner summte, und die Tür sprang auf. Sie stieg die Treppen hinauf auf die Wohnungstür zu, die Hans gerade öffnete.

„Hella, wie nett dich zusehen, und pünktlich bist du", sagte er, beugte sich vor, um sie auf die Wange zu küssen.

Hella errötete und drückte sich schnell an ihm vorbei ins Zimmer hinein. „Darf ich uns einen Kaffee machen?" fragte sie, und als er nickte, huschte sie in die Küche und stellte Kaffeewasser auf. Dann nahm sie eine flache Glasschale aus dem Schrank und füllte die Kekse hinein, die sie zum Knabbern mitgebracht hatte. Als Hans ihrem flinken Treiben belustigt folgte, meinte sie: „Mutter sagte mir, daß man bei Junggesellen alles mitbringen muß, weil die nie etwas im Haus haben." Sie lächelte zu Hans hinüber.

„Da hat deine Mutter ganz recht, Hella. Bei mir ist wirklich eine Junggesellenwirtschaft, das stimmt schon, aber das liegt auch daran, daß außer der Putzfrau sonst niemand zu mir kommt."

„Ich störe dich doch nicht, Onkel Hans?"

Hans legte ihr einen Arm um die Schultern: „Du störst mich nie, Hella, das weißt du doch."

Dann setzten sie sich an den Tisch, und Hella nahm ihr Konzept aus der Mappe. Sie las Hans vor, was sie zu Mozart geschrieben hatte, und er hörte zu. Dabei streiften seine Blicke das Kindfrauengesicht. Ganz ernsthaft war sie bei der Sache und stoppte seine Gedanken, die sich schon mit ihrer fraulichen Erscheinung befassen wollten. Er gab sich einen Ruck und hörte aufmerksam zu. Sie las ihm vor, und als sie fertig war, blickte sie ihn fragend an.

„Ist das gut so? Gefällt es dir?"

„Ich finde es gut, Hella. Was du sagst, stimmt genau. Mozarts Leben verlief so, weil er ein Spieler war – in allem. Was du vielleicht einfügen solltest, wäre etwas über seine Kompositionen, natürlich nur die bekanntesten Werke. Wir werden ein paar Einschübe machen." Hans holte ein Buch aus dem Regal. „Hier, nimm das mit. Da steht alles drin, was du noch brauchst. Du findest alles in zeitlicher Folge, brauchst es nur in deinen Text einzubauen. Wenn du das ein bißchen geschickt machst, hast du einen guten Vortrag."

Sie lächelte glücklich. „Das hoffe ich." Sie klappte das Buch zu, steckte es in ihre Mappe und sah ihn an. Sollte sie bleiben?

Als ob er ihre Gedanken gelesen hätte, meinte er. „Du willst doch jetzt nicht schon gehen? Oder mußt du weg?"

„Nein, eigentlich nicht. Den Vortrag kann ich morgen fertig machen. Spielst du mir etwas vor, Onkel Hans. Vielleicht etwas von Mozart?"

„Aber gerne, Hella." Er drückte seine Zigarette aus und ging zum Klavier. „Ich habe zwar im Moment von Mozart nicht viel drauf, aber einiges werde ich schon noch zusammenbringen."

Er spielte nun schon länger als eine halbe Stunde, und Hella war begeistert und konnte ihre Augen nicht von seinen Händen losreißen, die leicht über die Tasten glitten.

Es klingelte unvermittelt. Hans brach sein Spiel ab und meinte: „Wer kann denn zu dieser Zeit zu mir wollen? Das kann nur eine meiner zahlreichen Verehrerinnen sein." Er grinste spitzbübisch zu Hella hinüber. Dann betätigte er den Türöffner und wartete vor der Treppe auf den unerwarteten Besuch. Hella hörte die Haustür zufallen und anschließend eiliges Trippeln auf den Treppenstufen. Ohne Zweifel waren das Frauenschritte. Sie wartete gespannt, wer das sein könnte. Die Mutter von Hans ging langsamer, die Schritte ihrer Mutter kannte sie, Helga Kroll war es sicherlich auch nicht.

„Was treibt dich denn hierher?" hörte sie Hans fragen, und eine schnelle, atemlose Stimme antwortete: „Ich hatte Sehnsucht nach dir, mein Schatz."

Hella zuckte zusammen und setzte sich gerade hin. Hans dämpfte seine Stimme, als er der Besucherin antwortete, und Hella konnte nicht alles verstehen. Daß er aber mit diesem unerwarteten Besuch nicht ganz einverstanden war, das hörte sie heraus. Die Dame draußen abfertigen, das konnte er wohl nicht, aber dennoch dauerte es etwas, bis sie ins Zimmer trat.

Hella merkte sofort, daß dieser Besuch nicht zum ersten Mal hier war. Die Sicherheit, mit der die Dame das Zimmer betrat, sagte es ihr untrüglich. Hübsches, rundes Gesicht, gut zurechtgemacht und ein unübersehbarer Busen, wie Hella sehen konnte. - Die hat es auf Hans abgesehen, das sagte ihr ihr Instinkt. Selbstsicher, vielleicht ein bißchen frech, blickte die Besucherin sie an. „Oh, ich störe wohl? Wenn ich das geahnt hätte, wäre ich später gekommen."

Hella wurde es eiskalt, und sie erhob sich. Hans druckste ein wenig herum, räusperte sich und stellte die beiden dann einander vor. „Fräulein Schwarz, Fräulein Horsch. Ich denke ..."

Weiter kam Hans nicht, denn Fini stellte sich auf die Zehenspitzen und küßte ihn schnell auf den Mund. „So", sagte sie, „dann wäre das auch erledigt." Abschätzend und triumphierend ging ihr Blick zu Hella hinüber, die wie aus einem Traum erwachte, als Hans sie ansprach. Sie verstand nicht, was er sagte und hatte alle Mühe, nicht in Tränen auszubrechen. So etwas von Enttäuschung hatte sie noch nie erlebt. Hans und so eine. Daß die beiden zusammen ins Bett gingen, das war ihr klar.

„Ich muß gehen", sagte sie und nahm ihre Mappe. „Auf Wiedersehen", kam es leise aus ihrem Mund.

Hans begleitete sie nach draußen und war sichtlich verlegen, denn er sagte nur ein paar Belanglosigkeiten und stand unschlüssig oben an der Treppe, als sie schon unten war und die Haustür hinter ihr zufiel.

Die Augen voller Tränen der Wut schwang sich Hella auf ihr Fahrrad, und in ihr breitete sich große Enttäuschung aus.

***

Der Kaffee schmeckte Gustav Dehlen nicht, und er schob die Tasse weg. Das ganze Frühstück war ihm nicht gut bekommen. Seine Frau hatte sich seine Nörgelei angehört und war Arbeit vorschützend in das Nachbarzimmer hinübergegangen. Gustav Dehlen hörte die Stimme seiner Frau und die der Haushaltshilfe und sah, daß diese sich mit dem Fahrrad zum Einkaufen in die Stadt begab. Auch das Ei war im Geschmack nicht das gewesen, was er mochte. Ob Classen an sein Federvieh dieses verdammte Fischmehl verfütterte? Ganz nach diesem Zeug hatte das Ei geschmeckt. Er legte eine Hand auf seinen Magen und spürte die Übelkeit. Gestern war es fast genauso gewesen, und er hatte auch wieder diese Schmerzen in der Brust gehabt. Seiner Frau hatte er davon nichts gesagt, weil er deren Fürsorge geradezu fürchtete. Die hätte ihn ins Bett gesteckt. Also hatte er heimlich seine Medikamente genommen, und sein Zustand hatte sich leicht gebessert. Den Skat bei Classen hatte er jedenfalls mitgemacht, sogar mit viel Erfolg. Er spielte mit dem Gedanken an eine Morgenzigarre und fragte sich, ob es ratsam sei, zu rauchen, wenn man sich nicht allzu gut fühlte. Vielleicht gehe ich besser ein wenig an die frische Luft, dachte er und erhob sich. Er öffnete die Tür zur Terrasse und ging hinaus. Die herbstliche Luft war angenehm. Sie war kühl und roch nach Tannenwald. Seine Frau rief aus einem Fenster, er möge etwas Petersilie mitbringen. Er winkte mit der Hand zu ihr hinüber. Dann ging er die Treppe hinunter und betrat den Kiesweg. Er zündete die Zigarre an. - Eigenartig, auch die roch anders als sonst. Seine Magenbeschwerden nahmen plötzlich zu. Die Übelkeit verstärkte sich schnell, hinter dem Brustbein begann es zu schmerzen. Er atmete mühsam, denn so stark war dieser Schmerz noch nie gewesen, der sich jetzt in den linken Arm zog. Gustav Dehlen bekam Angst. Seine Beine wurden schlapp, und er sah sich nach einem Halt um, machte ein paar Schritte zur Treppe zurück und setzte sich auf die Stufen. Die Zigarre war ihm aus der Hand gefallen und lag qualmend auf dem Weg. In seiner Brust brannte es wie Feuer, und sein Arm schmerzte höllisch. Der Ruf nach seiner Frau brach in ein klägliches Wispern zusammen. Er erhob sich mit letzter Kraft und kam zwei Stufen höher. Es war Zufall, daß seine Frau gerade eines der Fenster öffnete und zu ihm herübersah. Sie kam sofort.

„Gustav, was ist mit dir?" Weiter brauchte sie nicht zu fragen, sie sah, daß es ihm schlecht ging. Seine schwachen, fahrigen Bewegungen, die leise, brüchige Stimme und sein Stöhnen waren Anzeichen genug.

„Leg dich hin", sagte sie und ließ ihn langsam hintenüber gleiten. Dann lief sie ins Haus und brachte zwei Decken heraus. Eine legte sie unter seinen Kopf und die zweite über ihn. Dann rannte sie zum Telefon. Dr. Groten, der in der Nähe wohnte, war schnell zur Stelle und gab ihm eine Spritze, die den Schmerz abklingen ließ, so daß man ihn ins Haus bringen konnte.

Strikte Bettruhe, leichtes Essen, kein Tabak und keinerlei Aufregung, geschäftliche Tätigkeiten strengstens verboten. Völlige Ruhe! Das waren die Anweisungen des Arztes, der am Nachmittag wiederkommen würde. Annette Dehlen machte sich Sorgen um ihren Mann, und da sie in der Aufregung den Arzt nicht einmal nach seiner Diagnose gefragt hatte, rief sie ihren Sohn in der Fabrik an und teilte ihm mit, was geschehen war. Doch auch er nahm es anscheinend nicht so ernst wie sie und meinte sogar noch scherzhaft, sie kenne doch die Konstitution ihres Mannes, die der eines Elefanten ähnlich sei. Sie solle sich keine Sorgen machen. Mit dem Arzt würde er heute noch reden und ihr dessen Diagnose mitteilen.

Aber Hans Dehlen war doch sehr nachdenklich, als er den Hörer aufgelegt hatte. Es war ihm in letzter Zeit mehrmals aufgefallen, daß die Hand seines Vaters zur Brust gegangen war, als sei da etwas. Wie ertappt hatte der Senior die Hand heruntersinken lassen, als er die Blicke seines Sohnes gewahrte und sich sogar noch ein verharmlosendes Lächeln abgerungen, das aber Hans nicht in die Irre führen konnte. Auf die Frage, was er habe, hatte sein Vater geantwortet, daß es nichts sei. Wenn er etwas zu haben glaubte, würde er sich schon melden.

Was seine Mutter am Telefon geschildert hatte, das war wohl kein Unwohlsein gewesen, sein Vater war zusammengeklappt. Seinen sofortigen Besuch hatte seine Mutter abgelehnt, weil sein Vater nun schlafe. Zehn Minuten später hatte er den Arzt am Apparat, der auf seine Fragen meinte, daß er lieber mit ihm persönlich sprechen würde, er möge am Nachmittag vorbeikommen.

„War Hella am Samstag bei dir?“ fragte Will Horsch, der in sein Büro kam.

„Ja, wieso?“

„Sie schien mir etwas niedergeschlagen zu sein. Hat mit ihrem Vortrag etwas nicht geklappt?“

„Nein, auf keinen Fall. Der Vortrag ist prima, Will. Ich konnte ihr lediglich noch ein paar Tips geben. Sie reagierte allerdings ein wenig eigenartig, als plötzlich eine Bekannte auftauchte, völlig unerwartet, und ich hatte das Gefühl, Hella kam sich plötzlich überflüssig.“

„Ach so, na, dann ist es gut. Sie ist eben noch jung und reagiert noch nicht wie eine Erwachsene.“ Dann befaßte sich Hans mit einem Angebot belgischer Garne, konnte sich aber nicht so recht darauf konzentrieren, weil ihm die Geschichte mit seinem Vater durch den Kopf ging. Die Unruhe und Sorge um den alten Herrn war doch so groß, daß er sich schließlich entschloß, am frühen Nachmittag einen Besuch zu machen. Bis dahin hatte er sicherlich ausgeschlafen.

Als er seinen Vater etwa vier bis fünf Stunden nach dessen Unwohlsein im Bett erblickte und dessen ruhiges, fast fröhlich entspanntes Gesicht sah, dachte er erleichtert, daß es doch wohl nicht so schlimm gewesen war, wie er angenommen hatte. Die Unterhaltung mit ihm lief flott wie immer, und er fragte nach vielen Dingen in der Fabrik. Er hatte sich wieder einmal Gedanken über die Fabrik gemacht, und die Enge sowie die Unmöglichkeit einer Ausdehnung machten im viel zu schaffen. Er kam wiederholt auf diese Angelegenheit zurück und hatte sogar so etwas wie einen Plan gemacht, den er Hans erläuterte.

Sein Vater, das erfuhr Hans jetzt, hatte schon vor Monaten Erkundigungen über ein größeres Gelände im südlichen Außenbezirk der Stadt eingezogen. Hier sollte, das hatte er auf dem Stadtbauamt erfahren, ein Industriegelände entstehen. Konkret war noch nichts, doch waren sich die Stadtplaner einig, daß die Industrie, die neu aufbauen wollte, auf keinen Fall in der Stadt angesiedelt werden würde. Verlegungen von Industrie aus der Stadt heraus würden begrüßt werden.

„Aber das sollte uns nicht beirren, Hans. Du mußt dich mit dem Gedanken einer Verlegung der Fabrik dorthin vertraut machen, damit wir, wenn es soweit ist, alles gut durchdacht und parat haben und nicht im letzten Augenblick übereilte Entscheidungen fällen, die sich nachher als falsch oder schlecht herausstellen. Auch die Bank, mit deren Leiter ich ein längeres Gespräch führte, steht dieser Sache positiv gegenüber. Man hatte viel Verständnis für unsere Lage. Ich gewann jedenfalls den Eindruck, daß denen ein Kunde, der aktiv ist, der sich vergrößern will, lieber ist als einer, der vor sich hinwirtschaftet, eines Tages vor unlösbaren Aufgaben steht und in Schwierigkeiten gerät."

Annette Dehlen unterbrach das Gespräch und erinnerte an die Anweisungen des Arztes und setzte sich nachdrücklich für deren Einhaltung ein.

Gustav Dehlen nickte zustimmend und übergab seinem Sohn ein Bündel Papiere, die er sich einmal gründlich zu Gemüte führen sollte. Dann sprach man zu dritt über familiäre Dinge, und Annette Dehlen fragte Hans, ob sich Helga bei ihm gemeldet hätte?

„Ja, Mutter. Ich habe ein paarmal mit ihr telefoniert und habe das Gefühl, daß sie den Schock überwunden hat. Hat natürlich eine Menge Geld verloren, und wenn ihr Mann nicht so ein gewiefter Bursche wäre, hätte das schwer ins Auge gehen können."

„Aber das Haus, das Gerd gebaut hat?"

„Ist leider weg, Mutter. Ich habe mit Josef darüber gesprochen, und er sagte mir, daß man es für die Finanzierung des Großhandels zuerst verkaufen wollte, dann jedoch beliehen hatte. Doch die Gläubiger waren nicht bereit, ihr eine Frist einzuräumen, sie wollten Geld sehen. Dann sagte mir Josef, daß sich Helga mit Antiquitäten beschäftigen will. Er versteht etwas davon, und er hat noch günstige Verbindungen zu den Lieferanten dieser Sachen. Wäre eigentlich auch logisch, wenn sie das täte, denn sie will ja unbedingt etwas tun."

„Helga sollte sich mehr um die Kinder kümmern. Beide gehen jetzt auf die höhere Schule und brauchen sicherlich oft Hilfe, aber nicht die der Hausangestellten, sondern die der Mutter. Ich habe ihr schon gesagt, daß die beiden so grundverschieden sind. Gerd ist ein wildes Kind und Peter ein Seelchen. So gegensätzlich veranlagte Kinder brauchen einen Vermittler, um miteinander auszukommen, und dieser Vermittler ist nun einmal die Mutter, und niemand anderes kann ihr diese Verantwortung abnehmen. Antiquitäten, wenn ich das schon höre. Mir wären die Kinder wichtiger. Ich habe das jedenfalls immer so gehandhabt und hoffe, daß ich richtig gehandelt habe."

Annette Dehlen ging hinaus. In der Tür drehte sie sich noch einmal um. „Helga ist ein Starrkopf und diesen Dingen nur schwer zugänglich. Ihr liegt natürlich am Wohl ihrer Kinder, das ist sicher, aber sie denkt da fast ausschließlich an deren finanzielle Absicherung und die damit verbundene Angst, die Kinder könnten einmal arm werden. Sie sollte sich um die Kinder kümmern und aus ihnen brauchbare Menschen machen, dann wird diese Furcht überflüssig.“

Annette Dehlen war gegangen, und Hans erhob sich. Er versprach seinem Vater, jeden Abend bei ihm vorbeizukommen, was der Senior mit einem freundlichen Lächeln quittierte. Hans wurde sofort zu Dr. Groten geführt, als er sich dort gemeldet hatte.

„Mit ihrem Vater, Herr Dehlen, steht es leider nicht gut. Sein Herz ist verbraucht und schwach. Diese Attacken werden sich wiederholen, und er wird daran sterben.“

Hans zuckte zusammen und konnte im Augenblick nichts sagen. Nach einer Pause fragte er: „Kann man nichts tun? Ich meine eine Stärkung, eine Kur in einer Spezialklinik?“

„Leider kann ich Ihnen keine Hoffnung machen, Herr Dehlen. Man kann ihn natürlich medikamentös unterstützen. Das ist das einzige. Ihre Frau Mutter hat die Medikamente und achtet auch auf deren pünktliche Einnahme. Sie wird mich sofort anrufen, wenn etwas eintreten sollte.“

Dann stand Hans wie benommen auf der Straße. Er ging zu seinem Wagen und setzte sich ans Steuer. Die Worte des Arztes hatten ihn geschockt. Sein Vater mußte sterben. Für ihn eigentlich unvorstellbar. Da lebte man mit einem Menschen ein Leben lang zusammen, und dann kam plötzlich sein Tod. Er war nicht mehr da, und man würde seine Stimme nicht mehr vernehmen und auf seinen Rat verzichten müssen. Hans versuchte, diese Gedanken zu verdrängen, aber es gelang ihm nicht. Er fuhr langsam wie ein Nachtwandler in die Fabrik zurück. Inge sollte wissen, wie es dem Vater ging, und er wollte sie nicht erschrecken. Er überlegte und suchte nach Worten, es ihr schonend beizubringen und sagte ihr, daß das Herz des Vaters nicht mehr stark sei und er sehr vorsichtig sein müsse.

„Vater hat sich sein ganzes Leben lang, Tag und Nacht eingesetzt und der Fabrik hauptverantwortlich vorgestanden. Die Schwierigkeiten und die Sorgen während der Nazizeit und dann der Krieg und die Vernichtung der Fabrik, so etwas schlägt nicht in hohle Bäume, Inge, das muß verkraftet werden, und das wiederum geht aufs Herz. Im Augenblick geht es ihm gut, aber so ein Herz ist unberechenbar, und wir können nur hoffen.“

Inge sah ihn nur an. Sie sagte nichts. Ihr Gesicht wirkte wie eine Maske. Sie nickte und ging wieder in die Färberei hinüber.

Er sah sie mit gesenktem Kopf über den Hof gehen, als ihm einfiel, daß sie nach

München gehen wollte. Das hatte sie ihm gesagt und er, in Eile, hatte es zwar aufgenommen, aber schnell wieder vergessen. Er mußte wissen, für wie lange sie dort bleiben würde. Er wollte sie deswegen sofort anrufen, als Jansen nach kurzem Anklopfen ins Büro kam und um fünf Minuten bat. Hans winkte zustimmend und legte den Hörer wieder auf. Jansen beeilte sich mit seinen Fragen, die die Weberei betrafen, wo es wieder einmal Probleme gab.

„Nachtschichten sind nicht drin, Herr Dehlen. Das Gewerbeaufsichtsamt genehmigt das in der Stadtmitte nicht."

„Wir liegen doch aber nicht in der Stadtmitte."

„Das habe ich denen auch gesagt, aber die haben in dieser Hinsicht andere Vorstellungen. Der Lärm einer Weberei stört die Menschen, und die wollen das Geklapper nicht nach zehn Uhr abends anhören, zehn Uhr, das wäre der äußerste Termin."

Die Verlegung der Fabrik außerhalb der Stadt, das wäre die Lösung. „Und was machen wir jetzt?" Seine Frage klang ungeduldig.

„Wir werden Webarbeit nach draußen geben müssen. Mit einigen Lohnwebern habe ich mich schon in Verbindung gesetzt. Ein paar von denen liegen außerhalb der Stadt und können ohne Schwierigkeiten auch nachts weben, wenn es nötig ist."

„Wird das unser Produkt verteuern? Das scheint mir ein wesentlicher Punkt zu sein. Dann wäre zu klären, wer den Transport der Kettbäume, der Garne und der Rohware übernimmt. Klären Sie das und rechnen Sie die Sache einmal durch."

Dann erzählte er dem Betriebsleiter, daß sein Vater ihm noch vor kurzer Zeit die Verlegung der Fabrik nach draußen vorgeschlagen hatte. Jansen war einen Augenblick verblüfft und meinte: „Ich habe mit Ihrem Vater auch schon darüber geredet und ihm meine gegenteilige Ansicht ausgedrückt. Ich halte nichts davon, weil es uns weit zurückwirft, gelinde ausgedrückt. Und wenn ich Ihnen ehrlich meine Meinung sagen darf, dann halte ich das für ausgeschlossen. Mit einer ganzen Fabrik umzuziehen …? Ich kann mir das beim besten Willen nicht vorstellen, Herr Dehlen. Denken Sie nur einmal an die finanzielle Belastung."

Jansen schüttelte den Kopf.

„Ich mache so etwas auch nicht aus lauter Übermut, Herr Jansen. Habe auch schon oft daran gedacht und es immer wieder verworfen. Erst als mein Vater mir vor Augen führte, was das für Vorteile haben würde und mir auch die Nachteile aufzählte, die wir hier in dieser Enge haben und die sich laufend vergrößern werden, wenn wir die Produktion steigern wollen, habe ich mir ernsthafte Gedanken darüber gemacht und bin zu der Überzeugung gekommen, das wir das unbedingt machen müssen. Kein Weg führt daran vorbei."

Die allabendlichen Besuche bei seinem Vater festigten seine Zuversicht, daß der alte Herr sich schon wieder aufrappeln würde, und er fuhr zuversichtlich nach Hause. Doch er irrte sich, und der Schock kam am anderen Morgen, als seine Mutter ihn bat, schnell zu ihr zu kommen, sein Vater sei gestorben.

Er fuhr hin und fand sie blaß auf einem Stuhl sitzend. Sie hatte geweint, das sah er. Nun aber war sie gefaßt, ihr Gesicht jedoch voller Traurigkeit. „Wir hatten uns noch, bevor wir einschliefen, unterhalten, und er war wie immer voller Pläne für die Fabrik und die Familie. Seine Zuversicht war so ansteckend, daß auch ich fest daran glaubte. In der Nacht hörte ich ihn einmal aufstehen und ins Bad gehen. Dann legte er sich wieder hin. Heute morgen machte ich das Frühstück und glaubte, er schlafe noch. Doch dann kam keine Antwort, als ich ihm zurief, ich würde ihm das Frühstück ans Bett bringen. Ich bin hinübergegangen - und da lag er, tot."

Hans trat in das Schlafzimmer seiner Eltern. Sein Vater lag so da, wie seine Mutter es ihm beschrieben hatte. Sein Gesicht hatte einen zufriedenen Ausdruck. Nichts deutete auf einen schweren Tod hin. Er schien friedlich eingeschlafen zu sein.

Wir werden dich alle sehr vermissen, dachte er. Ich ganz besonders, wenn es um die Fabrik geht. Es wird lange dauern, bis wir uns daran gewöhnt haben, daß du nicht mehr da bist.

***

Es war ein Sonntag im Herbst des Jahres 1952, als Hans und seine Mutter vom Grab Gustav Dehlens zum Wagen zurückgingen. Das Laub war bunt geworden, und die Blätter der Birken lagen wie ein heller Teppich auf dem Weg. Keiner von ihnen sprach. Mit den Gedanken waren sie bei dem Verstorbenen, dessen rücksichtsvolle und doch entschiedene Art sie vermißten und dessen wohlgesetzte Worte verstummt waren. Hans Dehlen hätte niemals gedacht, daß der Tod seines Vaters ihn derart aufwühlen würde, daß er immer an ihn dachte und sein Bild stets vor Augen sah. Man hatte das Begräbnis in kleinstem Kreise halten wollen, aber bei einem so bekannten Mann wie Gustav Dehlen war dies unmöglich. Onkel Klaus und Tante Suse aus Bayrischzell waren gekommen, und Onkel Martin, ein Bruder seiner Mutter, den man nur bei solchen Anlässen sah. Eine Abordnung der Leute aus der Fabrik, Jansen und ein Abgesandter der Industrie- und Handelskammer. Leute von Vereinigungen, denen Gustav Dehlen angehört hatte, Classen und Frau, Will Horsch und Familie und viele andere. Nun war auch das überstanden. Alle waren wieder gegangen. Onkel Klaus und Tante Suse, die Annette Dehlen gerne noch ein paar Tage bei sich gehabt hätte, waren abgereist, weil Tante Suse sich nicht ganz wohl fühlte. Nur ein paar Stunden hatten sie an dem Familientreffen nach dem Begräbnis teilgenommen. Helga und Kroll blieben auch nicht länger. Dringende Termine riefen Kroll zum Amtsgericht. Es war ein trauriger Tag, und als Hans nach einigen Anrufen aus der Fabrik auch weg mußte, blieben Annette und Inge Dehlen allein zurück.

***

Neue Lohnforderungen der Belegschaft waren erhoben worden, und es hatte sich, nach viel Rederei, Rechnerei und Abwägen ein Kompromiß ergeben. Diesmal war alles bedeutend ruhiger vor sich gegangen, und Streikdrohungen waren ausgeblieben. Doch hatte der Betriebsrat seine Forderungen sehr bestimmt vorgetragen. Hans hatte im Kreise aller Techniker und des Betriebsrates darauf hingewiesen, daß Rationalisierung im ganzen Betrieb das Gebot der Stunde sei.

„Ich muß gestehen, daß ich den Leuten bei der Forderung nach mehr Lohn in gewisser Weise folgen kann, man braucht sich nur einmal die steigenden Lebensmittelpreise anzusehen. Aber nun ist es Aufgabe der Fabrik und unser aller Aufgabe, den Arbeitsfluß so zu gestalten, daß die steigenden Löhne auch zu verkraften sind. Das hieße, daß man in der Weberei das Mehrstuhlsystem weiter ausbaut. Wir müssen Möglichkeiten schaffen, daß ein Weber möglichst viele Webstühle bedienen kann. Ich denke insbesondere an die neuen Webstühle, die mit dem Schußwechselautomaten ausgerüstet sind und damit dem Weber viel an Handarbeit abnehmen. Das Umrüsten der Webstühle soll außerhalb der Webstühle gemacht werden. Damit gehen im Webstuhl zuviel kostbare Stunden verloren, und die Stillstandszeiten sind zu lang. Dazu muß eine Spezialkolonne ausgebildet werden. Herr Jansen, Herr Ortmanns, da kommt auf Sie beide allerhand zu. Halten Sie mich bitte über alles auf dem laufenden, und wenn es an irgend etwas hapert, sei es was es will, dann muß schnell gehandelt werden. Schreiben Sie eine Prämie für Verbesserungsvorschläge aus, die aus der Belegschaft kommen."

Jansen notierte, und Ortmanns verzog ein wenig das Gesicht.

„Für die andern Abteilungen gilt natürlich das Gleiche. Auch in der Appretur sollen alle Arbeitsvorgänge studiert werden. Keine Stelle im Betrieb soll davon ausgenommen sein."

„Dazu fehlt mir die Zeit, Herr Dehlen", meldete sich der Appreturleiter zu Wort. „Jetzt, wo Ihre Schwester für eine Woche weg ist, habe ich auch noch die Färberei zu betreuen, aber auch ohne die Färberei fehlt mir schon Zeit für meine eigene Abteilung."

Hans nickte und schaute in die Runde. Jansen meldete sich zu Wort. „Herr Dehlen, wir stehen alle mächtig unter Druck, und mit der Zeit, die wir für Verbesserungen aufbringen sollen, steht es schlecht. Wir sollten uns überlegen, ob wir uns nicht einen REFA-Mann engagieren, der sich in diesem Metier auch viel besser auskennt als wir. So nebenher daran etwas tun, Herr Dehlen, das bringt nicht den gewünschten Erfolg. Wenn ich nur schon an die Weberei denke und mir vorstelle, daß Herr Ortmanns und ich jeden Tag diesen Dingen nachgehen sollen."

Nach der Technikerbesprechung war der Buchhalter bei Hans aufgekreuzt und hatte ihm die Liste der säumigen Zahler vorgelegt. Zahlungsverzögerungen hatte es immer, auch in den besten Zeiten gegeben, und der Senior hatte schon vor längerer Zeit diese Liste anlegen lassen, die alle Kunden erfaßte, die mit ihrer Zahlung im Rückstand waren. Diese Maßnahme erachtete der Senior als unerläßlich, wenn man das Geschehen im Griff haben wollte. Hans sah die Liste an, die zwölf Namen enthielt. Auch kleinere Summen wurde erfaßt, und man mahnte mit einem höflichen Schreiben diese Kunden an. Die meisten Verzögerungen aber erledigten sich nach wenigen Tagen von selbst. Doch hatte es immer wieder Kunden gegeben, die übermäßig lange warteten und dann noch ein langes Palaver über Sconti begannen oder auch welche, denen das Geld ausgegangen war. Hans zeichnete die Mahnbriefe ab, und Herr Orler, der Buchhalter, ging in sein Büro zurück.

Inge rief aus München an und bat ihn, sie noch eine Woche freizustellen. Sie wolle noch etwas dort bleiben. Hans stimmte dem zu, wollte aber dann mit ihr in der Färberei wieder rechnen können. Sie versprach, pünktlich da zu sein. Der Mann, der die Dampferzeugung tätigte und überwachte, hatte sich durch unvorsichtiges Hantieren den linken Unterarm verletzt und mußte ins Krankenhaus. Am Nachmittag rief seine Mutter an und wollte von ihm zu ihrem Arzt gefahren werden. Hans hatte absolut keine Zeit dafür, was seine Mutter aber nicht verstehen wollte und erst einlenkte, als er ihr versprach, einen Fahrer mit seinem Wagen zu schicken.

Mittwoch war ein Jubiläum angesagt, an dem er als Chef teilnehmen mußte. Dazu gehörte der dunkle Anzug und viel Zeit. Das Programm begann immer im Konferenzzimmer, wo Hans die Jubilare und deren Ehefrauen und Kinder empfing und begrüßte. Nach seiner Ansprache sprach Giese, der Betriebsratsvorsitzende. Nun wurden Blumen und Präsentkörbe überreicht, und man begab sich nach einem Aperitif in ein nahegelegenes Restaurant, wo man gemeinsam aß.

Hans, selbst Zigarettenraucher, kriegte Zustände, wenn er längere Zeit in dem dichten Zigarrenqualm, der hier erzeugt wurde, ausharren mußte und war heilfroh, als der Wirt den Kopf zur Tür hereinsteckte und ihn ans Telefon bat. Es war seine Schwägerin Helga, die ihn nach einigen Höflichkeitsfloskeln rundheraus fragte, wann das Testament eröffnet würde. Hans konnte ihr nur sagen, daß er es nicht wüßte. Der Notar würde sich sicherlich bald bei ihr melden. Helga und ihr Mann waren mit einem neuen Wagen zur Beerdigung Gustav Dehlens gekommen. Von der Pleite war Helga nichts mehr anzumerken. Nun fragte sie nach dem Testament. Vielleicht brauchte sie doch noch Geld. Hans ging in den Saal zurück, wo der Tabakrauch ihn wieder einhüllte. Betriebsleiter Jansen war verhindert gewesen und kam erst später zu der Gesellschaft. Er brachte seine Glückwünsche an, setzte sich neben den Junior und flüsterte ihm zu, daß er die neuen Webstühle, die der Hersteller 'Webmaschinen' nannte, gesehen habe. Diese Maschinen seien vielversprechend. Ihre Laufgeschwindigkeit fast vierzig Prozent höher als die der normalen Webstühle. Allerdings erfuhr er, daß die Wartung dieser Maschinen Spezialkenntnisse erfordere. Auf Anfrage habe man ihm gesagt, daß die Maschinenfabrik, die diese Webmaschinen herstellte, die Ausbildung der Kundenmonteure übernehme.

Das Fest näherte sich dem Ende. Die Jubilare und einige der anderen Gäste waren bester Laune, und man schob sich lachend und scherzend nach draußen, wo Taxis sie alle nach Hause bringen sollten.

Seine Mutter bereitete Hans Sorgen. Sie rief mehrmals an und verlangte nach ihm. Ihr sei gar nicht gut, und sie sei so allein in den großen Haus. Der Tod seines Vaters hatte sie, die sonst alles spielend meisterte, schwer mitgenommen. Hans versprach, abends zu ihr zu kommen. Auch an den folgenden Abenden ging er nach Arbeitsschluß zu seiner Mutter und hörte ihr geduldig zu, wenn sie von ihrer Hochzeit mit seinem Vater erzählte und von den Kindern sprach, als sie noch klein waren.

Hans hatte an einem dieser Abende die Papiere seines Vaters an sich genommen. Er sichtete flüchtig den Stoß und nahm ihn mit in seine Wohnung. Seine Mutter hatte er nach dem Friefhofsbesuch zu Hause abgesetzt, nachdem sie in einem Gasthof etwas gegessen hatten. Hans hatte ihr seine Gesellschaft angeboten, aber sie lehnte das ab und meinte, daß er als junger Mensch doch sicherlich etwas anderes vorhabe, als bei einer alten Frau zu sitzen. Sie wolle sich auch gerne ein wenig hinlegen, das habe ihr der Arzt empfohlen. Daß Inge nicht bei ihr war, störte sie offensichtlich, denn sie machte eine bissige Bemerkung über Pasteau und seinen Job als Kameramann. „Wenn sich Inge jetzt in München festsetzt, Hans", sagte sie bei der Verabschiedung, „dann haben wir sie die längste Zeit hier gesehen. Eigentlich sollte man froh sein, daß das Kind sich jetzt so wohl fühlt, aber daß sie gleich so weit wegziehen wird, das ist mir nicht recht."

„Meinst du vielleicht, mir wäre das recht? Inge ist eine gute Mitarbeiterin in unserer Fabrik. Ich hoffe nur einen guten Ersatz für sie zu finden, denn der Gedanke, daß sie eines Tages in München bleiben wird, ist mir auch schon gekommen."

Nun war er wieder in seiner Wohnung und hatte es sich auf der Couch mit den Papieren seines Vaters bequem gemacht. Der plötzlich einsetzende Regen trommelte gegen die Fensterscheiben, und der Wind ließ die Rolladen klappern. Er las fast eine Stunde, dann legte er die Papiere auf den Tisch und schloß für einen Moment die Augen.

Ein schrilles Geräusch ließ ihn hochfahren, und er wußte im ersten Augenblick nicht, wo er war, so fest hatte er geschlafen und dabei wirr geträumt. - Wieder dieses Geräusch. - Es war die Klingel. Er sprang von der Couch und zog seine Schuhe an, fuhr sich mit einer Hand durch das Haar und drückte den Türöffner.

Die Haustür klappte und schnelle Schritte kamen die Treppen hoch. Er sah eine Frauengestalt in buntem Herbstmantel. Die Person trug eine Mütze, die wie ein Landsknechtsbarett aussah. Erst auf der letzten Treppe erkannte er Hella Horsch. Ihr strahlendes, gerötetes Gesicht mit den schönen Augen lachte ihn an. „Hoffentlich störe ich dich nicht, Onkel Hans?"

„Du störst mich nicht, Hella. Komm rein. Ich freue mich, daß du gekommen bist. Ich habe gelesen und bin darüber eingeschlafen." Sie gingen ins Wohnzimmer, und Hans räumte auf dem Tisch die Papiere zusammen.

„Ich habe dich doch gestört?"

„Aber nein, ich freue mich wirklich über deinen Besuch. Es ist für mich eine willkommene Abwechslung. Ich kann ja nicht immer nur arbeiten."

Hella hatte den Mantel ausgezogen und ging zum Fenster, sah hinaus und rieb mit der Hand über die beschlagene Scheibe. „Ich war mit einer Freundin im Kino. Dann, als wir herauskamen, habe ich gedacht, ich schaue einmal nach, wie es dir geht. Ich meine, wo du doch so viel allein bist. Zu uns kommst du ja so selten."

Hans knöpfte seinen Hemdkragen zu. „Liebes Kind, ich weiß, daß ich mich rar mache in der letzten Zeit, aber ich habe soviel Arbeit. Ich weiß manchmal nicht mehr, wo mir der Kopf steht. Jetzt, wo mein Vater tot ist, sehe ich, was der alte Herr noch alles getan hat, auch wenn er nur ein paarmal in der Woche in die Fabrik gekommen ist."

„Das mit deinem Vater, Onkel Hans, das tut mit sehr leid. Er war immer so nett und freundlich, und ich glaube, er war auch ein weiser Mann."

„Das kann man wohl sagen. Soll ich uns Kaffee oder einen Tee machen?"

„Ich mach das schon." Hella ging in die Küche und stellte Wasser auf. Hans hörte sie mit dem Geschirr hantieren und dachte, so ein Kind müßte man haben. Vom Glück verwöhnt bin ich eigentlich nicht, stellte er fest. Dann unterbrach Hella seine Gedanken, denn sie stellte das Geschirr auf den Tisch. Sie plauderten miteinander, und die Zeit verging schnell. Sie erzählte aus der Schule, sprach zu ihm von ihrem Mozartvortrag, mit dem sie Erfolg gehabt hatte. Hans sah diese ausdrucksvollen, dunklen Augen, den roten Mund und ihre Mimik beim Reden. Er roch ihr zartes Parfüm und den Duft ihres Haares. Der Wunsch, sie zu küssen, kam so plötzlich, daß er erschrocken zurückzuckte. - Das fehlte gerade noch, Hans Dehlen, daß du dich an die Tochter deines Freundes heranmachst. Er lehnte sich zurück, um etwas mehr Abstand zu gewinnen. Was hatte Will ihm noch vor wenigen Tagen gesagt. „Ein Leben ohne Frau wäre für mich kein Leben!"

Nun war es draußen schon dunkel. Hella, noch mitten in ihrer Erzählung vom letzten Frankreichurlaub, stutzte, schaute auf ihre Uhr und sprang auf. „Mein Gott, Onkel Hans, ist das spät geworden. Ich habe über meine Erzählerei die Zeit völlig vergessen. Meine Eltern werden sich sorgen. Kann ich sie anrufen und ihnen sagen, daß ich bei dir bin?"

„Klar, Hella." Hans erhob sich auch, überlegte kurz und meinte dann: „Sage Ihnen, daß ich euch heute Abend zum Essen einlade. Da hat ein Italiener ein kleines Restaurant aufgemacht, wo man ausgezeichnet essen kann."

Während sie telefonierte, zog er seinen Schlips und sein Jackett an.

Will sah den beiden mit ernstem Gesicht entgegen, als sie ankamen, und Mia sagte, sie habe angefangen, sich Sorgen zu machen. Hans fragte Will, ob er heute nicht gut drauf sei.

Sie gingen zu dem Italiener, der nicht weit von Wills Wohnung entfernt sein Lokal hatte. Mia und Hella Arm in Arm vor ihnen und Hans und Will dahinter. Will, ziemlich mundfaul, sagte so gut wie nichts, und als er von Hans einen Stoß in die Rippen kriegte: „Mann, was ist dir denn über die Leber gelaufen? Fühlst du dich nicht wohl?" taute er langsam auf. „Du hast doch keinen Grund sauer zu sein, Will. Hast eine tolle Frau und eine herrliche Tochter. Sieh mich an. Kannst du bei mir dergleichen feststellen? Nein! So ein Kind, wie du hast, möchte ich auch gerne haben, so etwas eigenes, von einem selbst."

Will sah ihn sekundenlang aufmerksam an. „Mach dir darüber keine Gedanken, Hans. Du bist noch ein junger Mann. Wenn du einmal all das verkraftet hast, was dir in letzter Zeit passiert ist, dann siehst du die Welt wieder in besserem Licht. Das Leben ist lang, und du bist voller Saft und Kraft."

Darüber fingen sie beide an zu lachen, so laut, daß sich die beiden Frauen nach ihnen umsahen.

***

Die Mittagspause verbrachte Ortmanns stets in seinem Büro. Dort war er allein und verzehrte in Ruhe sein Essen. Danach trank er Kaffee, den er in einer Thermosflasche mitbrachte. Gestern hatte er sich mit seinen Kameraden getroffen und war, bitter enttäuscht, viel früher als sonst nach Hause gekommen. Auf die erstaunte Frage seiner Frau hatte er nur kurz erklärt, daß er es sich reiflich überlegen müsse, ob er noch einmal an diesen Zusammentreffen teilnehmen sollte oder nicht. Sofort war die Wißbegier seiner Frau erwacht, aber er hatte weitere Fragen abgeblockt.

Nun fegte er den letzten Brotkrümel von der Schreibunterlage und steckte die Thermosflasche in seine Aktentasche zurück. So eine Enttäuschung hatte er noch nie erlebt. Das waren keine Kameraden der gleichen Gesinnung mehr, das waren nur noch Idioten ohne jedes Niveau. - Ja, Vonberg, das war ein Mann nach seinem Geschmack gewesen. Ein Mann, der die Idee in intelligenter Weise vertreten hatte, einer, der genau wußte, wie man so etwas anfing. Seine Flucht nach Spanien war ein unvorhergesehenes Ereignis gewesen, dessen Ursache die widerliche Schnüffelei einiger demokratischer Revanchisten gewesen war. Wie es sich gehörte, hatte Vonberg einen Nachfolger bestellt, und gerade dieser war es, der Ortmanns nicht paßte. Eines stand jedenfalls fest, dieser Neue, dieser Kamerad Schuster, war für ihn inakzeptabel. Wenn Vonberg eine Aktion geplant hatte, dann war die von der Idee durchdrungen gewesen und alles war wie am Schnürchen gelaufen. Pannen waren ausgeschlossen, und Aufsehen hatte man nie erregt. Die Zahl der Kameraden war stetig gewachsen, weil Vonberg es eben verstanden hatte, die Männer zu begeistern. Die Art und Weise, wie er sie beeinflußte, seine gewählte Sprechweise fanden Anklang und festigten seine Autorität. Autorität gehörte zu Vonbergs Prinzip, und er war auch der Mann, der sie hatte und noch dazu wegen seiner Stärke von allen verehrt wurde.

Genau das Gegenteil war dieser Schuster. Das war ein Mann der Gewalt. Schon seine Physiognomie kontrastierte der Vonbergs. Diese plumpe Visage hatte in Ortmanns sofort Alarm klingeln lassen. Aber es war einige Zeit gut gegangen. Doch dann war die Art der Führung, die Interpretation der Idee ihm auf die Nerven gegangen, und er hatte die schnelle Verwandlung der Kameraden erlebt. Es war eine kleine Gruppe, die zusammen mit Schuster gekommen war, die den rüden Ton und die saumäßigen Manieren eingeführt hatten, die Schusters Beifall hervorriefen. Junge Burschen mit kurzgeschnittenen Haaren, Lederwesten und Springerstiefeln, mit großkotzigem Auftreten und vorlauter Schnauze, die die Idee rücksichtslos und mehr als auffällig vertraten und ihr damit nur schadeten. Das war nicht nur allein seine Meinung gewesen, auch einige der älteren Kameraden hatten sich über diese Neuen aufgeregt. Man war zu Schuster gegangen, der dies aber nur ungern zur Kenntnis genommen hatte .

Aber gestern Abend war es buchstäblich zum großen Knall gekommen. Ausgelöst hatte dies ein Kamerad, der bisher kaum aufgefallen war, weil sein Erscheinungsbild absolut keinen forschen Eindruck machte. Dieser Kamerad war schmal und blaß, trug eine Brille mit hoher Dioptrie und hatte alle in Erstaunen versetzt, als er die Theorien Schusters als 'Augen-zu-und-durch-Politik' und diese Art der Ideenverbreitung als zu primitiv rundweg abgelehnt hatte. Er verurteilte das Gehabe der Kurzgeschorenen, die nicht nur wie Rabauken aussähen, sondern es auch seien. Was nun geschah, das hatte Ortmanns im Kreise seiner Kameraden nicht für möglich gehalten. Schuster war für einen Moment sprachlos, und sein Neandertalerschädel zog sich auf die Schultern zurück, dann aber sprang er auf und brüllte los. Die sich da beschweren würden, das seien Schlappschwänze, die nicht mitzögen. Dabei fuchtelte er mit seinen Händen, und er stieß Worte aus, die bisher im Kreise dieser Männer niemals gefallen waren. Wüste Beschimpfungen reihten sich aneinander und fielen wie schwere Bomben auf die schmalen Schultern dieses Kameraden herunter.

Der aber stand und wich keinen Zentimeter zurück, und als Schuster ihn aufforderte, das eben Gesagte zurückzunehmen, sich seines Irrtums zu bekennen und sich zu entschuldigen, da wurde der zwar einen Schein blasser, blieb aber bei seiner Meinung. Was dann kam, spottete jeder Beschreibung. Schuster ging zu dem schmalen Kameraden hin und schlug ihm seine Faust ins Gesicht. Als der Kamerad zu Boden ging, fiel ein anderer über Schuster her, und es entwickelte sich eine wüste Bolzerei, wie sie zu den Anfangszeiten der SA in den berühmten Saalschlachten üblich war. Dazu das infernalische Gebrüll Schusters, der zu Boden fiel, wieder hochkam, wild um sich schlug, schließlich aber überwältigt wurde. Die Kurzgeschorenen wollten nun gerade richtig loslegen, da kam der Wirt herein und gebot Ruhe, und als einige von Schusters Gesinnungsgenossen frech werden wollten, kündigte ihnen der Wirt das Lokal. Vorher aber sollten die Schäden ersetzt werden, die durch die Schlägerei entstanden waren, denn es waren verschiedene Gegenstände durch die Luft geflogen. Einige der Aufmüpfer beruhigten sich erst, als der Wirt mit der Polizei drohte. Ortmanns war nach draußen gegangen und hatte den schmalbrüstigen Kameraden dastehen sehen. Er hatte ihm auf die Schulter geklopft und ihm gesagt, daß er ganz in seinem Sinne gesprochen habe. Während die drinnen immer noch stritten, waren Ortmanns und der andere davongegangen. Kamerad Beissel war ein stiller, von der Idee gefangener Mann, der sich von Typen wie Schuster distanzierte. Auch er war der Meinung, daß Vonberg der richtige Führer gewesen war.

„Solche Leute schaden der Sache, und wir müssen uns von ihnen trennen. Statt sich in Geduld zu fassen, stürmen diese Stümper los und verderben alles."

Ortmanns hatte dem nur zustimmen können und dann gefragt, wie es nun weitergehen solle. Beissel hatte nur sich Schultern gezuckt . „Ich will versuchen, Kontakt zu einer anderen Gruppe zu finden und wenn ich dafür nach Köln fahren muß.“ Beissel war der Ansicht, daß er das in Kauf nehmen würde, wenn dort eine vernünftige Gruppe sei. Dann waren sie auseinander gegangen.

Heute morgen hatte Ortmanns in seinem Bad feststellen müssen, daß er bei dem Handgemenge etwas abgekriegt hatte und betrachtete kritisch sein leicht blau gefärbtes linkes Auge im Spiegel. Zwar hatte er sich aus der Keilerei herausgehalten, aber es war nicht zu verhindern gewesen, daß er einige Schübse abgekriegt hatte. In der Aufregung hatte er sie kaum bemerkt. Schuster war mit Riesenschritten durch den Saal gerannt und hatte Hiebe nach allen Seiten ausgeteilt. Nun erinnerte sich Ortmanns, daß einer gegen ihn gefallen war und dessen Hinterkopf sein Gesicht berührt hatte. Schmerz hatte er nicht empfunden.

Mit einem blauen Auge in die Fabrik. Das hatte ihm noch gefehlt. Er sah sich hilfesuchend unter den Cremedosen und Puderbehältern seiner Frau um, und als sie fragte, war er denn suche, zeigte er ihr seine Blessur.

Mit viel Geschick hatte sie die Färbung überpudert, nachdem sie ein wenig Creme auf die Stelle gerieben hatte. Niemand in der Fabrik hatte bisher etwas bemerkt, bis auf Jansen natürlich. Der hatte ihn prüfend angesehen und wie beiläufig gefragt, ob seine Frau ihm ein blaues Auge geschlagen habe?

Noch jetzt preßte er die Kiefer fest zusammen, wenn er an diesen Augenblick dachte, als er sogar ins Stottern geraten war, was in Jansens Gesicht ein Grinsen auslöste. Nun verfluchte er seine Unüberlegtheit, nichts von dem Puder mitgenommen zu haben, denn er konnte sich davon überzeugen, daß es wieder blau durchschimmerte. Das war für die Leute im Betrieb natürlich ein gefundenes Fressen, und er überlegte, was er anstellen könnte. Ihm fiel nichts ein. - Dann aber schüttelte er alle Bedenken ab und ging in den großen Websaal hinüber. Sollten sie sich nur das Maul zerreißen, er würde sich darüber nicht mehr aufregen.

Beissel wollte ihm Bescheid geben, wenn er eine andere Gruppe gefunden hatte. Und wenn der sich nun nicht mehr meldete? Was dann? Er brauchte etwas neben seinem Beruf und dem täglichen Einerlei, etwas, was seine Persönlichkeit unterstützte. Seine Frau hatte ihm schon vor Monaten geraten, einmal mit ihrem Bruder angeln zu gehen. Der tue das mit Leidenschaft und behaupte, daß er dabei so viel an Ruhe und Kraft gewinne, weil er sich so richtig entspannen könne. Seine Frau meinte, daß ihr Bruder seitdem ein völlig anderer Mensch geworden sei, der in der freien Natur seine Nerven regeneriert hätte. Naja, so abwegig schien das nicht zu sein. Vielleicht sollte er Fritz doch einmal bei einer Angeltour begleiten. Dieser verdammte Schuster hatte viel kaputt gemacht, das bemerkte er jetzt.

Er würde auf Beissels Bescheid warten, bis zum Monatsende. Kam dieser Bescheid nicht oder fiel er unbefriedigend aus, dann würde er weitersehen.

***

Praktisch war die Welt in zwei Machtblöcke gespalten, und es bestand keine Aussicht, daß sich etwas daran ändern würde. Die Amerikaner waren des Nachgebens müde geworden und machten nun Druck. Sie ließen sich nicht weiter Aggressionen von den Russen gefallen und schlossen mit Japan einen Vertrag, der die Stationierung amerikanischer Streitkräfte in Japan ermöglichte. Mit Australien und Neuseeland wurde ein Beistandspakt unterzeichnet, und ein Sicherheits- und Verteidigungsabkommen mit den Philippinen und Südkorea führte schließlich zu dem Südostasienpakt SEATO. Dieser Pakt stand gegen den Kommunismus und gegen jede gewaltsame Veränderung in diesem Raum. Als dieser Pakt zur Unterzeichnung kam, gehörten ihm neben den USA noch Australien, Frankreich, Großbritannien, Neuseeland, Pakistan, die Philippinen und Thailand an.

In Westdeutschland hatte man mit sich selbst zu tun, und darauf war die ganze Politik abgestellt. In diesen Tagen war es noch ein zähes Ringen und Verhandeln um mehr Rechte und Bewegungsfreiheit im eigenen Land, welches von den Alliierten verwaltet wurde. Im Anfang, sofort nach dem Krieg, hatte es noch viele Arbeitslose gegeben, doch in den letzten Jahren, 1953 und 1954, war jeder in Arbeit, weil die Industrie auf Hochtouren lief. In den Städten wurden die Kriegsschäden beseitigt und viele Neubauten errichtet. Immer mehr Automobile rollten über die Straßen, und der Handel mit dem Ausland hatte sich schon wieder auf ein nicht vorhergesehenes Maß entwickelt.

Die Arbeiter in der Dehlen'schen Fabrik verdienten gutes Geld, und sie gaben es auch aus. Man konnte immer wieder feststellen, daß sich die Kleidung der Leute laufend verbesserte und schöner und eleganter wurde. Die Behelfskleidung der schlechten Zeit, handgewebt oder aus irgendwelchen Stoffbahnen hergestellt, war jetzt gänzlich verschwunden. Dazu kam, daß man nun auch gut essen konnte und es sich auch erlaubte. Die Wohnungen wurden größer und komfortabler, und viele Menschen begannen, ihren Urlaub im Ausland zu verbringen. Bevorzugtes Land der Deutschen war Italien, wo man sich in Rimini oder Cattolica und an vielen anderen Orten mehrere Wochen in den weißen Sand legte, badete und sonnengebräunt wieder nach Hause kam.

Es kamen aber auch wieder die alten Gegensätze zum Vorschein, die sich fast unbemerkt wieder eingestellt hatten. Bei einer der zahlreichen Lohnverhandlungen brachte es Giese, der Betriebsratsvorsitzende, einmal zur Sprache, als er einen Vortrag hielt, in welchem er klarzumachen versuchte, daß die erhobenen Forderungen zu Recht bestanden und man davon auch nicht abweichen würde. Er meinte unter anderem, es hätten sich wie vor dem Krieg wieder Klassen gebildet. Von der Gemeinsamkeit beim Aufbau sei nichts mehr übriggeblieben. Der kleine Mann sei wieder da, wo er vorher auch gewesen war, nämlich unten. Bei der Währungsreform hätten die Besitzer von Industrieanlagen und Immobilien ein weitaus besseres Geschäft gemacht als die kleinen Leute mit ihren 60 DM. Ganz zu schweigen von den Wiedergutmachungszahlungen für Kriegsschäden.

Dieses Thema kam in diesem Jahr immer erneut aufs Tapet, denn jeder wollte mit dem Wohlstand Schritt halten.

Arbeit war da und Menschen, die sie ausführten, auch. Gelernte Leute waren sehr gefragt, an ihnen herrschte sogar Mangel. Man kam schließlich auf die Idee, Arbeiter aus dem Ausland anzuwerben, und sie kamen. Allerdings waren die meisten von ihnen ungelernt und konnten nur einfache Arbeiten verrichten. In der Fabrik war der erste Ausländer der neue Leiter der Färberei, ein Belgier. Er war Textilchemiker, der nun die Arbeit machen sollte, die vorher Inge Dehlen ausgeführt hatte. Sie war immer öfter nach München gefahren und hatte schließlich Hans und ihrer Mutter erklärt, daß sie dort bleiben wolle. Sie zog nach München und heiratete Pasteau, nachdem der Belgier, Herr Benoit, seine Arbeit in der Färberei aufgenommen hatte.

Helga Kroll hatte sich von dem Fiasko mit ihrem Tuchhandel erholt und mit dem Verkauf von Antiquitäten begonnen. Hans sah sie kaum noch, es sei denn, man hatte etwas zu besprechen. So war es zum Beispiel bei der Testamentseröffnung gewesen, als alle Familienmitglieder beim Notar zusammentrafen, um den letzten Willen Gustav Dehlens zu vernehmen. Was die meisten nicht erwartet hatten, war eingetreten, denn Gustav Dehlen hatte die Anteile so aufgeteilt, daß jeder seiner Kinder, also Inge, Hans und Helga, etwa ein Fünftel besaß, während zwei Fünftel bei Annette Dehlen verblieben, den kleinen Anteil von Onkel Klaus nicht mitgerechnet. Helga war enttäuscht und machte später bei einem Umtrunk im Hause Dehlen auch keinen Hehl daraus, was ihre Schwiegermutter ihr übelnahm. Hans, der versuchte, die Gedanken seines Vaters nachzuvollziehen, erkannte, daß es seinem Vater um die Sicherheit der Fabrik gegangen war, er und seine Mutter hatten die Mehrheit.

Seit dieser Zeit machte sich Helga in der Familie rar und kam nur noch zu Mutters Geburtstag und zu Weihnachten. In der Fabrik erschien sie nur, wenn ihre Schulfreundin, Frau Palm, Stoff benötigte. Dann beriet sie ihre Freundin und kassierte die Provision. Josef Kroll war ein vielbeschäftigter Mann, ein erfolgreicher Anwalt, dessen Kanzlei dem Vernehmen nach ausgezeichnet lief. Wie Hans von seiner Mutter erfuhr, waren die Urlaubsreisen, die Helga und Kroll machten, und die sie vornehmlich in die Antike führten, sehr kostspielig.

„Wir haben früher nicht soviel Geld ausgegeben, dazu waren wir viel zu sparsam. Natürlich waren wir auch in Griechenland und in Italien, da Vater ein großes Interesse an der römischen Kultur hatte, auch die Pyramiden haben wir besucht. Doch haben wir nur dann in Luxushotels gewohnt, wenn wir sonst in einer finsteren Höhle gelandet wären. Besonders im Orient soll man sehr vorsichtig sein. Mir gefällt die Art von Helga nicht. Früher war sie anders. Ob das der Einfluß ihres Mannes ist? Von ihm hatte ich eigentlich einen guten Eindruck."

Natürlich machte sich auch Hans seine Gedanken über die Familienangehörigen, aber nicht so tiefgehend wie seine Mutter, die viel allein war, viel nachdenken konnte und alles auf die Goldwaage legte. Früher war sie toleranter gewesen. Hella Horsch hatte vor drei Wochen das Abitur gemacht, und Hans war zur Feier eingeladen worden. Das neue Kostüm, das Will ihr neben anderen Dingen geschenkt hatte, und die Schuhe mit den hohen Absätzen ließen sie wie eine junge Dame und nicht wie eine Abiturientin erscheinen. Hans schaute sie bewundernd an, und Will registrierte wieder einmal nachdenklich den guten Kontakt zwischen seiner Tochter und seinem Freund. Er lotste Hans von den Mädchen fort, die ebenfalls zur Feier gekommen waren und um Hella in einer Gruppe zusammenstanden, und schenkte Hans ein Glas Rotwein ein. Will prostete ihm zu, und Hans sagte, er trinke auf Wills schöne Tochter, auf die er stolz sein könne. Von Hella war Hans gefragt worden, ob für sie die Möglichkeit eines Praktikums in der Fabrik bestehe. Sie wolle Französisch studieren und brauche Geld. Hans sagte zu, und Will meinte, daß seine Tochter ihm im Einkauf helfen könne. Es komme Post in französisch, und sie könne sich sehr nützlich machen.Unter den Papieren seines Vaters hatte Hans die Notiz gefunden, die den Kontakt mit den ausländischen Vertretern besonders hervorhob, und er hatte beschlossen, einmal im Jahr eine Rundreise zu machen, um die im Ausland tätigen Herrn zu besuchen. Eigentlich logisch, wenn man als Chef jederzeit gut informiert sein wollte.

„Wenn du auf deiner Reise eine Sekretärin brauchst, Onkel Hans, dann kann ich gerne mit dir fahren, wenn du das möchtest." Sie sah gespannt auf Hans und ihren Vater, und während Hans überlegte und sich einem „Ja" näherte, winkte Will ab.

„Du kommst demnächst so viel ins Ausland, daß du manchmal froh sein wirst, noch einmal zu Hause zu sein. Außerdem betrachte ich das als reinen Luxus und als eine überflüssige Ausgabe. Hans fährt allein und macht sich ein paar Notizen. Dazu braucht er keine Sekretärin."

Verblüfft blickte Hans auf seinen Freund, dessen Worte so endgültig klangen. Hellas Gesicht rötete sich, und er sah ihr den Unwillen an. Sie senkte die Augen und sagte nichts mehr. Tage später kam sie in der Fabrik in sein Büro und meinte, daß es mit dem Mitfahren wohl nichts werden würde.

Hans zog die Schultern hoch und meinte: „Man soll die Hoffnung nie aufgeben, Hella.“

Dann wollte sie wissen, ob er ihr über den französischen Vertreter ein Zimmer in Paris besorgen könne, und wenn sie sprachlich soweit sei, wolle sie noch Betriebswirtschaft oder etwas anderes belegen.

„Und was wird dein Vater dazu sagen?“

„Na, dagegen kann er doch nichts haben. Das wäre ja noch schöner. Er regt sich nur dann auf, wenn ich mit dir allein bin. Das habe ich schon lange gemerkt. Ich habe auch schon mit ihm darüber gesprochen, aber er ist stur und läßt nicht mit sich reden.“

Hans legte ihr eine Hand auf die Schulter. „Hella, das, was du dir vorgenommen hast, wird schon klappen. Und wegen des Zimmers werde ich mit dem französischen Vertreter sprechen, und mit deinem Vater rede ich auch noch.“

Zu einem Gespräch mit Will kam es etwas später, als Hella in der Fabrik ihre Arbeit aufgenommen hatte und bei ihrem Vater im Einkauf saß.

Nach einem kurzen Gespräch über den Kauf von Transportkarren hielt Hans Will fest, als dieser das Büro wieder verlassen wollte, und fragte ihn: „Sag mal, Will, warum bist du immer so streng mit deiner Tochter, wenn sie mich besucht oder mit mir mal auf eine Reise gehen möchte? Ich finde, du übertreibst da ein bißchen, denn Hella ist doch kein kleines Kind mehr, sondern eine junge Frau, die weiß, was sie will.“

„Eben drum“, erwiderte Will kurz.

Hans sah seinen Freund an und wußte im ersten Augenblick nicht, was er sagen sollte, und als Will das Büro schon verlassen wollte, rief er ihn zurück. „Komm, sei nicht so stur und setz dich hierher.“ Er bot ihm eine Zigarette an, und sie rauchten. „Du weißt, daß ich deine Tochter sehr mag und sie mich auch, aber ich sehe wirklich keinen Grund, warum du immer dazwischen fährst?“

Will beugte sich etwas vor und sagte mit ernstem Gesicht: „Hans, ich beobachte meine Tochter, mein einziges Kind, schon viele Jahre, und ich erinnere mich noch gut an die Zeit, als sie auf deine Knie kroch und dich fragte, ob du sie heiraten würdest. Nun, damals war das eine kindliche Schwärmerei, und wir haben alle darüber gelächelt. Du warst neben Mia und mir die nächste Person, die sie gerne hatte. Diese Sympathie hat sich aber nicht verloren, sie …“

„Warum sollte sie das auch?“

„Ja, aber Hans, sie ist jetzt achtzehn Jahre alt und schwärmt immer noch für dich, und das ist es, was ich nicht möchte.“

„Lieber, Will, nun mach aber mal einen Punkt. Ich fühle mich außerordentlich geschmeichelt, daß eine so hübsche Person sich in mich verliebt. Ich freue mich, und ich finde das so natürlich wie nur etwas. Im übrigen kannst du beruhigt sein, alter Freund. Ich werde deiner Tochter nicht zu nahe treten. Schließlich ist sie etliche Jährchen jünger als ich."

„Sie ist sechzehn Jahre jünger als du, wenn du mal nachrechnest, aber für sie kein Grund oder …?"

„Na schön, sie ist nicht zu jung, wenn du willst, Will. Aber wie soll das denn laufen?" Hans war ein wenig unsicher geworden. Er ahnte Wills eigentlichen Grund, und da es nicht seine Art war, mit etwas hinter dem Berg zu halten, fragte er: „Oder wäre ich dir als - Freund deiner Tochter nicht recht?"

„Genau das ist es, Hans, du wärst mir nicht recht." Wills Augen blitzten, und sein Boxergesicht war hart.

Hans lehnte sich zurück. „Kannst du mir vielleicht erklären, aus welchem Grund? Habe ich die Pest oder sonst etwas Negatives an mir?"

„Ich möchte dich nicht als Freund meiner Tochter sehen, weil du schon vergeben bist, Hans, nämlich an die Fabrik und an dein Klavier!"

Hans saß stumm auf seinem Platz, und Will, dessen Worte sehr entschlossen geklungen hatten, lenkte ein wenig ein und meinte: „Sei mir nicht böse, Hans. Ich habe dir gesagt, was ich von dieser Sache denke. Deine Ehe habe ich miterlebt, ich habe gesehen, wie oft deine Frau allein war, wie du bis spät in der Fabrik warst und wenn du nach Hause kamst, wie ein Toter ins Bett fielst. Hattest du aber einmal eine Stunde frei, dann saßt du vor deinem Klavier. Meine Tochter mag dich sehr, Hans. Ob das die große Liebe ist, kann ich dir nicht sagen. In ihrem Alter ist es fast immer die große Liebe, und in den meisten Fällen vergeht sie auch wieder. Doch ich kenne meine Tochter, Hella ist beständig noch und noch, sie hat den Starrkopf ihres Vaters, und ich weiß, wenn sie dich liebt, dann wird sie keine Ruhe lassen, bis sie dich hat. Ich habe mir für sie ein anderes Leben vorgestellt, das habe ich auch zu Mia gesagt. Unsere Tochter soll etwas lernen und dann einen netten, jungen Mann heiraten und eine Familie gründen, wie wir das auch getan haben. Du bist mein Freund, darüber brauchen wir gar nicht zu reden, aber als Kavalier, als Freund oder als Geliebter und als ihr Mann möchte ich dich nicht sehen."

Will hatte sich erhoben und ging zur Tür. Dort drehte er sich noch einmal um. „Bist du jetzt eingeschnappt?"

„Nein, Will." Hans war von Gefühlen hin- und hergerissen. „Ich denke schon, daß das klare Worte waren", sagte er langsam.

„So sollte es auch unter Freunden üblich sein."

Will schloß die Tür hinter sich.

***

Hans, Jansen und Ortmanns hatten sich in einer Maschinenfabrik in Viersen die neuen Webstühle angesehen und waren beeindruckt, mit welcher Geschwindigkeit und Präzision diese Maschinen liefen und wie exakt sich der automatische Schußwechsel vollzog.

„Das ist die richtige Maschine für unsere Standards", erklärte Jansen begeistert, während Ortmanns nur beifällig nickte und sich jeder Äußerung enthielt. „Von diesen Webstühlen kann ein Weber eine ganze Anzahl bedienen und dann diese Geschwindigkeit. Herr Dehlen, damit kommen wir einen großen Schritt nach vorne."

Jansen war auf der Heimfahrt noch ganz begeistert und fachsimpelte mit Ortmanns, während Hans schweigend am Steuer des Wagens saß und überlegte, wieviele dieser Maschinen er bestellen sollte. Als sie in der Fabrik ankamen, war gerade Feierabend, und die Leute verließen das Werk. Beim Hineinfahren auf den Hof sah Hans den Sohn eines Großkonfektionärs mit seinem Wagen am Straßenrand stehen. Er volontierte in der Fabrik, um sich Kenntnisse für seinen späteren Beruf anzueignen. Dann sah er Hella Horsch, wie sie eilig zu dem jungen Mann in den Wagen stieg. Sie hatte Hans nicht gesehen. Er warf noch einen ärgerlichen Blick zu dem wartenden Wagen hinüber und trat mit Jansen zusammen in sein Büro, während Ortmanns noch einmal die Weberei inspizierte, ehe er nach Hause ging.

Auf seiner Heimfahrt fiel Hans Hella wieder ein, wie sie flink zu dem Wagen hinüberlief. Der Sohn dieses Konfektionärs, vielleicht fünfundzwanzig Jahre alt, war Hans ein wenig zu arrogant und hatte den auf englisch getrimmten Charme, den er nicht sehr mochte.

In seiner Wohnung war es ungemütlich und kühl. Das Abendessen, das er jeden Mittwoch bei seiner Mutter einnahm, war heute ausgefallen, weil sie zu Inge nach München gefahren war. Die Einsamkeit seiner Wohnung gefiel ihm absolut nicht, und zum Klavierspielen fehlte ihm die Lust. Kurz entschlossen machte er sich auf den Weg in ein Restaurant, um dort zu Abend zu essen.

***

Immer noch waren die Auswirkungen des Koreakrieges nicht abgeklungen, und während der größte Teil des Tuchgroßhändler schnell verschwand, starben die Tuchfabriken langsamer. Die kleineren machten nicht viel Lärm und schlossen still ihre Betriebe, als aber die größte Tuchfabrik im Aachener Raum ihre Pforten schloß, schlug dies hohe Wellen, und der Konkurs beschäftigte die Presse wochenlang. Eine zu große Bevorratung an Rohmaterial hatte diesem Unternehmen den

Todesstoß versetzt. Die Differenz zwischen dem Einkaufspreis des Rohmaterials vor und der Verkauf der gefertigten Ware nach dem Preissturz war zu groß, als daß man sie hätte verkraften können. Etwa ein Jahr später kam es zu einem Zwangsvergleich.

Plötzlich herrschte hier Stille. Keine Maschine verursachte mehr das typische Geräusch, und kein Mensch war mehr in den weitläufigen Räumen zu finden. Das einzige, was sich hier noch regte, waren die Sachverständigen und die Anwälte, die sichteten und lange Inventarlisten zusammenstellten, und wenn sie die Fabrik betraten, schritten sie über einen feinen Grasteppich, der zwischen den Steinen des großen Fabrikhofes wuchs.

Hans Dehlen las mit einem Gefühl der Beklemmung, was man darüber in der Zeitung schrieb. Kaum einer wußte so gut wie er, wieviel an menschlicher Leistung in so einem Werk steckte. Wieviel Überlegungen und Pläne, welcher Mut und welche Tatkraft hier über viele Jahre investiert worden waren, und er konnte abschätzen, welcher Verlust die Arbeiter, Angestellten und Eigner traf.

Heute noch war er seinem Vater für die Taktik dankbar, die dieser immer wieder herausgestellt und stets im Auge behalten hatte. Nicht eine Sekunde lang hatte er sie außer acht gelassen und immer zur Vorsicht und Besonnenheit gemahnt. „Spekulationen kann man sich beim Spiel erlauben“, hatte er einmal gesagt, „aber das hier, das ist kein Spiel!“

Natürlich war der Preisverfall nicht spurlos an ihnen vorübergegangen. Auch hier hatte man Verluste gehabt, aber sie waren in Grenzen geblieben.

Helga hatte da bedeutend mehr verloren, wenn man es spezifisch betrachtete. Aber das lag wohl in der Natur der Sache. Ein Handel, der ein großes Sortiment anzubieten hatte und schnell liefern mußte, kam über solche Klippen schlechter hinweg. Sie hatte den Gewinn aus ihrem Geschäft eingebüßt und ihr Haus verloren. Was zum Schluß übriggeblieben war, waren einige Abnahmeverpflichtungen und die Abfindung für den Architekten. Josef Kroll hatte hier einen Weg gefunden, und es war ihm gelungen, die recht hohe Forderung des Architekten erheblich zu vermindern, als er diesem vor Augen führte, daß eine solche Forderung in der jetzigen Krise des Textilgewerbes, wenn sie publik würde, bestimmt keinen guten Eindruck hinterließe. Man hatte sich daraufhin noch einmal zusammengesetzt und schließlich einen Modus gefunden, der für beide Seiten akzeptabel war.Was die Kinder anbelangte, mußte Hans seiner Mutter beipflichten. Um diese beiden Jungs kümmerte sie sich zu wenig. Sie wurden von der Hausangestellten erzogen und sahen ihre Mutter nur abends. Das Wochenende jedoch widmete Helga ihrer Familie und war für Mann und Kinder da. Ob das ausreichte? Hans hatte Zweifel. Auch von den wilden Streichen Gerds in Schule und Haus erfuhr Hans über seine Mutter. Gerds

Einfallsreichtum, gepaart mit seinem Temperament und einem unbändigen Willen, sorgten immer für Neuauflagen. In der Schule waren seine Leistungen weder gut noch schlecht, und er schaffte meist die Versetzung so gerade noch.

Sein Bruder Peter war das Gegenstück zu ihm. Er war von ausgeglichenem Temperament, war den schönen Dingen des Lebens zugetan und konnte hinter einem Schmetterling herlaufen oder staunend eine bunte Blüte betrachten. Bei seinen Streifzügen durch die Stadt kam er auch manchmal zu Hans in die Fabrik, um 'Guten Tag' zu sagen. Dann saß er auf einem Stuhl und fragte Hans Löcher in den Bauch. Der machte das eine Zeitlang mit und komplimentierte ihn dann freundlich hinaus. Meist fragte der Kleine dann: „Wann spielst du mir mal was vor, Onkel Hans?“ Dann, nach etlichen Wiederholungen dieser Frage, hatte Hans ein Treffen mit ihm ausgemacht, nachdem er mit Helga Kontakt aufgenommen hatte, und Peter erschien pünktlich zur verabredeten Zeit. Mit glänzenden Augen saß er am Tisch und trank Apfelsaft, hörte aufmerksam zu und stellte zahlreiche Fragen, die Hans in Erstaunen versetzten, weil sie nach einem Denkprozeß zustande gekommen waren und auf die Intelligenz des Kindes schließen ließen.

Helga hatte sich nachher bei ihm bedankt, daß er sich Zeit für ihren Sohn genommen hatte, wo er doch in seiner Fabrik so sehr mit Arbeit belastet sei. Hans kam es nachher so vor, als habe das 'seine Fabrik' ironisch geklungen. Doch es störte ihn nicht. Peter war ein nettes Kerlchen, und das allein zählte für ihn. Er hatte vor, den Kleinen einmal mit in ein Konzert zu nehmen, doch da winkte Helga ab. Peter sei noch zu jung, um so lange aufzubleiben. Er müsse früh zur Schule und darum auch früh ins Bett.

Hans besuchte die Städtischen Konzerte, wenn es seine Zeit erlaubte, und als ein neuer Dirigent ein Sonderkonzert leitete, hatte Hans sich eine Karte bestellt. Das Konzert fand in der Aula der Technischen Hochschule statt. Auf dem Programm standen die Sinfonie mit dem Paukenschlag von Haydn, Till Eulenspiegels lustige Streiche von Straus und die symphonischen Variationen für Klavier und Orchester von César Franck. Wegen des Pianisten Coor de Groot war Hans Dehlen besonders interessiert.

Er hatte einen Augenblick lang daran gedacht, Hella Horsch einzuladen, dann aber Abstand davon genommen, weil die sich momentan mit dem Volontär beschäftigte, der hinter ihr her war, wie man sich in den Büros erzählte.

Nach der Sinfonie mit dem Paukenschlag ließ Hans die hüpfenden, flinken Töne, welche die Streiche Till Eulenspiegels wiedergaben, an sich vorüberziehen.

In der Pause traf er den Tuchfabrikanten Beier mit seiner Ehefrau und verweilte kurze Zeit bei ihnen. Wie er hörte, war deren Tochter nun in München und studierte Archäologie. Dann bewegte er sich durch die Menge und suchte nach bekannten Gesichtern. Von den Emporen strömten die Leute ins Foyer hinunter, um eine Zigarette zu rauchen oder ein Glas zu trinken. Mitten im Gewühl sah er plötzlich Hella Horsch und den Volontär. Hella in einem dunklen Kleid und der junge Mann im dunklen Anzug. Friede und Eintracht schien zwischen den beiden nicht zu herrschen, denn Hella redete heftig auf den jungen Mann ein und machte dabei kein freundliches Gesicht. Er schien sich zu rechtfertigen, das glaubte Hans den Bewegungen seiner Hände und seinem Gesichtsausdruck zu entnehmen. Ihm fiel die Bitte Hellas ein, ihr in Paris ein Zimmer zu besorgen, und er nahm sich vor, dies morgen sofort zu organisieren, denn dieses Getue mit dem Sohn des Konfektionärs ging ihm langsam auf die Nerven. Auch Will hatte diesbezüglich schon einige Bemerkungen gemacht.

Die Klingel erklang zum ersten Mal, und die Besucher begannen wieder ihre Plätze einzunehmen. Als Hans wieder auf seinem Platz saß, sah er die beiden auf der rechten Empore sitzen. Sie redeten nicht miteinander, und ihre Gesichter waren ernst.

Coor de Groot war ein Könner mit klarem, festem Anschlag und perlender Geläufigkeit. Hans schloß die Augen und lauschte dem schönen Spiel. Die Variationen kamen klar und brillant und waren ein echter Kunstgenuß. Nun war die letzte Variation verklungen, und der Beifall rauschte durch den großen Saal. De Groot hatte ihn verdient. Auch Hans erhob sich beim Klatschen und blickte auf den schlanken, jungen Niederländer mit dem dunklen Haar, der sich immer wieder verneigte und dem Dirigenten die Hand schüttelte.

Hans hatte seinen Wagen in einiger Entfernung geparkt und ließ sich jetzt von dem Strom der Hinausgehenden nach draußen schieben. Bevor er seinen Wagen erreichte, erblickte er die beiden wieder, die anscheinend immer noch stritten. Der junge Mann hielt Hella an den Oberarmen fest, und sie versuchte sich zu befreien. Ihre zornige Stimme klang bis zu ihm herüber.

Sollte er sich da einmischen? Das schien ihm doch nicht ganz das Richtige zu sein, denn hier war man nicht in der Fabrik. Er drehte sich um und machte die paar Schritte bis zu seinem Wagen. Er setzte er sich hinein und steckte den Schlüssel ins Zündschloß. In diesem Augenblick vernahm er Hellas Stimme laut. Aus der Art, wie sie klang, hörte er, daß Hella sich bedrängt fühlte. Er wandte den Kopf und sah, daß der junge Mann nun wirklich zudringlich wurde. Mit ein paar schnellen Schritten war er auf der anderen Straßenseite und faßte den jungen Mann von hinten am Jackettkragen. Er riß ihn zurück. Verdutzt ließ dieser Hella los, die er mit beiden Armen umklammert hatte. „Aber doch nicht so, junger Freund!“ sagte Hans ruhig und bestimmt und ließ ihn los. „Probt ihr hier einen Aufstand, oder wollt ihr hier auf der Straße eine Keilerei anfangen? Da hättet ihr euch besser im Konzertsaal vermöbelt, da wäre wenigstens genügend Publikum gewesen!“

Die beiden, noch halbe Kinder, wie ihm schien, sagten nichts. Sie sahen sich nur mit wütenden Augen an.

„Soll ich dich nach Hause bringen, Hella?“ fragte er sie.

„Ja, Onkel Hans, das wäre furchtbar nett von dir.“ Sie warf noch einen kecken Blick auf ihren Kavalier und hängte sich bei Hans ein.

Hans, der auf der Straße nicht lange reden wollte, meinte: „Wir sehen uns ja morgen in der Fabrik“, drehte sich um und ging mit Hella zu seinem Wagen hinüber.

Am anderen Morgen ließ Hans sich mit dem französischen Vertreter verbinden. Laforet war am Apparat, und Hans hörte dessen höfliche Frage, was es denn für ein Problem gäbe.

„Claude, ein Problem ist es nicht, aber eine Bitte an Sie. Kurz gesagt, die Tochter eines Freundes möchte in Paris studieren und sucht ein Zimmer. Könnten Sie das organisieren?“

Laforet schien zu überlegen, denn Hans hörte einige Sekunden lang nur die Geräusche aus dessen Wohnung. Dann kam seine Stimme wieder. Laforet sprach gutes Deutsch, nur mit dem „H“ hatte er gewisse Schwierigkeiten, und sein Hans klang wie ‘Ans’.

„Ich überlege, Hans. Paris ist eine große Stadt mit vielen Menschen, und gerade die Gegend um die Université ist sehr dicht. Hat Ihr Freund viel Geld? Dann könnte er vielleicht eine kleine Wohnung kaufen oder -?“

„Nein, Claude, soviel Geld hat mein Freund nicht. Ich dachte, daß man vielleicht etwas findet, eine Familie eventuell, wo die Tochter meines Freundes Aufnahme findet, wenn sie sich im Haushalt nützlich macht?“

Wieder eine Pause, in der Laforet überlegte. „Hans, ich werde mich umhören und rufe Sie in ein paar Tagen wieder an. Einverstanden?“

Will kam etwas später in sein Büro, und er teilte ihm den Inhalt des Gesprächs mit. Will nickte. „Hoffentlich klappt das bald mit einem Zimmer. Ich bin froh, wenn Hella hier fort ist, und diesen Volontär, den schmeiße ich demnächst raus, der steckt jede Stunde mindestens einmal seinen Kopf in mein Büro und möchte mit Hella reden. Dieses verwöhnte Bürschchen glaubt, alles müsse nach seiner Nase gehen, sonst wird er ärgerlich.“

„Kein Wunder, Will. Hella hat ihm den kleinen Finger gegeben, und nun will der die ganze Hand.“

„Der will nicht nur die Hand, lieber Hans, der will mehr, und das paßt mir gar nicht.“

„Würde mir auch nicht passen. Wollen hoffen, daß Laforet erfolgreich ist, dann hat das mit dem jungen Mann ein Ende, und wir sind diese Sorge los."

„Okay!" Will ging hinaus und Hans hörte noch, daß Will etwas von „Weibern" zwischen den Zähnen knurrte, ehe die Tür hinter ihm zufiel.

Zwei Tage später rief Laforet an. Hans nahm das Gespräch entgegen. „Ich habe ein Zimmer für das Mädchen. Allerdings nicht bei der Université, sondern am Périférique in Gennevilliers. Sind Sie damit einverstanden?"

„Claude, was heißt einverstanden? Das Mädchen muß damit einverstanden sein. Es wird am besten sein, wenn ich sie an den Apparat hole. Dann können Sie es ihr erzählen."

Will und Hella kamen herüber und hörten mit, als Laforet erklärte, was es mit dem Zimmer auf sich hatte.

„Gennevilliers liegt außerhalb des Périférique in Richtung Argenteuil. Dort kenne ich eine Familie, Bérac. Sehr nette Leute. Sie haben einen Metzgereibetrieb und stellen Pasteten her, Terrine, die man bei uns als Vorspeise gerne ißt. Monsieur et Madame Bérac sind gerne bereit, dem Mädchen ein Zimmer zu geben. Zu bezahlen braucht sie nichts dafür, soll sich aber nachmittags, wenn die Kinder aus der Schule kommen, um diese kümmern. Mademoiselle soll ihnen bei den Schulaufgaben helfen und sich sonst auch nützlich machen. Viel Arbeit soll das nicht sein, sagen die Béracs. Aber wie ich sie kenne, kann viel Arbeit von niemand geschafft werden, denn sie stellen an sich selbst sehr hohe Anforderungen. Es kann also etwas auf das Mädchen zukommen. Zur Université geht sie am Vormittag, fährt mit dem Bus über die Porte de Clichy in die Stadt hinein."

„Das klingt nicht schlecht, Claude. Wie weit ist denn der Weg zur Schule? Ich hoffe nicht, daß das Mädel stundenlang unterwegs ist?"

„Das ist nicht einfach zu sagen, Hans. Aber es wäre sicherlich gut, wenn sie vorher einmal hierher kommt und sich alles ansieht. Das Zimmer, die Béracs und den Weg zur Université. Wenn man nur Sprachen erlernen will, gibt es auch andere Schulen, und sie braucht nicht unbedingt zur Sorbonne. Womöglich findet sie in Nanterre oder anderswo ein Institut, das näher liegt. Dann hat sie nicht den langen Weg durch das Zentrum."

„Claude, ich denke, daß sie sich das vorher ansieht. Geben Sie uns die Adresse der Béracs, dann werden wir uns mit Ihnen in Verbindung setzen."

Laforet gab die Anschrift durch, und Hella schrieb mit. Auch die Telefonnummer von Bérac lag vor, und Laforet wies noch einmal darauf hin, daß man bei Bérac kein Wort deutsch sprach.

„Nun, Hella, du hast jetzt ein Zimmer in Paris und kannst dich mit den Leuten in

Verbindung setzen. Du kannst gerne von hier aus telefonieren oder den Leuten einen Brief schreiben. Mach es, wie du willst."

„Ich werden ihnen schreiben", sagte sie und fügte hinzu: „Und dann fahre ich hin und sehe mir alles an." Sie bedankte sich bei Hans und ging.

Will sah nachdenklich aus. „Na, Will, zufrieden? Nun mach nicht so ein Gesicht. Deine Tochter ist kein Kind mehr, alter Freund. Sie ist eine junge Frau, die ihren Weg sucht und ihn finden wird. Laß sie nur einmal für einige Zeit nach Paris gehen, dann lernt sie erstens etwas, und ihr Horizont erweitert sich. Neben ihren Sprachstudien wird sie viel über dieses interessante Land erfahren und die Luft der großen Welt schnuppern. Schaden wird es ihr nicht."

„Dein Wort in Gottes Ohr, Hans", sagte Will.

„Ich sehe dir an, daß dir das auch nicht in den Kram paßt, Will, aber ich kann dich verstehen. Da geht die einzige Tochter in ein fremdes Land, in eine Stadt wie Paris, von der man nicht nur Gutes hört, und sie ist so weit von zu Hause weg. Aber so ist nun mal das Leben, Will. Denke nur daran, was man uns geboten hat, als wir noch jünger waren. Uns haben sie zum Kommiß geholt, und wir mußten uns jahrelang mit diesem oberfaulen Mist herumschlagen und wegen dieses größten Feldherrn aller Zeiten am laufenden Band unser Leben riskieren. Na, war das denn nichts?"

Will hatte sich erhoben. „Das stimmt, Hans. Eines hat das mit Paris für sich, die Sache mit dem Volontär ist damit zu Ende. Wollen wir also hoffen, daß alles so läuft, wie wir es uns wünschen."

„Das wird es schon, Will. Laß den Kopf nicht hängen. Wir beide werden schon auf sie aufpassen, und wenn sich eine Gelegenheit bietet, fahren wir einmal nach Paris und sehen uns alles an Ort und Stelle an. Dann wirst du deine Bedenken verlieren. Laforet ist sehr nett und würde uns niemals etwas empfehlen, was nicht in Ordnung ist. Dafür kenne ich ihn zu gut. Gespannt bin ich, was deine Frau dazu sagen wird?"

Will zuckte die Achseln. „Das kann ich dir nicht sagen, aber wenn du heute Abend zu uns kommst, zum Essen, dann kannst du es von ihr selbst hören."

„Okay, Will, sag deiner Frau, ich komme und bringe einen Bärenhunger mit."

***

Das Wetter war umgeschlagen. Es brachte Regen und Wind. Morgens war es neblig, und das Laub auf den Straßen ließ die Hinterräder des Wagens wegrutschen, wenn man zu forsch in eine Kurve ging. Jedenfalls ging es Hans Dehlen so, als er zu seiner Mutter fuhr, um sie zum Arzt zu bringen.

Sie war erkältet und hatte schon die verschiedensten Hausmittel durchprobiert, ohne daß sich eine Besserung eingestellt hatte. Nun hatte sie Hans angerufen und bestand auf einem Besuch bei ihrem Hausarzt.

Hans, wie immer in Zeitnot, reagierte ein wenig nervös und fragte sie, ob dies denn unbedingt sein müsse. Warum der Arzt nicht zu ihr ins Haus komme?

„Nein, das kann er im Moment nicht. Ich habe bereits mit ihm telefoniert. Der hat sein Wartezimmer voller Leute, und wenn er zu mir kommen sollte, müßte ich bis zum Freitag warten."

Seit dem Tod seines Vaters hatte sie sich verändert. Sie quängelte und nörgelte und fühlte sich plötzlich alt und schwach, obschon davon keine Rede sein konnte. Helga hatte ihm das auch schon gesagt und gemeint, daß ihr noch eines Tages die Haushaltshilfe davonlaufen würde. Nun, Hans hatte zugesagt und sich in den Wagen gesetzt.

Bevor er das Tor passierte, war ihm Jansen über den Weg gelaufen und hielt ihn an. „Nur ganz kurz, Herr Dehlen." Jansen verzog das Gesicht denn der Regen lief ihm über den fast kahlen Kopf, und er barg schützend einen Packen Papier unter seinem Jackett. „Mir ist da etwas zugetragen worden, Herr Dehlen, von dem ich glaube, daß es besonders interessant ist. Ich persönlich halte ja nichts davon und zwar nach wie vor. Draußen vor der Stadt, in südlicher Richtung, hat man ein Gelände für die Industrie bereitgestellt. Es soll jetzt von den Planern erschlossen und aufgeteilt werden. Dort aber hat schon jemand vor ein paar Jahren begonnen, sich etwas zu bauen, eine Halle, und diese Halle und das umliegende Grundstück, stehen zum Verkauf. Vielleicht sollten wir uns das mal ansehen? Sie tragen sich ja mit dem Gedanken, die Fabrik nach außerhalb zu verlegen."

„Gut, Herr Jansen. Stellen Sie fest, wo das liegt, wann man es ansehen kann und wer der Verkäufer ist. Wenn wir das wissen, fahren wir hin und schauen es uns einmal an. Nun muß ich aber weg, denn meine Mutter sitzt schon auf heißen Kohlen." Er wartete eine Entgegnung Jansens nicht mehr ab, drehte die Scheibe hoch und fuhr los.

Wie erwartet, stand seine Mutter gestiefelt und gespornt im Wohnzimmer und blickte mißbilligend auf ihre Uhr, sagte jedoch nichts. Das Wetter hatte sich ein wenig gebessert, als er seine Mutter wieder zu Hause absetzte, nachdem sie ihm auf der Fahrt in allen Einzelheiten geschildert hatte, was der Arzt zu ihrer Erkältung meinte. „Keine Anstrengung und auf keinen Fall das Haus verlassen, sich immer nur in gleichmäßig temperierten Räumen aufhalten."

Die Post lag auf seinem Schreibtisch, als er kurz vor Mittag sein Büro betrat. Neben Bestellungen und Angeboten war auch ein Brief von Laforet dabei, der ihm mitteilte, wann und wo Hella Horsch in Gennevilliers erwartet wurde. Sogar einen passenden Zug, der am Gare du Nord einlaufen würde, hatte Laforet herausgesucht. Hans las den Brief schnell durch und ging damit in Wills Büro hinüber. Nach der Mittagspause kam seine Sekretärin und meldete ihm, daß ein amerikanischer Soldat beim Portier stehe, der etwas für ihn abzugeben hatte.

Unwillig über die erneute Störung, fragte er: „Konnten Sie das denn nicht heraufbringen lassen, was der Soldat abzugeben hat?"

„Ich habe das natürlich versucht, Herr Dehlen, aber der Soldat gibt es nicht heraus. Nur persönlich."

„Okay, dann sehe ich mal nach, was das denn ist."

Er lief die Treppen hinunter und ging über den Hof zum Tor. Der Soldat saß in der Portiersloge und erhob sich, als Hans eintrat. Dann überreichte er Hans einen Brief, den der sofort aufriß und las. Es war eine Nachricht von Major Malone, der ihn wissen ließ, daß er wieder in die Staaten zurückging und ihn einlud, an seiner Abschiedsparty teilzunehmen. Übermorgen sollte sie stattfinden. Malone war er das schuldig, und er machte dem farbigen Soldaten deutlich, daß er sich freue und kommen würde.

***

Das Gelände im Süden der Stadt war groß genug, um hier die Fabrik aufzubauen. Die bestehende unfertige Halle konnte von Nutzen sein. Fast zwei Stunden stapfte Hans in Gummistiefeln mit Jansen durch das flache Gelände, und sie überlegten, wo man dies oder jenes unterbringen könnte. Eine gut ausgebaute Straße war bereits da, aber Kanalisation und Strom fehlten noch.

„Das sieht nicht schlecht aus, Herr Jansen", meinte Hans. Jansen nickte zurückhaltend und machte wieder einmal auf die Schwierigkeiten aufmerksam, die auf sie zukommen würden. „Ich denke nicht nur an die viele Arbeit, Herr Dehlen, ich denke mit sehr viel Skepsis an das Unvorhergesehene, was sich mit Sicherheit einstellen wird. An die Kosten wage ich schon nicht mehr zu denken, und an den Produktionsausfall über Wochen auch nicht. Ich fürchte, Herr Dehlen, daß uns das vollkommen aus dem Tritt bringen wird."

„Das darf es eben nicht. Wir müssen es so organisieren, daß Maschinenstillstände auf ein Minimum beschränkt bleiben. Das heißt, wir stellen nicht mit einem Schlag die gesamte Weberei ab, sondern Webstuhl für Webstuhl, die dann nacheinander hierher transportiert und aufgestellt werden. Dazu muß alles hier wohlvorbereitet sein. Und auf diese Weise verfahren wir mit allen Maschinen und Einrichtungen."

Hans betrat die Halle. „Wer hat diese Halle gebaut?" fragte er.

„Wie ich hörte, soll das eine Elektrogerätefirma gewesen sein."

„Und warum haben die das aufgegeben?"

Jansen machte ein unwissendes Gesicht. „Man erzählt sich, die Teilhaber sollen sich entzweit haben."

„Das Gelände erscheint mir für unsere Zwecke geeignet zu sein, Herr Jansen. Nun werden wir uns an den Verkäufer wenden, um den Preis zu erfahren. Ich werde mich mit unserem Architekten in Verbindung setzen und ihm das hier zeigen. Er soll uns sagen, was er davon hält und die Baukosten veranschlagen. Ist alles akzeptabel, werden wir, das heißt, dann müssen wir es machen, denn in der Stadt sind wir am Ende unserer Erweiterungsmöglichkeiten angelangt. Unsere Wirtschaftlichkeit in der Herstellung beginnt mir langsam Sorgen zu machen. Ich kalkuliere nicht gerne zu knapp. Unser Transport innerhalb der Fabrik kostet zu viel Zeit. Leider können wir daran aber nichts mehr tun. Hier könnten wir vieles besser machen. Wir bleiben auf einer Ebene, hätten gerade Flure und Durchfahrten und unserer räumlichen Ausdehnung stände nichts mehr im Wege. Hier haben wir den Platz, der uns in der Stadt fehlt."

Jansen schwieg. Er war derart mit der alten Fabrik verbunden, daß er sich einen Umzug hierher nicht vorstellen konnte. Zweifellos spielte sein Sentiment dabei eine große Rolle. „Wenn sie meinen", sagte er kurz und hoffte, daß alles so laufen würde, wie der Junior sich das vorstellte.

„Und wie steht es mit der Finanzierung?" fragte er Hans Dehlen auf der Rückfahrt.

Hans wiegte den Kopf. Sein Gesichtsausdruck war angespannt, als er meinte, daß das noch ein Problem darstelle. „Ich werde mit unserer Bank reden und ihr unsere Pläne unterbreiten, nachdem wir alles zusammengestellt haben und die Baukosten bekannt sind. Dann werden wir sehen, wie die Bank sich dazu stellt." Nach längerer Pause meinte er: „Vielleicht müssen wir einen Teilhaber hereinnehmen."

Jansen zuckte zusammen. „Sie wollen einen Fremden in unsere Fabrik nehmen, Herr Dehlen. Ist das wirklich ihre Absicht?"

„Lieber Herr Jansen. Wenn Sie wüßten, wie oft und wie lange ich mir schon darüber das Hirn zermartert habe. Nächtelang habe ich dieses Thema gewälzt und überlegt, wie man es ohne Teilhaber machen könnte? Natürlich mit einem kontrollierten Risiko. Doch den Stein der Weisen habe ich nicht gefunden. Machen wir es allein, besteht die Gefahr, daß uns Geld fehlt. Das aber kann schnell das Ende bedeuten. Mein Vater, Herr Jansen, der hat seine Fabrik geliebt und der war es auch, der uns geraten hat, das zu tun, was wir jetzt vorhaben. Gerne hat er es gewiß nicht getan, denn ich weiß genau, daß er immer versucht hat, die Fabrik in Familienbesitz zu halten. Aber wenn man in die Zukunft blickt, kommt man zwangsläufig auf das, was wir jetzt machen, ob man es will oder nicht. Wir können nicht da stehen bleiben, wo wir heute sind. Die Zeit hat sich verändert, und die Technik hat einen großen Schub erhalten, und sie wird schnell auf neue Arbeitsmethoden kommen und neue Maschinen entwickeln, an die wir heute noch nicht denken. Vielleicht wird sie unsere Arbeitspraktiken revolutionieren. Wir werden dann Webmaschinen haben, die wie Automaten arbeiten, so daß ein Mann viele davon bedienen und beaufsichtigen kann. Wir werden uns mit neuen Ideen befassen und versuchen, alle unsere Abteilungen und Arbeitsgänge wirtschaftlicher zu machen. Das ist ein Thema, das uns in Zukunft keine Sekunde aus dem Kopf gehen darf." Hans Dehlen machte eine Pause. „Ich hörte, daß jemand einen Webstuhl ohne Schützen konstruiert hat. Dieser Webstuhl arbeitet mit einem Greifer. Ich bin aber überzeugt, daß noch andere Konstruktionen auf dem Markt erscheinen werden. An all dem müssen wir uns orientieren. Wir dürfen nichts auslassen oder übersehen. Jede Neukonstruktion muß uns bekannt sein, und wir werden sie ausprobieren und das kaufen, was uns nützlich erscheint."

„Kühne Gedanken und viel Arbeit, Herr Dehlen", sagte Jansen.

„Das betrachte ich als meine unternehmerische Pflicht. Hier geht es ums Überleben, um uns und um die Menschen, die bei uns arbeiten. Wir alle leben von der Fabrik, und wenn wir die Zukunft sichern wollen, müssen wir das riskieren, was wir vorhaben, oder wir sind in ein paar Jahren hoffnungslos veraltet und so unwirtschaftlich, daß wir den Laden zumachen müssen. Beispiele haben wir in unserer Branche genug."

***

Die Lage in Europa war seit Jahren unverändert. Wie riesige Kampfmaschinen standen sich die beiden Großmächte gegenüber. Harte Worte fielen auf beiden Seiten, und die Geheimdienste der ehemaligen Kriegskameraden erschienen immer wieder in den Schlagzeilen der Presse. Henry Spaak, der belgische Ministerpräsident, sagte eines Tages zu den Russen, als wieder einmal eine Konferenz stattfand: „Wir haben Angst vor Ihnen, meine Herren!" Und das stimmte. Deutsche Politiker redeten von der roten Gefahr im Osten, und einer, der es genau wissen wollte, hatte ausgerechnet, wie wenig Zeit die Russen nur brauchten, um mit ihren Panzern am Kanal zu stehen. Jedermann wußte, daß, wenn die Russen einmal loslegten, allen ein schrecklicher Krieg bevorstand. Heiße Debatten um eine Wiederaufrüstung der Deutschen waren angelaufen, und wie immer waren die einen dafür und die andern dagegen. Franz Josef Strauß, dem, nach eigenen Worten, eher die Hand verdorren soll, ehe er wieder eine Waffe berührt, hatte jetzt seine Meinung geändert. Er sah nun die Notwendigkeit einer Wiederbewaffnung.

Aachen war wie alle anderen Städte in Westdeutschland emsig dabei, die letzten Kriegsschäden zu beseitigen. Dort, wo alles zerstört war, hatten die Stadtplaner leichtes Spiel. Straßen, die früher zu eng waren, konnten nun verbreitert werden und kamen damit den Wünschen der Verkehrsexperten näher, die ein starkes Ansteigen des Straßenverkehrs voraussagten. Viele Köche rührten in dem Brei, aus dem die Stadt der Zukunft entstehen sollte. Das historische Stadtinnere mußte auf jeden Fall erhalten bleiben, und es sollte Aufgabe der Architekten sein, das Neue dem alten Baustil anzupassen. Wettbewerbe wurden ausgeschrieben, lange Debatten im großen Kreis geführt und dann wurden die Beschlüsse in die Tat umgesetzt.

Die berühmten Rethelfresken im Krönungssaal des Rathauses waren von dem Kunstmaler Stiewi wieder an ihrem alten Platz angebracht worden. Eigens für diese Fresken hatte der Maler ein Verfahren erfunden, das dies ermöglichte. Nun zierten diese Kolossalgemälde wieder den herrlichen Saal, und die Menschen strömten in Massen herbei, um sie zu bewundern.

Die Industrie erweiterte sich überall im Lande. Junge Leute mit guten Ideen rückten nach, und der Technik waren anscheinend keine Grenzen gesetzt. Immer mehr ausländische Unternehmen drängten auf den deutschen Markt. Englische und italienische Konkurrenten machten der Aachener Tuchindustrie das Leben schwer. Die herkömmliche Art, Tuche zu machen, wurde von neuen Techniken abgelöst, und die alten Fachleute unkten Unheilvolles für die neuen Qualitäten, mit denen es, ihrer Ansicht nach, nur bergab gehen konnte. Die neue Generation ist nicht mehr an den alten Qualitäten interessiert, sie möchte öfter einmal etwas Neues anziehen und in kürzerer Zeit wechseln.

Hans Dehlen hatte im Kreise seiner Vertreter, Techniker und Kaufleute diesen neuen Trend besprochen und jeden aufgefordert, seine Meinung dazu zu äußern. Zwei Tage hatte man zusammengesessen und diskutiert. Nach alledem hatte sich ergeben, daß man es in der Zukunft mit größeren Mengen und mit anderen Musterungen zu tun haben würde. Nur Standards, wie der dunkle Anzug, der Nadelstreifen, Frack- und Smokingtuche, würden bestehen bleiben. Alles andere würde sich nach der Mode richten müssen.

Der Architekt war der Meinung, daß sich das Gelände vor der Stadt eignen würde. Vom Bauamt war das Okay gekommen, und der Kaufpreis war akzeptabel. Doch die Gesamtfinanzierung war ein Problem, und Hans hatte einen Stab gebildet, der sich mit diesen Aufgaben befaßte. Der Mann, der im Betrieb die Arbeitsstudien machte, hatte Fachleute befragt, die ihm sagten, daß man heute Maschinen wie Webstühle, gar nicht mehr demontierte, sondern auf eine Palette lud und per Kran auf einen Tieflader stellte, der sie dann dorthin brachte, wo sie arbeiten sollten. Die Gespräche mit der Bank waren ermutigend. Die Bank arbeitete seit langen Jahren mit der Dehlen'schen Fabrik zusammen und hatte auch deren Wiederaufbau und Vergrößerung verfolgt. Sie sah ihre Zukunft positiv. Auch über die Marktentwicklung hatte sie sich informiert und den Trend hochgerechnet. Man würde mehr Tuche kaufen, das stand fest. Diese Ergebnisse deckten sich mit den Erkenntnissen, die man in der Fabrik erarbeitet hatte.

Die kurzfristige Bereitstellung der Gelder für den Neubau und den Umzug konnte man mit eigenen Mitteln nicht decken, und man wandte sich an die Industriebank. Das Gespräch mit der Bank stellte Hans insofern zufrieden, als sie zuversichtlich die Meinung vertrat, daß sich ein Weg finden ließe. Der Verkaufswert der alten Fabrik reichte nicht, diese Kosten zu decken. Josef Kroll hatte eine Idee, als er anläßlich einer Eignerbesprechung davon hörte. „Hans, wie ständest du denn zu einer Beteiligung eines Ausländers, eines Amerikaners zum Beispiel?"

Hans sah auf. Jede Art fremder Beteiligung ging ihm gegen den Strich, aber wenn es sein mußte, war es schließlich egal, ob nun das fremde Geld aus dem In- oder aus dem Ausland kam. Es sollte eine stille Beteiligung sein, das schwebte ihm jedenfalls vor. „Josef, ich würde das machen. Hast du jemanden im Auge, oder ist das allgemein zu sehen?"„Nein, das hatte ich nicht, aber mir ist von meinen Klienten bekannt, daß sich gewisse Kreise in Amerika dafür interessieren. Die Leute dort, die mit ihrem Kapital Geld verdienen, sind den Deutschen wohlgesonnen. Sie glauben an die deutsche Tüchtigkeit, und ich könnte mir schon vorstellen, daß du unter denen einen geeigneten Mann finden könntest, der Geld in die Fabrik steckt.

War Malone nicht ein Banker, schoß es Hans blitzschnell durch den Kopf. Konnte er sich an ihn wenden? Banken lebten davon, daß sie ihr Kapital gewinnbringend einsetzten, und bei Malone war er einer seriösen Abhandlung dieser Angelegenheit sicher. Er sah zu Kroll hinüber, dem Helga gerade etwas ins Ohr flüsterte. „Ich glaube, Josef, daß dies ein Weg wäre. Ich werde mich erkundigen und es euch wissen lassen."

„Ich bin nicht dafür, Hans", sagte seine Mutter unwillig.

Hans hatte das erwartet. „Mutter, glaube nicht, daß ich mir diesen Schritt leicht mache. Ich habe lange darüber nachgedacht. Man kann schon sagen, ich lebe mit dieser Frage seit Monaten. Josef, Helga und du, ihr seid von mir über alle Schritte unterrichtet worden. Bis in alle Einzelheiten habe ich euch die Lage geschildert. Ich habe nun nach alledem angenommen, daß jeder von euch dafür Verständnis hat, denn es ist und bleibt eine Tatsache, daß wir diesen Schritt mit der neuen Fabrik tun müssen." Er blickte in die Runde. Kroll nickte bestätigend, Helga zeigte keine Regung, und seine Mutter machte ein bitterböses Gesicht. „Übrigens war es Vater, der schon vor längerer Zeit diese Idee mit der neuen Fabrikanlage hatte. Er war der erste, der uns darauf aufmerksam gemacht hat. Wenn ich ehrlich bin, muß ich sagen, daß ich damals nicht daran geglaubt habe, aber wenn man so denkt, wie es Vater getan hat, nämlich den Bestand der Firma auf viele Jahre hinaus zu sichern, dann kommt man unweigerlich auf das, was wir gerade besprochen haben."

Seine Mutter murmelte etwas, was er nicht verstand, und als er sie bat, es zu wiederholen, schüttelte sie den Kopf und hielt ihre ernste Miene bei. Was seine Mutter gegen diese Maßnahmen hatte, wußte er nicht. Sie hatte ein paarmal dagegen gemeckert, aber nie konkrete Äußerungen gemacht. Da es keine weiteren Fragen zu diesen Dingen gab, beendete man das Zusammentreffen, und Kroll bot sich an, Mutter Dehlen nach Hause zu fahren, da Hans noch zu arbeiten hatte.

Die Krolls fuhren langsam in die Stadt zurück, nachdem sie Annette Dehlen zu Hause abgesetzt hatten. Die Tasse Kaffee, die sie ihnen anbot, schlugen sie aus. Das heißt, er hätte schon gewollt, aber Helga drängte darauf fortzukommen. Im Wagen begann sie dann: „Ich bin mir nicht ganz sicher, Josef, ob mein lieber Schwager mit offenen Karten spielt? Ich mißtraue ihm immer mehr. Der ist mir immer zu lange in der Fabrik und stellt uns vor vollendete Tatsachen. Ist dir das noch nicht aufgefallen? Außerdem fand ich es überflüssig, ihm einzureden, er solle einen fremden Teilhaber in die Fabrik holen. Denk bitte einmal darüber nach."

„Liebe Helga. Ein Betrieb wie eure Fabrik, die erfordert einen Mann, der sich voll und ganz einsetzt. Wer sich ein Geschäft wie diese Fabrik an den Hals hängt, der ist verloren und geht baden, wenn er sich nicht pausenlos einsetzt. Und Hans tut das. Deine Schwiegermutter versteht anscheinend nichts von dem, was dort vorgeht oder demnächst vorgehen muß. Ihr solltet alle miteinander froh sein, daß ein Mann wie Hans an der Spitze steht und sich aufopfert, denn das tut er. Hast du schon einmal nachgedacht, was der für ein Leben führt? Ist euch allen eigentlich bewußt, auf was er alles verzichtet, nur um für die Fabrik da zu sein? Der pumpt seine ganze Energie in den Laden. Ohne ihn wäre das nämlich ein Beamtenbetrieb. Er befaßt sich intensiv mit dem Verkauf, besucht in Abständen sämtliche Vertreter, studiert dort die Lage und veranlaßt das, was getan werden muß. Nun plant er den Neubau draußen vor der Stadt. Er rennt zur Bank und kratzt die Finanzen zusammen, wobei zu bemerken wäre, daß es sich dabei um große Summen und nicht um ein paar Groschen handelt. Für alles trägt er bewußt die Verantwortung, dabei lebt der Junge wie ein Ordensbruder. Morgens ist er der erste und abends der letzte. Ich habe einmal mitbekommen, wie er sich mit dem Betriebsrat auseinandersetzte, und gestaunt, wieviel Gedanken und Überlegungen er dem Personal widmet. Habe ihn aber auch blaß werden sehen, wenn ihn trotz seines Entgegenkommens einer der Hartgesottenen anfuhr und nur Unverständnis zeigte. Ich bin überzeugt, daß er sich wegen des Neubaus und des Umzugs noch oft mit dem Betriebsrat besprechen muß, denn die Leute müssen mitziehen und dürfen sich nicht querlegen. Oft denke ich an den wilden Streik im vergangenen Jahr und weiß, daß das nicht passieren darf, weil ihr sonst in ernste Schwierigkeiten geraten könnt, trotz der zusammengebrachten Finanzen. So ein Projekt steht auf des Messers Schneide, und man kann sich schnell in die Nesseln setzen."

„Natürlich sind wir froh, Josef, daß Hans sich so engagiert. Doch ich werde den Gedanken nicht los, daß er das nicht nur unserer schönen Augen wegen tut. Der hat doch etwas dabei, Josef. Das alles macht doch kein Mensch aus purem Idealismus. Ich habe sein Gesicht beobachtet, als du den Vorschlag machtest, Geld aus Amerika zu nehmen. Es war nur für den Bruchteil einer Sekunde, aber ich habe deutlich gesehen, daß ihm das gut in seinen Kram paßt. Er hat zwar nicht mehr darüber geredet, doch er hat etwas vor,was sicherlich nicht zu seinem Nachteil ausfällt. Ich denke an seinen amerikanischen Freund, diesen Major Malone."

„Du willst doch nicht andeuten, daß Hans sich persönliche Vorteile verschaffen möchte?"

Helga hob vielsagend die Schultern. „Das weiß ich noch nicht, aber eines kann ich wohl sagen, ich werde die Augen offenhalten und mir alles bis ins Kleinste belegen lassen. Du siehst in Hans immer nur den Helden, der aus dem Nichts eine Fabrik aufbaute und sich für dieses Werk aufopfert. - Ich aber, ich nehme ihm seine Opferbereitschaft nicht ganz ab."

***

Hella Horsch hatte den ersten Brief aus Paris geschrieben, und Will kam damit zu Hans ins Büro. Sie schrieb, daß Gennevilliers am Rand von Paris liege und sie morgens mit dem Bus in die Stadt fahre. Diese Fahrt sei interessant und aufregend, weil die Fahrgäste sich aus einem wilden Völkergemisch zusammensetzten. Hier werde überall fleißig gearbeitet, und das Bild von den bequemen Franzosen habe sie schon nach ein paar Tagen revidieren müssen. Zu ihrer Schule, der Alliance Française, sei es ziemlich weit, aber das mache ihr nichts aus. Was ihr auffalle, sei die Toleranz der Franzosen. Jeder laufe hier herum, wie es ihm passe, und niemand sehe den anderen wegen seiner Kleidung schief an. Sie sei in einer Gruppe Deutscher und Niederländer, die dieselbe Schule besuchten, und sie unternähmen zusammen Streifzüge durch Paris. Sie fänden die Stadt einfach herrlich.

Will war sichtlich erleichtert, denn die Sorgen, die er sich gemacht hatte, hatte ihm niemand ausreden können. Nun aber, nach diesem Brief, atmete er auf und fragte sogleich, wann man denn einmal dorthin fahren könne.

„Will, das ist versprochen, und wenn ich wieder einmal zu Laforet fahre, fährst du mit. Auch ich würde mich freuen, sie wiederzusehen."

Was jedoch die Fahrt nach Paris anging, da hatte Will seine Zweifel, denn wie Hans seine Zeit einteilte, war dies nicht möglich. Statt ein bißchen langsamer zu treten, tat er immer mehr. Will machte öfter den Versuch, ihn einzuladen und aus der Fabrik wegzulotsen, aber das gelang ihm nur selten. Daß Hans oft bis zehn Uhr abends in der Fabrik hockte, das war in der letzten Zeit fast zur Regel geworden. Trotzdem stand er morgens früh wieder als erster auf der Matte. Dann hörte Will von Jansen oder Ortmanns, daß Hans schon die erste Runde hinter sich hatte. Was er beibehielt, das war der Mittwochabend bei seiner Mutter. Zu Krolls ging er äußerst selten. Das Verhältnis zu Helga war stark abgekühlt. Nicht, daß sie sich nun ankeilten, nein, aber der muntere Ton von früher war verschwunden. Bei den Besprechungen, an denen sie teilnahm, war sie die Opposition. Das hatte es früher auch nicht gegeben. Als Will Hans einmal deswegen ansprach, zuckte der die Schultern und sagte nichts dazu. Und wenn Will an die früheren Jahre zurückdachte, an den Barras und auch später, dann sah er die Veränderung, die in Hans vorgegangen war. Unangemeldete Besuche bei Hans zu Hause störten ihn immer.

Entweder arbeitete er oder spielte Klavier. Lud er Hans ein, dann wurde der Termin mindestens zweimal verschoben, ehe es zum Besuch kam. Will nahm sich vor, etwas für seinen Freund zu tun und würde einmal mit Mia darüber reden.

Von Fini hatte Hans ganz plötzlich eine Heiratsanzeige erhalten. Schöne Stunden hatten sie erlebt, aber Finis Bindung an einen anderen Mann war der Schlußstrich. Er schickte einen großen Blumenstrauß und sah sie nie wieder.

Nun wurden seine Abende noch einsamer, und wenn er in die leere Wohnung kam und zu müde zum Klavierspielen war, dann trank er ein paar Gläser Rotwein, und seine Augen fielen von allein zu. Mike Hellmann tauchte nach längerer Zeit wieder einmal auf, und sie aßen zusammen. Anschließend besuchten sie eine Stripbar. Danach saßen sie in seiner Wohnung und redeten über Gott und die Welt, bis tief in die Nacht hinein. Mike redete von seinem Leben in Bonn, und Hans gewann den Eindruck, daß das Aufreißen von Frauen Mikes Hauptbeschäftigung war. Von dem Roman, an dem er schrieb, sagte er nichts mehr. Er schob es auf die viele Arbeit, die er habe und meinte, daß man zum Schreiben Ruhe brauche. Mikes pausenloses Rauchen ging selbst Hans auf die Nerven, und seine Ermahnungen an Mike, nicht soviel zu trinken, wenn er mit dem Wagen unterwegs sei, schlug dieser in den Wind, und Hans hörte den Motor heulen und die Reifen quietschen, als Mike die erste Kurve nahm.

Selbst ein wenig unsicher auf den Beinen, räumte er die Flaschen und Gläser weg. Seine Mutter redete ihm ins Gewissen. Sie hatte schon in den vergangenen Wochen einige Ansätze gemacht, ihm zu erklären, daß man so wie er nicht leben könne. Er sei ein Mann und müsse wie ein Mann leben. Bisher hatte er sie immer von diesem Thema abbringen können, aber an diesem Abend hatte sie nicht locker gelassen und kam immer wieder darauf zurück. Sie wurde sogar energisch, als er versuchte, das Thema zu wechseln und zu etwas anderem überzuleiten, und sie machte eine ärgerliche Bewegung mit der Hand.

„Du willst es zwar nicht einsehen, Hans, aber wenn du auf diese Weise weitermachst, geht das nicht gut mit dir. Das ist mein Ernst, und ich bitte dich, mir nicht auszuweichen. Eine Frau kann viel besser allein leben als ein Mann. Besonders aber, wenn sie nicht mehr ganz jung ist. Ein Mann aber muß Freunde haben, aber auch Frauen, mit denen er einmal ausgeht. Du aber lebst allein und einsam und wirst zu einem schrulligen Junggesellen. Denk einmal an dich und vielleicht auch ein wenig an die Leute, die uns kennen und die, das habe ich schon mehrfach bemerkt, dich mit eigenartigen Blicken ansehen."

„Und was soll ich deiner Ansicht nach tun? Soll ich mir die erstbeste Frau schnappen und sie mit nach Hause nehmen? Oder vielleicht eine Zeitungsannonce aufgeben unter der Rubrik 'Er sucht Sie'? Wie ein liebestoller Kater durch die Gegend streifen und mir etwas anlachen, was mir nachher leid tut? Du möchtest, daß ich wieder heirate, Mutter. Tut mir leid, aber da mache ich nicht mit. Daß ich wieder einmal heiraten soll, das kann ich mir gar nicht vorstellen. Ich weiß nicht, woran das liegt, aber ich kann es nicht."

Seine letzten Worte hatte er mit einer gewissen Erregung hervorgebracht, und seine Mutter legte ihm beruhigend eine Hand auf den Arm.

„Junge, du befindest dich in einem Zustand, in dem du nicht mehr in der Lage bist, die Dinge klar zu sehen. Nun sei mir nicht böse, aber es ist so. Die Fabrik hat dich derart in ihrem Bann, jawohl in ihrem Bann, daß dir für ein Privatleben nicht die Zeit bleibt. Ich möchte nicht, daß du durch die Gegend ziehst, ich möchte, daß du jemanden findest, der mit dir deine Freizeit verbringt, der mit dir ins Konzert geht und mit dir sonntags eine Fahrt an die Mosel macht. Daß du ein Verhältnis beginnst, das zu einer Ehe führt, das ist nicht unbedingt notwendig, aber wenn dir eine nette, kultivierte Frau über den Weg läuft, dann versuche es doch wenigstens einmal, sie auszuführen und ..."

„Damit unsere Bekannten feststellen, daß ich nicht zum anderen Ufer gewechselt habe", unterbrach er sie ironisch.

Erst wollte sie auffahren, als sie aber sein Gesicht sah und merkte, daß es ihm leid tat, lenkte sie ein. „Du weißt genau, wie das gemeint war, Hans, und ich bitte dich, mir nicht die Worte im Mund zu verdrehen. Was ich sagte, war zu deinem Wohl, und wenn es sein muß, dann laß ich die Leute auch reden. Aber du solltest dir meine Worte zu Herzen nehmen, denn ich möchte, daß du dich wohl fühlst."

Nun schwieg sie und wandte sich dem Essen zu. An diesem Abend kam seine Mutter nicht mehr auf dieses Thema zurück, und als er sich verabschiedete, meinte sie, er solle auf sich aufpassen, denn mit ihm stehe und falle die Fabrik.

***

Als Jansen in das Chefbüro kam, legte Hans gerade den Hörer auf. Der Direktor der Industriebank hatte ihn angerufen und mit ihm einen Termin vereinbart. Das Treffen sollte es noch in dieser Woche stattfinden.

„So, Herr Jansen, dann wollen wir mal. Was ist denn? Geht es Ihnen nicht gut?" fragte er, weil Jansens Hand zum zweiten Mal zu seinem Kopf hochging, dort, wo die rötliche Narbe zu sehen war.

„Das ist der verdammte Wetterwechsel, Herr Dehlen. Dann habe ich unter Kopfschmerzen zu leiden."

„Was sagt denn Ihr Arzt dazu?"

„Nicht viel. Das wäre meistens so, meint der, wenn man so eine Verletzung gehabt hätte." Dann fügte er grinsend hinzu: „So ein alter Kopf, Herr Dehlen, den müßte man gegen einen jüngeren austauschen können, dann hörte das mit den Kopfschmerzen schon auf." Nun berichtete Jansen von den Versuchen mit den neuen Webstühlen, die zufriedenstellend ausgefallen waren. Dann kam man zu den Lohnforderungen, die sich in diesen Jahren wie eine Perlenkette aneinandereihten. Die Leute ließen nicht locker, und in den Pausen, wenn man zusammensaß, wurde über nichts anderes geredet. „Giese, Herr Dehlen, ist ein vernünftiger Mann. Der versucht immer, die Wogen zu glätten, aber für den ist das nicht immer einfach. Heute wollen die Leute gut essen, sich elegant kleiden und in Urlaub fahren. Neidisch blicken sie hinterher, wenn einer mit einem Wagen ankommt und wenn es nur eine aufgemöbelte Rostlaube ist."

„Was wird man erwarten? Wissen Sie das?"

„Noch nicht. Die Gewerkschaft ist dabei, ihre Forderungen zu formulieren, aber ich glaube, es wird so wie beim letzten Mal auch."

Hans nahm eine Mappe, klappte sie auf, klappte sie wieder zu und legte sie zurück.

„Sie sind aber auch ganz schön nervös, Herr Dehlen."

„Wundert Sie das? Bei dem Betrieb hier und dem, was auf uns zukommt, da kann ein Mensch schon nervös werden. Ich war gestern bei der Bank. Hatte ein Gespräch über die Restfinanzierung unseres Vorhabens."

„Ist denn nun alles klar?“ Jansen war besorgt, denn das überstieg seine eigene Risikobereitschaft, und er suchte immer noch nach einem anderen Weg. Aber er fand ihn nicht und lebte seit Monaten in einem Gefühlswiderstreit.

„Ja, was ist dabei herausgekommen, Herr Jansen? Das ist die Frage. Es gibt verschiedene Möglichkeiten, und ich bin dabei, zu überprüfen, was für uns in Frage kommt. Ich habe Major Malone in Amerika geschrieben, dessen Antwort noch aussteht, hörte aber in der Zwischenzeit, daß sich das nicht machen läßt, weil es für die Amerikaner nicht möglich ist, Geld nach Deutschland zu bringen, beziehungsweise einen Kredit hier zu vergeben. Sehr komplizierte Devisenbestimmungen stehen dem im Wege. Nun erwarte ich von der Industriebank einen Vorschlag. Sie sehen also, daß ich im Moment auf heißen Kohlen sitze. Schließlich geht es hier um viel Geld und um unsere Zukunft.“

Sie schwiegen eine Weile, jeder mit den eigenen Gedanken beschäftigt.

„Wenn, dann machen wir den Umzug doch im Sommer, oder?“

„Nur im Sommer, klar. Bei schlechtem Wetter ist das nicht zu machen. Einzelheiten sind noch zu klären. Das Konzept steht im Gerüst, und daran wird sich nichts mehr ändern. Kran, Tieflader und das andere Transportgerät wird vorbestellt, wenn es soweit ist. Vorarbeiten sind aber erst zu machen, wenn der Termin vor der Tür steht. Sie könnten sich aber noch einmal mit dem REFA-Mann kurzschließen, der hat sicherlich noch eine Menge Fragen an sie.“

„Ja, Herr Dehlen. Die Maschinen allein sind noch lange nicht die Fabrik. Wenn ich an den Kleinkram denke, der da und dort steht, an die Kisten und Kästen, die Regale und Fässer?“

Jansen schlug theatralisch die Hände vors Gesicht.

Hans wollte dieses Gespräch nicht vertiefen und meinte kurz: „Also, das mit dem Umzug ist viel Arbeit, das weiß jeder hier, aber es ist zu schaffen, und wir werden es einfach schaffen, Herr Jansen. Jeder in der ganzen Fabrik muß kräftig in die Hände spucken, und dann geht's zur Sache!“ Hans erhob sich. „Ich bin heute nachmittag wieder bei der Bank und hoffe, daß wir morgen klüger sind!“

***

Zur Teilhaberversammlung waren Inge Dehlen und ihre Cousine Susanne aus München angereist und wohnten bei Annette Dehlen. Susanne vertrat ihren Vater, der die Strapazen der Reise nicht auf sich nehmen wollte.

Inge erschien ihrer Mutter zu bunt gekleidet, und sie fragte ihre Tochter nach der Begrüßung, ob man in München immer so herumlaufe.

Inge beantwortete das mit der anderen Lebenseinstellung der jungen Generation. Die Sorgen, die sich Annette Dehlen um ihre Tochter gemacht hatte, schienen unbegründet, denn Inge sah gut aus und strahlte vor Glück.

Susanne war ein stilles Mädchen, schien aber sehr gescheit zu sein. Was sie sagte, kam mit leiser Stimme, vermittelte aber dem Zuhörer, daß sie viel nachdachte. Sie war seit einiger Zeit verheiratet. Ihr Mann war Papieringenieur.

Den nächsten Vormittag verbrachten die beiden jungen Frauen damit, Aachen zu besichtigen. Für eine Bayerin wußte Susanne erstaunlich viel über Karl den Großen und wollte alles sehen, was es von ihm in der Stadt gab.

Annette Dehlen hatte auf einen Stadtbummel verzichtet. Ihr war das zu anstrengend, und sie hatte die beiden mit dem Hinweis entlassen, daß um eins gegessen würde.

Nachmittags wurde die Fabrik besichtigt, und Susanne Meyer, wie sie jetzt hieß, lernte bei dieser Gelegenheit Helga Kroll kennen. Der Rundgang dauerte eine Stunde. Besonders beeindruckt war man von der Weberei, und selbst Inge, die sich hier gut auskannte, war fasziniert, wie exakt die neuen Webstühle liefen. Hans machte sie auf die Enge in der Fabrik aufmerksam, ebenso auf die Transporte über Treppen und Aufzüge und verwies auf die Kosten, die dadurch entstanden. Susanne, ehrlich interessiert, stellte viele Fragen. Helga war still und fragte kaum etwas und wenn, dann betraf es den Umzug der Fabrik, etwas, was sie sich nicht vorstellen konnte. Die Einladung zum Abendessen schlug Helga aus. Sie würde zu Hause erwartet und müsse sich auch um ihre Jungs kümmern. Außerdem hatte sie noch eine Verabredung mit ihrem Mann. Dann setzte sie sich in ihren Wagen und fuhr davon. Hans holte seine Mutter ab, die gerne am Abendessen teilnehmen wollte.

Am nächsten Tag saßen alle im Konferenzzimmer um den großen Tisch versammelt. Aus seinen Akten nannte Hans Zahlen, die das untermauerten, was er vortrug und gleichzeitig den Trend zeigten, der stetig, wenn auch manchmal etwas gebremst, nach oben gegangen war. Die Jahreszusammenstellungen, die jedem vorlagen, zeigten die Veränderungen im Detail.

Danach entspannte man sich bei Kaffee und einer Zigarette. Während Hans seinen Kaffee trank, mußte er wieder einmal an seinen Vater denken, der früher die Zusammenkünfte geleitet hatte und dem, wie Hans es ausgeführt hatte, es zu verdanken war, daß man soweit gekommen war.

„Ihr habt euch davon überzeugen können, daß sich unser Betrieb zu einer gut laufenden Fabrik entwickelt hat. Und wenn man sie heute mit der Fabrik vergleicht, die es vor dem Krieg gegeben hat, dann sind euch sicherlich viele Veränderungen aufgefallen, die sich beim Wiederaufbau ergeben haben. Sie waren notwendig, um den Produktionsfluß zu verbessern. Es hat sich aber auch etwas in unserer

Verkaufspolitik verändert, und wenn wir früher hauptsächlich den Großhandel belieferten, so sind heute unsere Großkunden die Konfektionäre. Das Großhandelsgeschäft hat heute bei weitem nicht mehr die Bedeutung vergangener Jahre. Die Konfektion ist auf dem Vormarsch. Von ihr werden größere Mengen, aber auch niedrige Preise verlangt, und wir sind mitten in dem Prozeß, unsere Gesamtarbeit darauf einzustellen. Wir könnten natürlich hier in der Stadt so weitermachen wie bisher, aber dann sind wir eines Tages nicht mehr in der Lage, unsere Kapazität zu erhöhen. Es ist anzunehmen, daß kleinere Betriebe, die nur eine gewisse Menge herstellen können, an den sich einpendelnden Preisen zugrunde gehen. Aus diesem Grund sind wir gezwungen, das zu tun, was ich vorgeschlagen habe. Auch die Konkurrenz schläft nicht, und wenn man die Entwicklung in Mönchengladbach und anderen Tuchstädten ansieht, dann wird auch dem größten Zögerer klar, daß es anders nicht geht. Wer die Zeichen der Entwicklung nicht erkennt, kommt eines Tages in ernste Schwierigkeiten. So ruhig wie unser Geschäft früher war, ist es heute nicht mehr. Modernisierungen stehen ins Haus, und wer veraltete Anlagen hat, muß daran arbeiten und sie erneuern. Auch bei uns ist noch viel aufzuholen. Neue Maschinen, neue Verfahren, kostensenkende Maßnahmen bei guter Qualität und Dessinierung sind ein Muß, dem sich niemand entziehen kann. Vater hat vor Jahren diese Gedanken gehabt, und ich brauche euch nicht zu sagen, wie schwer es ihm gefallen ist, alles, was hier entstanden ist, stehen zu lassen und irgendwo neu anzufangen. Bleiben wir hier, sind unsere Tage gezählt. Gehen wir vor die Stadt, haben wir große Chancen. Die Unterlagen, die ich euch gegeben habe, sind eine Zusammenstellung dessen, was ich vorgetragen habe, und ich bitte euch, sie aufmerksam zu studieren. Wir sind nicht die ersten und auch nicht die einzigen, die das tun werden. Ich weiß, das andere dieselben Gedanken haben."

Hans blickte in die Runde. In einigen Gesichtern stand Erwartung. Helgas Gesicht zeigte Skepsis, und der Ausdruck seiner Mutter bestand aus Ratlosigkeit. Er kannte ihre Abneigung gegen dieses Projekt, aber nun stand sie der Sache wahrscheinlich positiver gegenüber, als sie hörte, daß ihr Mann der Initiator gewesen war.

„Diese Aktion, der Kauf des geeigneten Grundstückes, der Neubau der Werkhallen und der Umzug der Fabrikationsmaschinen, ist mit großen Kosten verbunden, die wir zur Zeit nicht aufbringen können. Aus diesem Grund habe ich versucht, einen Geldgeber zu finden, der uns das fehlende Kapital zur Verfügung stellt. Alle Möglichkeiten habe ich geprüft und bin zu dem Schluß gekommen, daß wir einen Teilhaber in die Fabrik nehmen müssen."

Helga, die seinen Worten gespannt gefolgt war, schlug unwillkürlich mit der Hand auf den Tisch. „Das ist aber wirklich eine Neuigkeit!" sagte sie aufgebracht.

Sie beugte sich zu Hans hinüber und blickte ihn an, als wolle sie ihm an den Kragen. „Wie stellst du dir das denn vor, einen neuen Teilhaber in die Fabrik zu nehmen? Also sowas, das, das will aber reiflich überlegt sein“, bremste sie sich und dachte an die Worte ihres Mannes.

Sie hatte noch etwas sagen wollen, denn damit war sie auf gar keinen Fall einverstanden. „Muß das denn unbedingt sein? Gibt es keinen anderen Weg? Wir sind doch ein Familienbetrieb und waren das schon seit der Gründung der Fabrik, und ich bin dafür, daß das so bleibt. Wenn wir hier zu beengt sind, dann könnte man warten und Kapital ansparen, bis wir eben soweit sind, um es selbst zu finanzieren.“

Sie sah jeden am Tisch an und suchte Bestätigung, aber niemand antwortete ihr. Inge und Susanne sahen vor sich, und ihre Schwiegermutter verzog den Mund, und das konnte viel bedeuten. Hans sagte: „Helga, was du sagst, das habe ich mir im Laufe der Überlegungen hundertmal gesagt. Aber es geht nicht. Das Kapital, das in der Fabrik steckt, wird für die Produktion benötigt, und weil wir weiterkommen wollen und müssen, kann davon nichts abgezweigt werden oder gesondert aufgespart bleiben.“

Nun wandte Hans sich an alle: „Ich habe den Versuch gemacht und einem Freund in Amerika geschrieben, der dort Präsident einer Bank ist. Major Malone will mir helfen, doch scheitert dies an den Devisenbestimmungen. Ausnahmen hat es bisher nicht gegeben. Er will sich gerne weiter bemühen, aber das kann sehr lange dauern. Wir können aber nicht mehr lange warten. Wir müssen in Kürze die Entscheidung fällen. Bei der Bank sagte man mir, daß unsere Kreditsicherheiten erschöpft sind. Ein weiteres Gespräch ergab aber dann die Möglichkeit einer Bankbeteiligung. Die Industriebank ist also gegen eine Beteiligung bereit, uns das fehlende Geld zu beschaffen. Eigentlich ein Beweis dafür, daß wir gut dastehen.“

Helga meldete sich zu Wort. „Wenn das für die Bank ein gutes Geschäft ist und sie hier hereinkommt, dann will sie aber auch das Sagen haben. Dann sind wir die kleinen Teilhaber, die nach ihrer Pfeife tanzen müssen. Dann können wir nur noch dastehen und abwarten, ob wir nun etwas bekommen oder nicht. Ich sehe das so, daß wir im eigenen Haus nichts mehr zu sagen haben.“

„So kann man es sehen, Helga“, sagte Hans. „Aber so ist es nicht. Die Bank wird ein Teilhaber sein, wird aber den Geschäftsgang nur zu einem gewissen Teil beeinflussen können. Die Mehrheit wird immer noch in der Familie sein und damit auch die Beschlüsse und Entschlüsse. Es wird dann in Zukunft bei unseren Versammlungen hier am Tisch auch ein Mann von der Bank sitzen und ein Wort mitreden können wie jeder von uns.“

Was Helga nun dachte, wußte Hans nicht. Er sah nur, daß sich ihr Gesicht unwillig verzog und die Lippen zusammenpreßte. Sie sah sich um. Niemand der anderen sagte etwas dazu. Sie klappte ihr ledergebundenes Notizbuch zu. „Ich werde mir diese Sache einmal gründlich überlegen. So einfach einen Teilhaber hereinnehmen, das gefällt mir nicht. Das geht mir gegen den Strich, auch wenn es eine Bank ist, habe ich da meine Bedenken. Ich werde das mit meinem Mann besprechen, der auf diesem Gebiet Erfahrung hat. Erst dann werde ich mich entscheiden. Schließlich ist dies das Erbe meines gefallenen Mannes und die Zukunft meiner Kinder. Und wenn es zu dieser Beteiligung kommt, möchte ich ein Gremium bestellt wissen, welches das Geschehen beobachtet und kontrolliert. Ich glaube, das ist mein gutes Recht."

Hans, der alle hier gut kannte und für den Helgas Sorge nichts Neues war, sagte ruhig: „Helga, natürlich sollst du dich mit Josef besprechen, und wenn ihr mich gerne einmal dabeihaben wollt, müßt ihr es mir sagen. Ich rede gerne mit deinem Mann einmal darüber. Ich kenne ihn und weiß, daß er einen klaren Kopf behält, wenn's auch noch so brenzlig wird. Außerdem lege ich großen Wert auf seine Meinung, denn Erfahrung besitzt er sicherlich."

Damit war die Versammlung beendet. Helga erhob sich als erste. Auf dem Weg zum Restaurant fragte Annette Dehlen ihren Sohn: „Hans, Vater hat stets das Beste für die Fabrik gewollt und sich immer bemüht, den Weg dorthin zu finden. Nun ist er nicht mehr, aber ich denke, daß er deine Maßnahmen billigen würde."

***

Noch am gleichen Abend sprach Helga mit ihrem Mann. Sie setzten sich mit einem Kaffee ins Wohnzimmer, nachdem die beiden Jungs in ihr Zimmer gegangen waren. Helga war immer noch erregt und hatte das Alleinsein mit ihrem Mann nicht abwarten können. Alle hatte sie zur Eile angetrieben und erreicht, daß das Abendessen ungemütlich verlief, ihre Söhne den Kopf schüttelten und die Hausangestellte in der Küche saß und weinte. Die besänftigenden Blicke ihres Mannes hatte sie übersehen. Ihr Gesicht war noch gerötet vor innerer Spannung, als sie mit ihrem Mann das Wohnzimmer betrat und den Kaffee eingoß. Ihr Mann rührte ihr zu umständlich in seiner Kaffeetasse herum, und sie machte deswegen eine Bemerkung, die ihn aufblicken ließ. Dann entschuldigte sie sich und meinte: „Josef, verzeih mir, aber ich bin heute abend vollkommen durchgedreht. Was mein Schwager uns da erzählt hat, das hat mir den Rest gegeben. Besonders aber störte mich seine arrogante Art, diese Selbstherrlichkeit, mit der er uns das Konzept, das er ausgekocht hatte, vorlegte. Stell dir vor, der will die Bank als Teilhaber in die Fabrik nehmen. Ich habe bisher immer angenommen, das sei eine Überlegung, aber Hans hat daraus eine Tatsache gemacht und sie uns eiskalt serviert. Er hat einen Bekannten bei der Industriebank, mit dem zusammen er das ausgeheckt hat. Was sagst du dazu?“

Kroll setzte seine Tasse ab. „Nun, was soll ich dazu sagen? Eine gute Bank als Teilhaber in einem Geschäft, das ist nicht schlecht. Das habe ich dir aber auch schon erklärt, Helga.“

„Du findest das in Ordnung?“

„Natürlich, Helga. Wenn eine Bank sich an einem Unternehmen wie eure Fabrik beteiligt, dann kann man mit Sicherheit davon ausgehen, daß die Fabrik gut dasteht. Wenn sie nicht gut daständ, gäb es keine Bankbeteiligung. Die prüfen, ehe sie sich beteiligen, den Betrieb auf Herz und Nieren und satteln kein krankes Pferd.“

„Ich sehe das anders, Josef. Ich sehe in der Bankbeteiligung einen weiteren Teilhaber, der unsere Anteile schmälert.“ Mit beredten Worten schilderte sie ihm den gesamten Verlauf der Konferenz. Sie begann mit dem Rundgang durch die Fabrik und endete damit, daß sie die Absicht äußerte, einen Kontrollausschuß einzusetzen.

„Helga, ich bin kein Neuling auf diesem Gebiet, und ich kann gewisse Bedenken verstehen, weil ich weiß, was du von deiner Beteiligung dort erwartest. Aber glaube mir, das, was Hans vorgeschlagen hat, was er zu tun gedenkt, das muß getan werden. Wer das nicht tut, ist bald weg vom Fenster, weil er, trotz äußerster Anstrengung, mit gebundenen Händen arbeiten muß. Und wenn Hans euch vorgerechnet hat, daß man in der jetzigen Lage nicht wirtschaftlich genug arbeiten kann, dann nehme ich ihm das ab. Ich habe deinen Schwager über Jahre beobachten können und erfahren, daß er sich wahnsinnig intensiv mit der Zukunft eurer Fabrik beschäftigt und sich immer fragt, ob das richtig ist, was er tut, oder nicht. Was in der Industrie vor sich geht, das weiß und kennt er. Er kennt sogar die Bestrebungen der Konkurrenz in anderen Städten, und wenn du mich fragst, dann kann ich dir immer nur sagen, daß ihr alle von Glück reden könnt, einen Menschen zu haben, der sich derart gekonnt engagiert. Aber meine Meinung kennst du.“

Kroll goß sich einen Cognac ein und trank einen Schluck.

„Das, was er euch vorgeschlagen hat, ist meiner Ansicht nach das einzig Richtige. In der Stadt wird es aufgrund der Grenzen, die euch dort in verschiedener Hinsicht gesetzt sind, immer schlechter werden, was sich allerdings noch Jahre hinziehen wird, ehe es zum Knall kommt. Bleibt ihr in der Stadt, werdet ihr eines Tages feststellen, daß ihr preislich nicht mehr mithalten könnt, daß die anderen billiger produzieren als ihr. Dann, Helga, ist es schon zu spät. Wenn ihr erst einmal anfangt, zu knappen und zu sparen, wenn die Qualität aufgrund von Sparmaßnahmen zu leiden beginnt und dann noch finanzielle Schwierigkeiten auftreten, dann kriegt ihr keine Bank als Teilhaber mehr. Dann seid ihr für die nämlich nicht mehr interessant.

Banken müssen mit ihrem Geld weiteres Geld verdienen, das ist nun mal ihr Geschäft. Würden sie ihr Geld in einen maroden Betrieb stecken, hätten sie ein unverhältnismäßig hohes Risiko, und das können sie nicht eingehen. Wenn ich mir eure Lage so ansehe, dann scheint tatsächlich jetzt der geeignete Zeitpunkt gekommen zu sein, das zu tun, was Hans vorschlägt. Die Fabrik steht gut da. Die Produktion läuft, die Auftragsbücher sind so voll, daß die Fabrik aus den Nähten platzt. Besonders jetzt ist die Expansionsidee interessant und mit nichts Negativem belastet. Das ist die Chance, auch für die Bank. Sie bringt euch das fehlende Kapital und steigt bei euch ein. In meinen Augen ein gutes Geschäft. Hans hat euch sicherlich auch erklärt, daß das mit dem Geldanhäufen nicht klappt. Ich muß ihm da völlig recht geben. Damit würdet ihr eurer blaues Wunder erleben, denn echte Geldreserven würden erst gar nicht zustande kommen, weil ihr in dieser Zeit hier und da etwas hineinbrocken müßtet, in einen unwirtschaftlich gewordenen Betrieb. Euer Geld würde zerrinnen und sich auflösen wie Butter in der Sonne."

Helga hatte ruhig, ohne ihn zu unterbrechen, zugehört. Die Worte ihres Mannes hatten die Unruhe über das Eintreten der Bank in die Fabrik gedämpft. Das Unbehagen, das sie empfand, entsprang dem Mißtrauen ihrem Schwager gegenüber, das sie sich nicht erklären konnte. Vielleicht lag es daran, daß ihr gefallener Mann damals der Chef in der Fabrik gewesen war und es heute noch wäre, wenn eben das Tragische nicht gewesen wäre. Oder ihre ewige Sorge, daß die Kinder zu kurz kämen und sie keine Zukunft hätten. Sie wußte es nicht genau und nahm sich vor, auch dies einmal mit ihrem Mann zu besprechen.

„Ich kann es im Moment nicht in Worte fassen, Josef", sagte sie. „Ich habe einfach ein ungutes Gefühl, wenn ich höre, daß Hans in der Bank einen Schulfreund sitzen hat. Dann bin ich sofort voller Sorge und Mißtrauen, daß hier etwas ausgetüftelt wird, was zu meinen Ungunsten ausfallen könnte oder die Fabrik gefährdet, die meine Söhne eines Tages zu ihrem Vermögen zählen sollen."

„Also massives Mißtrauen Hans gegenüber?"

Sie zog die Schultern hoch. „Ja - und nein."

Kroll lächelte. „Helga, es ist immer gut, wenn man bei einer geschäftlichen Partnerschaft ein gesundes Mißtrauen hat und nicht immer alles fraglos schluckt, was einem vorgesetzt wird. Man sollte immer überlegen und auch kämpfen, wenn man sich übervorteilt glaubt. Wenn du nun deinem Schwager mißtraust, dann geh hin und überzeuge dich. Geh deinen Vermutungen nach und kläre sie. So ein Kontrollteam ist zwar gut, aber auch teuer. Das kann sogar manchmal einen Haufen Geld kosten. Ich halte sowas für nicht erforderlich. Hans macht, das ist meine Auffassung, seine Sache gut und korrekt. Er ist, von der Erziehung und der Veranlagung her, nicht der Typ, der seine Stellung schamlos ausnutzt, wie ich es in einem Prozeß vor einiger Zeit erfahren habe. Hans ist vertrauenswürdig, davon bin ich fest überzeugt. Was nun deinen Anteil an der Fabrik angeht, der kann nur größer oder besser gesagt, wertvoller werden. Wenn nun noch mehr produziert werden kann, dann bleibt auch unter dem Strich mehr für dich übrig."

Er goß ihr einen Cognac ein. „Hier, trink einen Schluck und schau nicht so düster in die Zukunft. Sie könnte nicht besser sein. Die Fabrik hat jetzt einen hohen Wert, dessen Fortentwicklung weitergeht, wenn ihr das tut, was Hans will. Laß ihn machen, Helga, schließlich bin ich auch noch da und werde über deine Interessen wachen. Wir können jederzeit alles einblicken, wenn wir das wünschen, und sind dann immer auf dem laufenden. Wir können kontrollieren und über jede größere Ausgabe Rechenschaft verlangen. Das ist so in einem Partnergeschäft. Sollten Gründe dafür vorliegen, werden wir das auch tun."

Er hob sein Glas und prostete seiner Frau zu, die ein wenig zögernd ihr Glas nahm, dann aber einen kräftigen Schluck trank.

„Hans macht seine Sache sicher gut, Josef, das kann man ja auch überall sehen. Aber wenn ich abseits von allem stehe und blind glauben soll, was er mir sagt oder vorlegt, dann kommen bei mir Zweifel."

Kroll gähnte hinter vorgehaltener Hand. „Entschuldige, Helga, aber ich bin hundemüde, und morgen habe ich einen anstrengenden Tag." Er erhob sich und machte ein paar Schritte zur Tür. „Ein gewisses Mißtrauen kann sehr nützlich sein, aber man sollte sich nicht darin verzehren."

Helga folgte ihm nicht ins Schlafzimmer, sie blieb sitzen und trank noch einen Cognac. Immer noch war sie wie aufgedreht und spürte keine Müdigkeit. Es wurde fast zwei Uhr, bis sie endlich zu Bett ging und sich neben ihren Mann legte, der fest schlief.

***

Die Neubauten waren zwar noch nicht alle ganz fertig, aber die Weberei und die Webereivorbereitung konnten bezogen werden. An der Unterbringung der anderen Abteilungen wurde noch mit Hochdruck gearbeitet. Sie sollten zu einem späteren Zeitpunkt bezogen werden.

Der Architekt hatte gute Arbeit geleistet. Seine Planung und die Ideen, die er zusammen mit den Vorschlägen der Abteilungsleiter und der Geschäftsführung eingebracht hatte, hatten ein gutes Ergebnis zur Folge gehabt. Am Nachmittag sollte ein letztes Gespräch mit den Technikern stattfinden, das jedem seine spezielle Aufgabe noch einmal genau umreißen sollte. Kompetenzgerangel sollte ausgeschlossen werden. Hans wollte noch einmal auf die Wichtigkeit der einzelnen Aufgaben hinweisen, damit keine größeren Pannen entstanden. Daß alles reibungslos verlaufen würde, glaubte er nicht, aber man konnte sich wappnen.

Die zwei Tage in Paris mit Will, Mia und Hella waren schön gewesen, und Hans dachte gerne daran zurück. Hella war ihnen entgegengelaufen, als sie vor dem Haus der Béracs angekommen waren. Ihrer Mutter war sie mit einem Freudenschrei um den Hals gefallen, und ihren Vater und Onkel Hans hatte sie geküßt. Madame Bérac stand an der Treppe und bat sie auf ein Glas ins Haus. Monsieur Bérac war unterwegs und würde nicht vor dem Abend zurück sein.

Zum Essen ging man in die Stadt, aber nicht in eines der teuren Restaurants. Hella führte sie in eine Brasserie in der Nähe des Gare du Nord. Dort herrschte emsiger Betrieb, und die Eingangstür war ständig in Bewegung. Der Kellner, der sie an einen Tisch führte, trug eine schwarze Weste und Hose. Die Ärmel seines Hemdes und die Schürze, die er trug, waren blütenweiß. Er sprach den breiten, lauten Pariser Argot und bediente schnell und geschickt. Hans, der angesichts dieses Massenbetriebes ein wenig skeptisch war, was das Essen anbelangte, mußte zugeben, daß es ausgezeichnet und der Wein gut war.

„Kommst du oft hierher zum Essen?" fragte Mia ihre Tochter.

„Nur selten. Ist mir auf die Dauer zu teuer. Außerdem kocht Madame Bérac gut und möchte nicht, daß ich dafür anderswo Geld ausgebe."

„Wenn ich an die Restaurants denke, in die ich mit Laforet und den Kunden gehe, da muß ich sagen, daß man dort aber tief in die Taschen greifen muß. Für so ein Menu wie hier zahle ich das Dreifache, - mindestens."

„Es gibt hier in Paris, im Centre, ein Restaurant, da braucht man nicht zu bezahlen, wenn man kein Geld hat."

„Was denn?" Will fragte erstaunt. „Ein Restaurant, in dem man nicht zu zahlen braucht?"

„Ja, Papa. In Deutschland kennt man das nicht, aber hier in Paris gibt es das. Ich bin mit Nettie und Denise schon ein paarmal dort gewesen. Da gibt es natürlich kein tolles Menu, aber das Essen schmeckt und der Wein auch. Sogar der Kaffee hinterher ist nicht schlecht."

„Wie funktioniert denn sowas? Ohne Bezahlung stelle ich mir das so wie ein Armenhaus vor. Das aber kennen wir in Deutschland auch."

„Wer hungrig ist, geht dort essen. Hat er Geld, bezahlt er. Hat er mehr Geld, zahlt er mehr als den normalen Preis, den gibt es ja. Hat einer sehr viel Geld, gibt er viel dazu. Leute, die ihr Studium beendet haben und hier öfter gegessen haben, schicken plötzlich einen Scheck, um sich zu bedanken. Gönner überweisen monatlich etwas, weil ihnen diese Idee gefällt. Dadurch hält sich Mokda über Wasser und macht nicht Pleite."

„Mokda, ist das der Chef dort?“ fragte Hans.

Hella nickte. „Mokda Asheri ist Tunesier und lebt seit vielen Jahren in Paris. Er ist schon älter und betreibt ein Import-Export-Geschäft mit Waren aus seinem Land, handgewebte Wüstenmäntel, Keramiken, Teppiche und Lederzeug. Das hat er mir einmal erzählt. Viele glauben, er sei ein Spinner, andere meinen, er verdiene viel Geld, und halten das mit dem Restaurant für einen Trick. Aber das ist alles großer Quatsch. Mokda ist ein feiner Kerl, der nicht immer auf der Sonnenseite des Lebens gelebt hat und sicherlich weiß, was Hunger ist. Das Restaurant ist eine Art Steckenpferd – oder wie man hier sagt, sein 'Violon d'Ingres'. Gewinn macht er so gut wie keinen, weil er das eingenommene Geld immer wieder in den Laden steckt. In der Küche hat er zwei Frauen, die gegen ein geringes Entgelt arbeiten. Einen Chef de Cuisine kann er sich nicht leisten.“

Sie unternahmen einen Spaziergang durch die Stadt. Hella, Arm in Arm mit ihrer Mutter, ging vor den Männern, und Hans hatte genügend Gelegenheit, auf ihre schönen Beine zu sehen. Wenn sie ihnen etwas erklärte, wandte sie den Kopf zurück, eine Bewegung, die Hans entzückend fand. Manchmal kam sie auch zu den beiden, hakte sich vertraut ein, wenn sie etwas Besonderes beschreiben wollte. Dann roch Hans ihr Parfum und war manchmal ihrem Mund so nahe, daß er sie am liebsten geküßt hätte. Dehlen, dachte er dann, was ist bloß mit dir los? Das ist das Kind deines Freundes, der sich fürchterlich aufregt, wenn man seiner Tochter zu nahe kommt.

Seine Erinnerungen wurden durch die Gegensprechanlage unterbrochen, und seine Sekretärin meldete ihm, daß die Herren vom Betriebsrat da seien.

„Sollen reinkommen!“ Er fischte den Zettel mit den Notizen hervor. „Kommen Sie, nehmen Sie sich einen Stuhl. Natürlich darf geraucht werden. Tun Sie sich keinen Zwang an. Ja, meine Herren. Nun ist es soweit. Morgen früh, sieben Uhr, geht es los. Wir werden noch einmal das Wichtigste besprechen, was wir in vielen Stunden des Überlegens und Planens erarbeitet haben, und ich bitte sie, daß sich jeder streng an die Weisungen hält, weil sonst alles durcheinander kommt.“ Dann fragte er durch die Sprechanlage, wo denn die anderen blieben und erhielt zur Antwort, daß die sofort kämen. Jansen hätte noch in der Appretur zu tun. In zwei Minuten würde er da sein.- Dann war man vollzählig.

„Jeder von Ihnen hat seine Anweisungen erhalten. Sie, Herr Josten, sind für die Bereitstellung und für den Abtransport der Webstühle verantwortlich, die der Kran durch das Loch in der Mauer auf den Tieflader setzt. Sie, Herr Giese, organisieren die Bereitstellung des Drum und Dran, des Kleinkrams, der nun einmal zur Weberei gehört. Herr Ortmanns leitet den Gesamttransport. Er befaßt sich mit unseren Wagen und dessen effektiven Einsatz. Herr Jansen ist in der neuen Fabrik und nimmt dort alles in Empfang, wobei ihm Herr Bremer zur Hand geht. Mit der Weberei fangen wir an, und wenn es so klappt, wie wir es geplant haben, dann werden die ersten Webstühle in der neuen Fabrik schon bald laufen."

Giese und Josten sahen sich an und nickten zustimmend. Sie waren sich der Wichtigkeit ihrer Aufgaben bewußt, und die Männer in der Schlosserei standen Gewehr bei Fuß, wie Josten sich ausdrückte. Hans dachte einige Sekunden an die Zeit zurück, wo ihm gerade dieser ausgezeichnete Mann laufend Schwierigkeiten bereitet hatte, aber jetzt, wo er Verantwortung trug, zeigte sich, welch wertvoller Mitarbeiter er im Grunde war. Anscheinend hatte ihm die Aufgabe gefehlt. Hans sah die Männer an, die schon viele Jahre in der Fabrik arbeiteten und nun auf den Startschuß warteten.

Als es dann am nächsten Morgen losging, war Hans überrascht, mit welcher Leichtigkeit der Kran einen Webstuhl samt Palette aufnahm und auf den Tieflader setzte. Er sah die lachenden Gesichter der Männer in dem großen Loch der Mauer, und sie klatschten begeistert Beifall, als der zweite Webstuhl leicht wie eine Feder durch die Luft geschwenkt wurde und elegant auf dem Tieflader landete. Hans erinnerte sich, wie sie damals, vor Jahren, die Webstühle verrückt und verschoben hatten. Hilfsmittel wie heute gab es nicht, und darum mußten soviel Männer wie möglich mitarbeiten. Es war eine Viecherei gewesen, und mit nichts als Hunger im Bauch war die Kraft der Männer schnell erlahmt. Der Tieflader kam in der neuen Fabrik an, und mit dem Kran ging es nun wieder so schnell wie in der alten Fabrik. Bald standen die Webstühle an ihrem Platz, wo der Spezialist sie mit seinem schwarzen Kleber befestigte und die Elektriker die Anschlüsse der Motoren machten.

Die neue Halle verwandelte sich in einen Ameisenhaufen, wo Monteure vieler Firmen herumliefen, um ihrer geplanten Arbeit nachzukommen. Trotz gut funktionierender Organisation wurde es ein aufregender Tag, und die nachfolgenden sollten nicht anders sein. Vor Mitternacht kam Hans und viele andere nicht ins Bett. Wenn Feierabend war, saß er noch mit seinen Technikern zusammen, um Änderungen und Pannen zu besprechen, die sich zwangsläufig ergaben. Ortmanns wuchs über sich hinaus. Seine unnachgiebige Art hatte das Gute an sich, daß nie etwas zu spät kam. Und wenn sich eine Panne anbahnte, war er sofort zur Stelle. Aufregung gab es in der alten Fabrik, als einem Mann, der mithalf, die Webstühle zu dem Mauerloch zu schieben, die Zehen gequetscht wurden, als er seinen Fuß nicht schnell genug wegzog. Er brüllte wie am Spieß, und seine Kameraden hebelten schnell die Maschine hoch und zogen seinen Fuß heraus. Mit schmerzverzerrtem Gesicht, bleich wie Wachs, sank der Mann auf den Boden und wartete wimmernd auf den Krankenwagen.

Auf dem Fabrikhof entstand ein Streit, als Helga Kroll mit ihrem Wagen hereinfahren wollte, wie sie das immer getan hatte. Ziemlich rauh hatte ein Arbeiter sie nach draußen verwiesen und damit ihren Widerspruch erregt. Kampfbereit stand sie neben ihrem Fahrzeug und verbat sich diesen Ton. Doch der Mann, der seine Order hatte, war unerschütterlich und stand breitbeinig vor ihr. Als sie dann ausstieg und Hans um Hilfe bat, machte er sie darauf aufmerksam, daß sie mit ihrem Wagen den Kran in seiner Arbeit behindern würde. „Es können Leute zu Schaden kommen, Helga. Dein Wagen kann auch ganz schön was abkriegen. Sei also so nett und stell deinen Wagen draußen auf die Straße. Wenn möglich noch etwas weg, damit die Fahrzeuge, die hier ein- und ausfahren, nicht behindert werden. Hier auf dem Hof kann er unmöglich stehenbleiben."

Mit zornigem Gesicht tat sie, was Hans ihr empfahl, und wollte ihn dann sprechen. „Okay, Helga. Fünf Minuten. Länger geht leider nicht. Du siehst ja, was hier los ist."

Sie traten in sein Büro, und Hans räumte ihr einen Stuhl frei. Auch hier machte sich der Umzug bemerkbar, denn sein Büro und das der Technik sollten unmittelbar nach dem Maschinentransport folgen.

„Ja, wenn du derart im Druck bist, werde ich mich kurz fassen und dich nicht lange aufhalten." Sie setzte sich. „Es geht um Gerd. Er verläßt die Schule. Will auf keinen Fall dort weiter hingehen. Das Abitur macht er also nicht." Helga blickte auf ihre Hände. Es war ihr sehr unangenehm, dies vor ihrem Schwager zuzugeben.

Hans ahnte, was in ihr vorging und meinte leger: „Lieber Gott, Helga. Wenn es das Abitur ist, was aus einem Jungen einen ganzen Mann machen würde, dann sähe es schlecht aus auf dieser Welt. Ich würde mir deswegen keine grauen Haare wachsen lassen. Die jungen Burschen sind heute nicht mehr so, wie wir früher waren. Die nehmen das Leben leichter und kommen trotzdem durch. Gerd ist zwar ein Junge, dem sein Temperament manchmal einen Streich spielt, aber ich denke doch, daß aus ihm etwas Vernünftiges zu machen ist."

„Ich möchte, daß er in die Fabrik kommt und zwar so schnell wie möglich. Wenn er schon die Schule Knall auf Fall verläßt, dann möchte ich auf keinen Fall, daß er nun den ganzen Tag herumhängt und nur Blödsinn anstellt. Gerd braucht eine feste Hand, er muß eine Führung haben." Sie blickte Hans erwartungsvoll an.

Daß die Söhne Helgas oder wenigstens einer von ihnen einmal in die Fabrik kommen würden, das war natürlich und da hatte er auch mit gerechnet, aber diese Frage kam nun doch überraschend. Er sah in das gespannte Gesicht seiner Schwägerin und meinte: „Dann laß den Burschen nur mal hierherkommen. Junge, kräftige Leute können wir immer gut gebrauchen." Und als er Helgas nicht gerade begeistertes Gesicht sah, fügte er hinzu: „Er wird selbstverständlich später eine angemessene Arbeit bekommen, aber im Augenblick wird er mit anpacken müssen. Das wird ihm sicherlich nicht schaden. Er wird auch dabei wichtige Erkenntnisse sammeln können und die Praxis kennenlernen. Und wie ich deinen Sohn kenne, wird ihm das noch Spaß machen."

Helga war enttäuscht, das sah er deutlich. Sie nickte und erhob sich. Dann reichte sie ihm die Hand. „Ich danke dir, Hans. Ich hoffe nur, daß er sich gut einfügt. In der Schule hat er das leider nicht gekonnt."

Große Aufregung in der Buchhaltung. Der Abteilungschef war außer sich. Ihm, der mit einer gewissen Pedanterie seine Arbeit tat, war der Lärm auf dem Hof und das ewige Gerenne durch den Flur ein Greuel, und wenn er sah, was da alles vor sich ging, kriegte er Panikgefühle und konnte nicht arbeiten. Er konnte sich nicht vorstellen, daß sein Büro diesen unseligen Umzug ohne Schaden überstehen könne. Er trat auf den Flur und näherte sich zögernd dem Chefbüro. So einfach bei Herrn Dehlen hereinplatzen wollte er nicht, weil er wußte, daß der Junior zu tun hatte. Also wartete er und hoffte, ihn zufällig auf dem Flur zu erwischen. Er hatte Glück, denn die Tür öffnete sich und der Chef kam heraus, sah ihn dastehen und ahnte, daß ihn etwas bedrückte.

„Herr Orler, Sie wollen zu mir? Kommen Sie!"

Er folgte dem Chef und erzählte ihm, was er auf dem Herzen hatte.

„Aber, Herr Orler. Da machen Sie sich unnötige Sorgen. Die gesamte Buchhaltung und der Verkauf bleiben bis zuletzt hier. Das ist so geplant und daran ändert sich nichts. Das, was im Augenblick hier geschieht, braucht Sie nicht zu interessieren. An diesem Wirrwarr nehmen Sie nicht teil. Sie kommen erst dran, wenn drüben alles fix und fertig ist und Ihre Räume so hergerichtet sind, daß Sie einziehen können. Bis zu diesem Zeitpunkt machen Sie hier ihre Arbeit wie bisher. Über Ihren Umzug werden sie rechtzeitig informiert. Sie selbst können ihn organisieren und alles so machen, wie es Ihnen am besten paßt. Hier haben Sie einen Plan der neuen Fabrik. An dieser Stelle hier sind Ihre Räume. Sie können sie einrichten, wie Sie wollen und wie es der Arbeit dort am besten dient. Ich denke an die Plazierung der Schreibtische, der Schränke, des Telefons und der Beleuchtung. Schauen Sie sich den Plan an und überlegen Sie in aller Ruhe. Sollten Sie den Rat eines Technikers brauchen, lassen Sie es mich wissen. Ich stelle Ihnen dann einen Mann zur Verfügung oder berate Sie selbst. Einverstanden?"

Orler sagte nichts. Er nickte nur. Dann ging er hinaus, in Gedanken versunken.

Auf dem Hof hielt Giese den Chef fest und teilte ihm mit, daß eine ganze Anzahl von Arbeitern und Arbeiterinnen nicht mit in die neue Fabrik wollten.

„Wieso denn nicht?"

Giese zuckte die Achseln. „Sie sagten mir, sie seien die Stadt gewöhnt und hätten bisher einen kurzen Arbeitsweg gehabt. Nun müßten sie einen weiten Weg machen, und das wollen sie nicht."

„Sind es viele?"

„Zwölf oder dreizehn." Beide sahen sich Sekunden stumm an.

„Vielleicht kann man die mit einem Fahrgeldzuschuß reizen oder versuchen, dort oben Wohnungen zu kriegen?"

„Das werden wir überlegen, Herr Giese. Doch könnte das auch zu Komplikationen führen. Ich denke, daß man es in so einem Fall keinem recht machen kann. Üblich ist das nicht mit dem Fahrgeld, oder?"

Hans, der es eilig hatte, in die neue Fabrik zu kommen, sagte: „Herr Giese, lassen Sie sich das doch einmal durch den Kopf gehen und suchen Sie nach einer Lösung. Sprechen Sie mich dann wieder darauf an. Im schlechtesten Fall müssen wir uns nach neuen Kräften umsehen. Stellen Sie auf jeden Fall mal zusammen, wer gehen will, wo er wohnt und was er sich an Entgegenkommen seitens der Firma vorstellt. Ja?"

Nun wurden die letzten Webstühle aufgeladen, und damit war die Weberei komplett drüben. In der Färberei, wo man die Maschinen vorbereitete, ging alles gut, wie Hans sich überzeugen konnte. Will Horsch war in die Stadt gefahren, um etwas zu besorgen. Er würde gegen zwölf wieder hier sein. Hans fiel auf, daß er ihn seit mehreren Tagen nicht gesehen hatte. Gelegentlich sah er ihn über den Hof huschen. Nur einmal hatte er ihn in den letzten Tagen in seinem Büro gesehen, als er dabei war, eine milchige Flüssigkeit zu trinken. Auf die Frage, was er denn da schlucke, hatte Will gesagt, daß das wegen des Magens sei. Hans hatte das auf den Trubel geschoben, der hier seit Wochen herrschte, der sie alle mit seinem Streß fest im Griff hielt. Gegen Mittag erledigte er die Post, die heute noch das Haus verlassen mußte. Das Mädel, das die Post abholte, sagte ihm, daß seine Mutter angerufen habe. Ein Rückruf sei nicht nötig, er solle nur an heute Abend denken.

Abendessen bei seiner Mutter, nun jede Woche zweimal, mittwochs und samstags. Eigentlich war ihm nicht danach, doch wußte er auch, daß Mutter von ihm hören wollte, wie es mit dem Umzug stand. Ich muß heute auf jeden Fall hin. Mal sehen, wie ich das hinkriege, dachte er und nahm einen Anruf aus der neuen Fabrik entgegen.

Hans stellte seinen Wagen vor der Terrasse ab und stieg die Treppe hinauf. Im Eßzimmer brannte Licht. Mehr als sonst, wie ihm schien, und als er die Tür öffnete, hörte er seine Mutter mit jemanden reden. Die Hausangestellte war es nicht, und er klopfte an die Tür und trat ein. Mit einem Glas Portwein in der Hand standen seine Mutter und eine Dame etwa gleichen Alters am Fenster und drehten sich nach ihm um.

Seine Mutter machte ihn mit dieser Dame bekannt, und er erfuhr, eine Schulfreundin seiner Mutter vor sich zu haben, die verwitwet nach Aachen zurückgekommen war, wo ihre Tochter als Ärztin arbeitete. Frau Habermann war ähnlich wie seine Mutter, lebhaft, aufgeschlossen und gebildet. Sie erzählte von ihrer Tochter, die Internistin sei, und Hans hatte einen Augenblick das Gefühl, man wolle sie ihm schmackhaft machen. Als er die Blicke seiner Mutter sah, verhärtete sich sein Verdacht. Der Beweis folgte, als seine Mutter Frau Habermann fragte, ob ihre Tochter verheiratet sei. Demnächst wird dann auch die Tochter eingeladen, dafür würde Mutter schon sorgen, da sie ihn mit aller Gewalt unter die Haube bringen wollte.

***

Die Weberei lief auf vollen Touren, und für den Fachmann Jansen war es eine Augenweide anzusehen, wie wunderbar die Technik doch war. Plötzlich waren neue Webstühle im Gespräch. Sie wurden in der Schweiz hergestellt, und man hörte wahre Wunderdinge über sie. Fast doppelt so schnell wie die letzten, die man gekauft hatte, sollten sie sein. Eine Sache, an der man nicht vorbeikam. Hans Jansen und Will Horsch fuhren hin und sahen sich die Maschinen und ihre Leistung an. Hans war begeistert und kalkulierte schon, wieviel Meter Tuch man im Monat mehr produzieren konnte. Im Geiste sah er sie schon in der Webhalle stehen, in Reih' und Glied.

Von Jansen kam die kalte Dusche, als er mit aller Entschlossenheit sagte, daß man damit in der Fabrik nicht arbeiten könne. Er war mit der Webkante dieser Maschinen nicht einverstanden, die aus technischen Gründen fast doppelt so dick wie das übrige Gewebe ausfiel. „Mit solch einer Leiste, Herr Dehlen, können wir nie und nimmer arbeiten."

„Aber Herr Jansen, Sie wollen doch nicht etwa wegen der Kante so eine Maschine ablehnen? Da müssen wir eben unsere Fertigung darauf einstellen oder Ideen entwickeln, die ein Arbeiten mit diesem Webstuhl möglich machen. So etwas läßt man sich doch nicht entgehen. Wissen Sie, um wieviel schneller diese Maschine ist?"

„Tut mir sehr leid, Herr Dehlen, aber wenn Sie mich fragen, dann muß ich Ihnen nur ein klares Nein geben. Das ist nichts für uns!"

Das Gespräch mit den Technikern war für Hans eine einzige Enttäuschung. Jansen stellte seine Fragen, und es stellte sich heraus, daß die bisher verkauften Maschinen an Webereien gegangen waren, bei denen der Zustand der Webkante keine Rolle spielte.

Während der Heimfahrt war die Leiste das Gesprächsthema, und Hans versuchte immer noch, einen Weg zu finden. Er hatte die Idee, die Leiste abzuschneiden und die Webkanten zu umnähen. Die Debatte ging lebhaft hin und her, und man kam zu dem Schluß, daß man warten würde, bis sich die Leiste in der gleichen Dicke wie das Tuch machen ließ. Die Techniker in der Schweiz arbeiteten schon an der Lösung dieses Problems.

Jeder wußte, welch günstigen Einfluß die Schnelligkeit der Webstühle auf die Wirtschaftlichkeit hatte, und Hans war brennend daran interessiert. Er kam immer wieder darauf zurück, und Jansen konterte hart. Er erklärte seinem Chef im Detail, was es mit einer dickeren Leiste auf sich hatte und welche Probleme damit in der Fabrikation auftreten würden.

„Denken Sie nur an die Tuchschererei oder an die Presse, wo das Tuch seinen Glanz und den Griff bekommt. In beiden Fällen ist das mit dieser Leiste unmöglich. Die Kundschaft läßt uns das Zeug liegen."

Will Horsch gab sich alle Mühe, Hans die Enttäuschung auszureden. „Hans, zu einem schönen Stück Tuch gehört auch eine anständige Leiste. Es ist so wie ein Bild in einem schönen Rahmen. Hängst du das Bild in einen schäbigen Rahmen, gefällt es nicht mehr. So ist es mit der Leiste auch. Beim Verarbeiten zu einem Anzug fällt sie weg, aber bis dahin wirkt sie dekorativ und hilft mit, das Tuch zu verkaufen."

„Will, was du sagst, das hat einmal gestimmt. Aber jetzt ist die Lage eine völlig andere. Der Konfektionär, der jetzt unsere Waren kauft, den interessiert die Leiste nicht mehr, und der Kunde, der den Anzug nachher trägt, der kriegt sie erst gar nicht zu sehen. Also, was soll das Brimborium mit dieser Kante oder Leiste? Will, wir müssen vorwärts und dürfen einen derartigen Schritt nach vorne nicht wegen einer dicken Leiste ad acta legen. Schau dir doch einmal das ganze Land an. Die Industrie hat einen Aufschwung genommen, der in der ganzen Welt ohne Beispiel ist. Schau die Fabriken, die Betriebe, erinnere dich, wie es in der Schweiz aussah, wie weit die sind. In den deutschen Fabriken sieht es ähnlich aus. Die haben, wie wir, bei Null angefangen und sich wie Phönix aus der Asche erhoben und alles wieder aufgebaut. Sie haben neue Techniken erfunden und nie gekannte Verfahren entwickelt. Die neuen Methoden, die Kunststoffe, die nun auf den Markt drängen, das alles zusammengenommen wird die Entwicklung beschleunigen. Wir leben in einem neuen Zeitalter, wer hinterher hinkt, bleibt auf der Strecke!"

Will erblickte den Fanatismus im Gesicht seines Freundes, von dem er wußte, daß er unerbittlich war und alles durchsetzte. Er wußte auch, daß bisher alles gelungen war, und er verstand, daß Hans unter dieser Enttäuschung litt.

„Hans, okay, wir müssen vorwärts, da bin ich ganz deiner Meinung, aber dazu gehört auch, daß die Qualität stimmt. Unter den noch so verlockenden Neuerungen darf sie nicht leiden, denn das wäre mit großem Schaden verbunden. Warten wir ab, bis die Schweizer eine Leiste machen, die für uns akzeptabel ist. Es gibt Firmen, die rationalisieren und beschleunigen ihre Fertigung um jeden Preis, erreichen aber dadurch unsere Qualität nicht. Und wenn wir unseren guten Namen erhalten wollen, dann darf daran nicht gerüttelt werden. Wenn sich unsere Ware von der anderen gut abhebt, ist es unser Vorteil, und das soll so bleiben. Die Leute in der Schweiz denken genauso, denn sie machten uns nichts vor und wollten nicht um jeden Preis verkaufen. Die waren seriös und meinten zum Schluß, daß wir warten müßten, bis sie eine Lösung gefunden hätten. Und die finden die Lösung, Hans. Davon bin ich fest überzeugt. Von denen wirst du bald hören."

Hans nickte fast ergeben nach Wills langer Rede. Er zündete sich nachdenklich eine Zigarette an. Dann meinte er mit einem Blick auf die Uhr: „Komm, alter Freund. Laß uns nach Hause gehen. Die Leiste läuft uns schon nicht fort."

***

Die Hersteller von Nouveautés, deren Musterung in jeder Saison wechselt, arbeiten im Sommer für den kommenden Winter und im Winter für den nächsten Sommer. Den Neumusterungen gehen viele Überlegungen voraus, denn die neuen Dessins müssen einen guten Verkauf sichern. So wie bei den anderen ging es auch bei Dehlen zu. Die Vorgespräche hatten ergeben, daß Karos im Kommen waren. Streifen gab es immer, sie mußten nur dem augenblicklichen Geschmack entsprechend gemustert werden. Die Vielzahl der mitgebrachten Muster wurden als Anregung gebraucht. Kopiert wurde nie, doch waren sie ein untrüglicher Richtungsweiser für die Fixierung auf den Trend. Hans und seine Männer hatten viel und oft zusammen gesessen und darüber diskutiert, wobei der Dessinateur es war, der die Ideen und Vorstellungen analysierte und realisierte. Die neuen Muster wurden gewebt und appretiert, wobei maximale Qualität erreicht werden mußte.

Nun war die Kollektion fertig, und der Lagerist hatte die Coupons in einem hellen Raum drapiert. Auf der einen Seite die Nouveautés und auf der anderen die Standards.

„Die Herren sind vollzählig, Herr Dehlen", meldete die Sekretärin, und Hans erwiderte, er werde sofort kommen. Er wollte noch schnell die Post durchsehen, die ihm geöffnet herübergebracht worden war. Es war das Übliche. Bestellungen, Anfragen, Abrufe georderter Ware. Ein Brief an Herrn Hans Dehlen persönlich, der noch verschlossen war. Diesen Brief würde er später lesen. Ehe er ihn in die Jackentasche steckte, sah er auf den Absender. Er war von Hella Horsch aus Paris.

Man war schon bei der Begutachtung der Tuche, und Hans sah den norddeutschen Vertreter mit dem Appreturleiter Franz Lahaye zusammenstehen. Hier konnte es nur, das wußte Hans aus Erfahrung, um den Ausfall der Ware gehen, denn Herr Dorensen war stets um beste Qualität bemüht und hatte seinen ganzen Verkauf darauf ausgerichtet. In Norddeutschland hatte er eine verwöhnte Kundschaft zu beliefern, die solide Ware, dezent gemustert, in bester Qualität verlangte. Der Vertreter des Rheinlandes, mit Sitz Düsseldorf, war in der Wahl des Dessins mutiger, weil die Kundschaft, die er bediente, durch das naheliegende westliche Ausland beeinflußt war. Für Hans waren solche Dinge von Wichtigkeit, denn in den letzten Jahren hatte man erfahren, daß sich die Herrenmode sehr stark gewandelt hatte. Nicht nur die alten Doppeltuchqualitäten, die Aachen berühmt gemacht hatten, waren durch andere Musterungen abgelöst worden, auch die Art der Musterung und die Farben waren heute anders als noch vor Jahren. Hans bat um Gehör. Die kurze Ansprache, die nun folgte, war gut vorbereitet, und es kam, nachdem er die Arbeit aller gewürdigt hatte, die am Gelingen der Kollektion mitgewirkt hatten, zu einer Betrachtung des Unternehmens in seiner neuen Gestalt mit dem modernen Kommunikationssystem, das gut funktionieren sollte, auch wenn weite Entfernungen zwischen der Fabrik und einer Außenstelle liegen sollten.

Dann hatten die Vertreter das Wort. Die Lage auf dem inländischen Markt schilderte der Vertreter des Rheinlandes. Für das Ausland sprach der Italiener Facchin.

Mittags aß man in der Kantine, und nach dem Kaffee traf man sich wieder. Der neue Verkaufsleiter, Herr Ludwig, war nach dem Vortrag des Chefs sehr gefragt, weil man von ihm Lieferzeiten wissen wollte. Was heute bestellt wurde, sollte gestern geliefert werden, das war die Devise der Vertreter, und Ludwig geriet ein wenig ins Trudeln. Von Jansen bekam er routinierte Hilfe, denn er kannte die Vertreter alle seit Jahren und wußte über deren Wünsche bestens Bescheid. Hans befaßte sich bewußt nicht mit Einzelheiten, und wenn er angesprochen wurde, verwies er an den zuständigen Herrn oder an die Dame, eine neue Mitarbeiterin des Verkaufsleiters, die dieser hatte rufen lassen. Sie war in dieser Männerrunde gerne gesehen, weil sie ausgesprochen hübsch war und im Umgang mit den Vertretern ein ausgesprochenes Talent bewies. Hans sah das gerne. Mit Vergnügen sah und hörte er, wie dieses Fräulein Kramer auf einen Witz eines der Herren reagierte, den man eigentlich in Gegenwart einer Dame nicht hätte vom Stapel lassen sollen. Sie tat, als verstünde sie nicht und stellte dem Erzähler eine geschickt formulierte Frage, so daß dieser, zur Erheiterung aller Anwesenden, aus dem Tritt kam und stotterte. Es herrschte ein gutes, fast freundschaftliches Klima. Mit allem Ernst wurde über das Geschäft geredet, aber auch viel gelacht. Für Hans war es eine Genugtuung zu sehen, wie gut es zwischen Fabrik und Verkauf klappte, und wie prächtig man zusammenarbeitete. Spät abends kam er nach Hause. Müde, aber froh, denn es war ein erfolgreicher Tag gewesen. Aller Voraussicht nach würde die neue Kollektion gut einschlagen und der Verkauf für den Winter zufriedenstellend werden. Er hatte die Gewißheit, richtig im Trend zu liegen.

Sein Jackett hängte er auf einen Stuhl, dann lockerte er seine Krawatte. Das Abendessen im Stammrestaurant hatte sich auch noch lange hingezogen, und Hans war froh, nun in sein kühles Bett zu steigen. Hellas Brief. Der steckte noch in seiner Jackentasche. Also stand er wieder auf und holte ihn hervor, riß ihn auf und las. Ihm fiel zum ersten Mal auf, daß sie jetzt 'Lieber Hans' schrieb und den 'Onkel' wegließ. Dann erfuhr er, daß sie einundzwanzig Jahre alt geworden war und ihn bei der Geburtstagsfeier im Kreise ihrer Pariser Freunde sehr vermißt habe. Mein Gott, dachte er. Nun ist das Kind erwachsen. Einundzwanzig Jahre, unvorstellbar. Wo ist die Zeit geblieben? Auch schrieb sie, er sei an den Schläfen leicht grau und sie finde das besonders chic. Ein wohliges Gefühl verspürte er, als er las, welch nette Worte sie für ihn hatte, und er fand, daß dies nicht mehr die Worte eines jungen Mädchens waren, sondern die einer Frau. Er legte den Brief zur Seite und schloß die Augen. Etwas war mit ihm nicht in Ordnung, das fühlte er. Ich bewege mich wie ein Traumwandler durchs Leben. Ich muß Will zustimmen, wenn er sagt, ich sei mit der Fabrik verheiratet. Was kann ich tun? Wieder heiraten, wie Mutter es mit immer wieder rät? Das wäre der normale Gang der Dinge. Wer wird mich beerben? Kinder habe ich nicht, bin fast vierzig Jahre alt und werde grau an den Schläfen. Gelegentliche Frauenbekanntschaften sind auch nicht die Basis für ein Leben, wie ich es mir wünsche. Hellas Gesicht tauchte vor ihm auf, ob er nun die Augen schloß oder offen hielt. Sie immer um sich zu haben, wäre schon reizvoll. Mit ihr könnte er sich schon ein Zusammenleben vorstellen. Sie schrieb auch, daß er versprochen habe, sie in Paris zu besuchen. Sie warte schon lange auf diesen Besuch und wollte hiermit noch einmal daran erinnern. Das hatte im vorigen Brief auch schon gestanden. Auch rufe er fast nie mehr an, beschwerte sie sich. An Schlaf war nun nicht mehr zu denken. Vielleicht würde ein großer Cognac helfen? Auf nackten Füßen ging er ins Wohnzimmer hinüber und goß sich einen doppelstöckigen ein. Dann wieder ins Bett. Aber die Gedanken ließen sich nicht abschalten, und er mußte sich damit herumschlagen. Heiraten? Wenn man heiratet, muß man eine Ehe führen können, sonst geht es nicht. Lydia war sehr geduldig gewesen, hatte sich nie oder nur ganz selten beschwert. Nun, dieses Kapitel war abgeschlossen, aber die Erinnerung ließ sich nicht abstellen. Seine Mutter lag ihm in den Ohren, und sie war beim letzten Abendessen soweit gegangen, ihm zu sagen, die Bekannten würden ihn für seltsam halten. Sie hatte ihm den Mund verboten, als er aufgebracht meinte, sie würden ihn einen verknöcherten Junggesellen oder sogar den schwulen Hans nennen. Seine Mutter hatte ihn ärgerlich angesehen und gebeten, solche Töne nicht in ihrem Haus anzuschlagen.

„Das Problem ist es, die Richtige zu finden, Mutter, die man heiraten möchte. Ich sehe viele Frauen, aber um sie näher kennenzulernen, fehlt mir einfach die Zeit und die Gelegenheit."

„Du pflegst eben nicht den richtigen Umgang, Hans", hatte sie gesagt. Auch darin mußte er ihr recht geben.

„Mein Umgang ist nun mal die Fabrik. Ich habe mein Konzertabonnement, das ich aber nur gelegentlich nutze, weil mir auch da die Fabrik einen Strich durch die Rechnung macht. Mit Horsch gehe ich mal ins Kino, aber auch nur selten. Zu ihm nach Hause gehe ich fast nie. Er und seine Frau kommen kaum noch zu mir."

„Was willst du auch bei diesem Horsch? Ich sprach von dem richtigen Umgang, mein Junge."

Er drehte sich auf die Seite. Vielleicht kam der Schlaf? Liebe Mutter, dachte er, wenn ich ans Heiraten denke, fällt mir immer nur Hella, die Tochter meines Freundes ein, die bedeutend jünger als ich ist, deren Vater mich aber als Schwiegersohn nicht haben will, weil er Angst hat, ich würde sein Kind unglücklich machen. Vielleicht hat er sogar Recht damit. Die Leuchtziffern des Weckers zeigten an, daß es halb drei war, und er zwang sich, die Gedanken abzuschalten und nahm sich vor, Hella in Paris anzurufen und ihr auch zu versprechen, bald einen Besuch zu machen.

***

Die politische Weltlage blieb permanent bedrohlich. Die Verhärtung der beiden Blöcke war soweit eskaliert, daß jeder Angst vor dem anderen hatte. Waffenstarrend standen sie sich gegenüber, und jeder wartete auf den Angriff des Gegners. Die beiderseitige Propaganda ruhte nie und brachte täglich Horrormeldungen in die Medien, die ihren mehr oder minder zutreffenden Kommentar dazu gaben. Auf beiden Seiten wurden die Bänke der Generäle immer länger, und neue, hartgesichtige Männer nahmen ordensgeschmückt Platz. Die Rüstungsetats waren ins Unermeßliche gestiegen und hatten bereits die Schmerzgrenze erreicht. Auf Kosten der Bevölkerung wurde aber weiter Geld für die Bewaffnung ausgegeben oder zum Fenster hinausgeschmissen. Die große Macht im Osten hatte sich einen Vasallengürtel aufgebaut, und die Amerikaner hatten den asiatischen Kontinent und den osteuropäischen Raum in weitem Bogen mit ihren Stützpunkten umspannt. Der Umgangston in der UNO war beinhart geworden. Der Schrecken der Atombombe hing wie eine schwarze Gewitterwolke über den Menschen der ganzen Welt.

Auch in Deutschland hatte man Angst. Das zweigeteilte Land stand sich ebenfalls feindselig gegenüber. Hier teilte man die Welt in zwei Teile, von denen der eine gut und der andere böse sein sollte. So war es bestimmt worden. An Vorwürfen fehlte es auf keiner Seite, und der Einfallsreichtum in dieser Hinsicht war unerschöpflich. Menschen wechselten ihren Standort. Westliche Künstler versuchten es im Osten, und Menschen von dort wollten in den Westen. Sie versuchten das bei Nacht und Nebel, weil man sie nicht gehen ließ. Auch die beiden Teile Deutschlands ergingen sich in Schuldzuweisungen und Vorwürfen, und versöhnliche Worte gab es nicht mehr. Schriftsteller hüben und drüben versuchten durch Zeitanalysen, den Menschen die Augen zu öffnen, aber ihre Worte verhallten in der Eiseskälte, die sich aufgebaut hatte.

Mit einem Knall, der alles zerstören könnte, rechnete man täglich und stündlich. Wer Geld genug hatte, ließ sich einen atombombensicheren Bunker bauen. Ein Bunker für die Bundesregierung war geplant. Doch die bisherigen Erkenntnisse sagten, daß dies nur ein Schutz auf Zeit wäre, weil die ganze Erde verseucht sein und Leben unmöglich würde. „Die Lebenden werden die Toten beneiden!" wurde gesagt. Trotzdem ging der Unsinn weiter.

Tito ging Wege, die man ihm in Moskau verübelte. Besuche der Russen fanden in Jugoslawien statt, um Tito bei der Stange zu halten. In den Zeitungen erschienen Fotos, die Tito und Chruchtchow zeigten. Die beiden lächelten sich an, als sei alles in bester Ordnung. Spione und Agenten waren überall. Man schnappte sie hier und dort, und tauschte sie wieder aus. In Westdeutschland wurde die KPD verboten, und in Amerika jagte MacCarthy die Kommunisten. Jeder, der im öffentlichen Leben stand, wurde überprüft.

Dann plötzlich piepste der Sputnik. Man konnte es im Radio hören. Wie die Welt erstarrte! In Amerika wurden dem Präsidenten Eisenhower peinliche Fragen gestellt, doch der lächelte und erklärte, man sei im Pentagon schon lange so weit.

Eine fieberhafte Geschäftigkeit fand im Verborgenen statt, und alles war streng geheim, was auf diesem Gebiet geschah. Unsummen wurden für diese Technik ausgegeben, und ein Ende war nicht abzusehen. Das Ende der Welt aber rückte in greifbare Nähe. Die Russen sonnten sich in ihrem Erfolg, die ersten gewesen zu sein, und die Amerikaner arbeiteten verbissen, diesen Vorsprung wieder aufzuholen.

Die Welt schien nun wirklich aus den Fugen geraten zu sein. Nichts geschah mehr, was dem Frieden diente. Die Vertriebenen aus den Ostgebieten wollten ihr Land zurück. Die Vereinigung dieser Menschen war groß, und ihr Wort mußte ernst genommen werden, doch wie das gehen sollte, konnte niemand sagen. 'Alle Menschen werden Brüder' war der Titel eines Buches, das in dieser Zeit erschien.

Maler hielten in ihren Bildern den Menschen die Zeit vor Augen. Viele schauten diese Gemälde erschüttert an, andere lachten darüber. Die Welt war zu einem Irrenhaus geworden.

Trotz allem ging in Westdeutschland der Aufschwung weiter. Abs, der bekannte Banker, zeigte eine günstige Prognose auf, riet aber zur Vernunft. Mit dem Aufschwung kam die Motorisierung. Hatte sie nicht erst den Aufschwung ermöglicht? Die Menschen hatten sich auf die Zeit eingestellt, auf die Angst vor der Atombombe, auf das, was sich demnächst im Weltraum abspielen sollte und auf die Raketen, die Atombomben in jeden Teil der Welt tragen konnten.

Das Leben ging weiter. Der Mensch reagierte flexibel und paßte sich an. Schließlich gewöhnte man sich an alles, und wenn man das eine Zeitlang trainiert hatte, dann erschien es nur noch halb so schlimm.

Die Fabrik lief sehr gut, man war aus der Talsohle heraus. Das alte Grundstück mit der alten Fabrik in der Stadt stand zum Verkauf oder zur Verpachtung, und an Interessenten fehlt es nicht. Hans hatte sich entschlossen zu vermieten, verkaufen konnte man immer noch. Das hatte auch der Mann von der Bank gesagt, der ihm beratend zur Seite gestanden hatte. Da die Grundstückspreise laufend anstiegen, wurde die alte Fabrik zu einer stillen Reserve. Wer konnte schon wissen, ob man es eines Tages nicht gut gebrauchen könnte?

Die Kollektion war gut angekommen. Die Muster gefielen, und nun kamen täglich die Order der Vertreter, und die Techniker grübelten über Produktionsverbesserungen. Hans hatte für jeden Verbesserungsvorschlag ein offenes Ohr, egal aus welcher Ecke er kam. Neben der Portiersloge hing ein Holzkasten zur Aufnahme der Verbesserungsvorschläge. Gute Vorschläge wurden mit einem Geldbetrag belohnt. Die Gewerkschaften wollten am Aufschwung teilhaben und stellten Forderungen. Lohnabschlüsse wurden jetzt nur noch für ein Jahr gemacht. Auf beiden Seiten rang man um Vorteile, und wenn man ihn erreicht hatte, konnte man sehen, wie er dahinschmolz. Die Wirtschaftler nannten das die Lohn-Preis-Spirale, in deren Gewindegängen alles nach oben strebte. Wo das Gewinde zu Ende war, konnte niemand sagen, also wurde weitergedreht.

Das Baugewerbe blühte und die Automobilindustrie auch. Diese Schlüsselindustrien zogen die anderen mit. Nach anfänglichen kleinen Schwierigkeiten lief nun die Produktion in der Fabrik reibungslos. Die Schlepperei mit den schweren Kettbäumen und Garnkisten war vorbei. Die Fertigungsleistung hatte sich gesteigert, wogegen die Arbeiterzahl sich verringert hatte. Der auf diese Weise erwirtschaftete Gewinn kam vielem zugute. Man erreichte mehr Spielraum, was die Preisgestaltung anging, konnte Investitionen leichter ins Auge fassen, und die Eignerversammlungen zeigten zufriedene Gesichter. Helgas Sorgen um den Bankanteil lösten sich langsam in nichts auf, und sie war fair genug, es Hans zu sagen, denn ihre damaligen Attacken waren ein Spiegel ihrer Unzufriedenheit gewesen. Nun entschuldigte sie sich für den Streit. Bei der letzten Sitzung fragte sie Hans nach ihrem Sohn Gerd, der nun schon einige Monate in der Fabrik tätig war, und Hans mußte gestehen, daß er sich noch nicht ernsthaft um seinen Neffen gekümmert hatte. Gerd war auf eigenen Wunsch dem Fahrer zugeteilt worden, und Hans sah ihn nur selten.

Vor zwei Tagen allerdings hatte er ihn dabei erwischt, daß er sehr rasant in den Hof hereinfuhr und mit quietschenden Reifen den Wagen zum Stehen brachte. Dohmen, der Fahrer, saß mit bedeppertem Gesicht daneben und stotterte etwas, als Hans ihm einen Verweis erteilte, weil er den jungen Mann, der noch keinen Führerschein besaß, den Wagen fahren ließ. Er war nicht gerade bester Laune und sprach ziemlich laut, als er sagte: „Reicht Ihr Verstand und ihr Verantwortungsgefühl nicht soweit, daß Sie sich vorstellen können, was passieren kann, wenn Sie diesen unerfahrenen jungen Mann mit dem Wagen fahren lassen? Wenn etwas am Wagen beschädigt wird, kann man das reparieren lassen, wenngleich es Geld kostet, weil dann andere unsere Waren transportieren müssen. Doch wenn eine Person zu Schaden kommt, verletzt würde oder stirbt, was dann, Dohmen? Denken Sie daran, und lassen Sie sich nicht von dem Kerl breitschlagen, auch wenn es ihm noch so sehr in den Fingern juckt!“ Beide saßen wie begossene Pudel im Fahrerhaus. Dann war Hans gegangen. Aus dieser Eselei wollte er kein Familiendrama machen. Er kannte die Empfindlichkeit seiner Schwägerin, wenn es um ihre Kinder ging, und er beschloß, Gerd auf Firmenkosten den Führerschein machen zu lassen. Sie war damit einverstanden, als er sie deswegen anrief, sie freute sich sogar. Doch nahm er sich vor, Gerd gut zu beobachten. Er kannte dessen Temperament und würde ihn beizeiten bremsen. Man war entschlossen, einen schwereren Wagen zu kaufen, und Will Horsch hatte dies schon in die Wege geleitet. Hans wollte wissen, wie weit die Sache gediehen sei und rief ihn an. Will meldete sich nicht, und vom Sekretariat erfuhr er, Horsch sei zum Arzt gegangen, sei aber in einer Stunde wieder da. Will zum Arzt? Das war neu. Der eiserne Will, den so schnell nichts erschütterte.

„Wissen Sie, um was es geht?“

„Nein, Herr Dehlen.“

„Danke!“

Sein Terminkalender sagte ihm, daß er in den nächsten Wochen viel unterwegs sein würde. Der Vertreter aus Bayern erwartete seinen Besuch. Dort sollten bei einigen Kleiderfabriken Chefgespräche geführt werden, die sich als sehr nützlich für beide Seiten erwiesen hatten. Hier wurden auf höchster und kompetenter Ebene Einkaufsmengen und Preisgestaltungen abgehandelt. Jede der beiden Parteien hatte sich gut vorbereitet, und Hans hatte sich einige diplomatische Redewendungen für heikle Fragen zurechtgelegt. Nach dem Bayernbesuch war Frankreich an der Reihe, und Hans beauftragte seine Sekretärin, die notwendigen Vorbereitungen zu treffen.

In Frankreich besuchte er zusammen mit dem Vertreter die Hauptkunden. Ob er dann auf dem Rückweg bei Hella Horsch vorbeifahren könnte, wußte er noch nicht. Sie hatte vor Monaten eine Stellung angenommen und schien sich dort sehr wohl zu fühlen. Es war die Zentrale einer Raffinerie, die Öle und Fette sowie Treibstoffe in alle Welt verschickte. Für Hella sicherlich eine interessante Tätigkeit. Will war einerseits stolz auf seine Tochter, andererseits hätte er sie lieber in der Nähe gehabt, und es gefiel ihm nicht, daß sie in der Riesenstadt Paris hängengeblieben war.

Irgendwo habe ich doch ihre Telefonnummer. Hans suchte seinen Schreibtisch ab und fand schließlich das hellblaue Kärtchen. Es wurde dem Reiseplan Frankreich angeheftet. Über die Gegensprechanlage meldete sich seine Sekretärin und sagte ihm, Mike Hellmann sei da und wolle zu ihm.

„Okay, schicken Sie ihn rein!"

Was Hans sofort an Mike auffiel, war, daß er nicht sein Pepitajakett trug. Auch nicht die pinkfarbenen Hosen und die weinroten Schuhe. Heute war er feierlich gekleidet. Schicker blauer Anzug, elegante Krawatte und schwarze Schuhe.

„Ist was, Mike? Du bist heute so elegant?"

„Mein Buch ist verlegt worden," erwiderte Hellmann und legte Hans ein Buch mit grünem Einband auf den Tisch.

Hans reichte ihm die Hand. „Mike, ich gratuliere dir zu dem Erfolg. Ehrlich gesagt, hätte ich nicht mehr daran geglaubt."

Dann erzählte Hellmann, nachdem Hans Kaffee hatte kommen lassen, wie es dann doch dazu gekommen war. Er erwähnte noch einmal sein wildes Leben in Bonn, das durch die Bekanntschaft mit Gisela Bartel ein Ende gefunden hatte. Er schilderte, wie sie ihn bekniete, ihn bei seinem Stolz gepackt hatte und alles ins Feld führte, was ihn zum Weiterschreiben brachte. Sie blieb ganze Nächte mit ihm auf und diskutierte jede einzelne Passage durch, bis sie saß. Sie zerstreute Bedenken und Ängste und heizte immer wieder seinen Mut an. „Wir werden heiraten", sagte Hellmann. „Das Leben, das ich vorher geführt habe, wäre voll daneben gegangen. Ich wäre total versackt." Nun grinste er. „Wurde mir aber auch verdammt leicht gemacht. Es gibt schon einen Haufen verrückter Frauen. Dann sprach er von dem Verleger, mit dem er neue Projekte besprochen habe. „Der will demnächst Hemingway einladen und hat mir versprochen, daß ich zu dem Empfang auch eingeladen werde und mit Ernest Hemingway reden kann."

Hans, der wußte, wie sehr Mike den Amerikaner verehrte, konnte sich die Freude vorstellen, die dieser empfinden würde, wenn er seinem Idol gegenüberstand. Erste Kritiken waren schon da, und Hellmann zeigte stolz einen handgeschriebenen Brief von Lion Feuchtwanger, der darin seine Freude über einen jungen deutschen Autor bekundete, dessen Ansichten er hoch schätzte. Zum Schluß meinte Feuchtwanger, daß es für die Zukunft der Deutschen und die übrige Welt ein Zeichen der Hoffnung sei, wenn die junge deutsche Generation so denke wie der Autor, der den Krieg und die Diktatur verabscheute.

Für den Abend plante Mike ein Essen mit Hans und Gisela Bartel, und Hans sagte zu.

***

Die Sekretärin holte die Post ab. „Herr Ludwig ist krank", sagte sie im Hinausgehen. Ludwig krank? Das hieß, der Verkauf ist ohne Chef. Hans nahm sich vor, dort vorbeizugehen. Im Verkauf wurde emsig gearbeitet. Prüfend sah Hans sich um. Fräulein Kramer schien die Situation im Griff zu haben. Trotzdem fragte er sie, ob man ohne Herrn Ludwig auskomme.

Fräulein Kramer sah von ihrer Arbeit auf und nickte. „Wenn ich nicht mehr weiter weiß, Herr Dehlen, komme ich zu Ihnen."

Die Kramer ist tüchtig, sagte er sich wieder und überlegte, ob er sie nicht einmal auf einer Kundenrundreise mitnehmen solle. Aber mit ihr auf Geschäftsreise gehen, das würde Gerede auslösen, denn stramm gewachsen war sie, das war nicht zu übersehen. Er ging zur Appretur hinüber.

Eine Viertelstunde später war seine Mutter am Apparat. „Hans, Junge, endlich. Immer, wenn ich dich sprechen will, bist du irgendwo in der Fabrik. Das ist nun schon das dritte Mal, daß ich es versucht habe. Sag mal, könntest du heute abend nicht ein wenig früher zu mir kommen?"

„Wenn ich das einrichten kann, gerne, Mutter."

„Dann richte es bitte ein. Ich rechne mit dir, spätestens um fünf."

„Um fünf? Mutter, das ist aber sehr früh. Du weißt doch, wie schlecht ich hier weg kann und ..."

„Hans, bitte! Du glaubst doch nicht, daß dich eine Stunde derart in die Enge treibt, daß es in der Fabrik drunter und drüber geht? Wozu hast du denn Personal? Können die denn nicht dafür sorgen, daß du auch einmal zeitig aus der Fabrik fortkommst? Wenn ich an Vater denke...."

„Mutter, ich werde kommen. Auf eine Stunde soll es nicht ankommen."

„Gut! Ich erwarte dich also um fünf. Sei bitte pünktlich. Und noch etwas, zieh bitte einen Anzug an und komm nicht wieder in einem deiner verbeulten Tweedjacketts."

„Ist denn etwas Besonderes los?"

„Ich habe noch andere Gäste."

„Andere Gäste?"

„Ja, und ich hoffe, du hast nichts dagegen. Schließlich bin ich den ganzen Tag allein in dem großen Haus und bin recht froh, wenn sich einmal jemand zu mir verläuft. Von der Familie habe ich ja herzlich wenig, das weißt du doch. Du bist der einzige, der mich regelmäßig besucht. Von Inge höre ich nur per Telefon, und Helga ist in ihrem Geschäft und muß sich abends um ihre Familie kümmern. Peter kommt manchmal auf einen Sprung zu seiner Großmutter. Ein netter Kerl, findest du nicht? Er bekommt auch immer ein schönes Taschengeld von mir. Der wird seinem Vater immer ähnlicher, stelle ich fest. Manchmal macht er sogar seine Schulaufgaben bei mir. Seine Mutter hat ja für so etwas keine Zeit."

Seine Mutter war viel allein, das stimmte schon, und er konnte sich vorstellen, wie sie sich langweilte. Noch vorige Woche hatte er vorgeschlagen, sie solle sich mit ihrer Schulfreundin, dieser Frau Habermann, zusammentun und etwas unternehmen. Hans hatte an eine Reise oder etwas Ähnliches gedacht.

„Sei pünktlich, Hans."

„Ja, Mutter, um fünf bin ich bei dir."

Um fünf zu seiner Mutter, das hieß, gegen drei hier das Feld räumen, duschen und umziehen.

„Die Herrschaften sind im Musikzimmer", sagte die Hausangestellte, als er ins Haus kam.

Musikzimmer? Das war ungewöhnlich. Das war noch nie vorgekommen. Doch er ahnte, daß es heute einen besonderen Grund hatte. Er hatte den kleinen Wagen vor der Terrasse stehen gesehen und war gewiß, daß Mutter ihn vorführen wollte wie ein Zirkuspferd.

Er klopfte und trat ein. Seine Mutter, in einem sehr eleganten bunten Kleid, zweifellos ein neues, kam ihm strahlend entgegen und ließ sich auf die Wangen küssen. Ein schneller Blick über seinen Aufzug und Zufriedenheit auf ihrem Gesicht.

„Frau Habermann kennst du ja", sagte sie und schritt mit ihm auf eine jüngere Dame zu, die am Fenster stand.

„Das ist mein Sohn Hans, der unsere Fabrik leitet. Das ist Frau Dr. Welter, die Tochter von Frau Habermann. Frau Dr. Welter ist Ärztin."

Hans schüttelte eine feste, sympathische Hand und blickte in ein paar kluge Augen, die ihn abschätzten. Frau Welters Gesicht war ebenmäßig, ihr dunkles Haar trug sie glatt herunterhängend. Sie machte einen äußerst gepflegten Eindruck. Ihr Alter schätzte Hans auf Anfang dreißig. Das war also die vielgerühmte Tochter von Frau Habermann, von der seine Mutter ihm schon so geschwärmt hatte.

Ganz offen hatte Mutter ihm erklärt, daß das eine Frau für ihn sei. Alte Kupplerin, dachte er und grinste zu seiner Mutter hinüber, die zufrieden seine Blicke erwiderte. Man nahm am runden Tisch Platz, und dann lief das Programm seiner Mutter so ab, wie er sich das gedacht hatte. Während sich Frau Habermann ruhig verhielt, war seine Mutter emsig dabei, eine Verbindung zwischen Frau Welter und ihm zusammenzuzimmern und trat in die erste Phase ein. Während sie vorgab, Hans ins Bild zu setzen, da er Frau Habermanns Tochter zum ersten Mal sah, schilderte sie mit geschickten Worten deren überragende Kenntnisse und Erfolge auf medizinischem Gebiete. Nach einer gewissen Pause schaltete sie dann um und blies kräftig in das Horn, das ihn als genial veranlagten Menschen schilderte, der nicht nur die Fabrik aufgebaut hatte und sich darin in rastloser Arbeit verzehrte, sondern auch ein Pianist hätte werden können, wenn die Zeit eine andere gewesen wäre.

Er wußte, was nun kam, schließlich war man im Musikzimmer, das, in strahlendes Licht getaucht, den schwarz polierten Flügel zu einem unübersehbaren Objekt machte, das mit aufgestelltem Deckel auf ihn wartete.

„Du spielst uns doch sicherlich etwas vor, Hans?"

Na, also dann, dachte er und mußte dabei wohl ein gottergebenes Gesicht gemacht haben, denn die Gäste lächelten fein.

Er ging zum Instrument hinüber. Selbst den Tastendeckel hatte seine Mutter schon aufgeklappt. Er überlegte nicht lange und spielte einen der schnellen Chopinwalzer. Sein Spiel war flüssig und perlend, und er schloß schwungvoll.

Ein wenig zu laut hatte er gespielt, und er mußte sich selbst eingestehen, daß er dieses Vorgeführtwerden nicht mochte, und die Fortissimi sollten besagen, daß es nun Krach genug gegeben habe. So jedenfalls stellte er sich die Reaktion der Damen vor. Doch er irrte sich. Während seine Mutter und Frau Habermann applaudierten, kam Frau Welter zu ihm herüber und fragte: „Spielen Sie Schubert?" und als er zustimmend nickte, „ich liebe besonders dieses Impromptu." Sie dachte nach. „Die Nummer weiß ich nicht, die vergesse ich immer." Dann summte sie ein Stück der Melodie, und Hans erkannte es sofort.

„Das spiele ich nicht, aber ein anderes. Möchten Sie es hören?"

„Ja, gerne", sagte sie erfreut und blieb dicht neben ihm stehen, während er zu spielen begann. Danach suchten sie Noten heraus, die seine Mutter schon vorher sehr dekorativ auf dem Seitentisch ausgebreitet hatte. Hans spielte und die Zeit verging schnell, und als Frau Habermann sich erhob und andeutete, gehen zu wollen, war es schon fast sieben Uhr.

„Na, wie gefällt dir Frau Welter?" fragte seine Mutter, als sie die Gäste nach draußen begleitet hatten.

„Frau Welter ist sehr nett, Mutter, finde ich, sehr gebildet und sehr interessiert. Ich mag diesen Typ Frau."

„Wirst du sie wiedersehen?"

„Sie hat meine Telefonnummer und ich ihre."

„Telefon, Telefon. Was sind denn das für Allüren? Du hättest sie zu einem Rundgang in die Fabrik einladen sollen und anschließend mit ihr zum Essen gehen müssen, aber nicht in euer Stammlokal, sondern in ein gutes Restaurant."

„Heute macht man weniger Trara, Mutter. Heute ruft man an und macht etwas aus, wenn einem danach ist. Warten wir es also in Ruhe ab."

„Eines solltest du wissen, Hans. Daß sie Welter heißt, liegt einfach daran, daß sie verheiratet war mit einem Studienkollegen, einem Nichtsnutz, dem sie bald den Laufpaß gegeben hat." Annette Dehlen blickte ihren Sohn an, der mit voller Absicht ein sehr enttäuschtes Gesicht machte, weil er seine Mutter necken wollte.

„Was guckst du denn so? Noch nie etwas von Fehlgriff gehört? Mach dir nichts daraus, du bist auch nicht mehr ganz taufrisch."

Hans lachte. „Mutter, Mutter. Taufrisch bin ich wahrhaftig nicht mehr, eher leicht gebraucht und etwas abgegriffen."

„Nun übertreib aber nicht. Du bist ein attraktiver, gutaussehender Mann, und sie ist eine hübsche, gepflegte Frau. Ich könnte mir schon vorstellen, daß ihr beide ein schönes Paar abgeben würdet. Außerdem habe ich das Gefühl, daß sie dich mag. Jawohl, sie mag dich, Hans, das weiß ich mit Sicherheit. Ich habe sie die ganze Zeit über beobachtet, als sie neben dir am Klavier stand, und du wärst ein Esel, wenn du dir eine solche Partie entgehen ließest."

„Langsam, Mutter, langsam und mit Bedacht. So eine Verbindung will doch überlegt sein, denn ..."

„Wenn man jung ist, Hans, dann glaubt man immer, man habe viel Zeit. Aber das ist ein Trugschluß, mein Junge. Die Zeit läuft immer weiter. Sie geht nicht schneller oder langsamer vorbei, sie geht gleichmäßig, unauffällig, und das ist das Tückische an ihr, denn man merkt viel zu spät, daß sie einem davongelaufen ist. Erst wenn man älter wird, kommt man ihr auf die Schliche."

Hans sah seine Mutter an und lächelte. „Mutter, ich werde deine Worte beherzigen", versprach er und machte sich zum Gehen fertig.

„Ich möchte dich glücklich sehen, Hans. Und ich möchte deine Kinder sehen. Schließlich muß ich doch wissen, wie es in unserer Familie weitergeht. Von den andern sehe und höre ich kaum etwas und wenn, dann nicht unbedingt etwas Erfreuliches. Inge, wer hätte das gedacht, scheint in München glücklich zu sein und ihr Fotograf besser als vorher angenommen. Du bist der einzige, der mich regelmäßig besucht. Du – und Peter, der auch nicht mehr so klein ist, kommt manchmal vorbei. Von Gerd höre ich nichts. Scheint ein Eigenbrötler zu sein? Mir scheint, die ganze Familie Kroll besteht aus Eigenbrötlern? Aber das sage ich dir, zu meinem siebzigsten Geburtstag sind alle hier. Das werde ich verlangen, kategorisch. Wer nicht kommt, erbt von mir keinen Pfennig, wenn es einmal soweit ist, das kannst du denen bestellen. Ich möchte eine Familie haben. Eine Familie mit Schwiegertöchtern und Enkeln und nicht ein Rudel herumstreunender Einzelgänger."

***

Der Wagen rollte in Richtung Rouen nach Darnetal hinunter. Hans verlangsamte die Fahrt und deutete auf die Türme der Kathedrale. Nun war es doch zu einem Besuch bei Hella Horsch gekommen. Sie war nicht schlecht erstaunt, als er von Laforet kommend bei ihr anrief und sagte, daß er vorbeikommen würde. Kurz vorher hatte er sich zu diesem Abstecher entschlossen, obschon er keine Zeit zu haben glaubte. Dann aber hatte er sich an sein Versprechen erinnert und schließlich auch den Wunsch verspürt, Hella wiederzusehen. Ein paar Tage ausspannen ist ja auch nicht schlecht, dachte er und hatte sie angerufen.

Hella wartete schon auf ihn und stand bereit. Sie wollte die Gelegenheit nutzen, um mit ihm nach Hause zu ihren Eltern zu fahren. Chic sah sie aus, wie eine Französin. Gut frisiert und gekleidet. Ein dezentes Parfum kam ihm entgegen, als sie ihn auf die Wangen küßte und ihren Koffer in den Wagen lud.

Mit strahlendem Gesicht saß sie neben ihm und erzählte während der Fahrt von ihrer Arbeit, wie interessant die sei und daß sie viel mit Ausländern zu tun habe. In Paris gefiel es ihr gut, überhaupt in Frankreich. Sie sagte aber auch, als Hans sie fragte, daß sie viel allein sei und sich in dieser Zeit mit Büchern beschäftige, die ausschließlich in französischer Sprache verfaßt waren. Auf die Frage, ob sie einen Freund hätte, meinte sie: „Der Richtige ist noch nicht gekommen." Dann schwieg sie. Offenbar lag ihr dieses Thema nicht.

Nun hatten sie Rouen erreicht und stellten den Wagen in der Nähe der Kathedrale ab. Nach einem kurzen Besuch in der Kirche, in der es dämmerig und kühl war, wollte Hella die Stelle sehen, an der man Jeanne d'Arc hingerichtet hatte. Sie fragte einen Passanten nach dem Weg und dann schlenderten sie eine Straße entlang, in der sich eine Menge Souvenirläden befanden, die alle bunten Schnickschnack für Touristen feilboten. Trotz der noch frühen Zeit im Jahr waren schon viele Touristen unterwegs und bestaunten die 'Gros Orloge', die eine Bogenbrücke zierte, welche die Straße überspannte. Der Vieux Marché war ringsum von Häusern gesäumt, die alle in diesem typischen normannischen Fachwerkstil gebaut waren, und irgendwo auf der Straße fanden sie ein metallenes Kreuz, das die Stelle bezeichnete, an der damals der Scheiterhaufen gestanden hatte. Hella blickte einige Sekunden mit ernstem Gesicht auf das Metallkreuz, das von den vielen Wagen ganz blank gefahren war. Dann hakte sie sich bei Hans ein, und sie gingen zum Wagen zurück.

Auf dem linken Seineufer, im 'Café de la Marine', aßen sie etwas und fuhren weiter.

Hans hatte sich schon oft vorgenommen, einmal den Mont Saint-Michel zu besuchen, und Hella war begeistert, als er sie fragte, ob ihr das recht sei.

Nun waren sie fast am Ziel, und auf der letzten Erhebung vor der Tiefebene, die sich bis zur See hinzog, konnten sie in der Ferne die Felseninsel mit der Kirche sehen. Sie hielten ein paar Minuten an, um diesen Anblick zu genießen. Dann ging es hinunter zum Mont Saint-Michel.

Jetzt mischten sich viele Möwen unter die Krähen, die auf den Feldern nach Nahrung suchten. Frech und dreist bewegten sie sich zwischen den weidenden Schafen, die in großer Zahl die Wiesen bevölkerten und wegen ihres würzigen Fleisches so beliebt sind. Die Luft war warm, und sie rochen das Meer. Dann waren sie am Mont Saint-Michel. Die Zufahrtsstraße schwang sich in weitem Bogen vom Festland auf einen aufgeschütteten Damm. Sie parkten den Wagen und gingen in den kleinen Ort hinein. Mauern aus schweren Steinquadern, Bogentore, eine enge Straße, die bergan führte.

„Gehen wir in die 'Vielle Auberge' oder ins 'Mère Poulard'?" fragte Hans. Sie gingen ins 'Mère Poulard', und Hella bestellte die Zimmer an der Rezeption, nachdem sie sich entschlossen hatten, hier zu übernachten. Schlank, mit ihren hübschen Beinen und dem knapp sitzenden Kostüm stand sie dort und sprach mit einer schwarzgekleideten Dame, die ein Buch aufschlug und die Eintragungen machte.

Mit Hella in einem Hotel, Zimmer an Zimmer. Die Gedanken versuchte er zu verscheuchen, indem er nach den Zigaretten griff und vor die Tür trat.

„Alles in Ordnung, Hans. Wir haben zwei schöne Zimmer mit Blick aufs Meer. Jetzt brauchen wir nur unser Gepäck zu holen."

Die Sonne stand schon tief und leuchtete wie ein Lampion durch den Abenddunst, und ihre Strahlen malten rötliche Pastellstriche auf die Wellen. Die Flut war weit zurückgegangen und die Felseninsel von einem breiten Sandgürtel umgeben. Die Zimmer waren schön in normannischem Stil eingerichtet. Ein schmales Fenster gab den Blick aufs Meer frei. Die Zimmer waren durch ein Bad verbunden, eine Direktorensuite, dachte er.

Dann packte er seinen Koffer aus. Er ging zu Hella hinüber, die die Sonne beobachtete, die noch halb zu sehen war und ihr rötliches Licht flach über das Meer streute.

„Wer duscht zuerst?“ fragte er in der Tür stehend.

„Geh du nur, Hans. Bei mir dauert das Auspacken länger als bei dir.“

Natürlich aß man Fisch, der einfach himmlisch schmeckte, und später eines der Eieromeletts, die hier als Spezialität galten und die am offenen Feuer des großen Kamins zubereitet wurden. Mit einer langstieligen Pfanne hantierte der Kellner über dem Kaminfeuer und servierte dann das Omelett.

Der Chablis war ausgezeichnet, und Hans fühlte sich so gut wie schon lange nicht mehr. Er bedauerte es nicht, der Idee mit dem Mont Saint-Michel gefolgt zu sein. Ich hätte das schon viel früher einmal machen sollen, dachte er und sah sein schönes Gegenüber an. Manchmal legte Hella, wenn sie sprach, ihre Hand auf seine, und er hatte dann das Gefühl, als fließe ein Strom von ihr zu ihm herüber.

Nach dem Calvados, den er unbedingt versuchen wollte, kam die Müdigkeit über ihn, und er mußte ein Gähnen mit aller Gewalt unterdrücken. Nach der letzten Zigarette stiegen sie langsam die eichene Treppe hinauf, und Hans brachte Hella bis vor ihr Zimmer.

„Ich bin k.o.“, sagte er, strich ihr übers Haar, und sie stellte sich auf die Zehenspitzen und küßte ihn schnell auf den Mund.

„He“, sagte er lächelnd, trat einen Schritt zurück und ging in sein Zimmer hinüber. Das Fenster ließ er einen Spalt offen stehen. Nun war es der Mond, der sein kalkiges Licht über das Wasser schickte. Er zog sich aus und legte sich in sein Bett.

Wenn ich jetzt zu denken anfange, schlafe ich gewiß nicht ein. Hella nebenan und ich hier. Verdammt, muß das denn sein? Er wickelte sich fester in die Decke und atmete tief. Die Müdigkeit schloß ihm die Lider. Bis auf ein leises Geräusch aus dem Bad war nichts zu hören, nun verklang auch das, und er schlief ein.

Aber die Gedanken an Hella ließen ihn nicht los. Er hörte sie seinen Namen flüstern und spürte ihre Nähe. - War das ein Traum oder Wirklichkeit? Für einen Augenblick öffnete er die Augen, und als er seinen Kopf drehte, sah er sie schemenhaft im diffusen Licht dastehen. Nun ließ sie sich auf sein Bett nieder, und ihre Hand streckte sich ihm entgegen, dann schlüpfte sie neben ihn.

Nun war er hellwach. „Hella, du kannst doch nicht, ich meine, du ...“

Ihre Hand legte sich auf seinen Mund, und ihr warmer Körper drängte sich an ihn. Ihre Arme umschlangen seinen Nacken, und ihr Mund drückte sich weich und fordernd auf seinen Mund. Ein letztes Sträuben, dann verließ ihn seine Kraft zur Gegenwehr, und er faßte sie und preßte sie an sich. Er küßte sie wie ein Verhungerter, und sie folgte seinen drängenden Händen. Dann versanken sie in den Strudel der Liebe, und es war für beide die Erfüllung einer langgehegten Sehnsucht, die sie mit unüberwindlicher Kraft mit sich zog.

Das Rauschen des Meeres weckte ihn auf. Einen Augenblick brauchte er zur Orientierung, dann erhob er sich. Hella summte im Bad eine fröhliche Melodie, und er steckte den Kopf zur Tür hinein.

Munter erwiderte sie seinen Morgengruß und kam aus der Duschkabine heraus. Einige Sekunden stand sie nackt vor ihm, dann schlang sie das weiße Badetuch um ihren Körper und gab ihm einen Kuß.

„Gut geschlafen?" fragte sie schelmisch und machte sich mit dem Fön an ihren Haaren zu schaffen, trocknete sie und sagte. „Ich bin in meinem ganzen Leben noch nie so glücklich gewesen, Hans." Sie trat vor ihn hin und küßte ihn noch einmal. „Ich liebe dich nämlich, Hans Dehlen. Ich habe dich schon immer geliebt. Eigentlich müßtest du das bemerkt haben. Liebst du mich auch?"

„Natürlich, Hella!"

Sie lachte. „Sehr überzeugend klang das aber nicht, und ich kenne auch den Grund für deine Zurückhaltung. Mein Vater hat dir etwas eingeredet, was völliger Unsinn ist. Ich habe das geahnt, und als ich mit ihm einmal darüber sprach, hat er es zugegeben. In gewisser Weise verstehe ich ihn ja, denn er möchte für mich das Beste. Was aber für mich das Beste ist, das weiß ich selbst sehr genau. Ob du mich heiratest, das wird sich noch herausstellen. Im Augenblick ist es mir egal. Für mich zählt nur, daß wir uns lieben."

Ihre großen, schönen Augen sahen ihn an, und er wußte, daß er jetzt eine Antwort geben mußte. Überrumpelt von seinen Gefühlen, suchte er nach den geeigneten Worten. Es fiel ihm nicht leicht, denn seine Gefühle in Worte auszudrücken, dazu fehlte ihm das Talent. Sie hatte das unbefangen getan, und nun druckste er herum. Kurz entschlossen nahm er sie in die Arme und drückte sie an sich. Ein Kuß auf ihr Ohr, dann flüsterte er: „Ich liebe dich, Hella, und ich möchte, daß wir immer zusammenbleiben, wenn du das auch möchtest. Die Ansichten deines Vaters respektiere ich, einmal, weil er mein Freund ist und zweitens, weil er mit seiner Meinung über mich gar nicht so Unrecht hat. Für ein Familienleben, ich sehe das so klar wie er auch, bin ich nur bedingt geeignet. Die Erfahrungen, die ich machen mußte, bestätigen, daß ..."

„Nun redest du Unsinn, Hans", unterbrach sie ihn. Sie löste sich aus seiner Umarmung und blickte ihn ernst an. „Du denkst falsch, Hans, wenn du das annimmst. Es kommt auf die Art und Weise an, wie man eine Ehe führt. Du darfst nicht an den Worten meines Vaters kleben und nur dir die Schuld geben. Wenn wir beide eine Ehe führen, dann werden wir sie auf uns beide zuschneiden, und jeder von uns muß Konzessionen machen. Wenn man das richtig überlegt, dann klappt das auch. Ich denke doch, daß wir beide klug genug sind, einen Modus vivendi zu finden? So, wie es im Moment aussieht, du in Aachen und ich in Paris, das geht auf keinen Fall. Wir haben Zeit genug, uns alles gut zu überlegen. Das mit meinem Vater, das regele ich. Verlaß dich nur darauf."

„Nein, Hella. Ich muß mit Will reden …"

Hella küßte ihn. „Zuerst sagst du einmal gar nichts. So Knall auf Fall kann ich in Paris auch nicht aufhören und nach Aachen kommen. Wir können diese Sache also mit Geduld und etwas diplomatischem Geschick angehen, und du wirst sehen, wie gut das geht." Sie lächelte ihn an. „Wenn ich meinem Vater erzähle, wie schrecklich die Männer sind, dann ist der am Ende noch froh, wenn du mich heiratest?"

Ihre forsche, fröhliche Art machte ihn ganz nervös. Sie war ihrer Sache so sicher, und er haderte mit sich herum. War das wirklich Liebe? Natürlich. Sie spukte ihm doch seit Jahren im Kopf herum. Und nun diese Nacht. Seine Gefühle wogten wild durcheinander, sogar Lydia tauchte plötzlich auf, und das schlechte Gewissen nagte an ihm. Dies lief alles in Sekundenschnelle ab und machte ihn unsicher. Er trat ungeschickt auf ein Handtuch, stolperte und stieß mit dem Kopf gegen die Duschkabine.

Sofort drehte sie sich um, lachte und meinte: „Die Liebe, Hans, ist eine Himmelsmacht. Mich hat sie voll erwischt und dich anscheinend auch, sei also bitte vorsichtig, denn sie soll auch manchmal blind machen."

Die Dusche machte ihn munter, doch das Wirrwarr seiner Gefühle verging nicht. Was Will sagen würde? Würde er ihn für einen Schuft halten, der ein gegebenes Wort brach? Der Gedanke, Hella zu verlassen und nicht mehr mit ihr zusammen sein können, trieb ihm das Blut in den Kopf. Will würde einsehen, daß er und Hella zusammengehörten. Ich werde mein Leben umstellen müssen. Und wenn wir Kinder haben. Er hielt einen Moment die Luft an. Er versuchte dies und das abzuwägen. Er war gerade dabei, sich vorzustellen, wie Will reagieren würde, da rief sie aus ihrem Zimmer: „Hans, Geliebter, ich habe Hunger und möchte frühstücken."

Das Meer war ruhig, fast so glatt wie ein Spiegel. Sie saßen an einem Fenster und blickten hinaus. Heute würde ein schöner Tag werden. Der Himmel was wolkenlos, und die Sonne schien. Hella hatte dekorativ ein buntes Tuch um ihr Haar geschlungen und sah wunderschön aus. Er legte eine Hand auf ihre Hand und blickte sie an. In ihren Augen sah er Liebe und Lebenslust, Hoffnung und Zuversicht.

***

Die Reise mit Laforet zu französischen Kunden und der Abstecher zum Mont Saint-Michel hatten zehn Tage gekostet, und wenn Hans sich in Frankreich gesagt hatte, daß ihm ein paar freie Tage gut taten, dann änderte er sofort diese Ansicht, als er in die Fabrik kam und sah, was an Arbeit auf ihn wartete.

Er sagte das Jansen, der ihm gegenüber saß und ihm berichtete, was sich in der Zwischenzeit zugetragen hatte. Doch Jansen war nicht seiner Meinung und widersprach. „Herr Dehlen, da muß ich Ihnen aber energisch widersprechen. Sie arbeiten zuviel. Ihr Arbeitstag hat immer mehr als zehn Stunden, meist viel mehr. Und wenn ein Mensch so arbeitet und sich derart ins Zeug legt, hat er nicht nur Anspruch auf Urlaub, sondern es ist seine Pflicht, Urlaub zu machen. Der Körper, auch wenn er noch jung ist, verlangt das, und wenn er das über eine längere Zeitspanne nicht bekommt, dann streikt er eines Tages. Ich bin nicht mehr der Jüngste und mache mir manchmal Gedanken über das, was noch auf mich zukommt. Und ich lese in der Zeitung, daß Männer, die ich kenne, deren Lebensweise mir recht gut bekannt ist, von denen ich weiß, wieviel sie arbeiten, daß diese Männer plötzlich sterben. Der eine an einem Herzinfarkt, der andere nach langer, schwerer Krankheit." Jansen schüttelte den Kopf und sah seinen Chef zwingend an. „Tun Sie das nicht, Herr Dehlen. Gönnen Sie sich diese Entspannung, und haben Sie jetzt um Gottes Willen kein schlechtes Gewissen!"

Hans nickte.

„Das ist nur eine Frage der Organisation", redete Jansen weiter. „Wenn man das vorher ordentlich plant, geht nichts schief und sie können Ihren Urlaub nehmen. Bisher waren Sie ja sehr sparsam damit und haben sich nie, wie das heute fast jeder tut, am Strand in Italien oder Spanien einmal richtig ausgeruht. Wie ich Sie kenne, betrachten Sie die Reisen zu den Vertretern als Urlaub. Aber da machen Sie sich etwas vor. Schalten Sie mal richtig ab. Hat doch auch jetzt geklappt, als Sie mit Laforet unterwegs waren. Natürlich steht nun einiges an, aber das ist heute abend vergessen."

Dann kam man zur Sache. Erfreulich war es für Hans, zu sehen, wie gut die schnelleren Webstühle liefen, und da der schnelle Schweizer Projektilwebstuhl ihm nicht aus dem Kopf ging, diktierte er spontan seiner Sekretärin eine Anfrage an diese Firma und wollte wissen, wie es mit der Arbeit an einer akzeptablen Webkante stehe.

Dann, als man fast alles erledigt hatte, bemerkte Jansen bei seinem Chef die Ungeduld und erhob sich zum Gehen. „Noch ein letztes, Herr Dehlen. In diesem Jahr werde ich fünfundsechzig."

„Soll das heißen, Sie hören auf?"

Jansen zuckte unentschlossen die Schultern.

„Darüber bin ich mir noch nicht klar. Meine Frau ist dafür, nachdem sie abgewogen hat, was es bringt, wenn ich den ganzen Tag zu Hause bin und ihr auf den Geist gehe, oder wenn wir zusammen verreisen und solange bleiben können, wie es uns gefällt. Das letztere hat den Ausschlag gegeben. Sie möchte, daß ich mit der Arbeiterei Schluß mache."

„Und Sie, was sagen Sie dazu?"

„Ich bin ein alter Ackergaul, das wissen Sie doch. Wenn ich nicht arbeiten kann, fehlt mir etwas. Ich werde die Fabrik vermissen. Es reizt mich schon, frei zu sein und mir das ansehen zu können, was ich bisher nur aus Büchern oder von Bildern und Fotos kannte. Einmal das Schöne in Europa ansehen, in natura, hätte schon einen Reiz für mich. Außerdem könnte ich soviel fotografieren, wie ich will."

„Für mich ist das eine Riesenüberraschung, Herr Jansen. Und wenn ich ehrlich bin, keineswegs eine, die mich erfreut. Ich kann mir die Fabrik ohne Sie gar nicht vorstellen. An den Gedanken muß ich mich wohl erst noch gewöhnen?"

„Wir haben ja noch Zeit bis dahin."

„Okay, Herr Jansen. Wir werden auch dafür eine Lösung finden und einen neuen Mann einarbeiten."

Wer sollte Jansens Aufgaben übernehmen, Ortmanns?

Die Sekretärin meldete über die Gegensprechanlage, daß Herr Horsch und Herr Wolfert da seien.

„Sollen reinkommen."

Hans und Will hatten sich heute früh nur kurz gesehen, und Will hatte sich bedankt, daß Hans seine Tochter mitgebracht hatte. Von dem Abstecher zum Mont Saint-Michel wußte er nichts.

Nun saßen die beiden Hans gegenüber. Wolfert, der Refamann, war gelernter Maschinenbauer, der sich dann mit Arbeitsstudien befaßt hatte. Nun war er zum Betriebsingenieur avanciert und betreute den gesamten Maschinenpark und die Instandhaltung aller anderen technischen Einrichtungen. Fräulein Kramer hatte einen Haufen Papiere auf ihrem Tisch liegen und schob ihn beiseite, als Hans zu ihr trat und sich ihr gegenüber setzte. Die Verkaufszahlen waren gut, Hans war zufrieden. Dann reichte Fräulein Kramer ihm eine aufgeschlüsselte Aufstellung der Verkaufszahlen der einzelnen Länder und Bezirke herüber. Hans konnte daraus ersehen, daß sich der Italiener schwertat. Hans kannte Facchin gut und wußte, daß dieser unermüdlich auf Achse war und jeden Kunden oft besuchte. Doch waren die Tuchhersteller in Italien sehr einfallsreich und geschickt, so daß Facchin oft das Nachsehen hatte. Außerdem war die Situation in Italien anders als in Deutschland. In Italien gab es natürlich Konfektion für Herrenoberbekleidung, die Anfertigung von Maßanzügen florierte immer noch sehr gut, weil es dort zum Lebenstil gehörte, einen Maßanzug zu tragen. Frau Kramer berichtete auch, daß in Italien Herrenmodenschauen an der Tagesordnung waren und sich regen Zulaufs erfreuten. Einem Fabrikanten sei es sogar gelungen, bekannte Filmstars für die Vorführung der Erzeugnisse zu gewinnen, und dies sei ein Riesenerfolg geworden.

Hella rief im Laufe des Vormittags an und lud ihn zum Abendessen ein. „Verplappere dich nicht!" sagte sie, bevor sie einhängte. Später meldete sich seine Mutter. „Laß deine alte Mutter nicht soviel allein, Hans. Du kommst doch am Mittwoch? Laß mich nicht im Stich. Übrigens war Frau Habermann mit ihrer charmanten Tochter hier. Als sie hörten, daß du in Frankreich warst, hatte ich den Eindruck, daß Frau Welter gerne mit dir gefahren wäre. Für eine schöne Frankreichfahrt, meinte sie, hätte sie sich gerne ein paar Tage frei genommen."

„Mutter", seine Stimme klang vorwurfsvoll, „wie kannst du dich auf ein solches Gespräch einlassen? Du weißt nicht, wie es auf so einer Reise zugeht. Man sitzt von morgens früh im Wagen oder bei einem Kunden. Man muß ihn zum Essen einladen und eventuell mit in seine Wohnung gehen und etwas trinken. Das ist zeitraubend, und für Spaziergänge oder Besichtigungen ist keine Zeit übrig."

„Dann wäre ich aber dafür, Hans, du denkst dir einmal eine Gelegenheit aus, bei der du Frau Welter näherkommst. Eine solche Frau mit dieser Bildung und diesem attraktiven Beruf findest du nicht an jeder Straßenecke. Denk bitte daran und unternimm endlich etwas."

Hans war es bei dieser Unterhaltung warm geworden. Wenn seine Mutter sich etwas in den Kopf gesetzt hatte, dann ließ sie nicht locker und war stur wie ein Büffel. Wie kann ich ihr nur diese Idee wieder ausreden, dachte er. Im gleichen Augenblick stellte er sich vor, was sie wohl zu seiner Verbindung zu Hella sagen würde. Er, der Fabrikant, und sie, die Tochter eines Angestellten, für Mutter unvorstellbar. Hier machte sich die völlig andere Einstellung der älteren Generation stark bemerkbar.

„Mutter, ich bin etwas im Druck. Entschuldige bitte, aber ich muß mich dringend um eine wichtige Sache kümmern. Wir sehen uns am Mittwochabend, dann reden wie in aller Ruhe über alles. Am Telefon scheint mir das nicht das Richtige zu sein. Ich habe dir aus Paris ein neues Parfum mitgebracht und hoffe ..."

„Nein, *ich* hoffe!" unterbrach sie ihn ärgerlich. „Du hörst deiner erfahrenen Mutter nicht zu. Du hast immer etwas Wichtiges. Mir scheint das eher ein Vorwand zu sein, mich loszuwerden."

Die Sekretärin meldete sich wieder über die Anlage, und Hans sagte ihr, daß er sich sofort wieder melden würde. „Mutter, nun hast du es selbst gehört, was hier los ist. Ich muß alles aufholen, was während meiner Reise liegengeblieben ist."

Ihre Stimme war kühl, sie war beleidigt und beendete das Telefonat. „Gut, Junge, ich sehe wieder einmal, daß alles andere wichtiger ist als ich. Am Mittwoch werden wir über alles reden."

Er legte den Hörer auf und fischte sich eine Zigarette aus der Schachtel. Die Sekretärin brachte eine Tasse Kaffee, und er fragte, was denn los gewesen sei?

Frau Kommer, fünfundvierzig, geschieden, war seit zwei Jahren seine Sekretärin, eine zuverlässige Kraft, loyal und keine Klatschtante. Ihren Dienst absolvierte sie mit Intelligenz und Energie. Ihr Äußeres war unscheinbar, sie war ein hartgeprüfter Mensch und gab sich stets reserviert.

„Herr Jansen suchte Sie."

„Geben Sie ihn mir! - Herr Jansen, was ist denn?"

Jansen war in der Weberei, das hörte Hans an den Geräuschen. „Ach, es war ein kleiner Streit. Jemand sagte ein paar Worte zuviel, und ein anderer regte sich auf. Hat sich schon geklärt."

Am Nachmittag hörte Hans, was sich zugetragen hatte. Ortmanns war mit einem Weber aneinandergeraten. Auf einem Webstuhl war ein Fehler entstanden. Doch die Abschaltung der Maschine hatte nicht funktioniert, und nun zog sich dieser Fehler über mehr als zwei Meter hin. Der Weber hatte anderweitig zu tun gehabt, und es also erst später bemerkt. Eine direkte Schuld traf ihn also nicht. Doch Ortmanns hatte sie ihm zugeschoben. Der Mann ärgerte sich einmal, weil ihm das passiert war, zum zweiten gefiel ihm Ortmanns Ton nicht. Es war zu einen Wortwechsel gekommen, bei dem Ortmanns etwas von Pflichterfüllung gesagt hatte, und der Weber konterte mit der Bemerkung, man rede nicht mehr in dieser Sprache. Ortmanns, ungeschickt, wollte Maßnahmen ergreifen, als Jansen auftauchte und versuchte, die Angelegenheit zu bereinigen, indem er die Kampfhähne trennte, sich mit jedem getrennt unterhielt und dann ein salomonisches Urteil fällen wollte.

Ortmanns unterwarf sich dem Richterspruch zerknirscht, doch der Weber begehrte auf und ließ das aus dem Sack, was sich dort über Monate angesammelt hatte, wie er sagte. Er verlangte, den Betriebsratsvorsitzenden zu sprechen und den Chef. Um diese Angelegenheit nicht ausufern zu lassen, hatte Jansen den Chef haben wollen, aber dann hatte der Weber sich beruhigt, nachdem er alles gesagt hatte. Außerdem hatten Jansens kernige Worte zur Beendigung dieses Streites beigetragen, als er sagte: „Wo sind wir denn hier? Sind wir in einem Kindergarten, oder sind wir in einer Tuchfabrik, wo jeder seine Arbeit zu machen hat? Verdammt noch mal, manchmal weiß man das nicht mehr. Jeder macht mal einen Fehler, was kein Wunder bei dem Betrieb hier ist." So, nun hatte er sich auch noch aufgeregt und war laut geworden. Der Weber stand still da und Ortmanns auch. Die Spannung, die immer noch in der Luft lag, beendete Jansen mit den Worten: „So, Freunde. Jetzt macht sich jeder von uns wieder an seine Arbeit und hält nicht weiter den Betrieb auf. Jawohl, ich werde dem Chef berichten, darauf können Sie sich verlassen", sagte er, als der Weber noch einmal aufbegehrte.

„Eigentlich", sagte Hans sinnend, „wäre Ortmanns an der Reihe, Betriebsleiter zu werden, Herr Jansen. Aber wenn ich dann sowas höre, dann, ja dann muß ich sagen, daß er seine Arbeit technisch gesehen gut macht, aber mit den Leuten kommt er nicht klar, etwas, was er als Betriebsleiter können muß."

„Das liegt an seinem Führerfimmel, Herr Dehlen. Das hat man ihm einmal eingetrichtert, und davon kommt er nicht los."

„Aber man muß doch mit der Zeit gehen und kann nicht an den alten Zöpfen hängenbleiben. Wenn es Vorgesetzte und Untergebene gibt, und die gibt es überall, dann herrscht schon einen Art Führerprinzip, aber nicht in der Form, wie Herr Ortmanns das praktiziert. Heute sind die Leute unsere Mitarbeiter, die nur durch eine vernünftige Motivation zu einer guten Mitarbeit zu bringen sind und nicht durch Führerparolen oder Druck von oben. Ich glaube, daß wir uns nach einem andern Mann umsehen müssen. Hoffentlich finden wir bald den Richtigen, damit er sich noch unter Ihnen einarbeiten kann."

„Das wird schon gut gehen, Herr Dehlen. Außerdem bin ich ja nicht aus der Welt, wenn mal etwas Besonderes sein sollte."

Dann sagte ihm Jansen, daß der Refamann Wolfert mit Fräulein Kramer liiert sei. Wolfert habe es ihm berichtet, um dem Gerede vorzugreifen, das immer aufkam, wenn sich in der Belegschaft zwei Menschen nähergekommen waren. Hans nickte anerkennend. „Hat einen guten Geschmack, der Wolfert", sagte er, und Jansen grinste.

„Herr Jansen, was macht eigentlich mein Neffe?"

Jansen schwieg ein paar Sekunden. „Der macht sich nicht schlecht. Arbeiten im Büro mag er nicht, das habe ich schon bald gemerkt. In den Produktionshallen packt er bereitwillig mit an, scheint sich aber über den Verlauf der Produktion nicht allzuviel Gedanken zu machen. Am liebsten fährt er mit dem Wagen und bietet sich sofort an, wenn der Fahrer verhindert ist und es heißt: „Wer kann mal schnell da oder dorthin fahren? Gelegentlich riskiert er auch eine große Lippe, aber das ist niemals böse gemeint. Ich glaube, er versteht es nicht, die Menschen richtig einzuordnen. Habe immer das Gefühl, für ihn existiert nur eine klassenlose Gesellschaft."

„Was könnte man mit dem Jungen machen?"

„Vielleicht reden Sie einmal mit ihm als sein Onkel und Chef. Er könnte etwas ruhiger und stetiger sein. Geben Sie ihm eine Aufgabe. Vielleicht bewirkt das etwas."

„Okay, werde mir was einfallen lassen."

***

Hella öffnete die Tür und fiel ihm um den Hals. Hans hielt den Blumenstrauß für Mia zur Seite.

„Ich habe es ihnen gesagt!"

Er blieb mit einem Ruck stehen und sah sie nicht gerade begeistert an. „Hella, mir sagst du, ich solle mich nicht verplappern und du gehst her und sagst deinen Eltern alles."

„Einmal müssen sie es doch erfahren, und es ist schlecht, wenn sie es von andern hinten herum hören. Hältst du das für besser?"

„Nein, natürlich nicht, aber wir hatten doch ausgemacht, daß wir es deinem Vater schonend beibringen, weil ich ihm mein Wort gegeben habe, daß ich dich, also …"

„Du brauchst ihm gar nichts mehr zu sagen oder zu erklären, denn ich habe ihm klargemacht, daß ich dich schließlich überzeugt habe."

Hans dachte an die Nacht im 'Mère Poulard' und schluckte den dicken Kloß in seinem Hals herunter.

„Nun kommt schon rein!" Will stand in der Tür. Mia wartete im Wohnzimmer und sah sie stumm an. Hans ging zu ihr hinüber und versuchte ein Lächeln, als er ihr die Blumen gab. Ihre Augen suchten seine und sahen ihn freundlich an. Wills Gesicht war verschlossen. Seine hellen Augen ruhten forschend auf seinem Gesicht. Hans hielt dem Blick stand, wenngleich er sich kräftig zusammenreißen mußte. Er kannte seinen Freund und wußte, daß Will nicht lange fackeln würde, wenn ihm etwas auf der Seele lag. Aber Will klopfte ihm auf die Schulter und erinnerte die Frauen an das Abendessen. Seine Worte sollten humorvoll klingen, aber das Echo blieb aus. Die Spannung war doch noch zu groß.

„Ihr seid also nun doch ein Paar", stellte Will fest, und seine Augen nagelten Hans fest.

Der nickte.

„Hella hat es mir gesagt. Sie erzählte, wie es dazu gekommen ist. Sie liebt dich, und darum kann ich ihre Handlungsweise verstehen. Ich an ihrer Stelle hätte es genauso gemacht. Nun, die Zukunft meiner Tochter hätte ich mir anders vorgestellt. Darüber haben wir uns schon unterhalten. Wenn du sie glücklich machst, soll es mir recht sein, denn sie ist nun alt genug, sich ihr Leben selbst zu gestalten. Als Vater macht man sich halt so seine Gedanken und Sorgen und hat Vorstellungen, die man nur ungern aufgibt."

Will zuckte die Schultern.

„Aber wo die Liebe hinfällt. Anscheinend haben die Eltern keinen Einfluß darauf. Nun, das ist jetzt die Lage, mit der wir uns abfinden müssen."

Ein leichtes Lächeln kam in sein Gesicht. „Es hätte schlimmer kommen können." Er faßte Hans beim Arm und meinte: „Ich hoffe nur, daß du sie so gerne hast, wie sie dich. Sie war schon als Mädel verliebt in dich. Du scheinst ihre große Liebe zu sein."

Will sah ihn forschend an, und Hans sagte: „Ich habe deine Tochter sehr gerne und will sie heiraten. Will, ich weiß, daß in meiner Ehe viel schiefgelaufen ist, aber das lag nicht an fehlender Zuneigung meinerseits oder gar Desinteresse an dem Menschen, der mit mir zusammenlebte. Die Zeit, in der wir damals lebten, war auch schuld an vielem."

„Und die Fabrik", meinte Will.

„Und die Fabrik, Will. Sie war, als wir aus dem Krieg zurückkamen, unsere einzige Hoffnung. Wir waren geschlagen, die Städte waren unbewohnbar geworden. Wir schoben Kohldampf von früh bis spät und waren dankbar für alles, was du heranschlepptest. Wir alle standen unter einem Zwang. Was hätten wir denn anders machen können? Ich wollte die Fabrik nicht. Mein älterer Bruder war dafür vorgesehen, und der schmiß sich auch ran, solange er noch lebte. Doch dann mußte ich einspringen, ob ich wollte oder nicht. Das, was ich machen wollte, mußte zurückstehen. Ich weiß nicht, ob du das verstehst, was es heißt, die Musik an den Nagel zu hängen. Aber dann hatte mich die Fabrik mit Haut und Haar, und sie hat mich nicht mehr losgelassen all die Jahre. Die erste Phase des Aufbaus war die schwerste Zeit. Nun aber haben wir es geschafft, denn nun läuft sie, und es geht uns allen besser. Und das gibt mir die Gelegenheit, mein Leben anders zu leben und einzurichten. Jetzt habe ich auch Zeit für andere Dinge."

„Aber es wird immer von der Fabrik überschattet sein."

Hans blickte seinen Freund an. „Will, du hast doch alles mitgemacht. Du warst genau wie ich mitten drin in dem Trubel, und ich weiß heute, daß wir ohne dich schön aufgeschmissen gewesen wären, auch ohne mich, ohne Jansen, ohne all die anderen. Jeder hat mitgemacht und sich eingesetzt, jeder nach seinem Vermögen. Du warst damals ewig auf Tour. Heute ist das nicht mehr notwendig. Jetzt kann man an jeder Straßenecke das kaufen, was man möchte. Natürlich ist die Fabrik nach wie vor eine Aufgabe, sogar eine große Aufgabe, aber das brauche ich dir ja nicht zu erzählen, denn du sitzt auf demselben Karussell."

Hans bot Zigaretten an, aber Will legte eine Hand auf seinen Magen und lehnte ab. „Ich werde wohl das Rauchen aufgeben müssen", sagte er und lächelte schmerzlich. „Der Arzt hat es mir geraten. Gastritis oder was weiß ich. Konnte mich früher nie über meinen Magen beklagen und immer essen, wonach mir war. Wir beide haben auch oft ordentlich einen zur Brust genommen. Aber jetzt macht er nicht mehr mit. Im Augenblick ist es nicht allzu störend, und der Arzt hat mir Rollkur verordnet, bei der ich mich auf dem Bett hin- und herdrehen muß. Auch mit dem Essen soll ich vorsichtiger sein und eine gewisse Diät einhalten. Ja, lieber Hans. Ich werde fünfzig und dann ist nicht mehr alles ganz neu, da fangen die Wehwehchen an, und ich bin da keine Ausnahme."

„Hella wird euch ihre französischen Kochkünste vorführen", sagte Mia. „Ich hoffe, es schmeckt euch gut."

Hella kam mit roten Backen aus der Küche und band die Schürze ab.

Es gab Kressesuppe und hinterher gekochten Fisch. Den Fisch servierte sie mit einer würzigen Sauce, die mit vielen Kräutern angereichert war. Es war ein Rezept aus der Bretagne, erklärte sie. Will aß seinen Fisch mit ein wenig Butter und trank Wasser statt des trockenen Weißweines. Hella, die immer näher zu Hans rückte und immer öfter nach dessen Hand faßte, wurde von den Blicken ihrer Mutter zur Zurückhaltung ermahnt. Wenn Will auch jetzt wußte, wie es um die beiden stand, wollte Mia ihm doch noch etwas Zeit geben, alles zu verarbeiten.

Hellas Rückkehr nach Paris sollte übermorgen sein, und sie fragte Hans, ob er sie nicht zum Bahnhof bringen könnte, und als Hans später aufbrach und sie ihn zur Tür begleitete, flüsterte sie ihm zu, daß sie noch bei ihm bleiben könne. „Mein Zug fährt abends um sieben, ein anderer morgens um acht."

***

Von dem zierlichen, barocken Sekretär, der im Zimmer hinter dem Verkaufsraum stand, konnte Helga Kroll nicht nur ihren Geschäftsraum mit den vielen antiken Möbeln übersehen, sie konnte bis weit über den Platz blicken, der vor ihrem Geschäft lag.

Wieder fiel ihr der alte, weißhaarige Herr auf, der sich schon gestern so interessiert an der alten eisenbeschlagenen Truhe gezeigt hatte. Nun stand er wieder da und beugte sich bis nahe vor die Fensterscheibe, um diese Truhe eingehend zu betrachten. Er hielt die Hände rechts und links vom Gesicht, um störende Lichteinfälle auszuschalten.

Hoffentlich fragt der mich nachher nicht nach dem Preis, dachte Helga. Ihr Mann hatte diese Truhe erst vor wenigen Tagen mitgebracht, und man wartete noch auf einen Bekannten, dessen Spezialität das Schätzen solcher Stücke war. Josef würde heute von einem Besuch zurückkommen, dann würde sie auf die Festsetzung des Preises drängen.

Der Herr vor ihrem Schaufenster machte immer noch Anstrengungen, die Truhe genauer in Augenschein nehmen zu können. Ich werde ihn hereinbitten, dachte sie. Dann kann er sie sich ansehen. Sie trat auf die Straße und ging zu ihm hin. „Sie können gerne ins Geschäft kommen und sich die Truhe aus der Nähe betrachten, wenn Sie möchten. Es verpflichtet Sie zu nichts. Von hier aus kann man sie wirklich nicht gut sehen. Sie ist sehr schön."

Helga hätte gedacht, der Herr lächelt jetzt freundlich und kommt in den Laden. Dieser Herr aber, das sah sie, als sie dicht vor ihm stand, hatte ein verkniffenes Gesicht, von einem Lächeln nicht die Spur. Zu ihrer freundlichen Aufforderung sagte er nichts, nickte nur und kam in den Laden hinein.

Schnurstraks steuerte er auf die Truhe zu und beugte sich darüber. Sein stummer Eifer erheiterte sie ein wenig, und sie stellte sich neben ihn. Überrascht war sie allerdings, als der Herr sich plötzlich mit einem Ruck umdrehte und sie anfunkelte.

Sein Zeigefinger wies lang ausgestreckt auf die Truhe: „Das ist meine Truhe."

Seine Stimme bebte.

„Sie ist mir gestohlen worden. Ich habe sie sofort an diesem fehlenden Stück hier erkannt. Es ist einmal bei einem Transport abgebrochen." Er zeigte auf einen Teil der aufgelegten Schmiedearbeit, mit der die Truhe überzogen war. „Hier fehlt ein kleines Stück, und daran erkenne ich sie wieder."

Helga war wie vor den Kopf geschlagen und wünschte sich im Augenblick nichts Sehnlicheres, als daß kein weiterer Kunde in den Laden trat, denn der alte Herr war außer sich und bebte vor Zorn. Er würde nicht schweigen, auch wenn noch andere Kunden hier wären. Sie machte einen schnellen Schritt nach hinten und schob den Riegel vor. Dann wandte sie sich wieder zu dem Herrn, der den Platz an seiner Truhe behauptete.

„Ich bitte Sie, sich nicht aufzuregen", sagte sie beruhigend. „Wir werden alles in Ruhe und Sachlichkeit besprechen und klären, was getan werden muß. Mein Mann hat diese Truhe vor wenigen Tagen gekauft. Er kann uns sagen, wo er sie erworben hat", und als der Herr etwas sagen wollte, sagte sie schnell: „Wenn das Ihre Truhe ist, dann wird das geklärt werden, dann ..."

„Da ist nichts zu klären", erwiderte der Alte bockig. „Das ist meine Truhe. Ich habe Ihnen doch gesagt, ich erkenne sie genau wieder, und ich möchte mein Eigentum zurückhaben. Es handelt sich um ein Erbstück, das seit vielen Jahren in unserer Familie ist. Ich möchte, daß die Polizei kommt und sich der Sache annimmt." Nun ging ihm die Luft aus, und er wischte sich mit dem Taschentuch die Stirn.

„Aber, ich bitte Sie. Ich bezweifle ja nicht, daß es sich um Ihre Truhe handeln könnte, aber wir sollten doch ..."

„Es besteht kein Zweifel, es ist meine Truhe, und ich werde die Polizei verständigen."

Nun war er vor Aufregung völlig außer Atem, und Helga holte einen Stuhl für ihn herbei. Sie bat ihn, Platz zu nehmen. Sie hatte eingesehen, daß ein Verhandeln mit dem Herrn sinnlos war. Der hatte sich darauf versteift, und ihre Gegenrede war fehl am Platz. Sie wollte langsam auf ihn einwirken, denn einen Skandal wegen der Truhe wollte sie nicht heraufbeschwören.

„Ich werde versuchen, meinen Mann zu erreichen. Er ist Rechtsanwalt, und von daher würden wir uns nie auf ein dubioses Geschäft einlassen. Ich werde feststellen, woher er diese Truhe hat, und Sie werden sehen, wie schnell sich alles aufklärt. Ihr rechtmäßiges Eigentum werden Sie auf jeden Fall erhalten.“

Der alte Herr war erschöpft und nickte wortlos zu ihrem Vorschlag.

Wo genau ihr Mann war, wußte sie nicht. Als er wegfuhr, hatte man keine Zeit mehr gehabt, Einzelheiten zu besprechen. Sie wußte nur, daß er bei einem wichtigen Klienten war, der in der Eifel wohnte, dort ein großes Unternehmen besaß und daß Josef oft dort übernachtete, wenn es spät wurde. In der Kanzlei mußte man doch wissen, wo das war. Sie wählte die Nummer seines Büros und hörte es klingeln. Viermal, fünfmal, niemand nahm den Hörer ab. Schlafen die, wenn der Chef nicht im Haus ist? Habe ich vielleicht eine falsche Nummer gedreht? Sie wählte neu. Erst Klingeln, dann hob man ab.

„Frau Kohnen?“ fragte sie, denn die Stimme war ihr nicht bekannt.

„Nein, hier ist Gaby Kratz.“

„Ich möchte Frau Kohnen sprechen. Hier ist Frau Kroll.“

„Frau Kohnen ist eben einmal in die Stadt gegangen, wird aber in einer halben Stunde wieder hier sein.“

„So lange kann ich nicht warten. Ich möchte von Ihnen wissen, wie ich schnellstens eine Verbindung mit meinem Mann bekommen kann.“

„Ihr Gatte wird erst in einigen Stunden wieder hier sein.“

Helga wurde ärgerlich, und ihre Stimme klang lauter: „Nun stellen Sie sich nicht so ungeschickt an und schauen Sie nach. Es muß doch auf Frau Kohnens Platz eine Notiz zu finden sein, aus der hervorgeht, wo mein Mann zu erreichen ist?“

Sie hörte Papierrascheln und dann wieder die jugendliche Stimme von Fräulein Kratz: „Eigentlich darf ich keine Auskünfte geben. Frau Kohnen hat das strikt verboten.“

„Ich verlange von Ihnen, daß sie mir sofort die Telefonnummer durchgeben und zwar ein bißchen schnell, haben Sie verstanden?“

Helga wartete und nickte dem alten Herrn zu, der sie verblüfft ansah. Dann hatte sie die Telefonnummer und wählte. Wen sie an den Apparat kriegen würde, wußte sie nicht. Es konnte das Haus des Klienten sein oder aber das Hotel. Es klingelte, und es wurde abgehoben.

„Hotel Drei Linden, bitteschön.“

„Ich möchte gerne Herrn Rechtsanwalt Dr. Kroll sprechen. Es ist dringend.“

Noch ehe Helga ihren Namen nennen konnte, hörte sie am andern Ende, daß ein Name gerufen wurde. Dann meldete sich eine andere Stimme.

„Ja, bitte?"

Helga wiederholte ihre Frage.

„Herr und Frau Kroll sind heute früh abgereist."

Sie saß wie erstarrt und antwortete nicht. Sie hörte, wie der andere den Hörer auflegte, und sie legte auch auf. Herr und Frau Kroll? Sie hätte schreien mögen, aber im Laden saß der alte Herr und wollte die Truhe haben. Sie erhob sich und machte ein paar Schritte.

Jetzt brauchte sie Kraft. Kraft, sich zusammenzureißen, um dem Herrn ruhig zu sagen, daß das mit der Truhe seinen Gang gehen würde.

Sie schluckte und begann.

Was sie ihm gesagt hatte, daran erinnerte sie sich nachher nicht mehr. Er hatte ihr seine Adresse und Telefonnummer aufgeschrieben und war gegangen, allerdings nach längerem Zögern. Sie hatte hinter ihm den Riegel wieder vorgelegt und war in ihr kleines Büro hinübergewankt. Herr und Frau Kroll sind abgereist. Wie blanker Hohn klang das. Josef war mit einer anderen Frau auf Tour. Er, dem sie das nie zugetraut hätte, betrog sie mit einer anderen. - Wie lange lief das schon? Ulla, jawohl Ulla, mit der mußte sie jetzt reden. Die könnte ihr raten und helfen. Mit zitternden Fingern wählte sie deren Nummer und kriegte sie sofort.

„Ulla. wir müssen uns sofort sehen. Ich muß mit dir reden."

„Helga, du bist ja völlig aus dem Häuschen. Was ist denn los?"

„Mein Mann betrügt mich."

***

Gerd arbeitete an seinem Motorrad, als Josef Kroll nach Hause kam. Gerds Hände waren rabenschwarz und sein Overall ölbeschmiert.

„Hallo, Gerd."

„Hallo."

Kroll stieg die Treppe hinauf und trat ins Haus. Ein Radio lief doch immer, das war heute nicht der Fall. Er legte seine Mappe auf die Garderobe und trat in die Küche, weil er dort Geräusche hörte.

„Hallo, Peter."

„Hallo."

„Ist Mutter nicht da?"

„Doch, sie ist oben in ihrem Zimmer."

Das war ungewöhnlich.

„Fehlt ihr etwas?“

Peter zuckte die Achseln. Er war mit der Zubereitung von Spiegeleiern beschäftigt, drehte sich nur kurz um und lächelte.

Komische Stimmung hier, dachte Kroll und stieg die Treppe hinauf. Vor Helgas Zimmer blieb er stehen, klopfte und trat ein.

Sie stand am Fenster und drehte sich nicht um. Irgendwo in seinem Hinterkopf klingelte es. Er trat hinter sie und legte ihr beide Hände auf die Schultern.

Mit einem Ruck fuhr sie herum und schüttelte angewidert seine Hände ab. Ihre Augen blitzten ihn an, und er sah, daß sie geweint hatte. Er, der sich so sicher gefühlt hatte, denn wer sollte schon darauf kommen, was in der Eifel passiert war, wurde nun unsicher und trat einen Schritt zurück.

„Herr und Frau Kroll sind abgereist. Na, wie gefällt dir das? Wer war diese Dirne, die du mit auf dein Zimmer genommen hast? Ja, die Welt ist klein, manchmal verdammt klein und, es kommt alles raus, was man so fein eingefädelt hat. Das hättest du dir wohl nicht träumen lassen?“

Überrumpelt stammelte er etwas, was absolut keinen Sinn hatte. Er versuchte krampfhaft, jetzt eine vernünftige Position zu beziehen, aber sie war schneller. Sie überfiel ihn mit einem wahren Feuerwerk an Vorwürfen, die ihn immer weiter zurückdrängten. Sie war gut vorbereitet in den Kampf gegangen. So oft er auch ansetzte, sie redete ihn in Grund und Boden. In seinem Beruf hatte er es auch mit Ehescheidungen zu tun, und viele Male hatte er Auseinandersetzungen dieser Art beigewohnt. Er hatte ansehen und anhören müssen, wie sich Eheleute in den Haaren lagen und sich gegenseitig beschuldigten, und dabei die Erfahrung gemacht, daß Frauen bei diesen Auseinandersetzungen stets im Vorteil waren. Ihre Art zu argumentieren, wenn ein Mann gefehlt hatte, war derart gezielt giftig und wurde mit soviel Schwung vorgetragen, daß es an den Versöhnungsterminen, an denen dies meist stattfand, oft genug daneben ging. Am besten kamen die Männer weg, die sich ruhig verhielten und so wenig wie möglich sagten. Nur in einem Fall, der ihm blitzschnell durch den Kopf ging, konnte er sich erinnern, daß der Mann dominiert hatte. Aber das war auch einer gewesen, der vor nichts zurückschreckte.

Da er sich nicht zu dieser Sorte zählte, schwieg er und ließ Helga reden.

Sie schrie ihn an und lachte schrill, stellte Fragen und gab meist selbst die Antwort hinterher. Sie ging mit Riesenschritten durch das Zimmer und stieß, wenn sie ihn anklagte, einen Finger gegen seine Brust.

Es fiel ihm schwer, sich ruhig zu verhalten, aber es fiel ihm auch nichts Brauchbares ein, was er ihr hätte entgegenhalten können. Er hatte mit einer anderen Frau geschlafen, und sie hatte es, weiß der Henker wie, herausgekriegt.

Nun war die Phase der Anschuldigungen vorbei, und die Fragerei ging los. Er war sich darüber im klaren, daß er jetzt antworten mußte. Nicht nur aus reiner Wahrheitsliebe, sondern um eine Eskalation zu verhindern. Vielleicht macht sie mal eine Pause, dachte er und wartete auf eine Chance. Alles wollte er ihr gestehen und ihr sagen, daß dies eine Einmaligkeit, eine dumme und verrückte Sache gewesen sei. Aber sie war noch nicht so weit. So verging noch eine halbe Stunde, dann fragte sie: „Wer war dieses Weib?"

„Ich kannte sie nicht, traf sie vor dem Hotel, als ich dort hineingehen wollte. Sie sollte sich mit Bekannten treffen und hatte wohl das falsche Hotel erwischt oder sich in der Angabe des Treffpunktes verhört."

„Willst du mir jetzt Märchen auftischen?"

„Nein, Helga. Ich will dir nichts vormachen. Ich sage die Wahrheit. Was soll ich denn andere Geschichten anbringen, wo du alles weißt?"

Sie schwieg und wartete.

„Also, sie stand neben ihrem Wagen und wartete schon eine ganze Weile. Fragte mich nach drei Personen, mit denen sie verabredet war. Wollte wissen, ob ich die gesehen hätte. Sie beschrieb sie mir auch. Ich verneinte und meinte, daß die sich vielleicht verspätet hätten? Dann ging sie mit ins Hotel und telefonierte von dort aus. Als ich zum Abendessen runter kam, stand sie immer noch am Telefon. Dann kam sie ohne Ergebnis ihrer Nachfragen in den Speisesaal. Sie erzählte mir, daß sie von den Bekannten niemand erreicht habe und nun dumm dastehe. Danach haben wir zusammen gegessen ..."

„Und du hast sie mit auf dein Zimmer geschleppt, nachdem du sie als deine Frau ausgegeben hast?"

Er nickte zerknirscht.

„Das hätte ich niemals von dir gedacht? Daß du zu so etwas fähig wärest. Das will mir nicht in den Schädel. Aber vielleicht bin ich zu naiv, zu provinziell und unerfahren. Da müssen erst so verlotterte Weiber aufkreuzen, dann geht es wie geschmiert, was?"

An den Tatsachen kam er nicht vorbei. Wenn sie ihm das Wort überließ, nachdem sie wußte, daß es sich um eine völlig fremde Frau handelte, die er nie wiedersehen würde, versuchte er der Sache die Spitze zu nehmen und die ganze Affäre als unbedeutsam hinzustellen. Sie antwortete darauf und fragte, ob denn auch ihre Ehe unbedeutsam sei. Er wand sich da heraus, indem er das als eine ganz andere Sache darstellte. Bald war der Dampf abgelassen, und das Nachgefecht dauerte noch an.

Er bedauerte die große Eselei und diesen dummen Zufall, der ihn in diese unnötige Sache hatte hineinschlittern lassen, nachdem ihm diese Unbekannte, von der er nur den Vornamen wußte, schöne Augen gemacht hatte. Nun schalt er sich selbst im Stillen einen Stoffel, der sich auf ein solches Abenteuer eingelassen hatte. Leider hatte das bei Helga nicht ganz den gewünschten Erfolg.

Sie verwies ihn des Schlafzimmers, und er beugte sich dem. Wie es weitergehen würde, wußte er nicht und wollte durch Sich-Fügen den Weg zu einer Versöhnung ebnen. Stumm schulterte er darum sein Bettzeug und quartierte sich im Arbeitszimmer ein, wo er auf einer breiten Couch sein Nachtlager aufschlug. Abendessen gab es nicht. Er machte es wie Peter und ging in die Küche, inspizierte den Kühlschrank und machte sich etwas, was ihm nicht schmeckte. Aus essen gehen wollte er nicht, das hätte wieder Ärger gegeben. Nach dem mißlungenen Mahl zog er sich in sein Arbeitszimmer zurück, wo er noch lange wach lag und sich eins ums andere Mal verfluchte.

***

Nun machten alle großen Nationen Atomversuche. Die Amerikaner in der Wüste von Nevada, deren Boden dadurch total verseucht wurde und über Jahre noch viele Menschen sterben ließ, weil man das Ausmaß der Strahlung nicht kannte. Die Franzosen machten mit ihren Tests die Südsee unsicher, und die Russen zündeten ihre Versuchsbomben mitten in ihrem Riesenland. Über die Erdbebenwarten konnte man die Explosionen registrieren und ihre Anzahl feststellen. Wenn es eines Tages losgeht, darüber gab es keinen Zweifel und eine Menge Theorien, dann würde Mitteleuropa das Schlachtfeld sein. Dies wurde als unvermeidlich angenommen. Schutzbunker für die Abgeordneten des Bundestages waren wieder im Gespräch. Die Amerikaner wollten Atomwaffen nach Europa bringen, und Frankreich baute seine eigene Atommacht aus.

Die Beschimpfungen von Ost nach West und umgekehrt hielten immer noch an. Die Geheimdienste arbeiteten fieberhaft. Das erfuhr man, wenn ein Agent gefaßt wurde. Unauffällige Bürger, Sekretärinnen in gewissen Positionen kamen plötzlich in die Schlagzeilen und setzten sich ins Ausland ab, wanderten ins Gefängnis oder wurden bei Gelegenheit gegen andere ausgetauscht.

Die Stadt Aachen hatte nun 160.000 Einwohner. Jeder versuchte auf seine Art, mit der atomaren Bedrohung fertig zu werden. Die Fatalisten ließen alles laufen, wie es lief und warteten das Unvermeidliche ab. Andere gingen in eine Partei und wollten auf diese Weise Einfluß gewinnen. Die deutsche Regierung betonte immer wieder ihren Friedenswillen und verdammte das Regime der Nazis in Wort und Schrift. Mit den Alliierten kam man gut aus. Dort wurde man bis zu einem gewissen Grad akzeptiert. Doch mit dem Osten hatte man Probleme. Hier stieß man auf

Kälte, Abweisung und Unverständnis. Keine beneidenswerte Lage, in der sich die Menschen in Mitteleuropa befanden. Aber das Leben ging seinen Gang, dem man sich nicht entziehen konnte, also wurde weitergemacht, weitergebaut und weitergearbeitet.

Die neue Zeit hatte der Arbeit in der Fabrik ihren Stempel aufgedrückt. Die Art, nach der man früher gearbeitet hatte, war vorüber. Der Wettbewerb war hart geworden.

So wie Aachen hatten sich viele Städte in Westdeutschland entwickelt. Den Amerikanern hatte man viel zu verdankten. Sie hatten nicht nur die Reparationen gestoppt, sondern durch den Marshall-Plan auch wieder ganz Europa auf die Beine gestellt. Diese Unterstützung war dem abgetrennten Ostdeutschland nie zuteil geworden. Hier wurde demontiert bis zu den Fliesen an der Wand und der letzten Schraube, die etwas zusammenhielt. - Einen Marshall-Plan hatte es nie gegeben. Daraus resultierte die prekäre Lage des Ostteils Deutschlands. Die Grenze der beiden Machtblöcke lief mitten durch das Land.

Aus den Gegensätzen, die weltweit herrschten, machten einige Geschäfte, indem sie Waffen produzierten und verkauften, und wenn Zahlen aus diesem Milieu in die Presse kamen, schreckten die Bürger auf und staunten, welche Ausmaße dies schon wieder angenommen hatte. Daß es Krieg geben würde, glaubten viele. Noch war alles im Gleichgewicht. Wie lange noch, - das konnte niemand sagen.

***

Annette Dehlen feierte ihren siebzigsten Geburtstag. Dazu forderte sie die ganze Familie auf, an diesem Fest teilzunehmen. Entschuldigungen wurden nicht akzeptiert. Dies hatte sie schon vorher angekündigt. Bei den Familienmitgliedern, die in der Stadt wohnten, war das kein Problem, aber die Auswärtigen, die in München und Umgebung lebten, hatten eine weite Reise vor sich. Pasteau, der Kameramann, konnte nicht kommen. Inge rief ihre Mutter an und sagte ihr, daß sie allein kommen würde. Die schimpfte zuerst wie ein Rohrspatz und stieß Drohungen aus, wenn Inge sie auch noch sitzen ließe.

Dann war es so weit. Man traf nachmittags zusammen. Sich schon am Vormittag zu treffen, hatte man Annette Dehlen ausreden können, weil dieser Tag ein Wochentag war und fast alle Schwierigkeiten gehabt hätten, weil sie wirklich unabkömmlich waren. Nun sollte es den obligaten Kaffee und ein festliches Abendessen geben. Ein Koch mit einem Gehilfen war engagiert, den Frau Habermann vermittelt hatte. Sie und ihre Tochter waren zum Kaffee eingeladen.

Über ein passendes Geschenk hatte Hans Dehlen sich schon lange vorher den

Kopf zerbrochen. Schließlich wandte er sich an Helga. „Helga, ich bin in solchen Dingen einfach ungeschickt. Anscheinend laufe ich, wenn sowas ist, wie mit Scheuklappen herum und tue mich wahnsinnig schwer, etwas Passendes für Mutter zu finden."

„Wir haben eine schöne, alte Vase, die deine Mutter sich jedesmal anschaut, wenn sie in mein Geschäft kommt. Die wollen wir ihr schenken."

„Na, dann seid ihr ja fein raus. Kannst du mir etwas raten? Mir fällt beim besten Willen nichts ein?"

Eine kleine Pause entstand, dann meinte sie: „Hast du nicht ein schönes Foto von deinem Vater, das du vergrößern lassen könntest? Ich denke an ein Portrait in Lebensgröße."

„Prima Helga. Was hätte ich bloß ohne dich angefangen?"

Hans hatte sofort eine Idee dazu und bedankte sich bei seiner Schwägerin. Das war schon vor Wochen gewesen, und Hans hatte noch genügend Zeit, seine Idee zu realisieren.

Jansen, der alles in der Fabrik seit Jahren fotografierte, suchte in seinem Fundus und brachte ihm ein Bild seines Vaters mit, das der Fabrikchronik entnommen war. Es zeigte den Senior am Schreibtisch sitzend. Er hielt einen Federhalter in der Hand und blickte in die Kamera. Ein gelungenes Portrait, wie Jansen meinte.

Mit diesem Foto fuhr Hans noch am gleichen Tag ins benachbarte Belgien, in die Stadt Eupen im Grenzgebiet. Dort hatte er eine Vernissage besucht, auf der ein Maler seine Bilder ausgestellt hatte. Besonders die Portraits dieses Malers hatten Hans gefallen. Nun hatte er die Absicht, dort seinen Vater nach dem Foto malen zu lassen. Er wurde schließlich mit diesem sympathischen Künstler einig, mußte ihm nur noch die Augenfarbe, Haarfarbe und die Tönung des Teints mitteilen. Die Zeit bis zum Geburtstag der Mutter würde reichen, so versicherte ihm der Künstler.

Als Hans Dehlen zum Geburtstag seiner Mutter kam, öffnete ihm Inge die Tür. Sie hatte zugenommen, und das Pummelige stand ihr gut. Sie fiel ihm um den Hals, und an ihrer Fröhlichkeit, die sie zur Schau trug, stellte Hans befriedigt fest, daß sie glücklich war.

Seine Mutter stand mit Frau Habermann und deren Tochter plaudernd in der Mitte des großen Wohnzimmers, und er trat heran, küßte seine Mutter und wünschte ihr viel Glück und Gesundheit. Das Bild packte er aus und stellte es auf einen niedrigen Schrank.

Es war ein gelungenes Portrait, und er sah seiner Mutter die Wirkung dieses Bildes an. Ihr Gesicht blieb ernst, als sie es ansah. Dann kam sie und umarmte ihren Sohn.

„Gefällt es dir?"

„Hans, Junge, das habe ich mir doch lange schon gewünscht, und nun kommst du damit. Du hast mir eine große Freude gemacht." Sie wischte sich schnell über die Augen und sagte zu Frau Habermann, daß sie schon seit Jahren hinter ihrem Mann hergewesen sei, er solle sich doch einmal malen lassen. Aber für solche Dinge habe er nie die Zeit aufbringen können.

Das Alter von siebzig Jahren sah man Annette Dehlen nicht an. Sie war schlank, hielt sich gerade und war sicher und schnell in ihren Bewegungen. Daß sie schön gewesen war, sah man immer noch, und Hans war stolz auf seine gutaussehende Mutter. Sie war auch geistig rege, und als er ihr etwas später im Musikzimmer begegnete, wo er seine Zigaretten holte, winkte sie ihn zu sich heran und fragte: „Sag' mal Hans, vor ein paar Tagen war ich in der Stadt und holte mir am Bahnhof ein paar Zeitungen. Bei dieser Gelegenheit habe ich dich dort gesehen."

Sie blickte ihn von der Seite an, als er nachdachte.

„Das kann durchaus gewesen sein. Warum bist du nicht zu mir gekommen?" „Das wollte ich auch, aber dann gingst du auf eine junge Dame zu und hast sie geküßt. Da wollte ich nicht stören. Wenn ich recht gesehen habe, dann war das die Tochter von deinem Militärfreund, diesem Horsch?"

Hans nickte zustimmend.

„Etwas Ernstes ist das doch sicherlich nicht?"

„Und wenn es etwas Ernstes wäre?"

Sie blickte ihren Sohn einige Sekunden stumm an. „Nein, das glaube ich nicht. Wenn du einen Flirt hast, gut, aber du wirst dich doch nicht an dieses Mädchen binden wollen? Dafür fehlte mir jedenfalls jedes Verständnis. Abgesehen von dem Standesunterschied, denn das wäre doch ..."

Hans unterbrach sie. „Das wäre doch wohl meine Sache, Mutter." Dann versuchte er dieses heikle Thema zu beenden, indem er sie am Arm faßte und sagte, daß neue Gäste gekommen seien, um die sie sich kümmern müsse. Nur zögernd war sie bereit, dies zu tun, und er versprach ihr, dieses Gespräch bei nächster Gelegenheit weiterzuführen.

Draußen klappten Autotüren, und dann traten die Krolls ein. Helga und Josef Kroll waren einem funkelnagelneuen Mercedes entstiegen, den offensichtlich Helga gefahren hatte, denn sie trug die Autoschlüssel noch in der Hand. Daß dieser teure Wagen die Sühne für einen aufgeflogenen Seitensprung war, wußte zu diesem Zeitpunkt noch niemand. Helgas Vase machte Furore, und Annette Dehlen gab ihrer Freude darüber lebhaften Ausdruck. Die beiden Söhne waren auf einem Motorrad herangeknattert, und aus Bayern kam ein Telegramm, das die Ankunft von Susanne für sechs Uhr ankündigte.

Hans spürte die Blicke seiner Mutter, als er sich mit Frau Welter unterhielt und dabei überlegte, wie er es wohl anstellen konnte, seiner Mutter die gewünschte Verbindung mit Frau Welter auszureden. Daß sie mit Hella nicht einverstanden war, hatte er befürchtet, und er würde darüber mit ihr reden, eventuell streiten müssen, denn er kannte Mutters Entschlossenheit. Wie er seine Mutter einschätzte, hatte sie sich in diese Idee festgebissen und würde so schnell nicht davon ablassen. In der Meinung erstarrt, das Beste für ihn zu wollen, würde es viele Widerstände zu brechen geben. Im Stillen verfluchte er diesen dummen Zufall am Bahnhof. Ausgerechnet als er Hella abholte, die ihn für ein Wochenende besuchte, mußte seine Mutter auf der Bildfläche erscheinen und sie beide sehen.

„Nachdenklich?" fragte Frau Welter.

Sie hatte ihn mit ihrer Frage verwirrt, aber er faßte sich schnell.

„Ach, an einem solchen Tag, da geht einem soviel im Kopf herum, und da bleibt es nicht aus, daß man einmal über etwas nachdenken muß."

Natürlich wurden die Habermanns von Annette Dehlen aufgefordert, zum Abendessen zu bleiben, als diese nach dem Kaffee gehen wollten, und sie blieben auch.

Susanne brachte die Grüße ihrer Eltern mit und schenkte Annette Dehlen ein weißes, sich aufbäumendes Pferd aus einer bekannten, bayrischen Porzellanmanufaktur.

„Du mußt dich etwas mehr um Frau Welter kümmern", flüsterte ihm seine Mutter im Vorbeigehen zu. Dann äußerte jemand den Wunsch, Hans möge doch etwas vorspielen. Die Ballade von Chopin, an der er gerade arbeitete, war wohl nicht das Richtige, und so gab er ein Impromptu des Meisters zum Besten. Zur Freude seiner Neffen spielte er dann noch einen Rag von Scott Joplin, dessen Noten ihm Major Malone geschickt hatte. Dann klappte er den Deckel des Klaviers zu.

„Von mir aus können Sie noch weiterspielen." Frau Dr. Welter stand plötzlich neben ihm. Er hatte sie nicht kommen hören. Die anderen waren schon wieder ins Wohnzimmer zurückgegangen, und er war allein mit ihr. Da er ihre Vorliebe für Schubert kannte, spielte er einen der moments musicaux.

„Sie wollten eigentlich Pianist werden, hörte ich?"

„Ach ja, das war einmal. Doch die Zeit war dagegen und die Umstände damals, als ich aus dem Krieg nach Hause kam. Musiker, Pianist, das waren damals keine Berufe, die einen weiterbrachten. Etwas Handfestes, etwas Aufbauendes, das war die Devise. Ich habe mich damit getröstet, indem ich mir immer sagte, später holst du es nach. Und nun spiele ich, so oft es meine Zeit erlaubt."

„Ich beneide Menschen, die sich mit so etwas Schönem intensiv beschäftigen können. Ich habe als junges Mädchen Klavier gespielt, aber es nie zu der nötigen

Fertigkeit gebracht, und ich denke auch, daß schon ein gewisses Talent da sein muß, sonst wird es nichts. Ich habe ein wenig gemalt, aber auch dafür fehlt es an Zeit. Mein Dienst in der Klinik ist anstrengend, und es wird oft sehr spät. Man ist, wenn man nach Hause kommt, müde und abgespannt und bringt nichts mehr zustande."

Ihre Blicke hielten ihn fest, und er hatte das Gefühl, daß sie etwas von ihm erwartete. Eine Einladung zu einem Konzert. Seine Mutter fiel ihm ein, die das schon oft sehr deutlich ausgesprochen hatte. Er überlegte und war fast bereit, eine solche Einladung auszusprechen, doch im letzten Moment verkniff er es sich.

Das Abendessen war eine Wucht, wie sich Peter, der neben Hans saß, ausdrückte. Dann erzählte er seinem Onkel, daß ihm das Geigenspiel viel Freude mache. Er spiele täglich und übe viel. Der Geigenlehrer sei ein netter Typ und bringe ihm wirklich allerhand bei. Hans meinte, daß es nun einmal nicht ohne Üben gehe und erzählte ihm von bekannten Solisten und deren Übungspensum pro Tag.

„Neunzig Prozent des Erfolges, Peter, sind Fleiß und Ausdauer. Halte Dich ordentlich dahinter, dann können wir beide demnächst einmal etwas zusammen spielen. Es gibt schöne, gar nicht schwierige Stücke für Geige und Klavier."

Josef Kroll hatte an sein Glas geklopft und erhob sich. Das sah nach einer Ansprache aus. Alle sahen ihn erwartungsvoll an.

„Paps spricht freihändig", raunte Peter seinem Onkel Hans zu.

Kroll bezeichnete sich als einen Dazugekommenen, der einmal sagen wolle, wie er den heutigen Tag sehe. Die 'Hauptperson' in der Familie, die er, als er vor Jahren hierher kam, kennenlernte, sei Gustav Dehlen gewesen. Diese Funktion sei nun auf seine Frau, auf Annette Dehlen übergegangen, deren Geburtstag an diesem Tag zu feiern sei. Sie habe ein schweres Amt übernommen, meinte er und sagte in wohlgesetzten Worten, daß sie ihre Sache vortrefflich mache. Sie sei eine Autorität, jedoch immer verständnisvoll und hilfsbereit und keineswegs nachtragend, wenn einmal etwas nicht so war, wie sie es gerne gesehen hätte. Sie sei immer bemüht, die Familie zusammenzuhalten und Schaden von ihr abzuwenden. Kurzum, sie sei der Pol, um den sich alles drehe.

Man applaudierte, als er geendet hatte, und Annette Dehlen bedankte sich, indem sie meinte, daß es in einer Familie nun einmal nicht ohne Dazugekommene gehe. Das sei der Lauf einer Familie, die sich fortzupflanzen gedenke. Sie selbst, sagte sie, sei vom 'alten Schlag' und beurteile die Dazugekommenen nach 'gut' und 'nicht gut'. Zwischentöne gebe es bei ihr nicht. Sie sei der Meinung: Entweder taugt einer was oder nicht! Von ihm, damit meinte sie Kroll, halte sie etwas.

Helgas Lächeln über die letzten Worte seiner Mutter konnte Hans nicht deuten.

Es wurde spät an diesem Abend, und Hans war der letzte, der das Haus verließ.

Seine Mutter hatte allen für den schönen Tag gedankt und tat dies noch einmal bei ihrem Sohn, der ihr mit dem Portrait seines Vaters eine große Freude gemacht habe. Dies betonte sie mehrmals. Sie ging mit ihm über die Terrasse nach draußen und begleitete ihn zu seinem Wagen. Bevor er einstieg und sie küßte, legte sie ihm noch einmal Frau Dr. Welter ans Herz.

Sie kann es nicht lassen, dachte er, als sie sagte: „Ich erwarte, daß du sie einlädst." Ihr prüfender Blick huschte über sein Gesicht. Er nickte ergeben und öffnete die Wagentür, aber sie war mitgekommen und hielt ihn am Ärmel fest. „Hans, ich erwarte das von dir! Laß die andere sausen, das ist nichts für dich."

Wieder ein neutrales Kopfnicken. So drückte er sich um die Antwort, mit der er seiner Mutter noch zum Schluß den schönen Tag verdorben hätte.

***

Über die Entwicklung ihrer beiden Söhne hatten sich Helga und Josef Kroll schon viele Gedanken gemacht. Auffällig bei den beiden war die Verschiedenheit der Veranlagung. Während Gerd alles mit viel Schwung und geballter Kraft anging, war es bei seinem Bruder genau gegenteilig. Peter verfolgte seine Ziele entschieden ruhiger, vorsichtig, aber mit einer bewundernswerten Ausdauer. Was aus den Jungs einmal werden würde, war ein Thema, das oft behandelt wurde, und man war sich nun einig, daß Peter mit seiner Veranlagung mehr Chancen zu haben schien als Gerd mit seinem ungestümen und komplizierten Naturell. Früher war das anders gewesen. Ob Gerd sich einmal in der Fabrik gut machen würde, war nicht gewiß. Peter schien dafür geeigneter zu sein. Er verstand sich auch besser mit seinem Onkel, der Gerd gelegentlich rügen mußte, sei es, daß er zu rasant mit dem Lieferwagen fuhr oder mit einem Mädchen in der Fabrik schäkerte. Stellte Hans ihn dann zur Rede, war der Junge von entwaffnender Offenheit und versuchte nie, etwas zu verschleiern oder ihn zu beschwindeln. Er fand absolut nichts dabei, ein Mädel aus der Fabrik einmal ins Kino einzuladen oder mit ihr in eine Milchbar zu gehen und verstand seine Mutter nicht, wenn sie ihm vorhielt, daß er zur Besitzerfamilie gehöre und das Mädel eine Angestellte sei. Diese Standesunterschiede waren für ihn ohne jedes Interesse, und er schlug sie in den Wind. Über die Tratscherei der Leute in oder außerhalb der Fabrik scherte er sich einen Dreck.

„Laß sie doch quatschen, sie hören auch von alleine wieder auf!"

Andere Bedenken, die seine Mutter äußerte, tat er als überholt ab.

Dieser Junge, darüber waren Helga und ihr Mann einer Meinung, war ein Problem. Schon die Schule hatte ihm kein besonderes Interesse abgewinnen können, und er hatte dort auch keine Lorbeeren geerntet. Seine Arbeit in der Fabrik, auch kein Anlaß zu großer Freude. Er machte sie halt. Über seine Zukunft machte Gerd sich nicht die geringsten Gedanken, und seine Mutter zermarterte sich manchmal den Kopf, was man mit dem Burschen nur anfangen könnte. Nach seinen eigenen Absichten oder Plänen befragt, kamen solche Spinnereien heraus, wie 'die Sahara durchqueren' oder 'mit einem Forschungsschiff in die Antarktis fahren', 'den Amazonas hinauf' oder 'zu Fuß den Mississippi entlang'. Den Bergsteigertick hatte er abgelegt, und Helga hatte Blut und Wasser geschwitzt, wenn er sonntags mit einer Gruppe in die Eifel fuhr, wo man in Nideggen die roten Sandsteinfelsen erkletterte. Gutes Zureden, das hatte sie oft erfahren, half nichts, und Verbote wurden heimlich umgangen. Auch seine neue Freizeitbeschäftigung, das Motorradfahren, war wieder so eine Sache, die Gerd extrem betrieb, indem er Geländefahrten mit zwei Gleichgesinnten unternahm und auf einer total verdreckten Maschine nach Hause kam, die er Stunden vorher auf Hochglanz poliert hatte.

„Dieser Unglücksrabe auf so einer Maschine. Wenn das nur gutgeht", sagte sie zu ihrem Mann, wenn Gerd knatternd hinausfuhr.

Mehr als einmal war sie Zeuge eines Streites zwischen ihren beiden Söhnen, wenn Gerd an der Maschine herummanipulierte und dabei den Motor laufen ließ. Peter, der Geige übte, hörte sich das eine gewisse Zeit an und bat dann um Ruhe. Dies allerdings in spezieller Art und Weise, wie etwa: „Kannst du nicht mal diese verdammte Mühle abstellen. Man wird ja total meschugge, wenn man sich das Geknatter anhören muß!"

Und Gerd erwiderte. „Deine ewige Kratzerei auf der Violine geht mir aber auch ganz schön auf den Wecker. Ich erwarte sehnlichst den Tag, an dem du endlich einmal etwas Vernünftiges spielen kannst!"

Dabei war es wirklich erstaunlich, wie schnell Peter auf dem Instrument vorankam, sich laufend verbesserte und entwickelte.

„Laß die beiden", sagte ihr Mann. „Die kommen schon zurecht. Das ist der moderne Umgangston, daran änderst du nichts."

Sie hörte noch, wie Peter den Streit beendete, indem er seinen Bruder einen Blödmann nannte und mit einem Knall das Fenster wieder schloß. Als sie mit Hans über ihre Sorgen sprach, meinte der: „Helga, dein Mann hat auch ein Motorrad gefahren, warum sollte sein Sohn das nicht tun?" Er war, wie ihr Mann auch, dafür, die beiden in Ruhe zu lassen.

Natürlich sah sie diese so unterschiedliche Veranlagung. Doch was sie störte, war, daß Gerd sich nie zu etwas Solidem entschloß, wogegen Peter Wege ging, die Zukunft hatten. Es gab ihr jedesmal einen Stich, wenn ihr Mann Peter animierte, Jura zu studieren. Er könne dann später in seiner Kanzlei mitarbeiten und sie vielleicht übernehmen, während Gerd, so schien es ihr, von ihrem Mann für einen aussichtsreichen Beruf abgeschrieben war. Fragen über Gerds Berufsaussichten umging ihr Mann geschickt.

Da war Hans anders. Der meinte: „Laß ihn mal so, wie er ist. Grundsätzlich ändern kann man einen Menschen nicht, der eine solche Veranlagung hat. Sein Vater war in jungen Jahren ähnlich und hat sich später erst gemausert. Dumm oder ungeschickt ist dein Sohn nicht."

Peter war trotz seiner soliden Veranlagung kein Stubenhocker, doch er verfolgte ein Programm, an dem er eisern festhielt. Da war einmal die Schule, der er mit viel Ernst nachging. Dabei mußte er sich oft ordentlich anstrengen. Doch mit Fleiß und Ausdauer schaffte er es immer, selbst in Fächern, die ihm weniger lagen. Bei seinem Geigenspiel schien er sich zu entspannen, kam oft strahlend zu seiner Mutter und spielte ihr etwas neu Einstudiertes vor. Die Mädchen, die Peter mit nach Hause brachte, kamen aus guten Familien und hatten ein gewisses Niveau. Er ging mit ihnen ins Kino oder in eine Milchbar, die zu dieser Zeit florierten. Helga blickte nach draußen auf den großen Platz, der mit Linden bestanden war. Die Sonne ließ das Laub hellgrün erscheinen, und in ihrem Schaufenster funkelten die Muranogläser mit ihren bunten Kelchen. Die Sache mit der Truhe hatte sich erledigt, als ein jüngerer Herr den Laden betreten hatte und sagte, daß sein Vater sich geirrt habe. Sie sollte es ihm nicht nachtragen, meinte er versöhnlich, denn sein Vater sei etwas sonderlich geworden. Früher hätte man einmal so eine Truhe besessen, doch diese hier sei es mit Bestimmtheit nicht.

Ob Gerd sich für den Handel mit irgendwas eignen würde. Das Geschäft mit Antiquitäten war interessant und abwechslungsreich. Vielleicht machte ihm das Freude. Doch dann kamen wieder Zweifel, wenn sie an sein Temperament dachte. Gerd, den ganzen Tag hier in dem Laden, unmöglich. Der mußte draußen herumreisen, mit dem Wagen fahren. Er brauchte Kontakte, mußte mit Leuten reden. Als Vertreter der Fabrik? Seine Äußerungen, als er im Verkauf tätig war, ließen darauf schließen, daß ihm das gefallen hatte. Leider war er auch noch zugeknöpft und stumm wie eine Auster, wenn es ums Erzählen von seiner Arbeit ging. Wenn er etwas darüber sagte, dann in einer Form, die sie nicht mochte. Der Verkauf sei ganz nett, hatte er gesagt. „Da kommt man mit vielen Menschen zusammen. Man erfährt etwas aus andern Ländern und lernt diese Menschen und ihren Geschmack kennen. Das würde mir schon gefallen. Aber die Fabrikation, die Maschinen und das ganze Drum und Dran, das ist mir zu eintönig."

Mit Hans würde sie noch einmal wegen Gerd reden. Der hörte zu und war eigentlich viel netter in der letzten Zeit. Vor allen Dingen war Hans vernünftig und hatte Verständnis. Für Gerd schien ihr Schwager in Verbindung mit der Fabrik die einzige reelle Chance für ihren Sohn zu sein, denn ohne Abitur war an ein Studium nicht zu denken. Ja, sie würde noch einmal mit Hans reden. Sie würde ihn zu Hause aufsuchen, wo er sicherlich die nötige Zeit für sie hatte. Einen Termin aber müßte sie schon mit ihm ausmachen, denn in der letzten Zeit fuhr er manchmal übers Wochenende nach Paris. Ihre Schwiegermutter hatte den Verdacht geäußert, daß Hans dort eine Frau hätte. Das war Annette Dehlen gar nicht recht gewesen, das hatte Helga gemerkt. Ihren Einwand, daß Hans ja nun ein Mann sei, und sie das als normal betrachte, hatte ihre Schwiegermutter böse blicken lassen, und Helga hatte sofort gespürt, daß dieses Thema heißer Boden war. Wie sie Hans kannte, war der stocksolide und würde keine Leichtfertigkeiten begehen. Wie viele unverheiratete Menschen hatten ein Liebesverhältnis, das nicht unbedingt in eine Ehe führte. Als sie das geäußert hatte, stellte sie mit Erstaunen fest, daß Annette Dehlen darauf genau mit dem gleichen zornigen Blick reagierte und mit fester Stimme sagte: „Hans hat eine Verpflichtung, der er sich nicht entziehen kann. Diesem Techtelmechtel in Paris werde ich ein Ende machen.“

***

„Das muß ja ein Vermögen kosten, wenn du mich so oft anrufst“, sagte Hans zu Hella, deren täglicher Anruf zu einer Gewohnheit geworden war. Sie erwiderte, daß es wirklich teuer sei. „Du könntest mich ja auch einmal anrufen und mich nicht so lange warten lassen.“ Daraufhin beschlossen sie, sich abwechselnd anzurufen. Alle zwei Wochen fuhr er mit dem TEE-Kopenhagen-Paris zu ihr. Am Gare du Nord holte sie ihn in ihrem Wagen ab, und sie fuhren in ihre kleine Wohnung in der Nähe von Versailles. Kam sie nach Aachen, besuchte sie ihre Eltern, und er brachte sie morgens zum Bahnhof.

Über eine Heirat hatten sie noch nicht gesprochen, und Hans fing von sich aus ein Gespräch darüber nicht an. Ihm gefiel das Leben so, wie es lief. Daß sie sich nur alle zwei Wochen sahen, erhöhte die Spannung, wenn man zusammen war. Seine Wohnung in der Stadt wurde von einer Putzfrau in Ordnung gehalten, die auch für Hans nach seinen Wünschen einkaufte. Außer Hella und in seltenen Fällen Mike kam kein Mensch zu ihm. Seine häufigen Absagen an Bekannte wie Willi Schmidt und Manfred Henn hatten ihn fast zu einem Eremiten werden lassen. Nur gelegentlich kam seine Mutter vorbei und inspizierte seine Wohnung auf Wohntauglichkeit. Bei einem dieser Besuche, als er nicht zu Hause war, hatte sie erfahren, daß er nach Paris gefahren war. Die Frau eines Mitbewohners hatte ihr arglos diese Auskunft erteilt.

Hella dachte viel über das Zusammenleben mit Hans nach. Sie träumte manchmal davon, Tag und Nacht mit ihm zusammen zu sein, Kinder zu haben und einfach glücklich zu leben. Er schien diese Gedanken nicht zu haben, er kam und ging, als ob dies ewig so weitergehen würde. Über ihre gemeinsame Zukunft verlor Hans kein Wort.

Sie hatten sich gegenseitig ihre moderne Lebenseinstellung zu diesen Dingen eingestanden und wollten nicht, wie es die ältere Generation getan hatte, sofort heiraten. „Wenn man sich liebt, braucht man nicht unbedingt verheiratet zu sein." Das war der flotte Spruch, den Hella einmal von sich gegeben hatte, den sie heute bereute. Heute würde sie Hans sofort heiraten.

Aus seinen Erzählungen hatte sie eine Bemerkung aufgeschnappt, die ihr ein wenig Sorgen bereitete. Hans hatte einmal geäußert, seine Mutter sei nicht einverstanden, daß er mit ihr zusammen sei. Er hatte das leichthin geäußert und gleich von etwas anderem geredet. Auch der Name dieser Frau Welter war einmal gefallen. Sofort war sie hellhörig geworden. Seine Mutter kannte sie aus der Zeit, als sie in der Fabrik gearbeitet hatte. Gesprochen hatte sie seine Mutter nie. Es hatte etwas gedauert, aber dann hatte sie erfahren, daß diese Frau Welter Ärztin war. Sie war die Tochter einer Freundin seiner Mutter und war im Hause Dehlen gerne gesehen.

„Was würdest du tun, Hans, wenn plötzlich, wenn wir beide hier zusammen wären, deine Mutter aufkreuzte?"

Er hatte leger geantwortet: „Dann stellte ich dich als meine Braut vor."

Warum stellte er sie nicht jetzt einfach seiner Mutter vor? Das war bisher ausgeblieben, und ihr Instinkt sagte ihr, daß es hier ein Problem gab und Hans Zeit gewinnen wollte. Den Gedanken, ihm ein Ultimatum zu stellen, verwarf sie gleich. In die Enge treiben wollte sie ihn nicht. Schließlich liebte er sie, dessen war sie sich gewiß.

Hellas Kombinationen trafen den Kern der Sache. Sie ahnte, daß seine Mutter ihn bekniete, sich dieser Frau Welter zu nähern. Wer weiß, was die alles anführte, ihm diese Frau Welter schmackhaft zu machen. Was tat er? Hans kannte doch seine Mutter, konnte sich ausmalen, was sie im Schilde führte. Ewig würde das aber nicht so weitergehen können. Vielleicht wartete er auf eine günstige Gelegenheit, es seiner Mutter beizubringen, ohne einen Riesenkrach in der Familie heraufzubeschwören. Ein wenig in ihrer persönlichen Würde fühlte sie sich schon verletzt.

Hans kamen die gleichen Gedanken abends, wenn Hella ihn angerufen hatte, und er ihre Sehnsucht nach einem ständigen Zusammenleben heraushörte. Oft nahm er sich vor, seiner Mutter reinen Wein einzuschenken, aber am nächsten Tag in der Fabrik mit all seiner Arbeit, schaltete er um. Hier wurde er gefordert, war gefragt und hatte keine Zeit, diese Gedanken weiter zu verfolgen. In diesem Trubel verdrängte er die Gedanken um dieses Problem und schob die Aussprache mit seiner Mutter immer vor sich her. Er schalt sich nachher einen Feigling, dachte aber auch daran, seiner künftigen Frau nicht einen andauernden Familienkrieg aufzuhalsen. Es hieß also warten, bis sich wirklich eine geeignete Situation ergab.

***

Jansen arbeitete seinen Nachfolger ein, einen Mann, etwas jünger als Hans. Dieser Mann stammte aus dem Vogtland, wo seine Vorfahren in der Tuchindustrie beschäftigt gewesen waren. Studiert hatte Herr Heinrich in Aachen. Bei seiner Einstellung hatte er auf Hans einen guten Eindruck gemacht. Jansen ließ den Neuen auch allein arbeiten und sah nur gelegentlich aus der Ferne zu, blieb manchmal tagelang weg und ließ sich nachher alles berichten. Daß der Neue noch nicht über seine Routine verfügte, das war klar, aber Heinrich war bemüht, ohne lästige Rückfragen auszukommen. Einmal glaubte der Betriebsrat, ein Problem mit ihm zu haben, doch löste sich das auf, als man der Sache auf den Grund ging und herausfand, daß der Fehler an anderer Stelle lag.

Bei Ortmanns hatte Hans mit einer Aversion gegen den Neuen gerechnet, doch dieser hatte bisher nicht zu erkennen gegeben, ob ihm der Neue passe oder nicht.

Der Verkaufsleiter war krank und würde nicht mehr in die Fabrik kommen. Hans setzte Fräulein Kramer an seine Stelle. Die Buchhaltung wurde einem Prokuristen unterstellt, der sich in der Hauptsache mit finanziellen Dingen beschäftigen sollte. Herr Hempel war von der Bank empfohlen worden. Er würde in die Geschäftsleitung aufgenommen werden. Hans und sein Buchhalter Orler versprachen sich dadurch eine spürbare Entlastung.

Will Horsch war seit drei Wochen in Kur. Sein Magen kam nicht zur Ruhe, und die bisherigen medizinischen Bemühungen hatten nur kurzzeitige Erfolge gehabt. Nun sollte eine Kur hier richten, meinte der Arzt, der Wills Beschwerden auch psychisch sah. Er sollte einmal Abstand zum Arbeitsleben nehmen können. Die Telefonate, die Hans mit seinem Freund führte, waren voller Hoffnung auf Besserung. Will fühlte sich ausgezeichnet und klagte nur über Langeweile und wollte Lesestoff geschickt haben. Hans besuchte ihn mit Mia und Hella. Will sah gut aus. Seine Gesichtsfalten hatten sich geglättet, er machte einen erholten Eindruck, und seine hellen Augen strahlten die alte Verwegenheit aus.

Jansens offizielle Verabschiedung fand auf seinen eigenen Wunsch im kleinen Kreise statt. Hans, die Abteilungsleiter und der Betriebsrat trafen sich zu einem festlichen Essen im Hotel Quellenhof, wo man in einem separaten Sälchen zusammensaß. Hans hielt die Laudatio auf den scheidenden Betriebsleiter, der, wie Hans betonte, mit der Fabrik so verheiratet war wie er auch. Hans schilderte die kernige, aber immer rücksichtsvolle Art Jansens, der sich stets geschickt jeder Situation gestellt hatte. Daß er ein großer Fachmann war, einer der alten Tuchmacher, das ergab sich im Laufe der Rede als Selbstverständlichkeit. Seine lauten Töne, wenn Mist gemacht worden war, wurden andererseits durch weitreichendes Verständnis wettgemacht.

Dann ergriff Giese, der Betriebsratsvorsitzende, das Wort. Er sprach von den Gegensätzen in einer Fabrik, die den dort arbeitenden Menschen oft das Leben schwer machten und lobte Jansens Geschick, dies auszugleichen. „Es wurde auch manchmal gebrüllt“, sagte Giese, „wir standen alle mit roten Köpfen da und diskutierten die Sache durch, und Herr Jansen war derjenige, der dort, wo es sein mußte, immer ein Wort für die Leute einlegte und sich vor sie stellte, auch wenn unser Chef einmal anderer Meinung war. Wir haben uns in all den Jahren an seine Art gewöhnt und wünschen uns, daß der Neue so wie der Alte sein wird.“

Jansen bedankte sich für die schönen Worte. Er kam noch einmal auf den Aufbau der Fabrik zurück, auf die Zeit unmittelbar nach dem Krieg, als alles zerstört gewesen und eigentlich, nach menschlichem Ermessen, nicht wieder zu reparieren war. „Ich weiß noch heute, als Herr Dehlen junior zum ersten Mal zu mir kam und mir mitteilte, er wolle die Fabrik wieder aufbauen. Zuerst habe ich ihn gar nicht wiedererkannt, weil er so verhungert aussah, und habe seine Absicht, die Fabrik wieder aufzubauen, als Spinnerei eines Laien abgetan. Damals dachte ich, was will denn dieser junge Mann? Der kommt aus dem Krieg und glaubt, eine Fabrik lasse sich so mir-nix-dir-nix aus dem Boden stampfen. Ich hielt das für unmöglich. Nicht, daß ich unsere Fabrik für alle Zeiten abgeschrieben hätte, aber damals, als es nichts gab, sah ich keine Möglichkeit. Doch der junge Mann fing an, krempelte die Ärmel hoch und schaufelte den Schutt weg. Man sah danach eine freie Stelle auf dem Hof, und ich sage Ihnen, meine Damen und Herren, das war für mich ein Ereignis. Heute werden sie darüber den Kopf schütteln, aber für mich war das damals so. Was der junge Mann machte, das war ansteckend, wahrscheinlich war das Futter für das bißchen Hoffnung, das sicherlich in jedem von uns schlummerte. Ich will nun nicht alles wiederholen, denn viele von Ihnen wissen, wie es weiterging, trotz der Kälte und des Hungers. Dann kam ein weiterer Laie und verrichtete für uns Wunderdinge, indem er alles heranschleppte, was wir zum Bauen und zum Essen brauchten. Wir alle, die wir heute abend hier sitzen, wissen, was damals los war. Und weil sie nun so ein Wunderwerk ist, fällt es mir schwer, sie so plötzlich zu verlassen.“

Jansen räusperte sich und rieb die Augen.

„Liebe Freunde, ich muß jetzt schließen, sonst fange ich noch an zu heulen.“

An diesem Abend fand man kein Ende. Anekdoten wurden erzählt, und jeder konnte dazu beitragen. Taxis wurden bestellt, und die eigenen Wagen blieben auf dem Parkplatz stehen, denn fast jeder, der sich nach draußen begab, war nicht mehr ganz sicher auf den Beinen.

***

Jüppchen Fonten war tot. Hans las die Todesanzeige in der Zeitung. Im Alter von 41 Jahren war er gestorben. Wie es in der Anzeige hieß: nach längerer, schwerer Krankheit. Hans war betroffen. Ein Mensch, der immer quicklebendig war, der sich durch seine pfiffige Lebensart überall beliebt gemacht hatte, war plötzlich nicht mehr da. Hans empfand ein wenig Schuld, sich um den netten Kerl nicht mehr gekümmert zu haben. Nach seiner Affäre mit Fini hatte er Jüppchen, der seit Jahren eine Tankstelle betrieb, noch ein paarmal gesehen. Nun war die Tankstelle ohne Chef und eine junge Frau mit einem Kind ohne Mann. Zur Beerdigung konnte er nicht gehen, weil er die skandinavischen Vertreter im Hause hatte. Jüppchen war auf seine Art sehr nett zu ihm gewesen, als Lydia gestorben war. Er hatte ihn besucht und versucht, ihn aufzumuntern, und Hans würde das nie vergessen. Freunde und Bekannte, von denen er angenommen hätte, daß sie ihn besuchen würden, damals, als er plötzlich allein war, waren bis auf Will ausgeblieben. Aber Jüppchen, mit dem er nie engen Kontakt gehabt hatte, kam und leistete ihm Gesellschaft, lud ihn zu einem Bier ein und war bemüht, ihm die trüben Gedanken vertreiben zu helfen, was ihm auch zum Teil gelang. Hans hatte nachher, als Jüppchen die Tankstelle hatte, seinen Wagen dort samstags waschen lassen. Jüppchen fing dann an zu erzählen und hörte nicht mehr auf. Dabei rauchte er und hustete ununterbrochen. Hans drängte und verabschiedete sich schließlich. Jüppchen winkte von der Tür aus und rief: „Also, Hans, bis nächste Woche!" Das war das letzte Mal, daß er ihn sah. Und die anderen Freunde und Bekannten. Wie oft war man früher zusammen gewesen.

Nun waren sie in alle Winde verstreut. Hanno Ruland war in Dortmund bei einer Zeitung, seit er aus Amerika zurückgekommen war. Viele Jahre hatte Hans ihn nicht mehr gesehen. Ganz selten traf er Manfred Henn, der am Sozialgericht in Essen tätig war, und von Mike Hellmann sah und hörte er nichts mehr. Vor Monaten war eine Karte aus Spanien eingetroffen, auf der er ihm mitteilte, daß er Gisela Bartel geheiratet habe. Willi Schmidt hatte er in der Stadt getroffen, der mit Mike in Verbindung stand. Auf seine Frage, was denn Mike so treibe, hatte Willi geantwortet: „Der säuft den halben Tag!" Willi machte mit der Hand die typische Bewegung. „Und die Gisela, die hat bei ihm nichts zu lachen, mein Lieber, die versucht ihn mit

Liebe und Nachsicht und manchmal mit Unterwürfigkeit zu einem andern Lebensstil zu bewegen, ein völlig nutzloses Unterfangen. Zu allem Überfluß schenkte sie ihm letztens zum Geburtstag eine Knarre. Mit so einem Ding, ich glaube Mannlicher heißt sie, hat sein großer Freund Ernest Hemingway in Afrika Löwen geschossen. Ich verstehe die Gisela nicht. Das ist doch ein vernünftiges Mädchen, schenkt ausgerechnet diesem unbeherrschten Kerl eine Waffe."

***

„Heute abend sind wir allein", sagte Annette Dehlen zu ihrem Sohn. „Lenchen hat heute frei und Frau Habermann, die ich immer gerne hier habe, ist verhindert. Ich habe etwas Italienisches gemacht. Hoffentlich schmeckt es dir? Auf dem Buffet steht eine Flasche Rotwein. Würdest du sie bitte öffnen?"

Sie deckte den Tisch und trug das Essen auf. „Gibt es etwas Neues aus der Fabrik, Hans?"

„Ja, Mutter. Wir haben gestern den zweihundertfünfzigsten Mitarbeiter eingestellt."

„Hatten wir früher nicht mehr Leute."

„Früher, Mutter, das waren auch noch andere Zeiten. Da stand an jedem Webstuhl ein Mann oder auch eine Frau. Heute aber bedient ein Mann eine Vielzahl von Webstühlen. Man benötigt heute in der Fabrikation nicht mehr soviel Leute wie damals. Auch der innerbetriebliche Transport hat sich gewandelt. Während man früher alles schleppte und auf Karren fuhr, hat man heute Transportmittel mit elektrischem Antrieb. Dadurch ist nun eine Person in der Lage, das zu bewegen, wo sich früher vier Arbeiter mit abmühten. Aber die Zahl der Angestellten im Verhältnis zum Arbeiter hat sich verschoben. Um alles im Betrieb zu organisieren, zu lenken und eine vernünftige Disposition zu haben, brauchen wir mehr Angestellte. Gegenüber früher haben wir die Produktion fast um zwanzig Prozent gesteigert."

„Man kann also sagen, daß du zufrieden bist, so wie es läuft."

„Natürlich, Mutter. Doch nun glauben, man kann alles so lassen, wie es ist, das ist ein Trugschluß. Die moderne Zeit, die Weiterentwicklung der Technik, das alles geht schnell und man muß stets orientiert sein, sonst gerät man ins Hintertreffen."

„Wie ist denn dein neuer Prokurist? Ist der sein Geld wert? Müßte er eigentlich, wenn die Bank ihn empfohlen hat."

„Herr Hempel ist ein umsichtiger Fachmann auf seinem Gebiet. Er bearbeitet die finanziellen Dinge, zu denen ich immer viel zu wenig Zeit gehabt habe. Heute ist dies ein spezielles Gebiet, das beobachtet werden muß, nicht so, wie ich das früher nebenher getan habe, sondern von morgens früh bis abends spät. Vieles in der Wirtschaft, an der Börse, in der Politik, selbst das Geschehen im Ausland hat einen Einfluß auf die Fabrik, natürlich sehr unterschiedlich. Dies beobachtet Herr Hempel fortwährend und weiß über alles Bescheid. Auf diese Weise sehen wir die Dinge kommen und warten nicht mehr, bis sie uns überfallen. Genau wie das Finanzielle beobachten wir auch die Entwicklungen der Mode. Wenn man früh genug die Richtung erkennt, den Trend, wohin die Mode geht, kann man sich zeitig darauf einstellen und vermeidet Stockungen im Verkauf."

„Du bist oft in Frankreich, in Paris vor allen Dingen."

„Frankreich ist für uns ein interessantes Land. Dort haben wir Chancen, im Gegensatz zu Italien, wo wir uns schwer tun. Unser italienischer Vertreter kämpft wie ein Wilder, und ich versuche, sowohl ihm als auch dem Franzosen zu helfen. Darum bin ich auch oft mit Laforet unterwegs. Das war doch, was du wissen wolltest, Mutter?"

Er blickte zu ihr hinüber, die gerade ihr Weinglas absetzte. Aber auf seine letzte Frage antwortete sie nicht. Statt dessen sagte sie: „Weißt du schon das Neueste aus der Familie?"

„Nein, du bist die einzige Person unserer Familie, mit der ich zusammenkomme, ausgenommen natürlich die Jungs von Helga."

„Also, wenn du so unwissend bist, wird es höchste Zeit, daß ich dich informiere. Deine Schwägerin Helga ist schwanger!"

„Helga schwanger. Ach du lieber Gott. Ist die nicht so alt wie ich? Ein Malheur oder wie kann man das sehen?"

„Nein, das ist es sicherlich nicht. Ich habe vertrauliche Informationen erhalten und bin überzeugt, daß dies so eine Art Versöhnungskind ist. Jedenfalls tippe ich darauf. Ihren Mann hatte Helga, das sagt diese Information, bei einem Seitensprung ertappt. Soviel ich in Erfahrung bringen konnte, hat sie ihm die Hölle heiß gemacht, und unser ruhiger, stets selbstsicherer Rechtsanwalt ist in die Knie gegangen. Heraus kam ein Mercedes – und eben dieses Kind."

„Ist das nicht übler Tratsch, Mutter? Helga und ein Kind. Dazu ist sie doch zu alt?"

„Du glaubst, sie sei zu alt? Nein, Hans. Als ich Inge bekam, war ich sogar älter als Helga. Helga ist gesund, stark, lebt vernünftig, soweit ich das sehe. Also ich sehe da kein Problem. Jedenfalls sorgt sie dafür, daß ihre Familie erhalten bleibt."

„Ja, wirklich, das tut sie."

„Aber das ist ihre Familie, Hans. Die dort geboren werden, heißen Kroll, und sollte Inge Kinder haben, so heißen die Pasteau. Der Name Dehlen kommt nur bei den beiden Jungs von Helga vor, die natürlich dem Einfluß ihrer Mutter unterliegen. Dein Name ist noch nicht in der nächsten Generation vertreten. Das ist etwas,

was du noch zu tun hättest! Doch leider bemerke ich bei dir keine Anstalten dazu. Du scheinst dich wohl in dieser Richtung zu betätigen, das beweisen deine Reisen nach Paris, aber den richtigen Weg zu einer Familie suchst du nicht. Du ignorierst dein Glück und den Bestand der Familie. Ich komme mir dumm und lächerlich vor, wenn ich wieder einmal davon anfange und sehen muß, daß ich gegen eine Wand rede!"

„Mutter, du redest nicht gegen eine Wand. Ich beherzige das, was du mir sagst, aber bitte um etwas Zeit. Ich möchte diese wichtige Angelegenheit in aller Ruhe angehen und mir die richtige Frau aussuchen."

„Ob du die aber in Paris findest, mein Junge, das scheint mir fraglich."

„Ich höre gerne deinen Rat, Mutter, aber die Entscheidung liegt doch bei mir. Ein Kind bin ich nicht mehr, und ich weiß genau, was ich tue. Bitte dräng mich nicht. Ich möchte eine Familie, und ich bekomme eine Familie!"

Annette Dehlen hatte den Kopf gesenkt. Was sie jetzt dachte, wußte er ungefähr. Daß darin Frau Dr. Welter eine wesentliche Rolle spielte, das war sicher.

***

Helga Kroll war es speiübel. Das vor einer Stunde eingenommene Frühstück hatte sie nicht halten können. Kaffee schmeckte ihr nicht, und selbst das Mineralwasser verurachte Übelkeit. Wenn nicht heute die neue Kraft für das Geschäft kommen würde, hätte sie den Laden geschlossen. Diese morgendliche Übelkeit war seit zwei Wochen da, und nichts half dagegen. Auch der Arzt, der sie behandelte, konnte nicht viel unternehmen. Das mußte eben durchgestanden werden. Sie hatte zwei Kinder, zwei große sogar. Aber Josef war aus dem Häuschen gewesen, als er von ihrer Schwangerschaft erfuhr. Wie ein Verrückter war er durch das Haus gelaufen und gesprungen und hatte seiner Freude übermütigen Ausdruck verliehen. Vielleicht war es also doch gut, ein Kind von ihm zu kriegen.

Antiquitäten hatten ihren Eigengeruch, nicht aufdringlich, eher dezent, aber Helga roch ihn. Die alten Printenmodelle mußte sie sofort aus der Hand legen, und das Zinngeschirr durfte sie nicht einmal ansehen. Die neue Kraft war nicht ungeschickt, aber furchtbar langsam. Helga wollte ihr schon deswegen etwas sagen, unterließ es aber, weil sie selbst annahm, daß ihr Zustand sie zu empfindlich machte.

Es war gegen elf Uhr, als ihr Mann anrief und sagte, er habe eine Panne und könne die Rückfahrt nicht antreten.

„Nun sitze ich fest und weiß nicht, wie ich zurückkomme. Man repariert heute den Wagen nicht und wenn ich es mit Bus oder Bahn versuche, komme ich zu einem Treffen am frühen Nachmittag zu spät. Kannst du mich nicht abholen?"

„Josef, wie stellst du dir das vor? Ich bin im Geschäft und mir ist so übel, übler geht es nicht mehr, und du erwartest, daß ich diese Himmelfahrt mache, Berg und Tal bis Monschau?"

„Nein, Helga. Ich verlange nichts. Ich bitte dich, jemanden zu schicken, der mich hier wegholt. Der wird doch aufzutreiben sein?"

„Moment, Josef. Peter ich nicht greifbar. Es könnte sein, daß ich Gerd noch zu Hause erwische. Gib mir deine Telefonnummer, ich rufe zurück."

Sie rief zu Hause an, und Gerd hob ab. „Da hast du aber Glück gehabt, ich wollte gerade weg. Was ist denn los?"

Helga berichtete ihm vom Pech ihres Mannes und bat ihn, seinen Stiefvater abzuholen.

„Aber doch nicht mit meinem Hobel?"

„Nein, natürlich nicht. Vater sitzt im Hotel mit einem Klienten, und außerdem ist das Wetter nicht danach, um hinten auf einem Motorrad zu fahren. Komm hierher und nimm meinen Wagen."

Mit der Möglichkeit, endlich einmal den neuen Mercedes fahren zu können, ging plötzlich und unerwartet für Gerd ein schon lange gehegter Wunsch in Erfüllung. Leider hatte man ihn bisher nie fahren lassen, weil beide Elternteile sich nicht mit seiner forschen Fahrweise anfreunden konnten und jeden Wunsch nach einer kleinen Spritztour bisher abgelehnt hatten. Nun aber war es soweit, sie saßen in der Patsche, und einen Ausweg gab es nicht.

Gerd hatte mit einer ganzen Serie von Verhaltensvorschriften gerechnet und ließ sie über sich ergehen, nickte nur ab und zu und sagte immer: „Ja."

Nun gab ihm seine Mutter die Autopapiere und den Schlüssel und ging mit ihm zum Wagen. Draußen fiel ihm auf, wie blaß seine Mutter aussah und sich nur mit Mühe auf den Beinen hielt. Ihren Ansatz zu einer letzten Belehrung blockte er ab, indem er sie beim Arm nahm und ins Geschäft zurückführte. Dort bugsierte er sie in das Hinterzimmer, setzte sie auf einen Stuhl und versprach ihr noch einmal, ruhig und langsam zu fahren. Sie brauche sich keine Sorgen zu machen.

War das ein Gefühl! Selbst ein Rolls konnte nicht besser sein. Die verhaltene Kraft, diese Maschine, deren leises Brummen kaum vernehmbar war, ließ ein Hochgefühl in ihm aufkommen. Elegant kurvte er durch den Stadtverkehr und verließ die Stadt in Richtung Süden. Die Straße stieg leicht an und er fühlte, wie der Motor sofort ansprach, wenn er den Gasfuß auch nur einen Millimeter drückte. Einfach herrlich so ein Wagen. Nun passierte er einen Ort, hinter dem es steil hochführte. Dann wurde die Strecke freier. Seine Geschwindigkeit war mäßig. Nur gelegentliche Spurts, wenn er überholte und kräftiger Gas gab. Die Straße lief schnurgerade bergan. Abgesehen von einigen weiten Kurven würde er so bis zum Zielort fahren können. Trotzdem blieb das Motorgeräusch noch leise, und er überlegte sich, daß er sicher öfter mit diesem Wagen fahren könnte, wenn er sich etwas zurückhielt und keinen Mist machte.

Hundertzwanzig, die Straße rutschte nur so unter ihm weg. Dem Wagen war dabei keinerlei Anstrengung anzumerken. Wenn er da an sein Motorrad dachte, an das Knattern und das Schütteln, dann wurde ihm schon klar, wie groß der Unterschied war. Kostete natürlich auch eine schöne Stange Geld, so ein Schlitten, und brauchte erheblich mehr Sprit als sein Hobel.

In einer langen Geraden konnte er es aber nicht lassen und beschleunigte auf hundertvierzig, und die wenigen Bäume am Straßenrand huschten vorbei. Dann sah er weit vorne einen Lastwagen am linken Straßenrand stehen, und er erkannte zwei Männer, die um den schweren Wagen herumliefen. Sah ganz nach einer Panne aus. Gerd nahm Gas weg. Die Straße war frei, so weit er sehen konnte. Noch etwas Gas weg, weil er nicht mit so hoher Geschwindigkeit an dem stehenden Lastwagen vorbeifahren wollte. Noch knapp hundert Meter, noch achtzig.

Da erschien plötzlich ein roter Wagen, der ausscherte, um den Lastwagen zu passieren. Wo kam der Kerl denn her? Aus einem Seitenweg, den er nicht sehen konnte. War der Bursche denn verrückt? Der mußte ihn doch sehen und bremsen. Stoppte der nun oder nicht? Nein, der Narr wollte noch vor ihm an dem Laster vorbei. Gerd bremste. Er wußte, daß scharfes Bremsen jetzt gefährlich war. Der Wagen konnte ins Rutschen kommen, und dann verlor er die Gewalt über ihn. Doch nun mußte er kräftiger auf die Bremse steigen, denn der Verrückte da vorne machte keine Anstalten, ihn vorbeizulassen, obschon er Vorfahrt hatte. Das wird verdammt knapp. Der muß doch keinen Verstand haben? Weiter nach rechts, sonst knallt's. Der Entgegenkommende bremste nicht und hielt die hohe Geschwindigkeit bei. Die Männer des Lasters stellten sich vor ihre Kühlerhaube. Noch weiter nach rechts. Gerd hörte das rechte Vorderrad auf dem feinen Kies des Straßenbanketts. Der Kerl kam schnell näher und bremste nicht. Das geht nicht gut, die Straße ist nicht breit genug. Weiter nach rechts, das ist zu wenig. Mutters schöner Wagen. Weiter nach rechts ging nicht mehr. Noch ein winziges Drehen des Steuerrades, - dann brach der Wagen aus und fuhr in den flachen Graben. Der Boden war weich, und das rechte Vorderrad bohrte sich bis zum Scheinwerfer ein, und dann überschlug sich der Wagen. Gerd wurde nach vorn geschleudert und prallte mit der Brust gegen das Lenkrad, sein Mund schlug hart auf, und dann flog er gegen die rechte Wagentür. Der Mercedes blieb auf dem Dach liegen. Der rote Wagen fuhr mit unverminderter Geschwindigkeit weiter …

Jemand schüttelte ihn an Arm, und als er die Augen aufschlug, sah er das Gesicht eines unrasierten Mannes, der sich über ihn beugte.

„Er macht die Augen auf", sagte der Mann zu dem andern, der hinter ihm stand. „Wir haben dich aus dem Wagen geholt", sagte der Mann.

„Hast du Schmerzen?"

Der andere kam näher.

„Den Mercedes kannst du vergessen. Das ist nur noch was für den Schrotthändler."

Gerd schloß die Augen. Der Wagen Schrott. Mutters neuer Wagen. Dabei war er doch so vorsichtig gefahren und hatte nichts riskiert.

„Na, wie geht es dir?" fragte der unrasierte Mann.

Gerd zeigte auf seine Brust, weil das Atmen ihn schmerzte. Sein Mund blutete und war geschwollen. Sein Kopf schmerzte auch.

„Ruf mal 'nen Krankenwagen", befahl der Unrasierte.

„Krankenwagen? Woher denn?"

„Mann, nun stell dich mal nicht dämlicher an, als du bist, und lauf zu dem Haus hinüber. Und von dort aus telefonierst du, klar?" Der Unrasierte zeigte hinüber und meinte. „Mach 'n bißchen dalli!"

Nun trabte der andere los. Der Unrasierte beugte sich wieder zu Gerd hinunter. Mit einem nicht ganz sauberen Taschentuch wischte er ihm das Blut aus dem Gesicht. „Na, wie geht's?"

Gerds Stimme kam stockend, aber er sprach. „Die Brust tut höllisch weh."

„Kannst du aufstehen? Kannst dich in unseren Wagen setzen."

Gerd nickte und rollte sich ein wenig auf die Seite, um sich besser erheben zu können. Seine Beine machten nicht so recht mit. Er strengte sich an, aber sie gehorchten nicht. Noch einmal mit aller Kraft, - nichts.

„Ich kann die Beine nicht mehr bewegen", sagte er verzweifelt.

***

Kroll hatte gewartet und schließlich doch eine Fahrgelegenheit bekommen. Ein Bekannter seines Klienten fuhr nach Aachen und war bereit, ihn mitzunehmen. Sein Anruf zum Geschäft seiner Frau brachte keine Verbindung, und zu Hause hob kein Mensch ab. Josef Kroll begann, sich Sorgen zu machen. Gerds Ausbleiben ließ ihn Böses ahnen. Hoffentlich hat der Junge keinen Unfall gehabt, dachte er, als er sich der Stelle näherte, wo ein Lastwagen am Straßenrand stand und ein paar Männer die gegenüberliegende Böschung heraufkamen. Als sie an der Stelle waren, glaubte er den Wagen seiner Frau zu erkennen, der mit einer Winde zur Straße hochgezogen wurde. Kroll sprang aus dem Wagen und lief hinüber. Nun war das Nummernschild lesbar, und er hatte die Gewißheit, daß es der Wagen von Helga war, der hier geborgen wurde.

„Was ist mit dem Fahrer?“ fragte er einen der Männer. Ein anderer, der herankam antwortete: „Den hat man vor ein paar Minuten ins Krankenhaus nach Aachen gefahren. Wir hatten den Unfallwagen alarmiert.“

Kroll wandte sich dem Mann zu: „Und was ist mit dem Jungen? Ist er schwer verletzt?“

„Nee, das glaube ich nicht. Sein Mund war auf das Lenkrad aufgeschlagen, und die Brust tat ihm weh. Aber er hat mit uns gesprochen und uns gesagt, wo es ihm weh tat.“

„Seine Beine waren nicht in Ordnung“, sagte ein anderer.

„Wieso? Konnte er nicht gehen?“

„Er konnte nicht aufstehen. Die Leute vom Krankenwagen haben ihn auf eine Bahre gelegt. Wahrscheinlich hat er ein Bein gebrochen, oder der Schock saß ihm in den Knochen.“

Kroll schwirrte der Kopf. Das anstrengende Gespräch mit dem Klienten, das lange Warten, der Unfall. Der Wagen war kein Problem, der war kaskoversichert. Er ging zu dem Wagen des Herrn hinüber, der ihn mitnahm, weil er ihn nicht länger warten lassen wollte, als einer der Lastwagenfahrer ihn anhielt.

„Der Junge ist an dem Unfall nicht schuld. Wir standen dort, weil unser Motor streikte. Da kam er mit dem Mercedes von da und wollte vorbei. Und dann war plötzlich so ein Schneller da, der sich noch vor dem Mercedes vorbeiquetschen wollte. Um einen Frontalzusammenstoß zu vermeiden, hat der Junge seinen Wagen weiter nach rechts gezogen, rutschte aber in den Graben, weil das Bankett nicht stabil genug war.“

„Sie haben alles genau gesehen?“

„Natürlich.“

„Haben Sie das Kennzeichen des anderen Wagens?“

„Nee, die Nummer von dem Kerl habe ich nicht. Als ich hinsah, war der schon zu weit weg. Der fuhr doch wie ein Irrer. Aber ich kann ihnen genau den Wagen beschreiben. Es war ein Opel. Da bin ich ganz sicher.“

„Hatte dieser Wagen Besonderheiten?“

„Ein hellgelbes Dach.“ Der Mann blickte an Kroll vorbei und meinte: „Da kommt die Polizei. Kommen Sie, wir machen zusammen die Anzeige gegen diesen Idioten.“

Die Fahrt nach Hause kam Kroll wie eine Ewigkeit vor. Gerds Verletzungen schienen nicht schlimm zu sein. Aber Helga. Wie würde die das alles aufnehmen? In ihrem Zustand sicherlich keine leichte Sache für sie?

Krolls Mutter kam aus dem Haus, als der Herr ihn dort abgesetzt hatte.

„Josef. Gerd hatte einen Unfall. Helga ist zum Krankenhaus gefahren. Geh schnell zu ihr, sie brauchst dich jetzt."

Er rief ein Taxi und fuhr los. Im Krankenhaus wies man ihm den Weg, und er fand seine Frau in einem der langen Flure. Sie war leichenblaß, mit Augen, aus denen Angst und Hilflosigkeit sprachen. Als sie ihn sah, begann sie zu weinen, und er versuchte, sie zu beruhigen, indem er sagte, daß allem Anschein nach alles halb so schlimm sei. Der Wagen sei versichert und werde durch einen neuen ersetzt.

Hauptsache sei doch, der Junge sei nicht schwer verletzt und werde bald wieder auf dem Damm sein. Endlich kam der Arzt. Innere Verletzungen seien auf zwei Rippenbrüche und einen Bruch des Brustbeins beschränkt. Dann sei da noch eine Gehirnerschütterung und natürlich der Schock. „Es hat den jungen Mann erwischt, und ich habe ihn entsprechend behandelt. Alles andere scheint nicht schlimm zu sein. Sein Atem geht ruhig und verursacht, infolge der Rippenfrakturen, etwas Schmerz. Lassen wir ihn jetzt einmal schlafen. Der Chefarzt wird ihn sich heute noch ansehen. Wenn Sie wollen, können Sie mal zu ihm hincin. Aber nur für zwei Minuten. Bitte verleiten Sie ihn nicht zum Reden!"

Der Arzt öffnete ihnen die Zimmertür.

Gerd lag mit geschlossenen Augen im Bett. Er öffnete sie, als sie an das Bett traten. Total erschöpft sah der Junge aus und sagte mit leiser Stimme, daß er an diesem Unfall keine Schuld trage. Weiteres Reden stoppte Kroll, indem er ihm mitteilte, daß man bereits hinreichend informiert worden sei und schon eine Anzeige gegen diesen rücksichtslosen Raser gemacht habe. Gerd schloß wieder die Augen, und sie verließen das Zimmer.

Der Arzt stand noch auf dem Flur und beruhigte sie noch einmal. Seine Worte waren speziell für Helga gedacht, deren Zustand sichtbar war. Ihr gab er den Rat, sich ins Bett zu legen. Sorgen um ihren Sohn brauche sie sich nicht zu machen.

Daß es jedoch schlimmer war, als jeder angenommen hatte, erfuhr Kroll am Sonntag, als er noch einen Besuch machte, um seine Frau beruhigen zu können, da nun der Bericht des Chefarztes vorlag. Er wurde ins Arztzimmer gebeten und sah schon an der Miene des Arztes, daß etwas auf ihn zukam.

„Verdacht auf Querschnittslähmung!"

„Gelähmt?"

„Damit muß man leider rechnen."

Mein Gott, was war dieser Junge doch für ein Unglücksrabe. Erst den Finger der linken Hand, durch diese Carbidflasche. Dann über Jahre eine stetige Sorge seiner

Mutter, die förmlich auf die nächste Katastrophe wartete, weil sie die Wildheit ihres Sohnes kannte. Jeden Augenblick war sie auf eine Hiobsbotschaft gefaßt, und nun kam sie.

Noch ein Fünkchen Hoffnung gab ihm der Arzt, daß es sich vielleicht doch noch bessern könnte, aber Kroll schüttelte betrübt den Kopf und erhob sich langsam.

„Es ist also sehr wahrscheinlich, daß der Junge sein Leben nun in einem Rollstuhl verbringen muß?"

Der Arzt nickte.

***

Schon vor einigen Jahren hatten ausländische Arbeitskräfte Einzug in die deutsche Industrie gehalten, weil es dort an Arbeitern mangelte. Hans, der weitere Leute einstellen mußte und keine deutschen Kräfte bekommen konnte, stand nun auch vor der Frage, sollte er Ausländer nehmen oder nicht? In allen Abteilungen der Fabrik wurden seit Monaten viele Überstunden gemacht, und der Betriebsrat war nicht bereit, mehr zuzulassen. Man mußte nun Gastarbeiter einstellen. Hans sah schon die Schwierigkeiten voraus, die sicherlich entstehen würden, selbst wenn nur einfache Arbeiten zu verrichten waren. Die Überstunden mit ihren Zuschlägen, das ging aus einem Gespräch mit Herrn Hempel hervor, liefen zu einer beträchtlichen Summe auf, die reduziert werden mußte.

„Wir werden es versuchen." Hans klopfte mit der Hand bekräftigend auf den Tisch.

Um ein babylonisches Sprachgewirr zu vermeiden, wollte man nur Leute gleicher Nationalität nehmen. Vom Arbeitsamt kamen dann auch nach ein paar Tagen fünf Italiener an, von denen zwei schon in der Textilindustrie gearbeitet hatten. Aus der Belegschaft waren ein Vorarbeiter und ein Angestellter bereit, einen Italienischkurs an der Volkshochschule zu besuchen. Ein Mann, der während des Krieges in Italien gelegen hatte, wollte den Italienern ein wenig Deutsch beibringen.

Das Telefon klingelte, und seine Mutter berichtete ihm, was mit Gerd geschehen war, daß er nun im Krankenhaus läge und aller Voraussicht nach querschnittsgelähmt bleiben würde.

„Was hat dieser Junge nur für ein Pech. Es gibt aber auch nichts, was dem nicht passiert. Und Helga. Wie hat sie es aufgenommen? War sicherlich ein Schock für sie, besonders hart in ihrem Zustand. Natürlich werde ich den Jungen besuchen, Mutter. Heute geht es nicht, aber morgen bin ich bei ihm." Er legte auf, nachdem er sich verabschiedet hatte. Hans strich sich über das Gesicht, wie um einen Traum zu verscheuchen. War das manchmal ein verrücktes Leben. Da lag das Schöne dicht neben dem Schrecklichen. Während er in Paris bei Hella war, hatte sein Neffe diesen gräßlichen Unfall. Konnte man seinem Schicksal überhaupt ausweichen?

Will meldete sich aus der Kur zurück. Sein Gesicht war sonnengebräunt. Er sah gut aus. „Ja, Hans, diese Kur war ein Erfolg. Mein Magen ist okay, allerdings darf ich nicht mehr rauchen, was mir sehr schwer fällt, keine scharfen Sachen trinken, nicht zu kalt oder zu heiß essen. Du kannst dir ja denken, daß das für mich eine einschneidende Umstellung ist."

„Hauptsache, du fühlst dich wohl, alter Junge. Wäre doch gelacht, wenn wir das nicht in den Griff kriegten, was?" Hans war erleichtert. Er hatte sich schon ernste Sorgen um seinen Freund gemacht. Aber nun, bei diesen guten Aussichten, kam auch bei ihm der Optimismus zurück, und er sagte sich, daß Will, dieser harte Mann, das schon machen werde.

Will war echt geschockt, als Hans ihm von Gerd erzählte. „Dein Neffe ist einer von denen, die dem Unglück nachlaufen. Nun hat es ihn schwer erwischt, und wir werden ihm helfen müssen. Ein Bursche wie der ist eigentlich nicht kleinzukriegen, und wenn er seine Courage nicht verliert, Hans, kann er auch im Rollstuhl ein glücklicher Mensch werden."

„Wir wollen es für ihn hoffen, Will."

Die Vertreter waren verabschiedet und fuhren in ihre Heimatländer zurück. War das wieder einmal ein Tag gewesen. Alle waren müde, und als der letzte mit einem Taxi in sein Hotel fuhr, brachte Hans Frau Wolfert nach Hause und ging dann in seine Wohnung.

Hier war es kühl und ungemütlich. Er drehte noch einmal die Heizung auf, obwohl er bald zu Bett gehen wollte. Selten war ihm seine Wohnung so fremd vorgekommen. Etwas wie Verlassenheit empfand er, besonders aber, wenn Hella nicht hier war. Wie schön war das Wochenende in Paris gewesen. Nun kam ihm wieder die Bemerkung in den Sinn, die sie gemacht hatte. Er hatte daraus den Wunsch nach einer festeren Bindung, nach einer Heirat herausgehört. Er hatte, da es keine direkte Frage gewesen war, nicht darauf geantwortet, sondern nur mit dem Kopf genickt. Doch erschien es ihm jetzt so, als habe er etwas unterlassen. Hella hatte auf eine Antwort gewartet. Nun versuchte er, sich an ihre Formulierung zu erinnern, doch den genauen Wortlaut fand er nicht mehr. Dem Sinn nach hatte sie gemeint, daß die Liebe, die zwei Menschen zusammenführte, schließlich auch einmal einer Legalisierung bedürfe. Hatte sie das so gesagt? Oder Bestätigung? Anerkennung? Habe ich mich wie ein Stiesel benommen? Er nahm sich vor, ihr beim nächsten Mal zu sagen, daß dies auch sein Wunsch war. Bin ich so ein feiger Hund, daß ich Angst vor meiner Mutter habe, weil sie partout eine andere an meiner Seite sehen will? Nun zerrte die Müdigkeit an seinen Lidern, und, während er sich ins Bett legte, nahm er sich vor, Hella morgen anzurufen und auch mit seiner Mutter zu sprechen, denn einmal mußten klare Worte gesagt werden.

***

„Sie sind schwanger, Madame“, hatte die Gynäkologin gesagt, und Hella hatte nichts darauf erwidert, sie hatte nicht gekonnt. Für die Ärztin war dies eine sachliche Feststellung, aber für sie etwas, was einen ganzen Strom von Gefühlen und Bedenken auslöste. Sie hatte plötzlich Zweifel und konnte sie nicht genau definieren. Natürlich wünschte sie sich Kinder. Charles und Claire, kinderlos, wollten später ein Kind haben. Sie waren beide in der Verwaltung der Firma beschäftigt und verdienten zusammen gutes Geld, das sie freudig für ein schönes und luxuriöses Leben ausgaben. Sie fuhren einen schweren Wagen und hatten in Croix de Vie ein Segelboot liegen, das nicht gerade billig gewesen war, auch wenn es aus zweiter Hand stammte. Die beiden aßen oft außer Haus und waren immer modisch gekleidet. Claire duftete nach teurem Parfum und hatte ein ansehnliches Schmucksortiment. Hella war einmal mit ihnen nach Croix de Vie gefahren und hatte erlebt, wie schön es war, auf den Wellen des Atlantik herumzuschippern. Claire und sie in knappen Bikinis vorne am Bug auf den Planken in der Sonne liegend und Charles am Ruder mit einer Seemannsmütze auf dem Kopf und einer Zigarette im Mund. Das Bordradio spielte ununterbrochen, sie tranken Cocktails, die Claire mixte. Vier Schlafstellen gab es in dem kleinen Salon auf diesem Kajütboot.

Schon beim zweiten Mal hatte es Hella nicht mehr so gut gefallen, und sie war am Montag recht müde wieder an ihren Arbeitsplatz zurückgekommen, weil es am Abend doch spät geworden war. Nach Paris zurückgekommen, waren sie zum Essen in ein Restaurant gegangen und hatten danach eine Bar aufgesucht. Hella hatte sich, obschon ihr daran wenig lag, nicht ausschließen wollen, denn Charles und Claire meinten es gut mit ihr und hatten ihr ein schönes Wochenende bereiten wollen.

Ganz anders bei Jaques und Denise mit ihren beiden Kindern. Jaques hatte einen alten Bauernhof bei Montargis gekauft und fuhr an jedem Wochenende mit seiner Familie dorthin. Auch er hatte die hübsche deutsche Kollegin dorthin mitgenommen, weil sie an den Wochenenden so viel und oft allein war.

Auf dem Land, in einem alten Bauernhaus, war das Leben natürlich völlig anders als in Croix de Vie auf dem Boot von Charles.

Hier auf dem Land wurde das Essen selbst zubereitet, wobei Hella Denise zur Hand ging. Draußen lärmten die Kinder, ein zehnjähriger Junge und ein achtjähriges Mädchen. Aus dem Schuppen drangen die Arbeitsgeräusche von Jaques bis zu ihnen in die Küche. Hier gab es keine extrafeinen Cocktails, sondern ein Glas Pinard aus der Gegend. Nach dem Essen marschierten die Kinder ins Bett, und Jaques zündete den Kamin mit dem Holz an, das er vorher gesägt und ins Zimmer geschleppt hatte. Noch ein Glas und ein Gespräch, das sich mit den Alltäglichkeiten und den Kindern befaßte. Jaques erklärte, wie er das Bauernhaus gestalten wolle, und überlegte, ob er den Stall noch in den Wohnbereich nehmen sollte. Ob man Tiere anschaffte, Ziegen oder Schafe. Was die Kinder später werden sollten. Was für Talente und Neigungen sich bei ihnen abzeichneten und was ihrer Erziehung und ihrer Bildung nützen würde.

Hella schlief in einem kleinen Zimmerchen hoch oben. Das alte, eichene Bett war mit Holzwurmlöchern übersät, das ländliche Leinen grob, und durch das Fenster hörte sie, wenn es draußen still war, den Bach in der Nähe murmelnd vorüberfließen.

Auf dem Land war sie immer in Bewegung, lag keine Minute in der Sonne und war abends müde. Doch war dies eine wohlige Müdigkeit, nach der sie herrlich schlief und am andern Morgen frisch und ausgeruht war. Es wurde bei der Rückkehr auch niemals spät, weil die Kinder am nächsten Tag in die Schule mußten. Sie trat auf die Straße hinaus und blieb einige Sekunden stehen. Ich bekomme ein Kind, dachte sie und wußte nicht, ob sie sich freuen sollte oder nicht. Wenn ich ein Kind habe, kann ich meinen Beruf nicht mehr ausüben, so wie bisher. Das Kind geht vor, und in eine Pflege gebe ich es nicht. Sie ging ein paar Schritte und betrat ein Café, bestellte sich einen Tee und steckte die Zigarettenschachtel schnell wieder fort. Rauchen würde sie jetzt nicht mehr. Im Augenblick hätte sie weiß Gott was gegeben, wenn sie ihre Mutter hier gehabt hätte. Den Gedanken, sie anzurufen, verwarf sie. Das wollte sie doch mit ihrer Mutter persönlich besprechen. Mit dem Kind würde schon fertig werden, aber das ganze Drumherum war für sie ein Problem. Mit ihren Eltern zu reden, machte ihr den geringsten Kummer. Liberal wie sie waren, würden die sich auf ein Enkelchen freuen. Mit ihrem Beruf würde es schwieriger werden, den Beruf einer Chefsekretärin konnte sie als Schwangere schlecht ausführen, zumal sie immer bei Empfängen und Konferenzen die Gäste und Geschäftsfreunde betreute.

Vielleicht könnte sie Schreibarbeiten übernehmen? In einem separaten Zimmer oder in ihrer Wohnung. Ob sie Monsieur Gobert diese Frage stellen könnte? Und wie würde der darauf reagieren? Seine Frau war immer sehr nett, und der Deutschunterricht, den sie dem Sohn gegeben hatte, machte Madame Gobert zu einer Freundin. Mit ihr zu reden, wäre wohl besser als mit ihm. Und Hans, wie würde er das auffassen? Das Arrangement mit ihm würde, wenn sie schwanger war, eine andere Richtung erhalten. Daß Hans sie enttäuschen würde, glaubte sie nicht. Dazu hatte er zu oft gesagt, daß er sie liebe. Doch war bisher von einer Heirat nie die Rede gewesen. Auch beim letzten Mal, als er hier war, hatte sie eine Bemerkung diesbezüglich gemacht, und er hatte außer einem Nicken nichts von sich gegeben. Die Worte ihres Vaters kamen ihr in Erinnerung, der sie vor einer Verbindung mit Hans gewarnt hatte. Es war schon lange her, aber sie entsann sich dessen genau. Die beiden waren echte Freunde.

Doch unterschied ihr Vater zwischen Freund und Schwiegersohn. Von einem Schwiegersohn erwartete er andere Qualitäten als von einem Freund. So ähnlich hatte er das damals gesagt. „Hans ist nicht der richtige Mann für dich. Es stört mich nicht, daß er einer anderen Gesellschaftsklasse angehört, obschon da bestimmt seine Mutter ein gewichtiges Wort mitreden wird. Was mir für dich vorschwebt, das habe ich dir schon groß und breit erklärt, und daran hat sich nichts geändert. Aber Hans mit seiner Fabrik im Genick wird dich nicht glücklich machen. Glaub mir das, Hella! Ich habe seine Ehe mit Lydia vom ersten Tag an miterlebt. Sie war ihm nicht gleichgültig, nein, aber die Fabrik mit einem ganzen Rattenschwanz von Verpflichtungen ließ ihm so wenig Zeit. Lydia war geduldig wie ein Schaf und ist immer allein zu Hause geblieben. Mir hat sie sich manchmal anvertraut, und ich hörte immer nur ihre Einsamkeit heraus. Und so ein Leben, Hella, das möchte ich dir ersparen. Du würdest dich eine Zeitlang grämen und dann todunglücklich werden. Deine Ehe würde keinen Bestand haben. Vielleicht würdet ihr eines Tages auseinandergehen. Vielleicht sogar im Streit. Ich bin dein Vater und fühle mich für dich verantwortlich, darum sage ich dir das."

Und doch war dann alles anders gekommen. Sie liebte Hans und bekam nun ein Kind von ihm. Was war denn naheliegender, als zu heiraten? Wenn Lydia damals ihr Kind gehabt hätte, wäre für sie das Leben auch anders verlaufen. Und ihr Vater mit seiner Sorge um sie, die ihn anders denken ließ. Als sie dann doch mit Hans zusammenkam, hatte er zugestimmt und seither nie mehr davon geredet. Ob er seine Meinung geändert hatte, wußte sie nicht. Ich muß Klarheit haben, dachte sie. Ich werde mit allen reden. Daß ich ein Kind von Hans bekomme, werde ich ihm sagen. Es wird am besten sein, ich fahre am Wochenende nach Hause.

***

Die Besprechung mit dem Betriebsrat war zu Ende. Über die Höhe des Weihnachtsgeldes war man sich einig. Giese erinnerte Hans noch einmal an eine Beerdigung, an der er teilnehmen mußte, und dann kam noch der Unterstützungsfond zur Sprache, und Hans sagte: „Habe ich mit Herrn Hempel besprochen, Herr Giese.

Bei unserer nächsten Zusammenkunft steht er als erster Punkt auf der Tagesordnung."

Dann begab Hans sich in sein Büro, weil die Suchanlage ihn dort ans Telefon rief. „Ihre Mutter, Herr Dehlen. Sie hat schon zweimal angerufen und wollte, daß ich zur Konferenz durchstelle."

„Was hatte sie denn? Etwas Besonderes und Unaufschiebbares?"

Seine Sekretärin zuckte die Achseln. „Das sagte sie nicht. Dann hat Herr Schmidt, Herr Willi Schmidt angerufen."

„Okay, werde zurückrufen. Sonst noch was?"

Seine Mutter meldete sich sofort, als habe sie neben dem Apparat auf seinen Anruf gewartet.

„Hans, was ist denn bloß bei euch los. Es war wieder einmal ein Problem, dich an den Apparat zu kriegen. Ich habe schon …"

„Mutter, entschuldige, aber ich weiß bereits, daß du schon ein paarmal angerufen hast. Meine Sekretärin hat es mir ausgerichtet."

„Was muß ich denn noch alles anstellen, dich ans Telefon zu kriegen, ich meine, dich sofort zu kriegen und nicht stundenlang warten zu müssen? Ich finde das sehr störend. Man telefoniert und telefoniert und erhält immer die gleichen, unbefriedigenden Antworten. Ich habe manchmal das Gefühl, daß du mit deinem Personal zu nachsichtig bist. Ich jedenfalls ließe mir nicht auf der Nase herumtanzen."

„Aber Mutter, davon kann doch keine Rede sein. Ich saß mit dem Betriebsrat zusammen und hatte strikte Anweisung gegeben, daß wir nicht gestört werden. Was denkst du, was bei so einer Besprechung herauskäme, wenn ich das nicht täte. Wir kriegten keine zwei Sätze zu Ende geredet. Wir könnten die Besprechung abblasen. Versteh das bitte."

„Also, dieses Verbot gilt auch für mich?" fragte sie spitz.

„Das gilt für alle und jeden!"

„Gut, gut, ereifere dich nicht gleich. Schließlich ist deine Mutter auch nicht mehr die Jüngste, das weißt du doch. So, nun zur Sache. Am 16. dieses Monats spielt Badura-Skoda Werke von Schubert, und ich möchte, daß du dort hingehst und Frau Dr. Welter begleitest. Sie liebt Schubert, das habe ich bemerkt. Dir dürfte das aber auch nicht verborgen geblieben sein. Nun dachte ich, das wäre doch eine gute Gelegenheit, um …"

Es hatte geklopft, und seine Sekretärin steckte den Kopf zur Tür herein. Hans blickte auf. „Mutter, eine Sekunde bitte."

„Auf der zweiten Leitung habe ich die Polizei, Herr Dehlen."

„Polizei? Was will die denn von mir?"

„Vielleicht könnten sie einmal ein paar Worte mit dem Beamten reden?"

Hans wurde nervös. Hier seine Mutter, dort die Polizei an der Strippe. „Mutter, ich muß leider unser Gespräch beenden, ich habe einen dringenden Anruf von der Polizei auf der anderen Leitung."

„Was wollen denn die von dir?"

„Mutter, das will ich ja erfahren."

„Gut denn, wenn es wieder einmal pressiert und du mich unbedingt loswerden willst, will ich dich nicht aufhalten. Also soll ich nun die beiden Konzertkarten bestellen oder nicht?"

Hans schüttelte stumm den Kopf. Die Hartnäckigkeit seiner Mutter kannte keine Grenzen, doch staunte er immer wieder aufs neue, daß sie nicht darin ermüdete. „Also gut, besorg die beiden Karten, aber es ist das letzte Mal, Mutter, daß ich mich von dir mit dieser Frau Welter zusammenbringen lasse, dazu noch auf diese Weise."

„Was soll denn das heißen, auf diese Weise? Du scheinst vergessen zu haben, mit wem du redest?"

„Doch Mutter, das weiß ich wohl. Aber ich möchte Herr meiner Entschlüsse sein und bleiben. So, jetzt müssen wir Schluß machen, die Polizei wartet auf meinen Anruf."

Uff! Er wischte sich die Stirn. Seine Mutter konnte schon verdammt anstrengend sein. Saß den ganzen Tag allein in dem großen Haus und überlegte, wie sie ihn verheiraten könnte. Von der Polizei wurde er gefragt, ob er einen Boten hätte, der außer der Post auch Geld bei Banken holen oder bringen würde. Als Hans dies bejahte und auf Verlangen des Beamten den Boten beschrieb, stellt sich heraus, daß man diesen Boten überfallen hatte. Er erfuhr folgendes: Jemand hatte wohl in der Bank hinter dem Boten gestanden, der eine ganze Menge an Devisen und DM abholte und in seine lederne Umhängetasche steckte. Der Beobachter war dem Boten gefolgt und hatte, als dieser auf dem Parkplatz seinen Wagen öffnen wollte, zugegriffen. Er wollte dem Mann mit einem Ruck die Geldtasche entreißen und damit das Weite suchen. Dies war wohl seine Absicht, doch kam es nicht dazu, denn der Bote war ein durchtrainierter Mann, der nach einer Schrecksekunde dem Dieb, der hinter ihm stand, den Ellbogen in die Rippen stieß, was dem nicht gut bekam. Doch ließ der Dieb die Tasche nicht los und zerrte daran. Es entstand ein Handgemenge, in das sich zwei Passanten einmischten. Da die jedoch nicht wußten, wem die Tasche gehörte, wußten sie nicht, wessen Partei zu ergreifen war. Der Spitzbube versuchte den plumpen Trick und stellte sich als Eigentümer hin. Die Passanten, zwei kräftige Männer, hielten nun alle beide fest und ließen durch einen weiteren Passanten die Polizei holen. Als diese sich näherte, machte sich der Dieb aus dem Staub. Weit aber kam er nicht, denn einer der Beamten fing ihn ein. Von Hans wollte die Polizei nun, daß jemand aus der Fabrik aufs Revier käme, um Boten,

Tasche und Inhalt zu identifizieren. Hans sagte zu. Dann ließ er sich mit Willi Schmidt verbinden. Der wollte wissen, ob Hans mit ihm zu einer Party von Hellmann gehe. Mike wolle eine Mittelmeerkreuzfahrt machen und vorher noch diese Party veranstalten.

„Nein, Willi. Erstens bin ich furchtbar im Druck und froh, wenn ich mich am Wochenende einmal auf die faule Haut legen kann, und zweitens habe ich vom letzten Mal noch die Nase gestrichen voll."

„Kann ich verstehen, Hans. Ich sage Mike, du wärst verhindert."

„Sag ihm, was du willst. Von mir aus auch rundheraus, daß es mir nicht gefallen hat. Warum soll ich mit meiner Meinung hinter dem Berg halten, wenn Mike sich derart daneben benimmt?"

„Okay, Hans. Dann bis später einmal. Tschüss."

***

Hella Horsch war froh, als sie die Türme der Stadt sah. Die Fahrt von Paris bis hierher in ihrem kleinen Wagen war sehr anstrengend gewesen, und die belgischen Straßen hatte sie heftig durchgeschüttelt. Vor dem Haus ihrer Eltern hielt sie an und stieg aus. Sie klingelte, und ihre Mutter kam die Treppe herunter.

„Hella, du hier? Ist etwas?"

„Ja, Mutter. Es ist etwas, aber das sage ich dir später. Hilfst du mir, das Gepäck hineintragen?" Und als sie das besorgte Gesicht ihrer Mutter sah: „Nichts Schlimmes. Ich habe mir ein paar Tage Urlaub genommen, weil ich verschiedene Dinge erledigen muß."

„Komm herein, Kind. Magst du einen Kaffee?"

„Ja, bitte, aber nicht zu stark."

„So, nun sag schon, was los ist."

„Ich bekomme ein Kind, Mutter."

„Ach du lieber Gott! - Von Hans?"

„Ja natürlich, was denkst du denn?"

Eine Weile sagte niemand etwas, und Mia sah ihre Tochter nur an.

„Was geschieht nun?"

„Was soll schon geschehen, Mutter? Ich gehe zu Hans und sage es ihm."

Mia Horsch hatte sich erhoben und goß das kochende Wasser in den Kaffeefilter. Immerzu mußte sie ihre Tochter ansehen, prüfend und keineswegs begeistert.

„Sag Vater bitte nicht eher etwas, bis du mit Hans geredet hast. Er ist nicht gut beieinander, und ich möchte nicht, daß er sich auch noch aufregt."

„Wieso ist er nicht gut beieinander? Als er aus der Kur kam, war doch alles in Ordnung, und er sah wirklich gut aus?“

„Ja, Hella, das war vor ein paar Wochen, aber sein Magen fängt wieder an. Der läßt ihm keine Ruhe. Schon nach wenigen Tagen ging es wieder los. Er sagt zwar nichts und tut so, als sei alles gut, aber ich kenne ihn. Tabletten nimmt er, wenn er glaubt, ich sehe es nicht, und die Schmerzen, die er zweifellos hat, die Beschwerden nach dem Essen, die versucht er vor mir zu verbergen. Mir gefällt das nicht. Vater war immer kerngesund und konnte essen, was ihm Spaß machte, aber nun will er Brei und Päppchen. Er raucht nicht mehr und trinkt keinen Tropfen Alkohol.“

„Vielleicht hat er sein Leiden nicht ganz auskuriert, und es braucht noch Zeit. So eine Gastritis kann sehr hartnäckig sein.“

Mia schüttelte den Kopf, sie weinte.

„Mutter!“

Hella ging zu ihr und drückte sie an sich. „Ich kenne ihn besser als jeder andere, Kind. Mit ihm stimmt etwas nicht, das kann mir niemand ausreden. So wie in den letzten Monaten war er früher nie. Ich befürchte das Schlimmste.“

„Mutter, dann werden wir eben die Sache in die Hand nehmen und ihn zu einem Spezialisten schicken oder ihn dorthin schleppen, wenn es sein muß. Wenn sein Leiden gefährlich sein sollte, kommt es auf jeden Tag an. Heute kann die Medizin bedeutend mehr als vor Jahren, Mutter.“

Auch Hella hatte jetzt Tränen in den Augen, aber sie raffte sich auf und sagte resolut: „Zuerst rede ich mit Hans und dann mit Vater, und du wirst sehen, daß alles gut werden wird. Mach dir bitte keine Sorgen mehr.“

Mia nickte mutlos und wischte sich die Augen.

„Wann gehst du zu Hans?“

„Ich packe aus, esse eine Kleinigkeit und dann fahre ich los. In zwei Stunden kommt Vater aus der Fabrik, und ich bin während dieser Zeit bei Hans.”

Innerlich zitterte Hella, denn was ihre Mutter ihr mitgeteilt hatte, war wie ein Donnerschlag über sie gekommen, und sie mußte sich ordentlich zusammennehmen, um nicht in Tränen auszubrechen. Sie nahm ihre Koffer und trug sie in ihr Zimmer hinüber. Das Nachhausekommen hatte sie sich anders vorgestellt. Ausgerechnet jetzt kam alles zusammen. Vater krank, vielleicht schwerkrank? War es wirklich so schlimm, wie Mutter annahm? Dann das Gespräch mit Hans. Gewißheit und Ungewißheit stritten miteinander, und sie hatte vor Aufregung Kopfschmerzen.

„Mutter, ich fahre jetzt los.“ Mia nickte stumm, und Hella sah, daß die Augen ihrer Mutter wieder in Tränen schwammen. Sie ging zurück und nahm sie noch einmal in die Arme und küßte sie.

„Mutter, bis jetzt haben wir noch alles gut hingekriegt und wenn es noch so knüppeldick gekommen ist, nicht wahr? Und das, was vor uns liegt, das bewältigen wir auch, so oder so." Dann fuhr sie los.Die Leute strömten aus der Fabrik, als sie ankam, und sie wartete in ihrem Wagen, bis der Strom abebbte. Dann ging sie zum Pförtner.

„Ich möchte gerne zu Herrn Dehlen." Der Portier hatte ein kleines Fensterchen geöffnet, als sie vor seiner Loge stehengeblieben war.

„Moment bitte. Ich sehe nach, ob Herr Dehlen im Hause ist?"

Er telefonierte und wartete. Dann sprach er mit jemanden und wählte eine andere Nummer. Hella konnte nicht verstehen, was er sagte. Nun legte er auf und kam zu dem Fensterchen. „Herr Dehlen ist nicht mehr im Hause. Er hat die Fabrik schon vor zwei Stunden verlassen."

„Danke. Vielen Dank."

Was nun? Wo konnte Hans sein? Sie ging zurück und fragte, aber der Portier konnte es ihr nicht sagen. Sie fuhr wieder in die Stadt zurück und überlegte, was sie nun tun sollte. Zu Hans in die Wohnung fahren, sehen, ob er dort war. Wenn nicht, könnte sie dort warten. Schließlich würde er ja nach Hause kommen, und dann konnte sie mit ihm reden. Je eher, desto besser. Sie versuchte sich auszumalen, wie wohl seine Reaktion sein könnte und wie alles weiterlaufen würde. Sie liebten sich doch. Das hatten sie sich oft genug gesagt. Über Konsequenzen hatte sie nie nachgedacht und mit ihm auch nie darüber geredet. Kinder wollte er, wie er einmal sagte, aber das Gespräch darüber war rein theoretisch gewesen. Von einer Heirat hatte er nicht gesprochen. Einmal hatte sich ihre Mutter dazu geäußert und ihr gesagt, daß eine Ehe von der Frau gemacht werde, wenn die Frau intelligent sei.

Hella fuhr zu Hans und ging in die Wohnung hinauf, zu der sie einen Schlüssel hatte. Er war nicht da. In der Diele hingen sein Tweedjackett und ein Hut, eine Mütze und ein Schal. Im Wohnzimmer lagen Noten und Zigaretten auf dem Tisch. Der Deckel des Klaviers stand offen, und es standen Noten auf dem Notenbord. Das Schlafzimmer war aufgräumt. Über einem Stuhl hing ein Pullover, und ein Paar Schuhe standen davor.

Sie ging ins Wohnzimmer zurück, unschlüssig, was sie tun sollte. War es eine gute Idee zu warten? Wenn er eine Besorgung machte, war er bald hier. War er aber einer Einladung gefolgt, dann ...? In diesem Fall würde sie hier stundenlang herumsitzen. Eine Stunde wollte sie warten, dazu hatte sie sich entschlossen. Sie setzte sich auf die Couch.

Doch lange hielt sie es nicht aus. Sie war zu nervös. Plötzlich kamen ihr Zweifel, und sie spielte in Gedanken alles noch einmal durch und versuchte sich vorzustellen, wie es ablaufen würde. Aber sie konnte sich selbst keine Antwort geben.

Schließlich entschloß sie sich, nach Hause zu fahren und es später per Telefon zu versuchen. Irgendwann heute abend würde sie ihn schon erreichen. Oder es einmal bei seiner Mutter versuchen? War das klug? Versuchen konnte sie es doch. Oder nicht? Wenn er nicht dort war, würde sie nach Hause fahren.

Es war schon dämmerig, als sie vor dem Dehlen' schen Hause ankam. Sie stellte den Wagen vor der Einfahrt ab. Das kleine Pförtchen war unverschlossen, und sie ging hindurch. Mit ihren hohen Absätzen war das Gehen auf dem Kiesweg beschwerlich, und sie war etwas außer Atem, als sie auf die Terrasse vor die Eingangstür trat. Im Parterre waren einige Fenster erleuchtet, und ihr Herz klopfte, als sie die Klingel drückte. Innen hörte sie Schritte, und dann öffnete sich die Tür.

Sie nannte ihren Namen und die Frau fragte, was sie wünsche.

„Ich möchte Herrn Dehlen sprechen."

Die Frau blickte über ihre Schulter zurück, denn es hatte sich eine Tür geöffnet, und seine Mutter erschien und bat sie einzutreten.

„Sie möchten mit meinem Sohn reden? Sind Sie nicht Fräulein Horsch? Ich glaube, ich habe Sie schon in der Fabrik gesehen? Und nun möchten Sie zu meinem Sohn."

„Ja, das möchte ich gerne."

„Da haben Sie aber einen falschen Zeitpunkt gewählt, Fräulein Horsch, auch den falschen Ort. Rufen Sie doch morgen in der Fabrik an und lassen sich einen Termin geben."

Hella stand unschlüssig in der großen Diele. Seiner Mutter sah sie an, daß diese sich gestört fühlte. Trotzdem wollte sie nicht bis morgen warten und fragte deshalb: „Wenn möglich, würde ich Ihren Sohn gerne noch heute sprechen."

„Ach, Sie haben es so eilig? Tut mit leid, da kann ich Ihnen aber nicht helfen."

Hella glaubte, Abweisung und Hochmut in Annette Dehlens Gesicht zu sehen. Sie sah vor sich auf den Boden und überlegte angestrengt, was sie jetzt wohl machen könnte, um mit ihm in Kontakt zu kommen.

„Sie werden sich schon bis morgen gedulden müssen, Fräulein Horsch. Heute ist mein Sohn auf gar keinen Fall zu sprechen. Er ist mit seiner Verlobten ins Konzert gegangen und wird erst spät zurückkommen."

Mit seiner Verlobten ins Konzert? Mit seiner Verlobten? Sie stand starr, wie festgewachsen. In ihrem Kopf dröhnte es. Mit seiner Verlobten. Mein Gott, das konnte doch nicht wahr sein.

„Fräulein Horsch, hören Sie. Er ist heute nicht mehr zu sprechen. Wenn Sie in unserer Fabrik arbeiten wollen, dann wenden Sie sich an den Personalchef. Deswegen brauchen Sie meinen Sohn nicht zu behelligen. Fräulein Horsch, hören Sie?"

„Ja, ich …“

Annette Dehlen war einen Schritt zurückgetreten und sah sie kritisch an. Dann wandte sie sich zurück, sagte „Auf Wiedersehen, Fräulein Horsch“ und ging wieder in das Zimmer hinein, aus dem sie gekommen war. Die Haushaltshilfe kam näher.

„Bitteschön“, sagte die Frau, und Hella trat auf die Terrasse hinaus. Schwer wie Blei fühlten sich ihre Beine an, und sie stolperte auf der Treppe, faßte schnell das Geländer und holte tief Luft. Es machte Mühe durchzuatmen. Ihr Hals war wie abgeschnürt. Erst als sie sich ein Stück vom Haus entfernt hatte, brach die Starre, und sie weinte laut und hemmungslos. Sie kam sich verraten und alleingelassen vor. Seine Verlobte! Das war doch nicht möglich? Hans! - Sie setzte sich in den Wagen und wischte die Tränen fort. Sie schluckte schluchzend. Dann machte sich eine wilde Entschlossenheit in ihr Platz. Seine Verlobte? War Hans wirklich so ein Mensch? Ein abgrundtiefer Heuchler? Betrog er sie? Ihr hatte er gesagt, daß er sie liebte, und nun zog er mit einer anderen los und verlobte sich. Das gibt es doch nicht. Das kann er mit mir nicht machen. Ich werde ihn zur Rede stellen und zwar heute noch. So einfach geht das nun aber nicht.

Knirschend legte sie den ersten Gang ein und wendete den Wagen, daß die Reifen quietschten. Lautes Gehupe riß sie hoch, und ein Wagen fuhr dicht an ihr vorbei. Nun gab sie Gas und fuhr zu seinem Haus zurück. Entschlossen betrat sie die Wohnung.

Vielleicht steckte auch seine Mutter dahinter. Die ihrem Sohn eine standesgemäße Frau besorgen wollte. Hatte Hans nicht einmal sowas gesagt oder angedeutet? - Natürlich, diese Ärztin, die immer bei seiner Mutter aufkreuzte. War die nicht geschieden? Wie dem auch sei, sie würde nun von Hans Rede und Antwort verlangen.

***

Nun wartete sie schon zwei Stunden. Von ihrer langen Autofahrt von Paris hierher war sie müde, doch die Gedanken in ihrem Kopf schwirrten derart verrückt durcheinander, daß sie nicht einschlafen konnte. Ab und zu fiel sie in einen leichten Schlummer, schreckte jedoch bei jedem Geräusch wieder auf. Jeder Wagen, der auf der Straße zu hören war, konnte Hans' Wagen sein, und jedesmal horchte sie auf seinen Schritt.

Nun kam wieder ein Wagen. Doch dieser hielt an, und die Türe klappte. Dann war jemand auf der Treppe. Das mußte er sein. Sie warf die Wolldecke zurück und setzte sich aufrecht hin, zog ihre Schuhe an und ordnete ihr Haar. Er betrat die Wohnung.

Gespannt blickte sie zur Tür.

Sein Gesicht erschien, und mit fragendem Ausdruck sah er ins Zimmer hinein. Dann machte er Licht und trat näher.

„Hella, Liebling. Ich sah unten deinen Wagen stehen. Du bist zu mir gekommen. Das ist aber eine Überraschung." Er kam heran, nahm sie in die Arme und küßte sie. Sie stand steif wie ein Brett und rührte sich nicht. Von ihrer Stimmung schien er nichts zu bemerken, und seine Frage, wieso sie hierhergekommen sei, kam ihr naiv vor. So können nur Männer fragen, dachte sie und antwortete mit spröder Stimme: „Ich muß etwas mit dir besprechen, Hans."

„Fein", sagte er nichtsahnend und warf seinen dunkelblauen Blazer in einen Sessel. Er kam dann zu ihr, um sie wieder in die Arme zu nehmen.

Sie sträubte sich und trat einen Schritt zurück. War das ein Spiel? War er ein derart abgefeimter Schuft, oder was war hier eigentlich los?

Er blickte in ihr Gesicht, wie er es immer tat. Sie suchte nach einem Schuldgefühl bei ihm, konnte aber nichts derartiges feststellen. Überspielte er da etwas sehr geschickt? Nein, er war wie immer gut aufgelegt und nicht ein bißchen neugierig, was sie hier wollte. Sie zuckte zusammen, als er plötzlich sagte: „Du, ich habe einen Mordshunger. Wollen wir uns nicht was zurechtmachen? Ich war in einem Konzert und habe vorher nur eine Kleinigkeit gegessen."

„So, du warst im Konzert?" Ihre Augen funkelten.

„Was ist denn los, Liebling?"

„Du warst mit deiner Verlobten im Konzert, hörte ich?"

„Mit meiner Verlobten? Wer hat dir denn diesen Schwachsinn verzapft?" Er blickte sie gespannt an. Dann wurden seine Augen groß, sein Mund bewegte sich ohne einen Laut, er bog sich nach hinten und lachte. „Das sieht meiner Mutter aber sehr ähnlich. Hella, Liebling, ich hoffe, du gibst keinen Pfifferling darauf, was meine Mutter da gesagt hat. Das ist der Wunschtraum meiner Mutter, der sich jedoch nicht erfüllen wird. Ich habe dir doch einmal von dieser Frau Dr. Welter erzählt, eine Bekannte meiner Mutter. Gut, ja. Mit dieser Frau Welter möchte meine Mutter mich gerne verkuppeln. Irgendwann hat sie sich das in den Kopf gesetzt. Sie hat mich immer wieder bearbeitet und oft versucht, uns beide zusammenzubringen. Bisher habe ich das abgelehnt und mich dünne gemacht. Aber vor ein paar Tagen hat meine Mutter mich in einer Situation erwischt, in der ich sie einfach loswerden mußte. Aus diesem Grund habe ich in diesen Konzertbesuch mit Frau Welter eingewilligt."

Hella sah seine Augen forschend auf ihrem Gesicht, als er fortfuhr: „Diese Frau Welter ist ein sehr nettes Mädchen. Sie ist ein ernster Mensch, gebildet und auch hübsch. Sie ist Ärztin und rund um die Uhr im Einsatz. Ich glaube darum nicht, daß die wild aufs Heiraten ist. Das bildet sich meine Mutter nur ein. Verstehst du das? Die und ich, wir wären gar nicht in der Lage, eine Ehe zu führen, weil sie genauso vor den Karren gespannt ist wie ich mit der Fabrik. Nur noch mit dem Unterschied, daß sie oft Nachtdienst hat." Hans umschlang sie mit den Armen und drückte sie an sich. Sie fühlte sein Herz schlagen und seinen Mund auf ihrem Gesicht. „Außerdem liebe ich ein anderes Mädchen, die hat ein Gesicht von Milch und Rosen. Weißt du auch, daß du schön bist, wenn die Wut in dir kocht?"

„Ich bin nicht wütend. Ich ..."

„Du bist doch nicht eifersüchtig auf Frau Welter?"

Hella senkte den Kopf, drehte ihn zur Seite und legte eine Wange gegen seine Brust. „Ich bekomme ein Kind", flüsterte sie. Sie fühlte den Ruck, der durch ihn ging. Dann schob er sie zurück. Seine beiden Hände hielten sie an den Schultern fest, und sein Blick haftete forschend auf ihren Augen.

„Sag das noch mal!" Das klang ernst.

„Ja, Hans, ich bekomme ein Kind." Das kam noch leiser als vorher. Sag etwas, dachte sie, sag' etwas.

Seine Augen kamen den ihren ganz nahe, und sein Mund legte sich sanft auf ihre Lippen. Dann küßte er sie und flüsterte: „Ich liebe dich, Hella, und ich freue mich auf unser Kind."

Er hielt sie immer noch an den Schultern fest und lachte. „Jetzt sind wir eine Familie. Ich bin der Vater, und du bist die Mutter. Ich habe ...."

„Bitte, Hans. Was sollen wir nun tun?"

„Mein Gott, was wir tun werden? Das ist doch schrecklich einfach. Wir werden heiraten, und du kommst zu mir!"

„Ja, aber wir haben doch noch nichts besprochen. Ich, - ich wußte ja nicht, ob du mich heiraten willst?"

„Liebes Kind, nun halt aber die Luft an. Natürlich will ich dich heiraten. Das hättest du dir aber auch schon denken können. Hast du etwa angenommen, ich ziehe mich aus der Affäre?" Er lachte. „Was meine Mutter dir erzählt hat, das weiß ich, aber sie wird sich damit abfinden müssen. Wir werden heiraten und zwar bald. Ich möchte auf keinen Fall, daß man sich irgendwelche Geschichten über uns und unser Kind erzählt. Einverstanden?"

Sie löste sich aus seinen Armen, ordnete erneut ihr Haar, sie wollte etwas sagen, aber er war schneller. Er legte ihr einen Arm um die Schulter und führte sie in die Küche hinein.

„Wenn du mir jetzt nichts zum Essen machst, falle ich auf der Stelle um, so hungrig bin ich, und du wirst ebenfalls etwas essen, damit unser Kind groß und stark wird."

***

Annette Dehlen saß steif auf ihrem Stuhl, nachdem Hans ihr mitgeteilt hatte, daß er Hella heiraten werde und zwar bald. Etwas gehemmt hatte er begonnen, betont leger, um seine Nervosität zu überspielen, und seine Mutter hatte ihn nicht ein einziges Mal unterbrochen, ihn ausreden lassen bis zum Ende. Dann war Stille eingetreten. Fast eine Minute lang hatte sie nichts darauf erwidert und ihn schmoren lassen.

Die Ruhe vor dem Sturm, dachte er und zündete sich eine weitere Zigarette an.

„So", sagte sie jetzt. „War das alles, - oder?"

Hans nickte abwartend.

„Und warum diese Eile, wenn ich fragen darf? Hat dies einen besonderen Grund?"

Hans drückte die kaum angerauchte Zigarette wieder aus und bemerkte, daß auch das von seiner Mutter registriert wurde. Sie spürte seine Nervosität und ahnte sicherlich auch, was nun kommen würde. Hans holte tief Luft. Was soll's, dachte er, erfahren wird sie es so oder so. Warum nicht gleich und jetzt.

„Hella erwartet ein Kind von mir, und ich möchte nicht ..."

„Das möchte ich auch nicht. Auf keinen Fall. Wenn du schon entschlossen bist, sie zu heiraten, obschon das nicht, vielleicht nicht unbedingt notwendig wäre. Man kann solche Dinge auch anders regeln, aber wenn du wirklich entschlossen bist, dieses Mädchen zu heiraten, gegen den gutgemeinten Rat deiner Mutter, und es ist auch schon ein Kind unterwegs, dann bitte so schnell als möglich. Oder siehst du eine bessere Lösung?"

Ihre Sprache bekam einen schärferen Ton, als sie hinzufügte: „Diese Art von übereilter Heirat ist bei uns nicht üblich, und ich mißbillige diesen Umstand ausdrücklich, denn so etwas ist in unserer Familie noch nie vorgekommen."

Hans wußte es zwar anders, denn diesen sogenannten Fehltritt hatte es schon bei Onkel Martin, Mutters Bruder, gegeben, was aber streng geheim gehalten wurde. Er schwieg also und schürte das Feuer nicht. Doch seine Mutter beherrschte sich und sagte nichts mehr dazu. Ein wenig später, als sich die Wogen geglättet hatten, meinte sie nur mit einem kleinen, ironischen Seitenhieb, daß seine vielen Fahrten nach Paris von Erfolg gekrönt worden seien. Frau Dr. Welter erwähnte sie mit keinem Wort mehr, und als Hans ihr sagte, daß er Hella liebe, schon lange liebe, da entspannte sich die Lage fühlbar.

„Bei diesem so schnellen Entschluß zu deiner Heirat hatte ich noch keine Gelegenheit, meine zukünftige Schwiegertochter kennenzulernen. Ich möchte das unbedingt nachholen. Würdest du ihr mitteilen, daß ich sie morgen zum Tee erwarte. Ich hoffe, das ist möglich. Es gibt außer dem Kennenlernen noch vieles zu besprechen, und das möchte ich bei dieser Gelegenheit tun."

Hella allein bei seiner Mutter. - Den Kopf würde sie ihr ja nicht abreißen, aber...?

„Du brauchst dir keine Sorgen um deine Hella zu machen, ich fresse sie nicht. Wenn sie dir als Frau gut ist, wird sie mir als Schwiegertochter wohl recht sein. Schließlich bin ich ja froh, daß du überhaupt entschlossen bist, zu heiraten, woran ich zeitweise nicht mehr geglaubt habe."

Sie nahm ihr Taschenbuch und schrieb etwas hinein. Dann kam sie übergangslos auf ein anderes Thema zu sprechen: „Helga und Josef Kroll waren gestern bei mir. Sie haben mir ihre Sorgen wegen Gerd mitgeteilt, der ja nun im Rollstuhl sitzt und vor sich hinstarrt. Ich möchte, daß jeder in der Familie versucht, dem Jungen zu helfen, auch du. Es wird doch möglich sein, daß er in der Fabrik arbeitet, oder steht dem etwas im Wege? Dieser Rollstuhl vielleicht?"

„Natürlich nicht, Mutter. Gerd wird in die Fabrik kommen und kann im Verkauf arbeiten."

„Gut, dann werde ich Helga Bescheid sagen."

„Was macht Peter? Habe lange nichts von ihm gehört."

„Peter studiert seit zwei Monaten in Bonn Jura. Ach, das weißt du noch nicht? Dann solltest du dich ein wenig mehr um die Familie kümmern. Auch Inge beschwerte sich, daß sie von dir kein Sterbenswort hört. Sie sagte mir am Telefon, sie habe dir schon sechs Karten aus Spanien geschrieben, wo ihr Mann dreht, aber bis zum heutigen Tage keine Antwort erhalten."

Er nickte zustimmend und versprach dann, das sofort nachzuholen. Er war sehr froh, daß der Abend dann doch harmonisch verlief. Seine Mutter wurde zum Ende des Abends sogar recht freundlich und sagte unumwunden, daß sie sich über die Heirat freue und sich darauf verlasse, daß er eine gute Wahl getroffen habe.

„Die junge Generation verstehe ich nicht immer. Zu unserer Zeit gab es viele Dinge einfach nicht, die heute üblich sind und über die niemand mehr die Nase rümpft. Nun gut, du und deine Braut, ihr seid die junge Generation, und ihr macht, was ihr wollt. Was ich euch eventuell geben kann, ist der Rat einer erfahrenen Frau und Mutter, und ich bitte dies gelegentlich auch zu akzeptieren."

Sie saßen noch lange zusammen, was Hans veranlaßte anzunehmen, daß nun alles geregelt sei. Doch bevor er aufbrach, nachdem sie ihm einen zweiten Cognac abschlug, fragte sie nach dem Betriebsausflug, der anläßlich des fünfundsiebzigsten Bestehens der Fabrik stattfinden sollte. „Ja, Mutter, der Ausflug findet in einem Monat statt. Wir haben ein Lokal am Rhein ausgesucht, das die geeigneten Räumlichkeiten hat. Wie ist es denn mit dir? Fährst du mit?"

Er fragte aus einem plötzlichen Impuls heraus und war erstaunt, als seine Mutter das nicht rundweg ablehnte. Als Seniorchefin noch einmal dabei zu sein, schien ihr verlockend. „Ich werde es mir überlegen und dir meinen Entschluß mitteilen."

Hella hatte in seiner Wohnung auf ihn gewartet. Sie sah ein wenig verschlafen aus und schälte sich aus der bunten Wolldecke, unter der sie auf der Couch gelegen hatte. Begeistert war sie nicht, als Hans ihr die Einladung seiner Mutter übermittelte.

„Muß ich da allein hingehen? Warum gehst du nicht mit?"

Hans stand am Schrank und drehte sich herum. „Trinkst du etwas?" Als sie verneinte, goß er sich einen Cognac ein und kam zu ihr herüber.

„Liebes Kind, meine Mutter hat schon immer einen starken Willen gehabt und ist außerdem eine kluge Frau. Sie will dich einmal für sich allein haben. Sie will jeden Menschen in der Familie genau kennen. Diesem Umstand verdanke ich mein Klavierstudium. Auch mein Vater hat viel von ihrem gesunden Menschenverstand profitiert, das weiß ich ganz genau. Wenn er Schwierigkeiten mit jemanden hatte, dann mußte Mutter ran. Die Person wurde eingeladen und von meiner Mutter seziert, psychologisch natürlich. Dasselbe möchte sie jetzt auch mit dir machen. Sie will genau wissen, wen ich da als Schwiegertochter und Mutter meiner Kinder ins Haus bringe."

Hans umschlang sie.

„Nun hab keine Angst und versuche nicht, dich zu verstellen, denn das merkt sie sofort und legt es dir als Unsicherheit aus. Denk immer daran, daß sie das Beste will, für dich und für mich. Sei natürlich. Tu so, als sei sie eine alte Bekannte, die du seit langer Zeit kennst und schätzt. Sei nett und halte mit nichts hinter dem Berg, dann hast du schon gewonnen." Er küßte sie.

„Was ziehe ich an? Ein dunkles Kleid, ein Kostüm?"

„Zieh etwas an, was in die Jahreszeit und die Tageszeit paßt. Etwas Elegantes aus Paris. Das wird ihr sicherlich gefallen."

Hella erhob sich und streifte die Schuhe über.

„Hella, du willst doch jetzt nicht nach Hause. Erstens ist es schon spät, zweitens bist du müde, und drittens möchte ich dich gerne hier haben. Ruf deine Eltern an und sag Bescheid."

„Hans, jetzt sag mir noch einmal ganz genau, was deine Mutter zu unserem Kind gesagt hat? Ich muß das wissen."

Hans hatte seine Krawatte aufgebunden und sein Hemd aufgeknöpft. Er ging in Richtung Bad, drehte sich um und erwiderte lächelnd: „Meine Mutter fand das mit dem Kind zwar ein wenig voreilig und sagte das auch mit einer gewissen Strenge, aber ich habe doch etwas wie Befriedigung in ihrem Gesicht gesehen. Das sagte sie natürlich nicht, aber ich bin ganz sicher."

***

Sie hatten ausgemacht, sich in seiner Wohnung zu treffen, wenn sie vom Besuch bei seiner Mutter wiederkam, und Hans wartete nun schon länger als eine Stunde. Sie wollten heute Abend irgendwo essen gehen. Nun aber war die Zeit soweit vorgeschritten, daß er glauben mußte, seine Mutter habe Hella zum Abendessen eingeladen. Das wäre ungewöhnlich, denn so spontan würde sie nicht auf eine Schwiegertochter reagieren, auch wenn die noch einen so guten Eindruck gemacht hatte. Es war fast acht Uhr, als er sie die Treppe hinaufkommen hörte. Ihr Gesicht war gerötet, und er fragte sich im ersten Augenblick, ob das Wut, Enttäuschung oder Freude war.

Es war Freude, stellte er befriedigt fest, und als er ihr aus dem leichten Mantel half, sprudelte sie sofort los. Er fragte sie, ob man das nicht beim gemeinsamen Abendessen besprechen sollte? Damit war sie einverstanden, und sie gingen in sein Stammrestaurant.

„Also, Hans, es war einfach toll, anders kann ich es nicht ausdrücken. Deine Mutter ist eine ganz reizende Frau. Sie empfing mich sehr freundlich und hatte den Tisch wunderbar dekoriert. Ich habe es richtig genossen, mit ihr Tee zu trinken und das ausgezeichnete Gebäck zu probieren. Meine anfängliche Nervosität hatte ich schnell verloren."

Hans wußte, daß seine Mutter Hella einem Eignungstest unterzogen hatte, was diese sicherlich nicht bemerkt hatte, und fragte: „Hat sie dich ordentlich examiniert? Was wollte sie denn alles wissen? Sie hat dich doch wie eine Zitrone ausgequetscht, komm, erzähl!"

„Aber das finde ich doch ganz natürlich, Hans. Schließlich will man als Mutter wissen, was für eine Frau ihr Sohn ins Haus bringt. Sie hat mich vieles gefragt und wollte alles wissen, und ich habe es ihr gesagt und nichts verheimlicht. Was und wo ich in Paris arbeite, wollte sie wissen und hat sich eingehend über meine Arbeit informiert. Ich denke, sie hat einen guten Eindruck von mir gewonnen. Wir haben uns lange und sehr angeregt unterhalten, und sie hat sich dicht neben mich gesetzt. Anfangs saßen wir uns gegenüber. Verschiedentlich hat sie mich 'mein Kind' genannt. Also, ich bin von deiner Mutter begeistert."

Hans sah sie an, ein wenig Skepsis im Blick. Er kannte seine Mutter und wußte, wie geschickt sie in solchen Fällen war, wie sie über scheinbar harmlose Fragen der Sache auf den Grund ging und am Schluß alles erfahren hatte, was sie wissen wollte.

„Was sagte sie denn von unserer Heirat?"

„Sie war dafür, daß wir es so schnell wie möglich machen sollten, möchte aber noch einmal mit uns beiden darüber reden. Ich denke, sie hat Vorstellungen, wie das vor sich gehen soll. Dann hat sie mich gefragt, wann sie meine Eltern kennenlernen könnte. Ihr schien das wichtig zu sein. Jedenfalls hatte ich diesen Eindruck. Leider ist mein Vater wieder einmal mit seinem Magen schlecht dran. Er macht ihm arg zu schaffen."

„Will macht mir langsam Sorgen, Hella. Wenn er sich nur einmal ausführlich dazu äußern würde. Aber das tut er nicht. Schluckt heimlich seine Tabletten und spielt den Mann, dem es blendend geht. Dabei sehe ich ihm manchmal seine Schmerzen an. Was den Besuch deiner Eltern bei meiner Mutter angeht, da werden wir einen Tag wählen, an dem es ihm gut geht. Er soll sich nicht quälen müssen. Dann fahren wir zu ihr hinüber. Doch mit deinem Vater, Hella, muß dringend etwas geschehen. Das kann ja kein Mensch mit ansehen, wie der sich quält und dabei starrköpfig wie ein alter Bock ist. Wir werden einmal ernsthaft mit ihm reden müssen, denn so geht das nicht mehr weiter."

„Mutter und ich schleppen ihn zu einem Spezialisten, das ist schon ausgemacht. Du glaubst nicht, was das für eine Überredungskunst erfordert, diesen Starrkopf zu einem Arzt zu bringen. Das war mit ihm schon immer so."

Als er ihre traurigen Augen sah, meinte er: „Braucht ja nicht unbedingt das Schlimmste zu sein, aber es wird sicherlich nicht besser, wenn man die Zeit vertrödelt. Der richtige Arzt kann ihm unter Umständen schnell helfen"

Was er gesagt hatte, glaubte er selbst kaum noch. Das ging schon zu lange mit Will so. Es sollte für Hella ein Trost sein. Er hatte Angst um seinen Freund.

***

Gerd Dehlen bewegte sich flott und geschickt mit seinem Rollstuhl in den Büros, und Hans stellte erleichtert fest, daß sich der Junge gut eingelebt hatte und seine Arbeit mit Engagement verrichtete. Frau Wolfert, die Verkaufsleiterin, war des Lobes voll. Gerd war zu einer wertvollen Hilfe geworden. Auch hörte Hans aus ihren Gesprächen, daß Gerd sich verändert hatte. Seine frühere Forschheit und Besserwisserei, sein vorlautes Reden hatte er abgelegt. Das hatte ihn aber nicht zu einem servilen Typ werden lassen. So oder so ähnlich hatte sie sich schon mehrfach bei Hans ausgedrückt. Dumm war der Kerl ja nie gewesen, nur von seinem ungestümen Temperament hin- und hergerissen. Vielleicht hatte sein Leiden ihn zum Nachdenken bewegt. Damit wären auch die Sorgen, die seine Mutter sich laufend machte, gegenstandslos.

Helga hatte eine schwere Zeit durchgemacht. Er wußte, wie sehr sie sich grämte und einmal haltlos in seinem Büro geweint hatte, als sie gekommen war, um sich nach ihrem Sohn zu erkundigen. Nun war, unerwartet für alle, die Sache so gut angelaufen, daß man sehr zufrieden sein konnte.

Gerd hatte sich wirklich verändert. Wenn Hans noch an die ersten Wochen zurückdachte, dann war der Unterschied riesengroß. Gerd hatte etwas von seiner Fröhlichkeit wiedergefunden, und wenn er ihm im Flur begegnete, lachte er ihm freundlich entgegen.

Frau Wolfert, akkurat und kritisch, was ihre Arbeit anbelangte, hatte sich so positiv geäußert, daß man beschloß, Gerd mehr Verantwortung zu übertragen. Sie war der Ansicht, daß Gerd, in seiner Bewegungsfreiheit eingeschränkt, sich nun geistig viel mehr als früher betätigte. Sie erzählte Hans, daß der Junge dabei sei, seine Sprachkenntnisse auszubauen. Mit Laforet rede er nur französisch. Er habe begonnen, mit dem amerikanischen Vertreter zu korrespondieren und zu telefonieren, und er verfolge mit regem Interesse die Entwicklung auf dem amerikanischen Markt, der sich laufend verbesserte. Man konnte also sagen, daß alles gut stand. Besonders freute es Hans, wenn er sah, wie gut Gerd Anschluß zu den Kollegen gefunden hatte. Bei dem Tischtennistraining dientags und freitags nach Feierabend blieb Gerd immer da, um sich das Training anzusehen. Seine sachkundigen Ratschläge hatten ihn zu einer Art Berater gemacht. Auffallend war, eine hübsche Brünette immer in seiner Nähe zu sehen. Jeden Tag schob sie ihn zur Kantine, um mit ihm zusammen zu essen. Hans teilte diese Beobachtungen seiner Schwägerin mit, weil er ihr Bedürfnis nach guten Nachrichten kannte. Er hatte auch ein paarmal die Krolls aufgesucht und mit ihnen über Gerd gesprochen. Helga, hochschwanger, sagte nicht viel, aber Hans bemerkte schon, daß das ihr Auftrieb gab.

Gerd war eines Tages zu ihm gekommen und hatte ihm eine höhere Zuwendung für den Tischtennisclub abgehandelt. Der Club konnte sogar aufsteigen und hatte schon eine Reihe anderer Betriebsclubs geschlagen, die man eingeladen hatte. „Der TC-Dehlen ist im Kommen", hatte Gerd gesagt. Immer mehr junge Leute schlossen sich ihm an, und eine Seniorenmannschaft war im Gespräch. Eine Damenriege bestand schon. Die TC-Nachrichten hatten auch ein separates schwarzes Brett, und der kleine Lieferbus stand dem Club bei auswärtigen Spielen zur Verfügung. Dies war fast alles auf Gerds Initiative zurückzuführen, der dem Club ein unentbehrlicher Initiator geworden war.

Über diese Entwicklung war Hans sehr erfreut. War es doch auch für ihn ein Grund, sich wieder einmal Gedanken über die Initiative der Leute im Betrieb zu machen. Ging die nicht immer von einer Person aus? Wenn eine Gruppe etwas unternahm, sei es im Sport oder in der Arbeit, dann kamen die Ideen dazu meist von einer Person. Bei dem letzten Arbeitgebertreffen hatte jemand aus der Fachgruppe einen Vortrag gehalten, der unter anderem auch darauf hingewiesen hatte und darüber hinaus feststellte, daß der Initiator über Führungsqualitäten verfügte und die anderen sich ihm anschlossen. Der Vortragende hatte einige Beispiele aus Wirtschaft und Politik, aus der Geschichte und dem Alltagsleben angeführt. Daß der Mensch neben seiner täglichen Arbeit noch etwas anderes braucht, um zufrieden zu sein, war ein Bedürfnis, dem der Arbeitgeber, wenn er klug war, Rechnung trug. Der Tischtennisclub war so eine Maßnahme, die Zufriedenheit der Arbeitnehmer zu fördern. Es gab auch Arbeitgeber, die dem Sport oft sehr verbunden waren, weil es ihnen Spaß machte. Der Redner teilte auch mit, daß er Werke kenne, die Malkurse, Sprachkurse und vieles andere mehr für ihre Belegschaft organisierten.

***

Die neue Webkante war da. Die Schweizer hatte es geschafft und einige Dreherfäden an die Kante gesetzt, die eine akzeptable Leiste ermöglichten. Nun stand man vor der Aufgabe, Leute zur Schweizer Maschinenfabrik zu schicken, die dort in die Geheimnisse der neuartigen Webmaschine eingeweiht würden, denn zu den bisher verwendeten Webstühlen bestand ein erheblicher Unterschied, der Feinmechanikerqualitäten verlangte. Das setzte technischen Verstand und Geschicklichkeit voraus.

Hans würde einige dieser Webmaschinen bestellen und eine Gruppe von Leuten ausbilden lassen, denn es wurde neben der Wartung und Einstellung dieser Maschine auch eine besondere Vorbereitung von Kette und Schuß verlangt.

Als das Büro von Hans sich wieder geleert hatte, schaute er auf seinen Terminkalender und stellte mit Genugtuung fest, daß heute nichts mehr anstand. Für morgen hatte er eine Besprechung mit Herrn Hempel und einem Mann von der Bank. Es ging um eine Erhöhung des Stammkapitals. Vielleicht könnten hier Schwierigkeiten auftauchen? Herr Hempel, der das Umlaufkapital errechnete, hatte dann mit Hans gesprochen. „Man sollte regelmäßig alles überprüfen, Herr Dehlen, auch wenn wir gut dastehen. Man findet immer etwas, was verbesserungsfähig ist und wo man einsparen kann. Die Zinsen ruhender Werte sind nicht unbeträchtlich."

***

Die Hochzeit stand vor der Tür, und Hans war erstaunt, wie reibungslos alle Vorbereitungen abgelaufen waren. Seine Mutter billigte alles und hatte kein Veto eingelegt. Natürlich war es noch zu einem Gespräch zwischen Mutter und Sohn gekommen, und sie hatte ihm rundweg erklärt, daß sie sich doch vieles anders vorgestellt hätte. „Ich vertraue auf deinen gesunden Menschenverstand und dein

Gespür für das Richtige, Junge. Ich bin nur die Mutter, die dafür sorgen will, daß alles gut geht und keine Fehlentscheidungen getroffen werden. Deine Braut ist zwar nicht das, was mir immer vorgeschwebt hat, aber sie ist intelligent und klüger, als ich annahm. Hübsch ist sie obendrein auch noch. Ihre Familie sind einfache, redliche Leute, soweit ich das, nach dem kurzen Kennenlernen, sagen kann. Aufgeweckt ist deine Braut, und ihre Augen sind gut. Also tu, was du dir vorgenommen hast, und werde glücklich."

Die Augen hatten es seiner Mutter angetan, das wußte er. Sie beurteilte jeden Menschen nach seinen Augen. Wer ihr auch immer über den Weg lief, er wurde nach seinen Augen und seinem Blick eingestuft und gewertet. Hans mußte zugeben, daß sie sogar meist richtig lag. Wenn seine Mutter sagte, daß dieser oder jener ihr nicht in die Augen blicken konnte, dann hatte der eine Macke. Als die kleinen Macken bezeichnete sie Minderwertigkeitsgefühle oder mangelndes Selbstvertrauen. Die großen Macken umfaßten Unehrlichkeit, Verschlagenheit und Hinterhältigkeit. Ob jemand neidisch und mißgünstig war, sah sie auf den ersten Blick. Sie behauptete sogar, einen Blick dafür zu haben, wenn sie jemand offen und strahlend anblickte und dahinter seine Hinterhältigkeit verbarg. Schon vor längerer Zeit, als man einmal darüber sprach, hatte sie ihm offenbart, daß sein Vater sich blind auf ihr Urteil verlassen habe.

„Ich spüre, Hans, wenn mich jemand hinters Licht führen will", hatte sie damals gesagt. „Ich sehe in seinem getarnten Blick die Falle, die dahintersteckt. Ich stelle dann dieser Person ein paar Fragen, um die Reaktion der Augen zu sehen. Und bisher, Junge, habe ich mich noch nie geirrt und alle Versteckspieler und Roßtäuscher entlarvt."

Was hatte sie vor langer Zeit einmal über Will gesagt? „Weißt du, Hans, das Gesicht dieses Mannes mit der eingeschlagenen Nase ist zwar zum Fürchten, aber davon darf man sich nicht täuschen lassen, denn seine Augen sind gut. Er blickt klar und etwas frech, und ich nehme an, daß er ein Temperament wie ein Revoluzzer hat, aber er scheint ehrlich zu sein. Ich muß zugeben, daß ich anfangs meine Zweifel hatte, doch was ich dann von dir hörte, hat mich überzeugt."

Jetzt, noch lange nach diesem Gespräch, mußte er lächeln, wenn er sich vorstellte, wie seine Mutter ihrem Plan folgend ihn und Hella ausgehorcht hatte, um zu erfahren, was sie wissen wollte.

Die Hochzeit fand im Familienkreis statt. Es sollte alles schnell vor sich gehen. Große Publizität sollte aus naheliegenden Gründen vermieden werden. Von den bayrischen Verwandten kam wieder Susanne ohne Ehemann, der unabkömmlich war. Die Pasteaus waren in Jugoslawien bei Filmarbeiten, und Inge schrieb einen fünf Seiten langen Brief an das Paar. Die geladenen Gäste beschränkten sich auf

Familie Kroll, Hellas Eltern, Susanne und Annette Dehlen. Man heiratete standesamtlich und kirchlich an einem Vormittag und fand sich dann zu einem fürstlichen Essen bei Annette Dehlen ein. Danach würde das junge Paar für drei Wochen in die Toscana fahren. Der neue Mercedes 220 stand blankpoliert bereit, und die Koffer waren schon gepackt. Wie von Hans gewünscht, verlief alles nach Plan. Der Betriebsrat kam zu einer kurzen Stippvisite und brachte einen Riesenpräsentkorb und eine der damals so seltenen Schallplatten des Pianisten Arturo Benedetti-Michelangeli mit, und Hans wußte, daß da Jansen oder Will hinter steckten. Die alten Kämpen wie Jansen, Ortmanns und noch einige Altmitarbeiter würde man nach der Rückkehr zu einem Abendessen einladen.

Will sah heute gut aus. Er war sehr zurückhaltend, was Essen und Trinken anbelangte, und Hans sah zum ersten Mal, welch schöne Frau Mia Horsch war. Festlich gekleidet und elegant frisiert, war sie ein Blickfang, was Annette Dehlen zufrieden zur Kenntnis nahm. Helga, hochschwanger, sah viel besser aus als vor Wochen, und Gerd rollte flink in seinem Rollstuhl durch die Räume. Seine Energie schien ungebrochen.

Peter war mit zwanzig Jahren ein großer, schlanker junger Mann, dessen ernster Gesichtsausdruck oft von einem sympathischen Lächeln aufgehellt wurde. Im Gegensatz zu seinem Bruder Gerd sprach er stets mit verhaltener Stimme. Hans hatte den Eindruck, daß dieser Neffe seinen Mann stehen würde, und wenn er an die Fabrik dachte, dann konnte er sich vorstellen, auch Peter dort einmal als Mitarbeiter zu sehen. Und dann war da noch etwas, was ihm bei diesem Gedanken einfiel, dieses kleine Wesen, das sich entwickelte und eines Tages in die Welt trat, in der soviel Schönes, aber auch Schlechtes zu finden war, durch das dieser kleine Mensch, dieses Wunder der Natur, hindurch mußte.

Zur Abfahrt hatten sich alle Gäste auf der Terrasse versammelt und wünschten dem Hochzeitspaar eine gute Reise. Endlose Umarmungen und Tränen bei Mia und Hella, die minutenlang engumschlungen dastanden, und Will ergriff immer wieder die Hand seiner Tochter, wobei sein Gesicht einen zufriedenen Ausdruck hatte. Hans drängte. Ihm waren solche Szenen nicht angenehm. Ganz besonders aber störte ihn Hellas Weinen. Seine Mutter küßte ihn und wünschte noch einmal viel Glück. Dann umarmte sie auch ihre Schwiegertochter.

Hans saß schon im Wagen, und Hella versuchte, sich loszureißen. Sie kam an der Hand ihres Vaters zum Wagen. Hans startete und fuhr los, und alle winkten hinter dem Wagen her.

In der Blumenstadt Pescia, nahe Pistoia und Lucca hatte Hans sich von Facchin, dem italienischen Vertreter, ein Zimmer reservieren lassen. Das Hotel, die 'Villa delle Rose', lag am Rand dieser kleinen Stadt. Die Villa war von einem Park und einer hohen Mauer umgeben. Sie wurden erwartet. Als sie den Wagen verließen, erschien der Chef des Hauses und begrüßte sie wie alte Freunde. Wer weiß, dachte Hans, was dieser Facchin denen alles erzählt hatte. Auf ihrem Zimmer fanden sie ein riesiges Blumenarrangement von Lorenzo Facchin und einen lustig abgefaßten Brief, in dem er noch einmal gratulierte und betonte, daß er sie nicht durch seine Anwesenheit stören wolle.

Es dauerte aber doch ein paar Tage, bis Hans sich vollkommen frei fühlte und sich ungestört den Genüssen hingeben konnte, die sie hier erwarteten. Sie schwelgten in all der Schönheit und der Kunst, die dieses Land zu bieten hatte. Die bekanntesten Städte lagen alle in leicht erreichbarer Nähe. Pistoia um die Ecke, Lucca, die mittelalterliche Stadt mit der hohen Stadtmauer ringsum, lag nur wenige Kilometer entfernt. Florenz etwa dreißig Kilometer und Siena vierzig Kilometer weit weg. Pisa und Volterra waren auch schnell erreichbar.

Daß sie in ihren Flitterwochen nicht alles sehen oder besichtigen konnten, wurde ihnen bald klar, und sie beschränkten sich auf einen allgemeinen Überblick, hielten viel im Foto fest und nahmen sich vor, hierher zurückzukommen und sich dann alles Stück für Stück ansehen. Diese drei Wochen aber sollten nicht zu strapaziös werden.

Spitzbübisch schlau und charmant stieß Hella die exakt aufgestellten Pläne ihres Mannes um, und er ergab sich lächelnd ihrem Willen.

Sie gingen Arm in Arm durch die schönen alten Städte, ohne ein bestimmtes Ziel, dorthin, wo es ihnen sehenswert erschien, und Hans steckte seinen Reiseführer in die Tasche, um ihn nur dann hervorzuziehen, wenn es notwendig war. Er gewöhnte sich schnell daran, seine junge Frau im Arm zu halten, die ihn oft küßte und glücklich ansah. Auf diese Weise wurden ihre Besichtigungstouren zu einem Spaziergang durch die Kunstwerke, die hier im Laufe vieler Jahrhunderte entstanden waren.

Großen Eindruck auf sie machte Michelangelos David. Er ließ die beiden stumm dastehen und schauen. Hans erzählte seiner Frau, daß Michelangelo auf die Frage, wie er so etwas schaffen könne, gesagt haben soll: „Die Figur ist im Stein drin, man braucht sie nur herauszuholen."

Hans erklärte ihr viel von den Kunstwerken und staunte, wie schnell sie alles aufnahm. Sie schrieb vieles auf, was man bei der nächsten Reise hierher noch einmal eingehend ansehen wollte. In den ersten Tagen war Hans versucht, mit der Fabrik Kontakt aufzunehmen, um zu hören, wie alles lief. Hempel gab ihm zur Antwort, daß alles in Ordnung sei. Die Fabrik laufe auch ohne ihn ein paar Wochen.

Draußen war es warm, doch das Zimmer angenehm kühl, und sie schliefen traumlos, ermattet vom guten Essen und der Liebe.

An einem der letzten Tage tauchte plötzlich Lorenzo Facchin auf. Er wolle nicht stören, beteuerte er mehrmals. Er habe in der Nähe zu tun gehabt und sei nur einmal vorbeigekommen, um seine Glückwünsche persönlich auszusprechen. Facchin wurde von seiner Frau begleitet, einer blonden, sehr eleganten Venezianerin. Er wollte wissen, ob sie gut untergebracht seien und ob es ihnen in Italien gefallen würde.

Es wurde ein geselliger Abend. Als der Betrieb im Restaurant zu Ende war, kam der Geschäftsführer mit seiner Frau an den Tisch, und sie unterhielten sich so angeregt, daß es allen leid tat, diese schöne Runde aufheben zu müssen. An diesem Abend war Hella so müde, daß sie in den Armen ihres Mannes einschlief, noch ehe er ihr eine gute Nacht wünschen konnte.

Ein Besuch der Uffizien in Florenz bildete den Abschluß, und ein letztes Mal nahm die Kunst sie gefangen. Botticellis Geburt der Venus, der Saal der Niederländer, Rembrandt und van Dijk, Landschaften und Portraits, die Fülle war unerschöpflich. Nun packte man gemeinsam die Koffer, und sie begaben sich zum letzten Abendessen, um am Morgen, schon früh, die Heimreise anzutreten. Eine Einladung Facchins nach Venedig hatte Hans höflich abgelehnt, weil er seiner Frau ansah, daß sie sich nicht immer ganz gut fühlte. Er hatte Facchin von ihrer Schwangerschaft erzählt, worauf dieser ihn umarmte und ihm ins Ohr flüsterte, daß er ein Held sei.

Sie wählten den Weg über den Brenner, um einen kurzen Besuch bei Onkel Klaus und Tante Suse zu machen. Bis hier war das Wetter strahlend schön, aber hinter dem Brenner regnete es, bis sie in Bayrischzell eintrafen.

***

„Ich rechne damit, Hans, daß ihr beide zu mir ziehen werdet." Annette Dehlen blickte Sohn und Schwiegertochter an, die ihr den ersten Besuch nach ihrer Heimkehr machten, und als die beiden sich anblickten und nicht sofort antworteten, fügte sie hinzu: „Oder möchtet ihr nicht mit einer alten Frau zusammen in einem Haus wohnen? Platz wäre genügend da, oder?"

„Platz ist da. Das ist keine Frage Mutter."

„Aber?"

„Das kommt, ehrlich gesagt, ein wenig überraschend. Ich hatte schon daran gedacht, aber dann wußte ich nicht, ob dir das angenehm gewesen wäre." Hans schaute seine Frau an. „Was meinst du, Hella?"

Doch ehe Hella etwas erwidern konnte, meinte Annette Dehlen: „Natürlich würdet ihr vollkommen getrennt von mir wohnen. Ich habe mir da schon etwas ausgedacht, wie wir uns gegenseitig nicht auf die Nerven fallen. Mir genügen ein paar Zimmer, das übrige könnt ihr haben. Du kennst dich ja hier aus, Hans, und weißt, wie weitläufig dieses Haus ist. Für mich allein jedenfalls viel zu groß und viel zu viel Aufwand, es immer in Ordnung zu halten. Hier werden Zimmer geputzt und gelüftet, die kein Mensch bewohnt, und der Flügel steht stumm an seinem Platz. Ein Jammer ist das. Wenn wir es aber so einrichten, wie es mir vorschwebt, dann habt ihr eine Menge Platz, und eure Kinder können uneingeengt spielen."

Hans hatte sich schon gewünscht, wieder in dieses Haus einziehen zu können, und auch Hella fand es hier schön, und wenn sie an das Kind dachte, wäre es ein Paradies. Doch wollte sie sich nicht aufdrängen. Deshalb zögerte sie und ließ Mutter und Sohn entscheiden.

„Du kennst das Haus noch nicht, Hella. Komm einmal mit mir, ich zeige dir die Zimmer und was es sonst noch zu sehen gibt." Sie nahm ihre Schwiegertochter bei der Hand und ging mit ihr die Treppe hinauf. Hans folgte.

Großzügig wollte Annette Dehlen das Bad hier modernisieren lassen und die Zimmer auch. Sie führte Hella sogar auf den großen Dachboden und erzählte ihr, daß die Kinder bei schlechtem Wetter früher hier gespielt hätten.

Hellas Zurückhaltung verlor sich langsam, da Annette Dehlen sie nicht bedrängte. „Laß dir Zeit, Kind, übereile nichts. Denk alles einmal gut durch, und wenn du Änderungen möchtest, dann melde dich. Gebt mir Bescheid, wenn ihr euch entschlossen habt." Und nach einer Pause fügte sie hinzu: „Daß ich mich auf euch freuen würde, brauche ich wohl nicht zu betonen."

Nach einem kurzen Blick auf Hella sagte Hans: „Mutter, dann laß nur einmal alles fein herrichten, denn wir freuen uns auch, zu dir zu kommen. Die Wohnung in der Stadt ist zwar ganz nett, und ich habe mich daran gewöhnt, aber sie wird zu klein, wenn sich unsere Familie vergrößert. Da sind wir hier bei dir schon besser aufgehoben."

Annette Dehlen schien sehr zufrieden. Sie küßte ihre Schwiegertochter und drückte sie an sich. „Fein, Kinder. Ich freue mich, und ich werde eure Wohnung so renovieren lassen, daß sie euch gefallen wird. Doch möchte ich gerne, daß Hella mal zu mir kommt. Wir überlegen dann zusammen, wie alles eingerichtet werden soll. Schließlich bist du die Hausfrau, der die Wohnung gefallen muß. Das hier ist alles schon ein bißchen alt."

Annette Dehlen trat vor den Flügel. „Der Flügel muß auch gründlich nachgesehen werden. Er wird poliert und gestimmt", sie drehte sich zu ihrem Sohn, „dann kannst du wieder darauf spielen wie früher, und darauf freue ich mich ganz besonders."

Ein Besuch in der Fabrik war geplant und von Herrn Hempel vorbereitet worden. Empfang im Konferenzzimmer, Begrüßung durch den Geschäftsleiter, Umtrunk mit den leitenden Angestellten und dem Betriebsrat. Anschließend ein Gang durch die Fabrik. Jeder sollte die Frau des Chefs kennenlernen, die zwar einige Zeit hier gearbeitet hatte, aber nicht jedem bekannt war. In der Chronik hieß es dazu: Der Chef und seine Familie sollen jedem Mitarbeiter in der Fabrik bekannt sein. Dies ist notwendig für Menschen, die miteinander arbeiten müssen! Geschenke wurden nun auch Hans und seiner Frau überreicht, und Jansen erschien im schwarzen Anzug. Er hatte nichts von seinem Temperament eingebüßt und machte Fotos, die in die Chronik kommen würden.

Es wurde ein ausgefüllter Tag, und Hans, der sich vorgenommen hatte, ein wenig zu arbeiten und sich die akuten Vorgänge berichten lassen wollte, kam zu nichts. Seiner Frau sah er am Nachmittag die Müdigkeit an, und er kürzte alles ein wenig ab. Jansen drückte ihm seine Begeisterung für die neuen Sulzerwebmaschinen aus.

Abends waren Hans und Hella Gast bei ihren Eltern, und es wurde viel von Italien gesprochen. Wills Augen leuchteten, denn es war immer schon sein Wunsch gewesen, dieses Land einmal zu besuchen, das die Deutschen so magisch anzog. Dann teilte er ihnen mit, daß er sich in ein paar Tagen ins Krankenhaus begeben würde, um sich einer Operation zu unterziehen, weil sein neuer Arzt es ihm dringend empfohlen hatte.

„Wenn ich dann wieder auf den Beinen bin“, sagte Will, „dann reise ich mit Mia nach Italien. Ich will dieses Land endlich einmal sehen, von dem ihr mir gestern Abend soviel erzählt habt.“ Sein Blick wurde schwärmerisch: „Damals, als ich durch Dänemark trampte, hatte ich mir das schon vorgenommen. Ich wollte einmal hoch hinauf in den Norden und einmal nach Italien. Damals haben wir das leider bis oben in den Norden nicht geschafft, weil sie uns schnappten und zurückschickten. Aber in den Süden, da komme ich hin, darauf könnt ihr euch verlassen.“

***

Adenauer war abgetreten. Sein Wirtschaftsminister Erhard hatte seine Stelle eingenommen. Doch schon in den ersten Monaten zeigte sich, daß Erhard kein Adenauer war. Als Wirtschaftsminister war er ein Star, als Bundeskanzler ein Mensch ohne Fortune. Dankbarkeit für das von ihm Geleistete konnte er nicht erwarten. Die ihn nicht mochten, warfen ihm Knüppel zwischen die Beine. Gummilöwe nannten ihn einige Vorlaute und übergaben damit einen verdienten Mann der Lächerlichkeit.

***

Helga Kroll hatte ein Töchterchen zur Welt gebracht. Mutter und Kind waren wohlauf, und der Vater war völlig aus dem Häuschen. Daß Josef Krolls Augen so strahlen konnten, hätte Hans nie für möglich gehalten, als ihm der sonst so ruhige Schwager die Nachricht persönlich überbrachte. Kroll hatte Champagner mitgebracht, und Hans mußte, ob er wollte oder nicht, ein Glas mit ihm trinken und die kleine Tochter hochleben lassen, was Hans angesichts dieser Vaterfreude dann auch gerne tat. Der genossene Alkohol, Kroll sprach dem Champagner ausgiebig zu, veranlaßte Hans, ihn durch den Fahrer nach Hause bringen zu lassen, denn so aufgedreht hatte er ihn noch nie gesehen.

Will Horsch hatte seine Operation gut überstanden und war überraschend schnell wieder zu Hause. Er fühlte sich wohl, als Hans und Hella ihn besuchten Er hatte zwar an Gewicht verloren, aber seine Augen leuchteten vor Unternehmungslust. Nun saß er zu Hause und blätterte in Bildbänden über Italien. Ein konkreter Reiseplan war in Vorbereitung, wie er lächelnd sagte. Hella verbrachte viele Stunden bei ihrer Schwiegermutter, die wie ein Dirigent dem Orchester, den Handwerkern, vorstand, die Bäder und Zimmer renovierten. In spätestens zwei Wochen sollte der Umzug erfolgen können. Hella sah abgespannt aus, wenn Hans abends nach Hause kam. Ihre Augen waren dann dunkel und groß.

„Du übernimmst dich, Hella. Das sehe ich dir an." Und als sie lächelnd den Kopf schüttelte: „Laß dich nicht von meiner Mutter herumjagen. Wenn die sich nämlich etwas in ihren Kopf gesetzt hat, dann übersieht die deinen Zustand völlig. Sie möchte, daß wir möglichst schnell zu ihr kommen. Ich glaube, ich werde einmal mit ihr reden müssen."

„Tu das bitte nicht, Hans. Sie ist derart rührend um mich besorgt, und ich fühle mich bei ihr sehr wohl. Daß ich abends erschöpft bin, ist in meinen Zustand normal. Immer still herumsitzen, wie du das gerne sehen würdest, ist auch nicht das Richtige. Eine werdende Mutter braucht Bewegung."

Hans sah sie zweifelnd an. „Bewegung, gut. Aber mir gefällt dein Zustand abends nicht. Ich habe immer den Eindruck, daß du dich übernommen hast."

Dann war es soweit, daß sie umzogen. Auch hier hatte Annette Dehlen die Organisation übernommen, und Hans bemerkte von der ganzen Angelegenheit so gut wie nichts. Er fuhr morgens aus seiner Wohnung in die Fabrik und kam abends in die neue Wohnung zurück. Annette Dehlen hatte aber auch, um dieses Kunststück an einem Tage zu schaffen, eine ganze Mannschaft angeheuert und alle Haushaltshilfen engagiert, die sie kriegen konnte. Hans wurde eine Überraschung bereitet, die sich in der Hauptsache durch einen festlich geschmückten Tisch auszeichnete, wobei die alten Silberkerzenleuchter einen warmen Schein verbreiteten. Seine

Frau und seine Mutter strahlten vor Freude, als sie sein überraschtes Gesicht sahen. Nachher vertraute ihm seine Mutter an, daß sie zuletzt die Handwerker nicht mehr habe sehen können. „Diese Dreckspatzen mit ihrem ewigen Staub, denn die Renovierung der Bäder hatte Konsequenzen zur Folge, die ich als Laie nicht hatte voraussehen können. Da mußten Riesenlöcher in die Wände gebohrt werden, und die Maschinen machten einen höllischen Lärm, der das ganze Haus erzittern ließ. Täglich wunderte ich mich aufs neue, wie Hella dies alles ertragen hat. Das Mädchen ist ein Sonnenschein, mein Junge. Sei dir darüber immer im klaren, und mach dem Kind keinen Kummer. Das Schlimmste aber war, daß es keine Mahlzeit gab, die nicht zwischen den Zähnen knirschte. Aber jetzt, Junge, was sagst du? Gefällt es dir? Hella ist selig vor Freude. Immer wieder ist sie durch die Räume gegangen und hat sich nicht satt sehen können. Übrigens glaube ich, du müßtest dich einmal bei Helga nach etwas Antikem umsehen. Mir scheint, es fehlt so etwas als Pendant zu eurem modernen Mobiliar. Es sollte natürlich ein schönes Stück sein."

Dann dachte sie nach und meinte: „Laß das nur mal mit diesem Zeug, ich habe eine Idee." Sie legte ihm die Hand aus den Arm. „Also, wie gesagt, laß es nur mal und sag deiner Frau kein Wort. Ich möchte sie damit überraschen. Bei unserem nächsten Stadtbummel werde ich zufällig in Helgas Laden landen." Sie stieß ihn mit dem Ellbogen an und lächelte verschwörerisch.

Hella trug das Essen auf. Die Hausangestellte war nicht da. Hans blickte sie unverwandt an.

„Den Rest werde ich servieren, meine Damen", sagte er. Ihr habt mich derart gekonnt überrascht, und ich möchte mich ein wenig revanchieren."

***

Will Horsch ist tot. Für alle, die ihm nahestanden war das ein Schock. Unvorstellbar, daß ein Mensch wie er, ein Mann voller Kraft und Pläne für die Zukunft, plötzlich nicht mehr da war. Dabei hatte er sich doch nach der Operation so gut erholt und fühlte sich gut, wie er sagte. Aber dann, eines Abends, war er in Ohnmacht gefallen, nachdem er einen Tag lang fürchterliche Kopfschmerzen gehabt hatte. Mia, zu Tode erschrocken, hatte Hans angerufen, der sofort gekommen war. Mit Hilfe eines Hausbewohners hatte er Will in den Wagen getragen und ihn zum Krankenhaus gefahren.

Man untersuchte ihn, und das Gesicht des Arztes drückte Bedauern aus, als er sagte, daß dieser Zustand auf Metastasen zurückzuführen sei und Will den nächsten Tag wohl kaum erleben werde. Doch der nächste Tag zeigte einen Will, der mit offenen Augen im Bett lag und antwortete, wenn man ihn etwas fragte. Dieser Zustand verbesserte sich so, daß er sich mit Hans und Mia unterhalten konnte. Sie ließen ihn keine Minute mehr allein, und da Will von seinem Zustand anscheinend keine Kenntnis hatte, versuchten sie, ihn ihren Kummer nicht anmerken zu lassen. Hella kam immer in Begleitung ihrer Mutter und war trotz ihres Zustandes sehr tapfer.

Hans verbrachte viele Stunden bei seinem Freund. Es saß neben seinem Bett und hörte geduldig zu, wie Will sein ganzes Leben noch einmal abspulte. Hin und wieder irrte er in seinen Gedanken und begann einen anderen Abschnitt seines Lebens zu erzählen, obschon der vorherige noch nicht abgeschlossen war. Schmerzen schien er keine zu spüren, aber Hans konnte sehen, wie sein Freund stetig an Kraft verlor und immer schwächer wurde. So ging es vier Wochen. Wills Atem wurde immer flacher und schneller, das Reden machte ihm Mühe, und er machte häufiger Pausen. Aber seine Augen blickten Hans unverwandt an. Mehrere Tage sprach er vom Krieg und dessen Wahnsinn, dem viele Millionen Menschen geopfert wurden und bei dem am Ende nichts herauskam als Leid und Elend. Will schilderte seine Aktivitäten in dieser Zeit. Es war wie ein Rechenschaftsbericht, den er, wie unter einem Zwang, dem Freund ablegte.

„Was, was uns gelungen ist, Hans, das begreife ich bis heute nicht, und wenn ich darüber nachdenke, kommt es mit wie ein Wunder vor.“ Hans hatte den Eindruck, daß Will sich erheben wollte. Aber dann sank er zurück uns schloß die Augen. Hans sah, wie das Leben aus seinem Freund wich und er immer kraftloser wurde. Wie er sich flüsternd bemühte, ein Wort oder eine Formulierung zu finden.

Mia und Hella würden in etwa einer halben Stunde hier sein, und er wünschte sich, daß sie nicht gerade Wills Tod miterleben mußten.

Noch einmal öffnete Will die Augen und sprach mit kaum hörbarer Stimme von seiner Frau Mia und der Reise nach Italien. Hans stimmte ihm zu und meinte, daß das eine gute Idee sei, dabei war er bemüht, seiner Stimme einen zuversichtlichen Klang zu verleihen. Will hatte die Augen wieder geschlossen. Seine Haut hatte sich in den letzten Tagen verfärbt, und seine Reaktionen waren immer schwächer geworden. Der Arzt schaute wieder einmal herein und schüttelte bedauernd den Kopf. Seine Geste deutete an, daß es nun zu Ende gehe. Jetzt sprach Will mit geschlossenen Augen, und Hans mußte sich vorbeugen, um seine Worte zu verstehen. Vieles, was Will flüsterte, verstand er nicht, doch die Namen seiner Frau und seiner Tochter waren verständlich. Seine letzten Worte waren so, daß Hans glaubte, als rufe er nach ihnen. Danach dauerte es nur wenige Minuten bis Will einen tiefen Atemzug tat und dann still dalag. Hans wartete und holte dann den Arzt.

„Herzstillstand“, sagte dieser nach kurzer Untersuchung.

Hans erhob sich. Seine Augen schwammen, sein Hals war trocken. Da lag sein Freund Will Horsch. Etwas mehr als fünfzig Jahre alt. Viel zu früh für so einen Vollblutmann, der ihn viele Jahre treu begleitet hatte, dem er sogar sein Leben verdankte und der ihm in vielen ernsten Situationen zur Seite gestanden hatte. Wurde darüber geredet, tat Will es ab, als sei das reiner Zufall gewesen. Ich verdanke dir eine ganze Menge, lieber Willi, dachte er, deine Freundschaft und Zuneigung. Ohne deine Hilfe wäre vieles nicht zustande gekommen, mein Freund. Ohne dich hätten wie vieles nicht geschafft und wären heute nicht da, wo wir sind. Mia und Hella kamen den Flur entlang, als er aus dem Zimmer trat. Hans umarmte beide minutenlang. Worte bedurfte es nicht. Zusammen gingen sie noch einmal in das Zimmer, in dem Will lag. Sein markantes Gesicht sah aus, als schlafe er.

***

Nun war alles vorüber. Will war der Erde übergeben worden, und viele Menschen hatten ihm das letzte Geleit gegeben. Sie hatten gezeigt, wie beliebt er gewesen war. Dem anschließenden Zusammensein der Trauergemeinde hatten Hans, Mia und Hella nur kurz beigewohnt. Die Frauen waren zu erschöpft gewesen. Hans machte den Vorschlag, daß Mia zu ihnen kommen sollte. In der menschenleeren Wohnung wäre sie nicht gut aufgehoben gewesen. Er fuhr in Wills Wohnung, um einige Sachen für Mia zu holen. Die Wohnung war unheimlich still und kalt. Wills Bildmappen von Italien lagen noch auf dem Wohnzimmertisch, und Hans stellte sie in den Bücherschrank zurück. Dann packte er Mias Sachen zusammen und machte sich auf den Rückweg.

Beim Tod seines Vater hatte er einen ähnlichen Schmerz empfunden. Da traten die einen ab und die Neuen kamen. Ein Kreislauf, der vor vielen Tausenden von Jahren einmal irgendwo begonnen hatte und weiterlief. Eine lange Kette, die nie abgerissen war. Seine Eltern hatten drei Kinder gehabt, sein Bruder zwei Söhne, und Hella würde bald ein Kind zur Welt bringen, in dem auch ein Teil von Will weiterlebte.

Über Nacht war es kalt geworden. Der Himmel war klar, blau und rein. Hans steuerte seinen Wagen in die Straße hinein, die zur Fabrik führte. Der Firmenwagen kam ihm entgegen. Dohmen erkannte ihn und hupte. Nun konnte er die Fabrik hinter den Büschen sehen. Aus dem Schornstein quoll weißer Rauch. Der Wind ließ ihn hin und herwehen, und Hans hatte einen Augenblick den Eindruck, er bilde eine Hand, die ihm zuwinkte und ihn willkommen hieß.

ENDE.